관광
의
시선

관광의 시선

1판 1쇄 발행 2021년 6월 20일
1판 2쇄 발행 2025년 6월 1일

지은이 존 어리·요나스 라슨
옮긴이 도재학·이정훈

펴낸이 박성모
펴낸곳 소명출판
출판등록 제1998-000017호
주소 06641 서울시 서초구 사임당로14길 15 서광빌딩 2층
전화 02-585-7840
팩스 02-585-7848
이메일 somyungbooks@daum.net
홈페이지 www.somyong.co.kr

ISBN 979-11-5905-621-5 93330
정가 33,000원

건국대학교 아시아콘텐츠연구소
동아시아 모더니티 05

관광의 시선

존 어리 · 요나스 라슨 지음 | 도재학 · 이정훈 옮김

THE TOURIST GAZE 3.0

일러두기

1. 서적을 표시하는 이탤릭체는 그대로 두었다.
2. 영화, TV프로그램 등을 표시하는 이탤릭체는 홑화살괄호(〈 〉)로 표시하였다.
3. 인용의 전거를 드러내는 부분 외에 본문에서는 영문에 쓰이는 부호, 콜론(:), 세미콜론(;),
   하이픈(-) 등은 번역문에 옮기지 않았다.
4. 강조를 위한 이탤릭체는 고딕체로 표시하였다.

차례

사진 목록

Paul Bagguley, Nick Buck, Peter, Dickens, Paul Heelas, Mark Hilton, Scott Lash, Michelle Lowe, Celia Lury, Jane Mark-Lawson, David Morgan, Ian Rickson, Chris Rojek, Mary Rose, Peter Saunders, Dan Shapiro, Rob Shields, Hermann Schwengel, John Towner, Sylvia Walby, John Walton and Alan Warde 등 여러 사람들, 특히 세계 각지에서 귀중한 관광학 관련 자료를 제공해 준 분들의 조언, 격려, 지원에 대해 깊은 감사를 표한다. 또한 나의 질문에 대해 많은 정보와 조언으로 대답해 준 관광 산업 및 서비스 산업에 종사하는 전문가들께도 사의를 표한다. 여기 기록된 몇몇 인터뷰는 '변화하는 도시와 지역 시스템Changing Urban and Regional System'에 대한 경제사회연구협의회 계획ESRC Initiative의 후원으로 이루어진 것이다. 내게 처음으로 휴일의 행락을 '심각하게' 받아들이도록 해 준 그 계획에 감사드린다.

존 어리
1989년 12월, 랭커스터

새롭게 집필하여 추가한 제8장 '시선의 세계화Globalising the Gaze'를 제외하면, 이번 제2판은 제1판의 체재를 유지하였다. 나머지 일곱 개 장의 내용은 자료를 업데이트하고, 관련 있는 새로운 연구들과 몇몇 더 나은 예시들을 포함하였다. 이번 개정판을 위해 광범위한 연구 지원과 박식한 전문 지식을 제공해 준 Viv Cuthill에게 깊은 감사를 표한다. 또한 처음부터 관광에 관한 이 책을 집필하도록 독려해 준 Mike Feather-stone에게 감사한다. 그리고 이번 제2판을 제안했을 뿐만 아니라 *Touring Cultures*를 함께 편집한 Chris Rojek에게도 감사한다.

나는 지난 10년간 랭커스터대학교에서 관광, 여행, 모빌리티를 주제로 연구한 박사들의 지도를 맡아 왔다. 나는 이들 박사들에게서, 특히 진행 중이던 개정판 작업에 관한 대화를 통해 많은 것을 배웠다. Alex-andra Arellano, Javier Caletrio, Viv Cuthill, Saolo Cwerner, Moni-ca Degen, Tim Edensor, Hernan Gutierrez Sagastume, Juliet Jain, Jonas Larsen, Neil Lewis, Chia-ling Lai, Richard Sharpley, Jo Stanley, Joyce Yeh 등에게 감사의 말을 전하고 싶고, 특히 이 중에는 제8장의 내용에 매우 유용한 조언을 해 준 이들도 있다. 또한 지난 10년간 '관광의 시선Tourist Gaze' 수업을 들은 석사 과정 학생들과의 수많은 토론을 통해서도 도움을 받았다.

랭커스터대학교의 동료들인 Sara Ahmed, Gordon Clark, Carol

Crawshaw, Bulent Diken, Anne-Marie Fortier, Robin Grove-White, Kevin Hetherington, Vincent Kaufmann, Phil Macnaghten, Colin Pooley, Katrin Schneeberger, Mimi Sheller 등은 이 책의 주제에 대해 나와 함께 논의해 주었다(몇몇은 제8장에 대해서도 아주 유용한 조언을 해 주었다).

지난 수 년 동안 Pennie Drinkall 그리고 Claire O'Donnell과 함께 사회학과 대학원 업무를 본 것은 즐거운 일이었다.

존 어리
2001년 4월, 랭커스터

관광학계는 끊임없는 변화 속에 있고 관광학의 이론은 이러한 변화들을 포착해 낼 수 있도록 움직여 갈 필요가 있다. 이번 『관광의 시선』 제3판은 21세기의 관광학 연구자, 학생, 정책의 계획자와 설계자에게 더 유의미한 책이 될 수 있도록 앞선 두 판을 근본적으로 재구성하고 뜯어고치고 확장하였다. 제3판은 구판에 비해서 많이 바뀌었다. 공저자인 요나스 라슨은 이 책에 신선한 안목을 더했다. 원래 있던 장章들은 전면적으로 개정되었다. 구식이 된 자료와 연구들은 삭제하였고, 새로운 연구와 이론적 개념들이 포함되었으며, 관광의 시선이라는 개념에는 그 '어두운' 측면을 포함하여 더 많은 이론적 고려 사항들을 받아들였다. 세 개의 새로운 장에서는 사진과 디지털화, 관광 이론과 연구에서의 신체화된 공연에 관한 최근 분석, 그리고 지구 온난화와 피크 오일을 포함하는 세계화하는 관광의 시선의 희망과 미래를 문제적이게 만드는 관광의 다양한 리스크와 관련하여 관광의 시선을 검토한다.

이번 『관광의 시선』 제3판을 집필하는 과정에서 받은 격려, 협력, 지원에 정말로 감사드린다. 특히 Jørgen Ole Bærenholdt, Monika Buscher, Javier Caletrio, Beckie Coleman, Anne Cronin, Viv Cuthill, Monica Degen, Kingsley Dennis, Pennie Drinkall, Tim Edensor, Michael Haldrup, Kevin Hannam, Allison Hui, Michael Hviid Jacobsen, Juliet Jain, Jennie Germann Molz, Mette Sandbye, Mimi

Sheller, Rob Shields, David Tyfield, Amy Urry, Tom Urry, Sylvia Walby, Laura Watts에게 감사의 말을 전하고 싶다. 이 책에 사용된 사진은 Amy Urry와 저자들이 직접 찍은 것이다.

존 어리, 랭커스터

요나스 라슨, 로스킬레

제1장
관광이론Theories

관광의 중요성The Importance of Tourism

임상의학의 현장은 아마도 시선을 행사하고 결정하는 학문을 정립하려

한 최초의 시도였을 것이다. (…중략…) 의학적 시선은 또한 새로운 방식으

로 조직되었다. 무엇보다, 그것은 더 이상 어떤 다른 관찰자의 시선이 아니

라, 제도로써 뒷받침되고 정당화된 의사의 시선이 되었다. (…중략…) 게다

가, 그것은 제도가 정한 좁은 틀에 얽매이지 않은 시선이며 (…중략…) 오히

려 색깔, 변형, 아주 작은 변이를 포착해 낼 수 있고 포착해 내야 하는 시선이

다(Foucault, 1976, p.89).

이 책의 주제는 딱딱한 의학의 세계 그리고 푸코Foucault가 논의한 의

학적 시선과는 전혀 관련이 없는 것처럼 보일 수 있다. 이 책은 즐거움과 휴가, 관광, 여행에 관한 것이고, 사람들이 무슨 이유로 그리고 어떤 방법으로 그들의 일상적인 노동과 주거의 공간에서 잠시 동안 떠나 있는가에 관한 것이다. 이것은 어떤 의미에서는 없어도 되는 상품과 서비스를 소비하는 것에 관한 책이다. 아마도 이것들이 소비되는 이유는 사람들이 일상생활에서 보통 마주치게 되는 것들과는 다른, 즐거워할 만한 체험을 만들어내기 때문일 것이다. 그리고 최소한 그 체험의 일부는 일상에서 벗어난 일련의 이색적인 경치, 풍경, 도시 경관에 시선을 보내거나 둘러보는 것이다. 우리는 '어디론가 떠나면서' 흥미와 호기심을 가지고 주변 환경을 바라본다. 주변 환경은 우리가 감상할 수 있는 방식으로 이야기를 건네 오고, 아니면 적어도 주변 환경이 그렇게 해 주기를 우리는 기대한다. 달리 말하면 우리는 우리가 마주하는 것에 시선을 보낸다. 이러한 시선은 의학의 시선이 그러하듯이, 사회적으로 조직화되고 체계화되는 것이다. 물론 이 시선은 '어떤 제도에 의해 뒷받침되고 정당화된' 전문가들에게 국한된 시선이 아니라는 점에서 그 차원이 다른 것이다. 그럼에도 '없어도 되는' 즐거움을 생산하고자 수많은 직업적인 전문가들이 관광객의 시선의 구축과 개발을 조장하고 있다.

시선이라는 개념은 무엇을 바라본다는 것이 사실은 습득된 능력이며, 순수하고 무구한 눈이라는 것은 허구라는 것을 강조한다. 푸코에 따르면 의학적 시선이 살펴보고 또한 보이도록 만드는 것은 단순히 '외부에서' 기다리고 있는 단순한 기존의 실재가 아니다. 오히려 그것은 시각적인 만큼 언어적으로 구성된 인식의 영역에 해당한다. 보는 것seeing은 인간의 눈이 하는 일이다. 시선을 보내는 것gazing은 사회적으로 구성된 보는 행위 또는 '시각적 제도'의 '담론적 결정'을 가리킨다. 포스터 Foster는 이와 관련하여 '우리는 어떻게 볼 수 있는가, 볼 수 있게 허용되 거나 만들어졌는가, 그리고 우리는 어떻게 여기에 보이는 것이나 보이 지 않는 것을 보는가'(Foster, 1988, p.ix)하고 언급했다. 시각을 자연적 인 것으로 혹은 원자화된 개인의 산물로 묘사하는 것은 시각의 사회적 이고 역사적인 본질, 그리고 바라보기looking의 권력 관계를 자연스러운 것으로 보게 한다.

언어와 비슷하게, 사람의 눈에도 사회문화적인 틀이 있고 그에 따라 다양한 '보는 방법'이 존재한다. '우리는 하나의 사물을 그저 바라보기 만 하는 것이 아니라, 항상 사물과 우리 자신의 관계를 바라본다'(Berger, 1972, p.9). 사람들은 관념, 기량, 욕구, 기대 등의 특정한 필터를 통해 세 상에 시선을 보내는데, 사회 계층, 성, 국적, 나이, 교육 등에 의해 그 틀 이 정해진다. 시선을 보내는 것은 세계를 반영하기보다는 오히려 배열 하고, 형상화하고, 분류하는 행위이다. 젱크스(Jenks, 1995)는 다음과 같 이 주장했다.

세계는 '육안'을 통한 '외부 관찰(extro-spection)'에 의해 '보여지기 를' 기다리고 있는, 미리 형성되어 있는 것이 아니다. 우리의 지배적인 문화 적 세계관이 암시하는 것과 같은, '외부에' 본질적으로 형성되어 있는 흥미, 선(善) 또는 미(美)와 같은 것은 아무 것도 없다. **시각은 숙련된 문화적 관습이다** (Jenks, 1995, p.10, 강조는 필자).

특정한 광경에 시선을 보내는 것은 개인의 체험과 기억에 의해 조

절되고, 그 틀은 규범과 양식, 그뿐만 아니라 여러 장소에 관한 이미지와 텍스트의 유포에 의해서도 만들어진다. 이러한 '틀'은 중요한 자원이자 기술이며 문화적인 렌즈로서, 잠재적으로 관광객들이 눈앞에 있는 물리적인 형체들과 실질적인 공간들을 '재미있고, 좋고, 아름다운' 것으로 볼 수 있도록 한다. 이 틀은 단순히 시각의 전유물이 아니다. 그리고 이들 렌즈가 없다면 자연이나 만들어진 세계에서 발견되는 미적 질서는 매우 다를 것이다. 이러한 서로 다른 보는 방법은 물리적이고 만들어진 세계에 많은 영향을 미친다.

따라서 이 책에서는 서로 다른 사회, 특히 다양한 역사적 시기의 서로 다른 사회 집단 내에서 관광객의 시선이 어떻게 변화하고 발전되어 왔는지에 대해서 다루고자 한다. 우리는 시선이 구성되고 강화되는 과정을 상세히 다룰 것이며, 누가 혹은 무엇이 그 시선을 정당화하는지, 시선의 대상이 된 '장소'에 대한 시선의 영향은 무엇인지, 그리고 그 시선이 어떻게 여타의 사회적 관행들과 상호 관련되는지에 대해 고찰한다. '관광객의 시선'은 개인적 심리의 문제가 아니라 사회적으로 패턴화되고 학습되는 '보기의 방법'이다(Berger, 1972). 이것은 움직이는 이미지와 표현의 기술을 통해 구성되는 시각이다. 의학적 시선과 비슷하게, 근대 관광에서 시각적 시선의 권능은 캠코더, 영화, TV, 카메라, 디지털 이미지 등의 다양한 기술과 결부되어 있고 또한 이것들에 의해 가능해졌다.

일반적인 의미에서의 단일한 '관광객의 시선'이란 존재하지 않는다. 사회에 따라, 사회 집단에 따라, 그리고 역사적 시기에 따라 달라지기 때문이다. 이러한 시선들은 차이를 통해 구성된다. 다만 이것이 단순히 모든 시대의 모든 관광객에게 진실이 되는 보편적인 체험이 존재하지 않는다는 것을 의미하는 것은 아니다. 관광에는 수많은 시선의 방식이 존재하며, 관광객은 서로 다르게 '차이'를 바라본다는 뜻이다. 이는 부분적으로는 관광객의 시선이 계급, 성별, 민족성, 연령에 따라 구조화되는 것이기 때문이다. 게다가 시선은 어떤 역사적 시기에서든지 그 반대편에 있는, 관광객이 아닌 형태의 사회적 체험 및 사회적 의식과의 관련성 속에서 구성된다. 특정한 관광객의 시선을 만드는 것은 그것과 대비되는 무언가에 달려 있는데, 즉 비관광객 체험의 형태가 어떻게 발생하는가에 의존한다. 그러므로 시선은 개별 관광객의 관행을 결정하는 사회적 행위와 기호의 시스템을 전제하는 것인데, 이 관광객의 관행은 몇몇의 본질적 특성과 관련되는 것이 아니라, 비관광객의 사회적 관행, 특히 가정과 임금 노동 내에 기반을 둔 사회적 관행에 내포되는 차이를 통해 드러난다.

관광, 휴일의 행락, 여행은 대부분의 평론가들이 생각해 왔던 것보다 훨씬 더 중요한 사회적 현상이다. 언뜻 보면, 책으로 쓰기에 이보다 더 사소한 주제는 없을 것이다. 실제로 사회과학자들은 노동이나 정치와 같은 더 무거운 주제들을 설명하는 데에 많은 어려움을 겪어 왔는데, 휴일의 행락과 같은 더 경미한 현상을 설명하는 데에는 훨씬 더 큰 어려움이 있을 것이라고 생각할 수 있다. 그런데 관광 연구와 일탈 연구에는 흥미로운 유사점이 있다. 일탈 연구는 일부 사회에서는 일탈로 정의될 법하지만 다른 사회에서는 꼭 그렇지도 않은 이상하고 특이한 사회적 관행에 관한 연구를 포함한다. 일탈 연구에서는 이것이 '정상적인' 사회의 흥미롭고도 유의미한 양상들을 드러낼 수 있을 것이라는 가정이 존재한다. 수많은 행위들이 일탈로 간주되는 이유는 그것이 사회가 좀 더 일반적으로 작동하는 방법을 해명할 수 있기 때문이다.

이 책은 그 비슷한 분석을 관광에 적용한다는 생각을 바탕에 두고 있다. 관광의 관행에는 '이탈'의 개념이 포함되는데, 이는 정해진 일상 생활의 루틴과 관행을 제한적으로 단절하는 것이기도 하고, 사람들의 감각을 평범한 매일의 일상과는 대조되는 일련의 자극과 맞물리게 하는 것이기도 하다. 관광객의 시선의 전형적인 대상을 고찰하는 것을 통해, 사람들은 이 전형적인 대상을 이들과 대조되는 더 넓은 사회의 기본 원리를 이해하는 데에 이용할 수 있다. 달리 말하면, 사회 집단이 어떻게 각자의 관광객의 시선을 구성하는가를 고찰하는 것은 '정상 사회'에서 무슨 일이 벌어지고 있는지 파악할 수 있는 좋은 방법이다. 우리는 정상에 관한 정보를 얻기 위해 그 차이점에 관한 사실을 이용할 수 있는데, 이는 관광의 전형적인 형태에 관한 조사를 통하게 된다. 이렇듯 관광은 하찮은 주제이기보다는, 다른 경우라면 불투명하게 남아 있었을지도 모르는 통상적인 관행의 양상들을 밝혀낼 수 있는 그 가능성의 측면에서 중요한 것이다. 사회적 세계에 관한 연구를 시작할 때는 종종 반직관적이고 기발한 방법론의 사용이 필요한데, 이 경우에는 관광객의 시선과 관련되는 '이탈'에 관한 조사가 필요하다.

우리가 시선에 관해서 역사적, 지리적, 사회적 변이를 강조하고는 있지만, '관광'으로 관습적으로 묘사되는 사회적 관행에도 몇 가지 최소한의 공통 특성이 존재한다. 여기 제시되는 것들은 뒤에서 전개될 더 역사적이고 사회적이고 전반적인 분석에 대한 기준선을 제공하기 위한 것이다.

1 관광은 여가 활동으로서, 그 반대의 활동, 즉 규제되고 조직화된 노동을 전제로 한다. 관광은 노동과 여가가 어떻게 '근대' 사회 내에서 분리되고 규제된 사회적 관행의 영역으로서 정리되었는지를 보여주는 하나의 사례이다. 실제로, 관광객으로서 행동하는 것은 '근대적'인 것을 정의하는 특징 중 하나이고, 임금 노동의 중대한 질적 변화와도 밀접한 관련이 있다. 노동은 특정한 장소에서 조직화되고 일정한 시간 동안에 발생하는 행위가 되었다.

2 관광객과 관련되는 여러 현상은 사람들이 다양한 목적지를 향해 이동하는 것 그리고 그곳에 머무르는 것으로부터 발생한다. 관광은 공간을 통한 이동, 즉 새로운 장소에서의 여정과 체류 기간을 필연적으로 수반한다.

3 여행은 주거와 노동의 통상적인 장소들 바깥의 위치를 향하는 것이고, 체류는 그곳에 머무는 것이다. 다른 곳에서의 체재 기간은 단기적이고 일시적이라는 성질이 있다. 비교적 짧은 기간 내에 '집으로' 돌아가고자 하는 의도가 존재한다.

4 시선이 향해진 장소는 임금 노동과는 직접적으로 관련되지 않는 목적지이고, 일반적으로 (임금 및 비임금) 노동과 뚜렷이 구별되는 차이를 가진다.

5 근대 사회의 사람들 중 상당수가 이러한 관광 업무에 종사한다. ('여행'의 개인적인 특성과 반대되는) 관광객의 시선이라는 집단적인 특성에 대응하기 위하여, 새롭게 사회화된 형태의 대책이 발전했다.

6 시선을 보내기 위한 장소들은, 다른 척도 상에 있거나 습관적으로 마주하게 되는 것들과는 다른 감각을 수반하는 강렬한 즐거움에 대한 기대,

특히 꿈이나 환상을 통한 기대가 있기 때문에 선택된다. 그러한 기대는 시선을 구성하고 강화하는, 영화, TV, 문학, 잡지, CD, DVD, 비디오 등과 같은 관광과 관련 없는 다양한 기술을 통해 구성되고 유지된다.

7 관광객의 시선은 관광객들을 일상의 체험과는 분리된 풍경과 도시 경관의 모습을 향해 있다. 사람들이 이러한 측면을 보는 것은, 이들이 어떤 의미에서 일상으로부터 벗어난 것으로 간주되기 때문이다. 그러한 관광 명소를 보는 것은 흔히 서로 다른 형태의 사회적 패턴화와 관련이 있는데, 일상생활에서 흔히 발견되는 것보다는 풍경이나 도시 경관의 시각적 요소에 대해 훨씬 더 큰 민감성을 갖는다. 사람들은 사진, 엽서, 영화, 모형 등등의 것을 통해서 흔히 시각적으로 대상화되거나 포착되는, 그런 시선으로 시간을 보낸다. 이러한 것들을 통해 시선은 시간을 초월하고 공간을 가로질러 재생산되고 재포착되고 재확산된다.

8 시선은 기호를 통해 구성되고, 관광은 기호의 집적을 수반한다. 관광객이 프랑스 파리에서 입을 맞추는 연인을 보게 될 때, 그 시선에 포착되는 것은 '영원히 낭만적인 파리'이다. 관광객이 영국의 한 작은 마을을 보게 될 때, 그 시선이 향하는 것은 '오래된 진짜 영국'이다. 컬러(Culler, 1981, p.127)가 주장하였듯이, '관광객은 모든 것에 기호 그 자체로서 흥미를 느낀다. (…중략…) 세계 도처에서 이름 없는 기호학자들의 군대인 관광객들이 프랑스의 분위기, 전형적인 이탈리아 사람의 행동, 대표적인 동양의 풍경, 전형적인 미국의 고속도로, 전통적인 영국의 선술집의 기호를 찾아서 사방에 흩어져 있다.'

9 관광 업계의 전문가들은 전연 새로운 관광객의 시선을 계속해서 재생산한다. 이러한 대상들은 복잡하고 변화하는 위계 속에 놓여 있다. 이 위계

는 한편으로는 그 대상들을 공급하는 것에 관련되는 이해당사자들 사이의 경쟁, 그리고 다른 한편으로는 잠재적인 방문객들 사이에 변화하는 계급, 성별, 취향의 세대 차이 사이의 상호작용에 따라 결정된다.

이 책에서 우리는 관광객의 시선의 발전과 역사적 변천에 대해 살펴볼 것이다. 우리는 주로 지난 200년 동안의, 즉 대중 관광이 다수의 유럽 국가, 북아메리카, 그리고 세계의 대부분의 지역으로 널리 퍼지게 된 기간 동안의 변화를 기록한다. 관광객이 되는 것은 '근대적' 체험의 특성 중 하나이다. 이것은 근대 사회에서 신분의 지표가 되어 왔고 또한 좋은 건강과 국제적인 시야를 위해 필수적인 것으로 여겨져 왔다(Feifer, 1985, p.224; Urry, 2007을 보라).

전근대 사회에서도 조직화된 여행은 존재했었지만, 그것은 거의 대부분 엘리트 계층의 전유물이었다(Towner, 1988을 보라). 로마 제국에서는 엘리트 계층의 즐거움과 교양을 위한 각양각색의 여행이 존재했다. 평화로웠던 200년 동안 여행 기반 시설이 개발되고 부분적으로 정비되었다. 적의 국경을 통과하지 않고서도 하드리아누스의 방벽에서 유프라테스강으로의 여행이 가능했다(Feifer, 1985, 1장). 세네카Seneca는 이 덕분에 도시 거주민들이 완전히 새로운 기분과 즐거움을 누릴 수 있게 되었다고 주장하면서 '사람들은 색다른 기분 전환을 찾아 여러 다른 장소들로 멀리 여행을 다니는데, 왜냐하면 그들은 변덕스럽고 안일한 생활에 지쳐 있으며 그것들을 벗어날 수 있는 무언가를 항상 추구하기 때문이다'라는 말을 남겼다(Feifer, 1985, p.9에서 인용).

13~14세기에는 성지순례가 널리 퍼졌는데, 이것은 '순례자용 자

선 숙소 네트워크 산업의 성장 그리고 대량으로 발행된 면죄부 안내서의 도움으로, 실행 가능하고 제도화된 현상이 되었기 때문이다'(Feifer, 1985, p.29; Eade and Sallnow, 1991). 성지순례는 대개 종교적인 헌신과 교양과 오락이 혼재된 것이었다. 15세기에는 베니스에서 성지(팔레스타인)까지 가는 정기적이고 조직화된 관광이 존재했다.

그랜드 투어는 17세기 말에는 귀족과 상류층 인사의 자제들을 위한 것으로, 그리고 18세기 후반에는 전문직 중산 계급의 자제들을 위한 것으로 확고하게 자리를 잡았다. 1600년과 1800년 사이의 이 기간 동안, 여행에 관한 논문들은 담론의 기회로서의 여행하기에 대한 현학적인 강조가 중심을 이루다가 현장 관찰로서의 여행으로 전환되었다. 여기에는 여행 체험의 시각화, 또는 새로운 보는 방법을 홍보하는 가이드북의 증가를 통해 지원되고 촉진된 '시선'의 발달이 있었다(Adler, 1989). 관광 그 자체의 특성도 전환되었는데, 이전의 '고전적인 그랜드 투어'는 미술관, 박물관, 고급의 문화적 인공물에 대한 감정적으로 중립적인 관찰과 기록에 기반하였으나, 19세기의 '낭만적인 그랜드 투어'로 와서는 '풍경 관광'이 출현하고 훨씬 더 개인적이고 열정적인 미와 숭고의 체험이 부각되었다(Towner, 1985를 보라). 여행은 영국 상류 계급 남성의 인지적이고 지각적인 교육에 핵심적인 역할을 하는 것으로 기대되었다(Dent, 1975를 보라).

18세기에는 대부분의 유럽 지역에 온천 마을이라는 형태로 대규모 여행 기반시설이 개발되었다(Thompson, 1981, pp.11~12; Blackbourn, 2002). 마이어스코(Myerscough, 1974, p.5)는 '무도회장, 산책로, 도서관, 행사 진행자를 갖춘 온천 생활의 모든 시설은 흩어져 있는 시골의 엘리트에게 분주한 사교 활동이라는 응집된 도시적 체험을 제공하도록 고안되었다'고 지적했다.

다수의 주민들이 놀이나 휴양을 즐길 수 있는 시기도 있었다. 시골지역에서는 마을이나 동네의 축제일이 되면 노동과 놀이의 구분이 따로 없었다. 영국 대부분의 동네와 마을은 적어도 일 년에 한 번, 많게는 그 이상의 축제를 열었다. 사람들은 빈번하게 상당한 거리를 여행해 왔고, 축제는 업무와 놀이가 혼재되어 있었는데 보통은 특히 선술집을 중심으로 이루어졌다. 18세기까지 선술집은 조명을 비롯하여 난방, 조리시설, 가구, 뉴스, 은행 업무와 여행 시설, 여흥과 사교 활동을 제공하는, 지역사회에서의 공적 생활을 위한 중심지가 되었다(Harrison, 1971; Clark, 1983).

그러나 19세기 이전까지는 상류 계급 이외의 사람이 노동이나 사업과는 관련 없는 대상을 보기 위해 여행하는 경우는 거의 없었다. 이것이 근대 사회의 대중 관광의 핵심적인 특징인데, 즉 인구의 상당수가 거의 매년 어떤 대상에 시선을 보내기 위해서 어떤 다른 곳으로 여행을 가고 기본적으로 노동과는 무관한 이유로 그곳에 머무름을 말한다. 영국에서는 이용 가능한 '자유 시간'의 40%를 여행이 차지하는 것으로 추산된다(Williams and Shaw, 1988, p.12). 여행을 하지 않는 사람은 지위를 잃는다. 여행은 신분의 지표가 되었다. 여행과 휴가가 필수적이라고 느끼는 것은 근대적인 생활의 결정적인 요소이다. '쉬고 싶어'라는 말은 근대적인 담론을 반영하고 있는데, 이것은 이따금씩 '휴가를 떠날 수' 있을 때에만 사람들의 신체적 건강과 심리적 건강이 재충전될 수 있을 것이라는 발상에 기초해 있기 때문이다.

여행의 중요성은 현대 여행의 규모에서도 찾아볼 수 있다. 한 해에 해외여행을 경험한 사람은 1950년에 2,500만 명이었으나 지금은 8억 8,000만 명으로 늘었다. 이 수치는 2020년까지 약 16억 명까지 증가할 것으로 예상되는데, 다만 2009년에는 일시적으로 4% 넘게 하락하기도 했다(www.unwto.org/index.php, 접속일 : 2010.3.31). 어느 때이든 미국 하늘에는 30만 명이 넘는 항공 승객이 있는데, 이는 상당한 규모의 도시와 맞먹는 수준이다(Gottdiener, 2001, p.1). 매년 50만 개의 새로운 호텔 객실이 만들어지고 있는데, 한편으로 지구상에는 3,100만 명의 난민이 존재한다(Papastergiadis, 2000, 2장). '여행과 관광'은 세계 최대의 산업으로서, 세계 GDP의 9.4%, 전체 고용의 8.2%를 차지하고 있다(www.wttc.org/eng/Tourism_Research/Economic_Research/, 접속일 : 2010.3.31.).

이러한 여행은 거의 모든 곳에서 이루어지고 있으며, 이 사실은 204개국을 대상으로 한 세계관광기구^WTO의 관광 / 여행 통계에서 최소한 70개 국가에서 연간 100만 명 이상의 해외 관광객이 입국한다고 한 것에서 확인된다(www.unwto.org/index.php, 접속일 : 2010.3.31). 이 세계에서 자국 방문객을 중요하게 생각하지 않는 국가는 거의 없다. 그러나 이러한 방문객의 흐름에는 큰 불균형이 존재하는데, 그 원인은 '높은' 생활수준을 가진 45개 국가가 국제 관광을 떠나는 인구의 3/4을 차지하는 것에 있다(UNDP, 1999, pp.53~55). 이러한 이동성은 환경에 대한 막대한 희생을 필요로 한다(잡지 *Tourism in Focus*의 많은 기사들과 아래 9장을 보라). 1990년에서 2050년 사이에 세계의 자동차 여행은 놀랍게도 3배까지 증가할 것으로 예상된다(Hawken et al., 1999).

다음 절에서 우리는 이러한 광범위한 흐름을 이해하기 위해 시도된 중요한 이론적 논의를 몇 가지 살펴볼 것이다.

이론적 접근 Theoretical Approaches

사회과학자들에게 '유희, 오락, 여흥'을 이론적으로 이해하는 것은 어려운 과업인 것으로 입증되어 왔다. 이 절에서 우리는 관광 사회학에 공헌한 몇 가지 중요한 업적을 요약하여 제시한다. 이것들은 시시하지 않은, 수행되어야 할 작업을 여전히 많이 남겨두고 있다. 이 책의 나머지 부분에서 우리는 관광객의 장소와 실행에 관한 이론적 이해와 관련된 몇 가지 개념을 논의한다(Jamal and Robinson, 2009을 보라, 그리고 최신의 논평에 대해서는 Hannam and Knox, 2010을 보라).

초기의 설명 방식 중 하나로, 부어스틴(Boorstin, 1964)의 '유사 사건'에 관한 분석을 들 수 있다. 그는 현대 미국인들이 '현실'을 직접적으로 체험할 수 없으며 '유사 사건' 속에서 살아간다고 주장하면서 관광을 그 대표적인 사례로 들었다(Eco, 1986; Baudrillard, 1988를 보라). 대중 관광객은 방문한 지역의 환경과 그 지역의 사람들로부터 떨어져서, 가이드를 동반한 집단에 속해서 여행을 하고 가짜로 꾸며진 명소에서 즐거움을 찾는데, 이는 속아 가면서 '유사 사건'을 즐기고 외부의 '현실' 세계는 외면함을 말한다. 결과적으로 관광 사업가와 원주민은 속아 넘어가는 관찰자들을 위해 훨씬 더 과장된 구경거리를 계속 만들도록 유인되고, 관찰자들은 그 지역의 사람들과 더 동떨어지게 된다. 시간이 지나면서 광고와 매체로써 서로 다른 관광객의 시선을 통해 만들어진 이미지들은, 다른 관광객들에게 다음에 방문할 만한 장소를 선택하고 평가하기 위한 기반을 제공하는 폐쇄되고 자기영속적인 환상의 체계를 구성하게 된다. 부어스틴은 그러한 방문이 친숙한 미국 스타일 호텔의

'환경적 보호막' 속에서 이루어지는데, 이는 관광객이 방문한 지역의 환경에 대한 생소함을 느끼지 못하도록 만드는 것이라고 말한다.

　　이후의 수많은 연구자들이 '개인 여행자'로부터 '대중 사회의 관광객'으로의 역사적 전환에 관한 이 비교적 단순한 논제를 발전시키고 정밀화하였다. 터너Turner와 애쉬Ash는 *The Golden Hordes*(1975)에서 관광객이 엄격하게 획정된 세계의 중심에 어떻게 놓이게 되었는지에 관한 논제를 더 구체화하였다. 대리 부모(여행사, 관광 안내원, 호텔 관리인)는 관광객의 책임을 덜어주고 가혹한 현실로부터 보호해 준다. 대리 부모의 배려는 관광객들을 해변 그리고 관광객의 시선으로 허용된 특정한 대상에만 머물도록 제한한다(타지마할에서의 패키지 여행객에 대해서는 Edensor, 1998을 보라). 어떤 의미에서, 터너와 애쉬는 관광객의 욕구와 심미적 감각이 그들의 고향에 있을 때와 마찬가지로 제한되어 있다는 것을 시사한다. 이것은 토착적인 문화가 관광객에게 보여지는 비교적 얄팍한 수단에 의해 더 심화된다. 터너와 애쉬는 발리에 대해, '발리 문화와 예술의 많은 측면들은 갈피를 잡을 수 없을 정도로 복잡하며 서양의 방식과는 어울리지 않는데, 서양의 방식은 토착적인 예술 형식을 관광객용 저질 작품으로 변환시키는 지나친 단순화와 대량 생산의 과정에나 곧잘 쓰일 수 있는 것이다'라고 언급하였다(Turner and Ash, 1975, p.159; Bruner, 1995; 그리고 〈사진 1-1〉을 보라). 그 결말은, 전연 새로운 방문 장소의 탐색 속에서 구축되는 것은 단조롭고 특징 없는 일련의 호텔과 관광 명소여서, '어디를 가든 우리 자신의 이미지를 보여주는 작고 단조로운 세계이며 (…중략…) 곧 이국적이고 다양한 것의 추구는 결국 획일성으로 귀결된다'라는 것이다(Turner and Ash, 1975, p.292).

〈사진 1-1〉 인도네시아 발리에서의 관광객의 시선

코언Cohen은 이러한 주장에 대한 다소 비판적인 견해를 제시하였는데, 그는 보통 말하는 의미에서의 단일한 관광객은 존재하지 않으며 실제로는 다양한 관광객의 유형 또는 관광 체험의 방식이 존재한다고 주장한다(주로 종교 사회학에서 도출된 논의인, Cohen, 1972 · 1979 · 1988을 보라). 그가 '체험적인 것', '실험적인 것', '실존적인 것'이라고 명명한 것들은 관습적인 관광 서비스라는 환경적 보호막에 의존하지 않는 것이다. 이렇게 관광객의 체험의 정도를 다양화하는 것은 관광 행위를 조직하는 방법들을 거부하는 것에 기초해 있다. 게다가 그러한 환경적 보호막이 여느 때라면 찾지 않았을 장소에 많은 사람들이 방문하도록 허용한다는 점, 그리고 그렇게 함으로써 조우하게 된 '낯선' 장소와 최소한 약간의 접촉을 가질 수 있도록 허용한다는 점에 주목해야 한다. 실제로, 그러한 장소에 충분히 잘 갖춰진 관광 기반시설이 개발되기 전까지는, 이러한 장소와 관련된 대부분의 '생소함'은 완전한 유사 사건의 배열 속에 숨기고 포장하는 것이 불가능할 것이다.

부어스틴에 대한 가장 중요한 문제제기는 맥카넬MacCannell에 의해 이루어졌는데, 그 또한 근대적 생활의 가식성과 피상성에 관심을 두었다(MacCannell, 1999; 초판은 1976). 그는 짐멜Simmel을 인용하면서 '대도시'에서 체험되는 감각적 인상의 본질에 대해 '변화하는 이미지의 급속한 과밀, 단번에 포착되는 예리한 불연속성, 그리고 돌진하는 인상의 비예측성'을 거론하였다(MacCannell, 1999, p.49). 그는 이것들이 관광객 체험의 징후라고 주장하면서도, '나는 여행자이고 다른 사람들은 관광객이다'라는 상위 계급의 관점을 특징적으로 반영하는 것으로 여기고 있던 부어스틴의 설명에는 동의하지 않았다(MacCannell, 1999, p.107; 관광객과 여행자의 구분에 대해서는 Buzard, 1993을 보라).

맥카넬이 보았을 때, 모든 관광객은 진실성을 탐구하고자 하며, 이 탐구는 신성한 것에 대한 인류 보편적인 관심사의 근대적인 버전이다. 관광객은 한 종류의 현대적 순례자이고, 그들의 일상생활과는 동떨어진 다른 '시간'과 다른 '장소'에서 진실성을 추구한다. 관광객은 타인의 '실제 생활' 속에서도 독특한 매력을 느끼는데 이것이 그들 스스로의 체험에서는 발견하기 어려운 어떤 실제성을 어떻게든 가지고 있기 때문이다. 따라서 근대 사회는 외부인들이 그 현장을 들여다 볼 권리를 급속하게 제도화하고 있다. '제도는 공연장, 무대, 침실에 맞춰지는데, 이는 관광객의 배타적 사용을 위해 확보된 것이다'(MacCannell, 1999, p.49). 어떤 종류의 일이든, 웨일즈 지방 광부의 고된 노동이든 아니면 파리의 하수도에서 일하는 사람들의 부러워 할 것 없는 작업이든, 대부분이 관광객의 시선의 대상이 될 수 있다.

맥카넬은 사람들이 타인의 노동 생활에 대해 가지는 흥미로부터 발생하는 사회적 관계의 특성에 대해 면밀하게 조사했다. 그는 그러한 '실제 생활'이 무대의 뒤편에서만 찾을 수 있는 것이며 우리에게 즉각적으로 눈에 띄는 것은 아니라고 언급하였다. 그러므로 관광객의 시선은 사람들의 생활로의 명백한 침입을 수반하게 되는데, 대개 이는 수용되지 못한다. 그래서 관찰되는 사람들과 지역의 관광 사업가들은 점점 부자연스럽고 인공적인 방식으로 무대의 뒤편을 구성하게 된다. 이렇게 하여 '관광객의 공간'은 맥카넬(MacCannell, 1973)이 '무대화된 진실성'이라고 부른 것을 중심으로 조직된다. 만들어진 관광 명소의 발전은, 관광객의 시선의 대상이 되는 사람들이 무대 뒤편 자신의 생활이 침해당하는 것을 막기 위해 그리고 이것을 기회로 삼아 수익성을 기대할 수 있는 투자를 위해 대응한 방식에 기인한 것이다. 따라서 부어스틴과는 대조적으로, 맥카넬은 '유사 사건'이 관광의 사회적 관계에 기인하며 진짜가 아닌 것에 대한 개인주의적 탐색에 기인하지는 않는다고 주장한다.

피어스Pearce와 모스카르두Moscardo는 진실성이라는 개념을 더욱 정밀하게 다루었다(Pearce and Moscardo, 1986; Turner and Manning, 1988). 그들은 배경의 진실성과 시선을 받는 사람의 진실성을 구별할 필요가 있으며, 또한 논의되고 있는 관광객에게 유의미한 관광 체험에는 다양한 구성요소가 있으므로 이들도 구별할 필요가 있다고 주장한다. 반면에 크릭Crick은 모든 문화가 '무대화'되어 있고 진짜가 아니라는 점에 그 의미가 있다는 것을 지적하였다. 문화는 고안된 것이고 다시 만들 수도 있으며 각각의 요소들을 재구성하는 것도 가능하다(Crick, 1988, pp.65~66). 한눈에 보아도 진짜가 아닌 것을 알 수 있는 관광객을 위한 무대화와, 모든 문화에서 발생하는 문화적 변용의 과정이 왜 그렇게 큰 차이를 보이는지 알기 어려운 이유가 여기에 있다(Rojek and Urry, 1997).

애이브러햄 링컨Abraham Lincoln이 1830년대에 몇 년을 지냈던 뉴 살렘에서 이루어진 조사를 바탕으로 하여, 브루너(Bruner, 1994)는 '진실한 것'의 의미를 두고 벌어진 혼란을 흥미롭게 풀어냈다(Wang, 2000). 첫째, 건물이 실제로 낡았든 아니면 새롭게 지어졌든, 세심하게 지어졌는지 아닌지를 불문하고, 어떤 작은 마을이 지난 170년 넘게 그럴 듯하게 낡아 온 것처럼 보인다는 뜻에서 그 마을은 진실한 것이다. 둘째, 1830년대의 모습으로 보이기는 하지만, 사실은 대부분 신축된 건물로 이루어진 마을이 있다. 셋째, 건물과 인공물들이 말 그대로 1830년대의 날로부터 그 이후로 줄곧 거기에 있어 왔다는 뜻에서, 이것들은 진실성이 있다. 그리고 넷째, 마을 안에 있는 '문화유산'을 관할하는 유지보수 단체에 의해 진실한 것으로 인증한 건물과 인공물들도 있다. 홀더니스(Holderness, 1988)도 이와 비슷하게, 셰익스피어 생가 보존회가 스트랫퍼드-어폰-에이번에서 지배적인 역할을 행사해 온 과정을 기술했는데, 이 단체는 어떤 건물, 장소, 인공물이 '셰익스피어Shakespeare의 유산'으로서 진실된 것인지 그리고 그다지 '진실되지' 않은 것들인지를 결정해 왔다. 또한 브루너는 현재의 뉴 살렘이 1830년대와는 완전히 달라졌다고 언급하였는데, 왜냐하면 이전에는 카메라를 목에 걸고 흔들거리는 관광객이 무리를 지어 돌아다니는 일도 없었고 또한 과거 시대의 그것도 오래전 사라진 시대의 주민인 것처럼 의상을 갖춰 입은 배우들을 신이 나서 쳐다보는 일도 없었기 때문이다.

맥카넬은 단 하나의 성지만을 찬양하는 종교적 순례자와는 다르게, 관광객은 수많은 명소와 구경거리를 찬양한다는 점에도 주목하였다. 여기에는 노동과 산업의 현장도 포함되는데, 그 이유는 노동이 사회의 중심적 특징이 아닌 그저 사회의 한 부속물이 되어 버렸기 때문이다 (MacCannell, 1999, p.58). 맥카넬은 노동이 전시되는 것에 대한 그러한 관심을 '소외된 여가'로 특징 지었다. 이것은 지금은 여가이지만 노동 현장으로의 복귀를 포함하는 것이기 때문에, 여가의 목적에 관한 왜곡이 된다.

맥카넬은 또한 일정하고, 의미 있고, 수익성 있는 관광객의 시선이 만들어지고 지속되기 위해 어떠한 방식으로 각각의 명소들이 복잡한 생산의 과정을 갖추는지에 대해서도 언급하였다. 그러한 시선은 그냥 두어서 되는 것이 아니다. 사람들은 언제 어디서 어떻게 '시선을 보낼' 것인지를 배워야 한다. 분명한 표식이 제공되고 어떤 경우에는 시선의 대상이 그 장소에서 과거에 발생했던 어떤 사건이나 체험을 가리키는 표식이 되기도 한다.

맥카넬(MacCannell, 1999, pp.42~48)은 보통 성지화의 과정이라는 것이 존재하며, 그 성지화는 어떤 특정한 자연적 또는 문화적 인공물을 관광 의례의 신성한 대상이 되게 만드는 것이라고 주장했다. 여기에는 여러 단계가 있는데, 풍경을 명명하는 것, 틀을 짓고 들어 올리는 것, 신격화하는 것, 신성한 대상의 기계적인 재생산, 유명한 그들의 이름을 딴 새로운 풍경(또는 '명소')으로서의 사회적 재생산 등이다. 또한 찬양받는 명소가 있다는 것뿐만 아니라 겨우 한 번 시선을 받을지도 모르는 수많은 명소가 있다는 것에 주목하는 것이 중요하다. 달리 말하면, 관광객의 시선은 새로운 것 또는 색다른 것을 탐색하거나 예상하는 것에 있어서 놀라울 정도로 변덕스러울 수 있다. 맥카넬(MacCannell, 1999, p.192)은 '어떤 것이든 명소가 될 수 있는 잠재성을 가지고 있다. 그것이 특기할 만하거나 볼만한 것이라고 남들에게 알려주는 수고를 감내할 수 있는 한 사람을 그저 기다리고 있을 뿐이다'라고 지적하였다.

이 복잡한 과정들은 터너(Turner, 1973 · 1974)가 성지순례를 분석하여 그 일부를 밝혀냈다. 어떤 단계에서 다른 단계로 이동할 때, 그에 수반되는 중요한 **통과의례**가 있다. 여기에는 세 단계가 있다. 첫째는 일상적인 거주의 장소와 관습적인 사회적 유대로부터의 사회적 그리고 공간적 분리의 단계이다. 둘째는 경계상태의 단계이다. 여기서 개인은 자신을 '시공간을 초월한 (…중략…) 반-구조'에 있다고 느끼는데, 이곳은 관습적인 사회적 유대가 중지되고 강렬한 결합력을 가진 '공동감'을 체험하게 되며 신성하거나 초자연적인 것을 직접 접하는 체험이 존재하는 곳이다. 셋째는 재통합의 단계인데, 여기서 개인 보통 좀 더 높은 사회적 지위에서 이전의 사회적 집단과 다시 통합된다.

물론 이 분석은 성지순례에 적용된 것이지만, 다른 연구자들은 관광에 대한 이것의 함의를 이끌어냈다(Cohen, 1988, pp.38~40; Shields, 1990; Eade and Sallnow, 1991을 보라). 성지순례와 마찬가지로, 관광객도 친숙한 곳에서 멀리 떨어진 곳으로 이동하고, 그리고는 다시 친숙한 곳으로 돌아온다. 순례자와 관광객 모두 먼 곳으로 이동하여, 방식은 다르지만, 신성한 성지에서 '숭배'를 행하고, 그 결과 모종의 정신을 고양시키는 체험을 얻는다. V.터너와 E.터너(Turner and Turner, 1978)는 관광객의 경우에 대하여, 일상의 의무가 중지되거나 전도되는 '경계상태'의 상황에 관해 이야기한다. 여기에는 관용적이고 장난스러우며 '진지하지 않은' 행동의 허용, 그리고 상대적으로 속박이 느슨한 '공동감' 또는 사회적 연대감의 장려가 존재한다. 여기 자주 포함되는 것은, 절반 정도 일상적인 행위 또는 일종의 일상화된 비일상이다.

이러한 성지순례에 관한 분석 중 하나는 '세계 신혼여행의 중심지'라고 할 수 있는 나이아가라 폭포에 관한 실즈(Shields, 1990)의 탐구이다. 나이아가라로 신혼여행을 가는 것은, 통상적인 사회적 체험에 관한 규범들이 역전되는 경계상태의 체험으로 발을 들이는 성지순례를 실제로 포함하였다. 특히 역사적으로도 신혼여행을 떠난 사람들은 경계 구역 속에 들어가 있는 존재였는데, 이 경계 구역에서는 여행의 본질적인 요건 그리고 상대적인 익명성과 집단적인 감시로부터의 자유 아래에서 부르주아 가정의 엄격한 사회적 관습들도 완화되었다. 1808년에 쓰인 어느 소설에서, 한 등장인물은 나이아가라 폭포를 두고 '다른 곳에는 업무와 격식에 대한 걱정이 필요하고 나이와 슬픔과 가슴앓이가 있지만, 여기에는 오직 젊음과 신뢰와 환희가 있을 뿐이다'라고 말한다(Shields, 1990에서 인용). 실즈는 또한 나이아가라 폭포가 어떻게, 스코틀랜드의 그레트나 그린Gretna Green과 마찬가지로, 현재에는 거의 의미가 없는 기표이자 상업화된 클리셰가 되어 왔는지에 대해서도 논의했다.

이것의 연장선상에서 일부 연구자들은 그러한 재미있거나 '유희적인' 행위가 배상적이거나 보상적인 것으로서, 관광객들이 가정과 노동이라는 익숙한 장소로 되돌아갈 수 있도록 다시 활력을 주는 것이라고 주장했다(유희적인 전세 요트 관광에 대해서는 Lett, 1983을 보라). 다른 연구자들은 경계상태와 전도라는 일반적인 개념이 좀 더 자세한 내용을 갖출 필요가 있다고 주장한다. 무엇이 전도되고 경계의 체험이 어떻게 작동하는지를 보기 위해서 그날그날의 관광객의 생활양식에 내재된 사회적 문화적 패턴의 본질을 조사하는 것은 필수적이다. 예를 들어 고틀리프 Gottlieb는 휴가 / 휴일에서 추구되는 것은 일상의 전복이라고 주장한다. 중산 계급의 관광객은 '1일 농민'이 되려고 하며 하위 중산 계급의 관광객은 '1일 왕 / 여왕'이 되려고 할 것이다(Gottlieb, 1982). 그리 완전한 예라고는 할 수 없지만 이것들은 관광의 결정적인 특징을 짚어내는데, 이것은 다시 말하면, 친숙한 것과 멀리 있는 것 사이의 구별하는 것, 그리고 그러한 차이들이 뚜렷한 종류의 경계적 구역을 만들어내는 방법이다.

그러므로 진실성에 대한 탐색이 관광의 조직화를 위한 바로그 기반이라고 말하는 것은 부적절한 것 같다. 오히려 한 가지 중요한 특징은 사람들의 일상적인 거주 / 노동의 공간과 관광객의 시선의 대상 사이에 차이점이 있는 것 같다는 점이다. 지금 우리가 진실된 기본 원리로 간주하는 것에 대한 추구가 여기서 중요한 요소일 수 있지만, 어떤 의미에서는 일상적 체험과의 대조가 존재한다는 것이 유일한 이유이다. 게다가 일부 방문객, 페이퍼(Feifer, 1985)가 '포스트 투어리스트'라는 용어로 지칭한 사람들은 평범한 관광 체험의 허구성을 즐기는 경우가 대부분이라는 것이 주장되어 왔다. '포스트 투어리스트'는 관광 게임이 잔뜩 있는 곳에서 재미를 발견한다. 그들은 진실된 관광 체험은 존재하지 않으며, 그저 놀 수 있는 다양한 게임이나 텍스트가 존재할 뿐이라는 것을 알고 있다(뒤의 5장을 보라).

우리는 이 책에서 수많은 관광 체험들의 근본적으로 시각적인 본질에 대해 주장한다. 시선은 어떤 능력감, 즐거움, 그러한 체험의 구조를 제공하면서 '타자'와 방문객의 만남을 조직화한다. 시선은 특정한 시공간 안에서 만들어지는 여러 가지 즐길 만한 특징들을 가려낸다. 무엇이 시각적으로 색다른지, 무엇이 유의미한 차이점인지, 그리고 무엇이 '타자'인지를 확인하면서 시간을 보내는 동안 다양한 감각적 체험들 사이의 관련성을 정리하고 조절하는 것은 바로 시선이다.

우리는 서양에서 관광객의 시선이 나타난 시기를 1840년경으로 잡을 수 있다. 이것은 단체 여행의 수단, 여행에 대한 욕구, 사진 복제의 기술의 특별한 결합이라 할 수 있는 '관광객의 시선'이 서구 근대성의 핵심적 요소가 된 그 시기이다. 7장에서 보겠듯이, 사진은 근대적 관광객의 시선에서 중요한 위치를 차지한다. 관광과 사진은 1840년에 서양에서 시작되었는데, 루이 다게르Louis Daguerre와 폭스 탤벗Fox Talbot은 각자의 방식이 조금씩 다른 카메라를 '발명'했다고 (각각 1839년과 1840년에) 발표했다. 1841년에는 토마스 쿡Thomas Cook이 현재의 패키지 '관광'에 해당하는 상품을 처음으로 만들었다. 최초의 역전 호텔은 요크 시에 1840년대의 철도 건설 붐에 바로 앞서 개장했다. 최초의 전국 철도 시간표인 브래드쇼는 1839년에 출판되었다. 커나드Cunard는 최초의 해양 증기선을 취항시켰다. 아메리칸 익스프레스의 전신인 웰스 파고는 미국 서부 전역에서 역마차 운행 사업을 시작했다(Urry, 2007, p.14).

또한 1840년에 럭비에 위치한 기숙학교의 유명한 교장인 아놀드 박사는 '영국에게 스위스는 (…중략…) 일반적인 여름 관광 장소이다'라고 선언했다(Ring, 2000, p.25에서 인용). 이처럼 1840년은 세계가 전환된 것 같은, 그리고 새로운 관계성의 패턴이 불가역적으로 확립된 주목할 만한 순간 중 하나이다.

그러나 최근의 연구문헌들은 관광을 시각적인 체험으로, 즉 경치를 보는 것으로 환원시키고, 이러한 관광의 수행에서 다른 감각들과 신체적 체험을 무시하는 '관광객의 시선'의 개념을 비판해 왔다. 관광학 내에서 이른바 '공연적 전환'이라고 불리는 것은 관광객들이 더 다양한 감각적 방식, 즉 만지고 맛보고 냄새 맡고 듣는 등의 방식으로 장소를 체험할 뿐만 아니라 그저 기호로서 보여지는 대상과 공간이 아닌 대상과 공간의 물질성을 경험한다는 것을 강조한다. 고프만(Goffman, 1959)의 연출기법적인 사회학과 스리프트(Thrift, 2008)의 비표상적 이론에 착안하면, 이 공연적 전환은 관광객 신체의 유형성, 그리고 관광 노동자, 관광객, 현지인의 상호작용 및 그들의 신체화된 행위를 개념화한다. 또한 관광의 패러다임으로서 시선 보내기와 공연하기 중 하나를 선택하는 것이 필수적이라는 점이 제안되어 왔다(Perkins and Thorns, 2001). 그러나 『관광의 시선 3.0』에서는 관광객의 시선이라는 개념을, 각각의 시선이 담론과 기호에 따라 관행과 물질적 관계에 어떻게 의존하는지를 강조하면서, 공연적이고 신체화된 관행으로 다시 생각한다. 분명한 것은 시선을 향하고 사진을 찍는 신체화되고 '혼합된' 공연, 그리고 각각의 보는 방법을 구성하는 다양한 물질성과 기술을 강조한다는 점이다(특히 8장과 9장을 보라). 게다가 구경하는 것이 중요하기는 하지만, 보는 것만이 관광객이 참여하고 활동적으로 하는 유일한 활동과 감각은 아니다. 시각이 설명할 수 있는 것에는 한계가 있다. 그렇지만 관광의 시선은 관광 공연 내에 항상 존재하는데, 하이킹, 일광욕, 급류 래프팅 등에서 보듯이 분명한 시각적 환경 속에서 그들의 위치 파악에 어느 정도 중요하기 때문이다. 또한 『관광의 시선 3.0』에서는 관광객의 시선의 일부 **어두운** 측면에 대해서도 조명한다 (Urry, 1992; Hollingshead, 1999; Morgan and Pritchard, 2005; Elliott and Urry, 2010). 그리고 그 후에 관광 공연에서 시선을 주는 측과 받는 측 사이의 권력 관계, 서로 다른 형태의 사진을 통한 감시, 세계적인 관광객의 시선이 만들어내는 것으로 보이는 기후 변화 등을 논의한다.

　다만, 잠시 무엇이 별개의 관광의 시선을 만들어내는지를 고려할 필요가 있다. 최소한, 일상생활에서 관습적으로 마주치게 되는 것과 방문하게 되는 장소를 구별해 내는 어떤 측면이 존재해야만 한다. 관광은 평범한 것 / 일상의 것과 특별한 것 사이의 기본적인 이분법에 기인한다. 관광객의 체험은 일상과 비교했을 때 일상의 것으로부터 벗어나 있는 그런 즐거운 체험을 이끌어내는 어떤 측면 또는 요소와 관련된다. 이것은 관광 체험의 생산에 관련된 여타의 요소들 때문에 전형적인 관광객들이 너무 멀리 '나와 있는 것은' 아니라고, '집처럼 편안하다고' 느끼지 않는다는 말은 아니다. 그러나 관광객의 시선의 잠재적인 대상은 어떤 식으로든 달라야만 한다. 이들은 일상에서 벗어난 것이어야 한다. 사람들은 일상생활에서 전형적으로 마주하게 되는 것들과는 다른 감각을 수반하거나 다른 척도에 있는 특별하고 분명한 즐거움을 체험해야만 한다. 그런데 평범한 것과 시각적으로 특별한 것 사이의 그러한 구분이 확립되고 유지되는 방식은 매우 다양하다.

첫째로, 고유한 대상을 보는 것이 있는데, 베이징의 자금성, 에펠탑, 그라운드 제로, 버킹엄 궁전, 그랜드캐니언, 또는 다이애나 왕세자비의 불행한 사고가 발생한 파리 지하차도의 그 현장 등을 예로 들 수 있다. 이들은 모두가 아는, 절대적으로 구별되는 시선을 받을 수 있는 대상이다. 이러한 장소들은 설령 그 명성의 기반을 상실하더라도, 유명하기 때문에 유명한데, 뉴욕의 엠파이어 스테이트 빌딩 같은 곳이 그렇다. '서양'에 살고 있는 사람이라면 누구나 살면서 이런 것들을 보길 원한다. 이러한 장소들은 성지를 향하는, 때때로 수도나 주요 도시, 고유한 세계적인 이벤트 현장을 향하는 순례를 포함한다(Roche, 2000; '동양'의 예시는 Winter, Teo and Chang, 2009).

둘째로, 특별한 기호를 보는 것도 있는데, 전형적인 미국의 고층건물, 일본의 정원, 프랑스의 성채, 노르웨이의 피오르드 등을 예로 들 수 있다. 이러한 시선 보내기의 방식은 관광객이 어떤 면에서 어떻게 기호학자가 되는지를 보여주는데, 여행과 관광에 관한 담론으로부터 도출된 이미 확립된 특정한 개념이나 기호의 기표로 풍경을 독해하기 때문에 그렇다(Culler, 1981, p.128).

셋째로, 이전에는 친숙한 것으로 여겨지던 것의 낯선 측면을 보는 것이 있다. 한 가지 예는 박물관을 견학하는 것인데, 여기서는 문화적인 인공물들을 전시하면서 과거 평범한 사람들의 생활상을 보여준다. 전시물들은 대개 가옥, 일터, 공장이 어떠했었는지를 보여주기 위한 '사실적인' 배경 안에 전시된다. 이로써 방문객들은 친숙하다고 생각해 왔던 다른 사람들의 생활과 관련된 낯선 요소들을 보게 된다.

넷째로, 특이한 맥락을 가진 사람들이 살아가는 사회적 생활의 일상적 측면을 보는 것이 있다. 너무나도 가난한 국가에서 이루어지는 일부 관광은 이러한 부류에 속한다. 방문객들은 집안일을 수행하는 것에 시선을 보내는 것이 흥미롭다는 것을 알게 되고, 따라서 삶의 일과가 의외로 얼마나 낯설지 않은 것인지를 보는 것도 흥미롭다는 것을 알게 되었다.

마지막으로, 특수한 기호를 보는 것이 있는데, 이것은 어떤 다른 대상이 실제로 특별하지는 않은 것처럼 보임에도 불구하고, 그것이 정말로 특별한 것이라고 암시한다. 그 좋은 예로 월석을 들 수 있다. 이것은 딱히 두드러지는 것이 없어 보인다. 사람들의 주목을 끄는 것은 대상 그 자체가 아니라 그것에 참조되는 기호이며, 이것이 월석에 독특한 것으로서의 특징을 부여한다. 이렇게 특징이 부여되면 대상은 특별한 구경거리가 된다(Culler, 1981, p.139). 미술관에서도 비슷한 바라보기가 발생하는데, 시선을 받는 사진의 한 부분이 그 화가의 이름일 때가 그렇다. 이를테면 '램브란트Rembrandt'라는 이름은, 제한된 문화 자본을 가진 사람들에게는 그 미술관에 걸린 다른 사진들과 구별하기 어려울 수도 있는 그림 그 자체 못지않은 것이다.

하이데거Heidegger는 배를 타고 아드리아해를 유람하는 도중에, 관광객이 되는 것에 관련되는 어떤 시각적 당혹감을 포착하였다. 그는 관광객의 **시선**을 특히 강조하는데, 이것은 다른 장소의 체험이 '보는 이의 입장에서 어떤 대상을 자유롭게 다룰 수 있는' 것으로 바꾸는 방법이다(Heidegger, 2005, p.42). 그는 주변에 있는 다른 수많은 '관광객'과 마찬가지로, 자신의 객실이 '구명보트에 가려 바깥 경치가 잘 안 보일' 때에 불평을 하기 시작했다(Heidegger, 2005, p.7). 그러나 그 이후에 조금 더 잘 보이게 되면서 '그리스'로 시선을 보냈다. 그때 하이데거를 곤란하게 한 것은 그것이 '그리스'처럼 보이지 않았다는 것이다. 저것은 진짜 '그리스'인가? 그가 묻는다. '그런데, 이것은 설마 그리스였나? 내가 이해하고 기대했던 것들은 나타나지도 않았고 (…중략…) 모든 것이 이탈리아의 풍경과 더 비슷해 보인다'(Heidegger, 2005, p.8). 그가 계속해서 근심한 것은 '놓치고 있던 것이 그리스적인 요소의 존재'라는 것이었고, 또 한편으로 무수한 다른 관광객들이 상대적으로 낯선 것을 바라볼 때 그것이 보여야 하는 것으로는 보이지 않을 때를 걱정한다는 것이었다 (Heidegger, 2005, p.11). 그리고 하이데거가 고대와 근대 올림픽 경기라는 축제가 열린 본래 장소인 올림피아에 이르렀을 때, '우리가 거기서 본 것은 미국인 관광객을 노리고 건축되는 호텔[로 사용될] 건물로 인해 한층 더 흉하게 훼손된 그저 평범한 마을이었다'(Heidegger, 2005, p.12). 그러니 시선은 무엇을 향해야 하는가?

이처럼, 무엇이 직접적으로 보이는가와 무엇이 기의인가의 사이에는 단순한 관련성이 존재하지 않는다. 우리는 사물을 문자 그대로 '보지' 않는다. 특히 관광객으로서, 우리는 대상, 특히 어느 정도 기호로 구성된 건물을 본다. 이들은 어떤 다른 것을 상징한다. 우리가 관광객으로서 시선을 보낼 때 우리가 보는 것은 다양한 기호 또는 관광의 클리셰다. 그러한 기호의 일부는 은유적으로 기능한다. 영국의 한 멋진 마을은 중세 시대부터 현재까지 이어지는 영국의 연속성과 전통을 표상하는 것으로 이해될 수 있다. 파리의 연인들과 같은 다른 기호들은 환유적으로 기능한다. 여기서는 현상 그 자체가 현상의 일부 속성, 결과, 원인을 대체하여 사용된다. 예전에는 탄광이던 곳에 현재 고용된 전직 광부가 관광객을 안내하는데, 이는 그곳의 경제 구조가 중공업 기반에서 관광 서비스 기반으로 변화했다는 것을 환유한다. 낡은 공장 부지에 산업 박물관을 개발하는 것은 발전한 후기 산업 사회의 환유적 기호이다(6장을 보라).

맥카넬은 '구경거리'를 개발하고 재생산하는 것과 관련된 복잡한 관계를 설명한다. 이들 관계는 어떠한 '표지', '경치', '관광객' 사이에 계속해서 발생하고 있다(MacCannell, 1999, p.41). 시선을 향하는 것은 그저 보는 것이 아니라 해석하고 평가하고 비교하며 기호와 그 지시물 사이의 심적인 관련성을 만들고 사진처럼 기호를 포착하는 인지적 작업을 수반한다. 시선을 보내는 것은 일련의 관행이다. 특정한 경치에 시선을 보내는 개별적인 공연은 문화적 양식, 여러 장소에 관해 유포되는 이미지와 텍스트, 그리고 개인적 체험과 추억 등에 의해 틀 지워진다. 게다가 시선을 보내는 것은 공상하고 마음으로 여행하는 문화적인 수완도 포함한다(Löfgren, 1999). 로젝(Rojek, 1997, p.53)이 말한 것처럼, '비일상은 사색, 몽상, 마음 여행, 그리고 다양한 상상의 행위들을 자연스럽게 끌어들인다.'

관광객의 시선이라는 개념은 특정한 개인들이 여행을 떠나고 싶어 하는 이유에 대해 설명하기 위한 것이 아니다. 오히려 우리가 강조하고자 하는 것은 체계적이고 규칙화된 다양한 시선의 본질인데, 각각의 시선들은 사회적 담론과 관행에 의존하고 또한 어떤 장소나 환경을 '구경할' 필요성을 조장하는 건물, 디자인, 복원물에도 의존한다. 그러한 시선들은 사회적이고 문화적인 관계의 지속적이고 체계적인 집합 속에 존재하는 시선을 **보내는 사람**과 시선을 **받는 사람**을 결부시킨다. 이들의 관계는 사진가, 여행 책, 블로그, 안내서의 작가, 지방 의회, '문화유산 산업'의 전문가, 여행사, 호텔 경영자, 디자이너, 여행업자, TV 여행 프로그램, 관광 진흥 단체, 건축가, 관광 설계사, 관광학 연구자 등등의 수많은 전문 직업인들에 의해 광범위하게 조직되어 있다. 현대의 관광에서, 이러한 기술적이고 기호적이며 조직적인 담론은 방문객의 **구경거리**를 '구성하기' 위해 결합되거나, 하이데거가 그가 그리스를 거쳐 가며 시도했던 '체류'의 사례에서 '자신의 명령과 규정'을 강요하는 어떤 이질적인 힘으로 묘사했던 것을 '구성하기' 위해서 결합된다.

시선에 초점을 맞추는 것은 관광에서 조직적인 감각이 얼마나 시각적인지를 드러낸다. 그리고 이것은 서구 사회의 역사 속에서 눈이 가졌던 일반의 우선적 특권을 반영한다. 시각은 오랫동안 가장 고귀한 감각이자, 인간과 그 물리적 환경 사이에서 가장 잘 구별되고 믿을 만한 감각적인 매개로 취급받았다. 이러한 시각에 대한 강조는 서양의 인식론 속에, 종교 및 그 외의 기호 체계 속에, 그리고 사회가 정부에 대해 어떻게 보여져야 하고 투명하게 되어야 하는지에 관한 개념들 속에 현존하고 있다(Urry, 2000, 4장).

이러한 시각의 확산과 동시에, 그 때문에 시각은 여행에 관한 여러 담론에서 흔히 폄하되었고(Buzard, 1993), 그리고 여행뿐만이 아니라 더 일반적으로도 폄하되었다(Jay, 1993). 오직 시각에만 자유의 통제권을 두는 사람은 조롱의 대상이 된다. 그러한 구경꾼들, 특히 카메라를 목에 걸치고 다니는 사람들은 주위 환경, 사람, 장소를 깊이 없이 감상한다는 취급을 받기 십상이다. 마틴 파Martin Parr의 사진 컬렉션 〈Small Worlds〉에서는 (대부분 남성인) 카메라를 목에 건 관광객에 관한 폄하를 드러내고 폭로했다(Martin Parr, 1995; Osborne, 2000, 7장).

　단순히 구경하는 것에는 큰 어색함이 있을 수 있다. 시각은 어쩌면 가장 피상적인 감각으로 비쳐질 수도 있는데, 다른 감각을 동원해야 하고 또 제대로 된 몰두를 위해서는 장기간의 시간을 필요로 하는 실제적 체험을 방해하기도 하기 때문이다.

　잘 알려져 있듯이, 워즈워스Wordsworth는 레이크 디스트릭트가 다른 눈을 필요로 한다고 주장했는데, 그것은 비교적 거칠고 사람의 손이 닿지 않은 자연을 보고도 위협을 받거나 겁을 먹지 않을 눈이다. 그런 눈은 '느리고 점진적인 문화의 과정'을 필요로 한다(Wordsworth, 1984, p.193). 단순히 구경만 하는 관광객에 대한 이러한 비판은 더 극단으로 이끌려, 가짜로 설계되어서 본래의 것보다 더 '사실적인' 모습을 갖춘 장소인 '초현실'에 대한 비판으로 이어진다(Baudrillard, 1983, 1988; 5장을 보라). 초현실성에서의 시각은 가시적인 특징들의 한정적인 나열로 환원된다고 한다. 그러면 시각은 과장되고 다른 감각들을 지배한다. 초현실의 장소들은 겉모습으로 특징이 부여된다. 시각은 그 장면에서 가장 즉각적이고 가시적인 측면으로 집중되는데, 예를 들면 디즈니랜드 메인 스트리트의 매혹적인 외관이나 맨체스터 트래포드 센터에 고급 여객선의 객실처럼 꾸며 놓은 모습이 그러하다. 그렇지만 이들 장소들은 다른 방식으로도 물론 공연될 수 있다(6장과 8장을 보라; Bryman, 1995; 또한 '진정한' 테마 파크, 디즈니에 대해서는 Fjellman, 1992를 보라).

　그러나 관광객의 시선이 이러한 일반적인 감각에서 발생하기는 하지만, 다양한 담론을 통해 인정받게 되는 다른 종류의 시선도 존재한다. 이 담론들 중에 **교육** 담론이 있는데, 18세기 유럽의 그랜드 투어 및 현재의 수많은 연수여행 프로그램이 대표적이다. **건강**이라는 담론도 있는데, (스위스의 알프스나 뉴질랜드의 로터루아와 같이) 대개 신체의 회복을 위해 특정 장소에 머물면서 개개인의 건강 기능을 '쾌유'하기 위해 고안된 관광을 예로 들 수 있다. **집단의 결속** 담론은 (나이아가라 폭포에서처럼 : Shields, 1990) 일본인이나 대만인들이 많이 하는 관광에서 볼 수 있다. **즐거움과 놀이의** 담론의 경우 18~30세 사이의 사람들만 이용할 수 있는 카리브해의 풀 패키지 리조트 시설에서 이루어지는 '유희적' 관광으로 대표된다. **문화유산과 기억**이라는 담론은 지역 고유의 역사, 박물관, 재창조된 축제, 제례, 춤 등등의 발굴과 함께 드러난다(잉카의 유산에 대해서는 Arellano, 2004를 보라). **민족** 담론은 점점 더 수익성도 있고 자치적인 것이 되어가는 **스코틀랜드 더 브랜드**라는 개념에서 볼 수 있다(McCrone et al., 1995).

그리고 서로 다른 담론은 서로 다른 사회성을 함축한다. 우리가 **낭만적** 시선이라고 부르는 것은 고독, 사생활, 그리고 개인적이면서 반쯤은 정신적인 시선의 대상과의 관계를 강조한다. 이러한 경우에 관광객은 그 대상을 남몰래, 아니면 적어도 '중요한 타자'와만 함께 바라보기를 기대한다. 가령 타지마할의 경우, 처음 방문한 수많은 사람들은 서양인 방문객이 원하는 고요한 사색을 함부로 침범하고 망쳐 놓는다(타지마할에서 다이애나 왕세자비를 찍은 사진이 잘 보여주고 있다, Edensor, 1998, pp.121~123). 낭만적 시선은 아무도 없는 해변, 휑한 산 정상, 사람의 손길이 닿지 않은 숲, 오염되지 않은 산 개울 등 혼자만의 시선이 향하는 새로운 대상에 대한 탐색을 수반한다. 낭만적 시선이라는 개념은 관광지, 특히 '서양'의 관광지를 홍보하고 광고하는 데에 끝없이 활용된다.

대조적으로 우리가 **집단적** 관광객의 시선이라고 부르는 것은 연회의 분위기를 포함한다. 다른 사람들도 같은 장소를 본다는 것이 축제나 운동의 활기나 기분을 가져다준다. 수많은 사람들이 여기가 **바로** 그러한 장소라는 것을 알게 해 준다. 바르셀로나, 이비사, 라스베이거스, 베이징 올림픽, 홍콩 등과 같은 장소의 집단적 소비에는 이러한 움직이면서 어딘가를 둘러보는 타인들의 존재가 필수적이다. 보들레르Baudelaire는 **플라뇌르**flâneurie라는 개념을 들면서 '군중들 사이, 세상의 흥망성쇠, 부산함과 한순간 속에서 살아가는 것'(Tester, 1994, p.2에서 인용)이라고 관련지어 설명했다. 타지마할로 가는 인도인 방문객들은 가족 및 친구와 함께 국가적인 기념물을 공동으로 목격한다는 것과 깊이 관련이 되어 있는 반면(Edensor, 1998, p.126), 북유럽과 북아메리카의 수많은 해변 휴양지에는 집단적 시선의 필수요소인 군중들이 사라지고 있다. 즉 일종의 상실된 집단적 시선의 현장이 되어 가는 것이다(Walton, 2000).

이 두 종류의 시선과 별개로, 여러 연구자들은 다른 시선들, 즉 사람들이 체류하는 동안이든 움직임을 통해서든 장소가 시각적으로 소비될 수 있도록 하는 다른 방법들을 제시해 왔다. 이들은 포함된 사회성, 소요되는 시간의 길이, 시각적 감상의 질적 특성에 따라서 다양하게 나타난다. 첫째로는 **방관적** 시선이 있는데, 이는 한번 흘끗 보고 지나가면서 아주 짧은 시간 동안 보아 오던 서로 다른 기호들을 집단적으로 훑어보고 수집하는 것을 포함한다. 그 예로 관광버스의 창문을 통해서 순간적으로 본 것들을 수집하는 것(Larsen, 2001) 또는 노르웨이의 크루즈 선박이나 페리를 탄 방문객이 '축약판 노르웨이'를 보는 것을 들 수 있다. 그리고 **숭배적** 시선이라는 개념이 있는데, 이것은 예를 들면 이슬람교도들이 성지인 타지마할을 정신적으로 소비하는 방식을 설명하는 데에 활용된다. 이슬람교도 방문객들은 주위를 살피는 것을 멈추고 모스크, 묘역, 각인된 코란 문구에 대한 주의를 집중한다(Edensor, 1998, pp.127~128). **인류학적** 시선은 각각의 방문객들이 어떻게 여러 풍경 / 장소를 살펴보는지, 그리고 그 풍경 / 장소를 역사적인 의미와 상징의 배열 속에 해석적으로 위치시킬 수 있는지를 설명한다. (발리에서처럼) 일부 관광 가이드는 풍경 / 장소를 역사적으로 그리고 상호문화적으로 해석하는 해설을 스스로 제공하기도 한다(관광 가이드로서의 인류학자에 대해서는 Bruner, 1995를 보라).

이것과 관련되는 것으로 **환경적** 시선이 있다. 이것은 '환경'에 남겨진 관광객의 발자취를 밝혀내기 위하여 관광객의 다양한 행위들을 조사하는 학술적인 담론이나 공인된 비정부기구의 담론을 포함한다. 그러한 성찰에 기반하여 가장 작은 발자취를 남기는 것을 선택할 수 있게 되고 또 여러 매체를 통해 뜻을 함께하는 환경운동가들에게 추천할 수 있게 된다(영국의 캠페인 기구인 투어리즘 컨선처럼: Urry, 1995a, p.191). 그리고 **미디어화된** 시선이 있다. 이는 집단적 시선의 하나로서, '중개된' 속성에 의해 유명해진 특정한 장소를 보는 것이다. 이것은 소위 영화에 의해 유발되는 관광의 시선이다(5장을 보라). 장면에 대한 그러한 시선 보내기는 중개된 사건의 양상이나 요소를 다시 체험하도록 해 준다. 이러한 중개된 시선의 예에는 수많은 할리우드 영화의 배경이 된 산타모니카와 베니스 해변의 야외촬영지들, 지금은 〈밸리키스엔젤Ballykissangel〉의 관광객들이 들끓는 위클로Wicklow 주에 있는 아보카Avocá 마을, 그리고 다양한 '마살라masālā' 영화의 배경이 된 타지마할TajMahal 등이 포함되는데, 이곳에서 특정한 장면들을 다시 체험할 수 있다(Edensor, 1998, p.127). 마지막으로, **가족적** 시선이 있다. 할드럽과 라르센(Haldrup and Larsen, 2003)은 뚜렷이 다른 시각적 환경 속에 있는 행복한 가족사진 모음을 만들기 위해 얼마나 많은 관광 사진 촬영이 이루어지고 있는지를 제시하였다(7장과 8장을 보라).

8장에서 더 자세히 논의되겠지만, 시선을 보내는 것은 시각을 넘어선 감각을 수반하는 신체화된 사회적 관행이다. 가끔씩 우리는 여행을 **유형적인** 여행으로 지시할 것이다. 이는 자주 망각되지만 너무나도 명백한 어떤 것을 강조하기 위한 것이다(특히 남성 연구자들이 그러하다! Veijola and Jokinen, 1994). 여기저기를 이동하는 관광객들은 술에 취해 비틀거리는 사람, 허약한 사람, 나이든 사람, 성별과 인종마다의 차이를 가진 다양한 사람들의 신체들로 구성되어 있다. 이러한 신체들은 다양한 감각을 통해 다른 신체, 사물, 물리적 세계와 조우한다. 관광은 **유형적인** 움직임과 기쁨의 형태를 동반하며 이는 모든 관광학 연구의 중심이 된다. 그러한 뜻에서 관광객의 시선은 최소한 간헐적으로는 움직이는 그들 자신의 신체 사이의 관계를 포함한다.

이 움직임의 유형성은 이따금씩 물리적 근접성을 만들어내어, 어떤 풍경이나 도시 경관이라는 같은 공간 속에서, 또는 어떤 생생한 사건의 현장에서, 또는 친구, 가족, 동료, 파트너와 함께, 아니면 오히려 바랐던 '낯선 이들'(스키를 타는 모든 사람들, 18~30세의 독신인 모든 사람들, 또는 브릿지 카드 게임의 모든 참가자들)의 일행 속에서 신체적으로 함께 있게 된다. 대부분의 여행은 그 여행을 절대적으로 필요한 것처럼 보이게 만드는 강력한 '근접성에의 충동'에 기인한 것이다(Boden and Molotch, 1994; Urry, 2007). 수많은 노동과 사회생활은 여행을 필연적으로 수반하는데, 그것은 교제와 만남의 필요, 타인에 대한 격려, 네트워크 유지의 중요성 때문이다(Larsen et al., 2006). 자기 자신이 직접 그곳에 있게 된다는 것은 대부분의 관광에서 결정적인 것인데, 그 장소가 전 세계적인 관광 산업에서 핵심적인 위치를 점하는 곳이든 아니면 그저 친구에게서 한번 들어본 적이 있는 곳일 뿐이든 그것은 상관없다. 장소는 '자기 자신의' 눈으로 보고 직접 체험해야 하는 대상이다. 어린 시절을 보낸 집을 찾아가거나, 특정한 레스토랑을 방문하거나, 어떤 강 계곡을 따라 걷거나, 특별한 산을 의욕적으로 오르거나, 스스로 좋은 사진을 찍거나 하는 활동을 직접 하는 것이다. 이렇게, 감각의 공존은 특정한 장소를 보거나 만지거나 듣거나 냄새를 맡거나 맛보는 것을 포함한다(수반되는 복합적인 감각에 대해서는 Rodaway, 1994; Urry, 2000을 보라).

더 다양한 종류의 여행은 '생생한' 사건을 볼 수 있는 곳에서 이루어지는데, 이때의 사건은 어떤 구체적인 순간에 열리도록 기획된 것이다. 예로는 정치 행사, 예술 행사, 축하 행사, 스포츠 행사 등을 들 수 있는데, 스포츠 행사의 경우 그 결과를 (심지어 그 기간도) 알 수 없기 때문에 특히 '생생하다.' 이들 모두는 강렬한 공존의 순간을 만들어낸다. 다이애나 왕세자비의 장례식, 상하이 세계 엑스포, 글래스톤베리 페스티벌Glastonbury Festival, 2010년 FIFA 월드컵 남아프리카 공화국 어디에서든 그렇다. 이러한 행사들은 한 번 놓치면 영원히 볼 수 없기 때문에, 아주 특정한 순간에 '세계적인 도시'에서 그 특별하고 생생한 대규모 행사를 '포착하기' 위한 사람들의 엄청난 이동이 발생한다. 로시(Roche, 2000, p.199)는 이 계획된 대규모 행사에 대해 '전 세계적인 흐름을 전달하고 혼합하며 그 경로를 바꾸는 (…중략…) 사회적 시공간의 "허브"이자 "스위치"'라고 설명했다. 그러한 사건들은 전 세계적인 응축이 이루어지는 시공간적 순간인데, 이는 '흔치 않은 사건이 무대에 올려 졌기 때문에 이 장소도 흔치 않다'라고 하는, 세계적인 사건의 매우 강렬한 '지역화'를 수반한다. 따라서 이들 장소는 '일상적인 곳에서 (…중략…) 전 세계적인 관광에서 분명한 지위를 점유할 수 있는 특별한 "개최 도시"의 현장으로 스스로를 변형시킬 수 있는 힘'을 가진다(Roche, 2000, p.224; 6장을 보라).

그러한 공존은 다른 장소들을 넘나들고 뛰어넘는 여행을 포함하는 경우가 대부분인데, 생생한 사건을 보기 위해 시각적으로 독특한 장소에 가고, 특별한 암벽을 오르고, '뜬구름처럼 유유자적' 거닐고, 급류 래프팅을 하고, 번지 점프를 하는 등의 경우를 예로 들 수 있다. 이러한 유형적으로 정의된 행위들은 노동과 가사 공간으로부터 지리적으로 그리고 존재론적으로 멀리 떨어져 있는 특수하고 전문화된 '여가 공간'에서 발견된다. 실제로, 신체가 육체적으로 생기 넘치거나 겉보기에 '자연 그대로의 것이거나' 활기를 띠고 있을 수 있는 이들 장소가 가지는 매력의 일부는, 그곳들이 매일의 일상과 장소와는 감각적으로 '다르다'라는 점이다. 링(Ring, 2000)은 19세기에 알프스가 이렇게 특수화된, 영국 신사가 제대로 생기가 넘친다는 것을 분명히 느낄 수 있었던 장소로 어떻게 개발되었는지를 흥미롭게 설명했다.

이러한 장소들은 '모험'을 수반하는데, 이는 시공간 속에서 복잡한 길을 찾아가는 동안 움직이는 신체로부터 얻어지는, 강렬한 신체적 각성으로부터 야기되는 삶의 외딴 섬이라 할 수 있다(Frisby and Featherstone, 1997을 보라; 그리고 암벽을 등반하는 '모험가'에 대해서는 Lewis, 2000을 보라). 몇몇 사회적 행위들은 신체가 외부 세계와의 관련성을 형체화하는 곳에서 신체적인 저항을 수반한다. 18세기 후반에, 저항으로서의 걷기의 발달, 즉 통행의 '자유'와 여가로서의 산책의 발달은 확립된 사회적 계급에 맞서는 소극적인 저항 행위였다(Jarvis, 1997). 비슷하게, 극한의 '모험 관광'은 노동 및 일상생활에 대한 물리적인 저항의 형태를 예증한다(Perkins and Thorns, 2001). 구릿빛 신체를 얻는 것에 대한 쾌락주의적 욕망은 개신교적 윤리, 여성의 가정생활, '합리적인 휴양'에 대한 저항을 통해 발달했다(Ahmed, 2000을 보라). 비슷하게, 신체를 가만히 쉬게 하고 이국적이면서 만족스럽고 호화스러운 대우를 받는 건강 온천 여행의 증가를 통해서도 '기독교적 윤리'의 전형에 대한 저항을 확인할 수 있다.

우리는 지금까지 신체에 대해 관광객의 관점에서 다루어 왔다. 그러나 관광은 보여주고, 공연하고, 기교, 매력, 힘, 성 등을 동원하여 방문객을 유혹하는, 말하자면 보여지는 신체에 대상으로 하는 경우가 보통이다(4장을 보라). 게다가, 우리는 지금까지 시선을 보내는 사람의 시각에서 시선을 고려해 왔다. 그런데 관광학 연구는 대부분 시선이 향해지는 것에 의한 결과에 관심을 두어, '관광객이 몰려드는 곳'에서, 예컨대 팬옵티콘 안에 있는 것과 다소 비슷한 시선의 대상이 되어 노동하는 것을 다루어 왔다(Urry, 1992). 연출된 진실성은 방문객들에게 적절하게 '진실되어' 보이는 것을 제공하는 동안에 침입적인 눈으로 여겨질 수 있는 것을 막는 효과를 가질 수 있다. 그러나 이것이 가능한지 아닌지의 여부는 '호스트' 공동체 내의 권력 관계, 방문객들의 시공간적 특성, 수반되는 시선의 종류와 같은 다양한 결정 요인에 달려 있다. 예를 들면, 가장 작은 침입적인 시선도 방관적인 것이 될 수 있는데, 왜냐하면 이것이 움직이면서 금세 지나쳐 갈 것처럼 보이기 때문이다(다만 면식이 없는 사람들의 끊임없는 왕래가 그 자체로 압도적인 것이 될 수 있기는 하다). 인류학적 시선은 가장 침입적인 것이 될 수 있는데, 관광객들이 그 호스트 공동체에 오랜 기간 머물면서 그곳을 '진실되게' 알려고 할 것이기 때문이다.

그러나 관광객은 시선을 보낼 뿐만 아니라 그곳의 관계자와 '현지인'에 의해 시선을 받기도 한다. 현지인들은 관광객의 행위, 복장, 신체, 카메라 등에 시선을 보내며, 관광객들을 보고 즐거워하거나 혐오스러워하거나 흥미로워하거나 멋지다고 느끼기도 한다. 마오즈(Maoz, 2006)는 '상호적 시선'에 대해 다루면서, 어떻게 관광객들 또한 철창 속에 갇힌 미치광이처럼 현지인들에 의해 감시될 수 있는지를 강조하였다(8장을 보라).

움직이는 세계 Mobile Worlds

이 책의 초판이 발간된 1990년에는 오늘날 우리가 '세계화'라고 부르는 과정이 얼마나 중요한 것이 될지가 불분명했다. 실제로 당시 인터넷은 발명된 지 얼마 되지 않았고, 지금까지의 어떤 기술보다도 빠르게 침투하여 사회생활의 수많은 측면들을 어떻게 변화시킬 것인지에 대한 언급도 없었다. 그리고 인터넷이 등장한 직후에는 또 다른 '모바일 테크놀로지', 즉 휴대전화가 나타나 이동하는 중에도 의사소통을 할 수 있게 되었다. 전체적으로 지난 20여 년 동안 현저한 '시공간의 압축'이 관측되었고, 다양한 과학 기술에 힘입은 발전을 통해 전 세계의 사람들은 더 가까워지게 되었다. 바우만(Bauman, 2000)이 설명한 것처럼, 단단하게 고정되어 있던 근대성에서, 더욱 가변적이고 빨라진 '유동적 근대성'으로 점점 변해가는 중이다.

그리고 특히 허브 공항에서 허브 공항으로, 물리적으로 이동하는 여행자와 관광객의 빠른 이동의 흐름도 부분적으로 공간의 압축이라는 의미를 생겨나게 했다. 한편으로 우리는 인터넷을 통한 가상 여행, 전화, 라디오, TV를 통한 상상 여행, 그리고 전 세계적인 여행 산업의 기반시설을 이용하는 유형적인 여행을 별개의 것으로 구별한다(Urry, 2007; Cresswell, 2006도 보라). 이 모든 '왕래'의 총량이 지난 10년간 확대되었고, 가상 여행 및 상상 여행이 유형적인 여행을 대체한다는 어떤 증거도 없지만, 이 서로 다른 여행의 양식들 사이에는 복잡한 교차 지점이 존재하고 양자의 구별은 점점 더 어려워지고 있다. 마이크로소프트에서 '오늘 당신은 어디로 가고 싶습니까?'라고 질문한 것처럼 말이다. 그리고 '거기에' 갈 수 있는 방법은 아주 많다.

우리가 말하는 유형적 여행은 방대한 차원에 걸쳐 있고, 전례 없이 거대한 규모로 사람들이 국경을 넘나드는 이동으로 이루어져 있다. 이러한 유동성 때문에 전 세계의 거의 모든 사회들 사이의 관계는 관광객의 흐름에 의해 매개되고, 장소는 차례로 그러한 흐름의 수용자로서 모습을 바꾸게 된다. 전 세계에 걸쳐 '장소'에 [관한] 다방면의 생산과 '소비'가 이루어진다(Urry, 1995a를 보라). 현대의 세계적 문화를 구성하는 핵심 요소는 지금을 기준으로 말하자면 호텔 뷔페, 수영장, 칵테일 파티, 해변(Lencek and Bosker, 1998), 공항 라운지(Cwerner, Kesselring and Urry, 2009), 그리고 구릿빛 피부(Ahmed, 2000) 등이 있다.

이러한 다방면성은 '관광 성찰'의 증가, 즉 각각의 (그리고 모든?) 장소에 대해 새로이 생겨나는 세계적 관광이라는 패턴 안에서의 관광 잠재성을 관측, 평가, 개발할 수 있도록 하는 원리, 절차, 기준의 확립을 전제로 한다. 이 성찰은 전 세계를 휘몰아치는 지리, 역사, 문화의 정세 속에 있는 어떤 특별한 장소의 위치를 확인하는 것과 관련되며, 특히 장소의 현재적 그리고 잠재적인 물질적, 기호적 원천을 확인하는 것과도 관계가 있다. 이 '관광 성찰'의 한 요소는 관광학 연구, 즉 새로운 연구 논문, 교과서, 이문화 관련 학술대회, 학과, 그리고 학술지의 제도화이다(Jamal and Robinson, *The Sage Handbook of Tourism Studies*, 2009를 보라). 그리고 지역 국가, 민족 국가, 다민족 국가, 기업, 자원봉사 단체, 비정부 기구와 연계된 자문 회사도 다수 존재한다. 이러한 '관광 산업'의 발생은 데이비드 로지David Lodge의 *Paradise News*(1991)에 등장하는 관광 인류학자인 루퍼트 셸드레이크Rupert Sheldrake라는 인물에게서 포착된다.

이러한 성찰은 단순히 개인과 개인 생활의 가능성에 관한 문제가 아니라 체계적이고 규칙화되고 평가적인 절차의 집합이며, 이것은 격동하는 세계 질서 속에 있는 장소의 위상을 주시하고 수정하고 극대화할 수 있도록 한다. 이러한 절차는 새롭거나 다르거나 보기 좋게 다시 포장되거나 어떤 틈새에 의존하는 장소들 그리고 거기에 대응하는 시각적인 이미지를 '창안해 내고' 생산하고 판매하고, 특히 세계에 퍼져 있는 TV와 인터넷을 통해서 유포한다. 그리고 이러한 이미지의 유포는 세계 그 자체에 대한 인상이 이를테면 멀리에서 보여질 수 있게끔, 더 그렇게 만든다(Franklin, Lury and Stacey, 2000을 보라).

물론 세계 공동체의 모든 구성원들이 세계적인 관광 내에서 서로 동등한 구성원인 것은 아니다. 공항 라운지, 버스 정류장, 철도 종착역, 고속도로 휴게소, 부두 등등 근대성을 표상하는 수많은 '공허한 만남의 장소' 또는 '비-장소' 내에는 전 세계의 관광객과 여행자에 버금가는 정도의 셀 수 없이 많은 세계의 망명자들도 존재한다(Augé, 1995). 경제적이고 사회적인 불평등, 그리고 최근 몇 년 동안 확대되고 많은 사람들에게 이주를 강요한 결과로서의 인구 이동으로서, 이 망명자들은 기근, 전쟁, 기후변화, 고문, 박해, 집단 학살로부터 달아나고 있다. 최근 증가하는 '인간 밀입국'은 수십억 파운드 규모의 산업이 되었고 세계 각지에서 때를 가리지 않고 수백만 명이 이동을 하고 있다.

'관광객의 시선'에서 주목할 점은, 세계 질서의 주변부, 그리고 실제로 학술 연구의 주변부에서부터 새롭게 나타난 '유동적 근대성'이라는 움직이는 세계의 거의 중심에 이르기까지 여러 곳에서 '관광'을 다루는 사례가 많아졌다는 점이다. 먼저, 전혀 그렇지 않아 보이는 곳에도 관광 기반시설이 갖춰지고 있다. 세계를 넘나드는 대부분의 사람들이 방문객으로서의 세계적인 관광객인 것은 분명 아니지만, 이것이 사람들이 살아가는 장소들과 그와 관련되는 자연, 민족, 식민주의, 희생, 공동체, 문화유산 등의 이미지들이 탐욕스러운 세계적 관광의 강력한 구성 요소가 아니라는 것을 의미하지는 않는다. 세계적인 관광의 패턴에서 현재 중요하게 거론되는 목적지로는 알래스카, 남극 대륙, 채널 제도의 나치 점령지, 폐탄광, 그라운드 제로, 아이슬란드, 몽골, 에베레스트산, 북아일랜드, 터키 '점령' 하의 북키프로스, 진주만, 소련 붕괴 이후의 러시아, 남아프리카 소웨토 흑인 거주 구역(〈사진 1-2〉를 보라), 우주 공간, **타이타닉호**, 베트남 등을 들 수 있다.

<사진 1-2> 일상적인 흑인 거주 구역, 소웨토

　어떤 경우에 관광객의 목적지가 된다는 것은 성찰적인 과정의 한 부분이 되는 것으로서 이를 통해 그 사회와 장소가 세계 질서 속에 투입되거나, 1978년 이후의 중국이나 1990년대의 쿠바의 경우에서와 같이 '재투입되는데', 후자의 경우 그들의 장소 마케팅에 부분적으로 공산주의 체제 이전에 쓰던 미국 차량을 활용한다. <사진 1-3>을 보라.

　게다가, 굉장히 다양한 국가들, 특히 '동양' 국가들에서 떠나온 관광객의 상당한 증가가 확인되는데, 이 동양 국가들은 과거에 서양 관광객들이 주로 방문하고 소비했던 장소였다. (학생들의 연수여행과 '배낭여행객의 관광'에 더하여) 현재 아시아 중산 계급의 수입 증가는 세계 문화를 규정하는 것으로 여겨지는 서양의 장소들을 보고자 하는 강렬한 욕구를 만들어내고 있다. 중국 본토에서 거대한 중산 계급 관광객의 수요가 성장하는 것은

〈사진 1-3〉 쿠바의 장소 이미지를 새로 형성하는 1950년대의 미국 자동차

주요하고 새로운 진전이다. 그러나 헨드리(Hendry, 2000)는 '서양스러움'이라는 이국적인 특징으로 가득한 테마파크가 여러 아시아 국가 내에 얼마나 다양하게 세워졌는지를 설명했다. 그녀는 이것을 동양의 역습The Orient Strikes Back이라고 묘사하면서, 아시아인들이 자신의 본국을 떠나지 않고서도 보고 놀라워하고, 신기해할 수 있도록 서양 문화의 많은 특징을 전시해 내보이는 것이라고 하였다(더 일반적인 논의는 Winter, Teo and Chang, *Asia on Tour*, 2009를 보라).

더욱이, 수많은 유형의 노동이 오늘날 세계 관광의 이러한 순환고리 안에서 발견되고 있고, 따라서 이들이 다중적인 소비 공간의 전역에 퍼진 더 일반적인 '기호의 경제'와 더 많이 겹치는 관광의 순환고리와 얽혀 있지 않거나 영향을 받지 않기는 어렵다(Lash and Urry, 1994; 4장을 보라). 그러한 노동의 형태에는 교통, 접객, 여행, 디자인, 상담이 포함되는데, 구체적으로는 세계적인 관광지의 이미지, 세계적인 우상물(에펠탑), 우상적 전형(세계적으로 유명한 해변), 토착적 우상물(발리 댄스) 등을 만들어 내거나, 인쇄물, TV, 뉴스, 인터넷 등을 통해 이미지를 중개하고 유포하거나, 관광 기반시설의 건설이나 개발을 지지하거나 반대하는 정치적인 수단과 항의 캠페인을 조직하는 등의 활동을 들 수 있다. 그리고 거의 어디에나 있는 섹스 관광 산업도 포함된다(Clift and Carter, 2000; 3장을 보라).

또한 강력하고 어디서나 볼 수 있는 세계적 브랜드나 로고가 점점 더 세계 곳곳을 누비고 있다(Klein, 2000). 그들의 유동체와 같은 위력은, 지난 20년 동안 가장 큰 성공을 거둔 회사들이 어떻게 상품 제조업에서 전환하여 마케팅, 디자인, 협찬, 홍보, 광고 비용을 막대하게 지출하면서 브랜드 생산자로 탈바꿈해 왔는지를 통해서도 볼 수 있다. 이러한 브랜드 기업들에는 '콘셉트' 또는 '라이프스타일'을 만들어 온 나이키, 갭, 이지젯, 더바디샵, 힐튼, 버진, 클럽메드, 샌들즈리조트, 스타벅스 등등 여행 및 여가와 관련된 곳들이 다수 포함된다. 이 기업들은 '점포와 제품 생산이라는 실제적인 부담에서 벗어나 있고, 그들의 브랜드가 명성을 드높이는데 여기에는 상품과 서비스의 보급보다 집단적 환상이 차지하는 부분이 적지 않다'(Klein, 2000, p.22). 클라인(Klein, 2000, pp.118~21)은 이러한 '세계의 십대를 겨냥한 시장'의 중요성을 이끌어내면서 전 세계 약 10억 명 정도 되는 청년들이 같은 종류의 소비자 브랜드를 과할 정도로 소비한다고 하였다.

이처럼 막대한 수의 사람들과 장소들이 휘몰아치는 세계 관광의 소용돌이 속으로 휘말려 들어가는데, 그 경로는 각양각색이다. '세계'와 '관광', 이 두 가지는 별도의 실체가 아니며, 서로가 어떤 외적인 관련성을 가지고 있다. 오히려 이들은 복잡하게 뒤엉켜 있는 일련의 똑같은 과정의 부분이자 일면이다. 게다가, 한데 모여 있는 기반시설, 이미지와 사람의 흐름, 새로이 생겨나는 '관광 성찰'의 관행은 '글로벌 하이브리드'의 개념으로 다루어져야 마땅하다(Urry, 2003). 이것을 하이브리드라고 부르는 이유는, 이것이 기술, 텍스트, 이미지, 사회적 관행 등의 집합으로 구성되어 있기 때문인데, 이들은 서로 함께하여 세계 도처에 그 자신을 확장하고 재생산한다. 이것은 인터넷, 자동차에 의한 이동성, 세계 금융 등 여타의 글로벌 하이브리드가 보이는 이동성과 유사한데, 이들은 세계 곳곳에 확산되어 '세계적'이라는 것을 다시 만들어내고 다시 공연한다.

바우만의 관점에서 나그네와 관광객은 포스트모던 시대를 위한 그럴 듯한 은유인데, 그가 말하길, 나그네는 목적지를 정하지 않고 돌아다니는 순례자이면서 여정을 정해 놓지 않은 방랑자이고, 한편 '세계는 관광객이 마음대로 할 수 있으며 (…중략…) 즐겁게 살아갈 수 있는 곳이다'(Bauman, 1993, p.241). 나그네와 관광객은 모두 타인의 공간을 지나다니고, 물리적인 가까움을 도덕적인 근접성과 구별하며, 행복과 좋은 삶에 대한 기준을 설정한다. 바우만(Bauman, 1993, p.243)에 따르면, 좋은 삶이라는 것은 '계속되는 휴일'과 비슷한 것으로 생각되어 왔다. 따라서 바우만의 주장에 따르면, 이것은 새로운 세계 질서 내에서 최소한 1/3이 되는 부유한 사람들이 살아가는 방식이기 때문에, 별도의 관광객의 시선은 존재하지 않는다.

여성주의적 분석가들은 정말로 이유도 없고 속박되지도 않는 이동이 있을 수 있다는 것을 함축하는 이러한 남성주의적 특성을 비판한다. 하지만 사람들은 저마다 축어적으로든 비유적으로든 '여행 중'일 수 있는 매우 다양한 방법을 가지고 있다(Wolff, 1993). 게다가 요키넨과 베이욜라(Jokinen and Veijola, 1997)는 '남성주의적인' 여러 방랑자적 은유의 결함을 예증했다. 만약 이러한 은유들이 파파라치, 알코올 중독인 노숙자, 섹스 관광객, 바람둥이 따위로 다시 표현된다면, 이것들은 남성주의적인 방랑자적 이론 내에서 누려 왔던 긍정적인 평가를 잃게 될 것이다. 정말로, 누군가의 이동성은 항상 타자의 비이동성을 전제한다. 움직이는 관광객의 시선은, 움직이고 지나치는 관광객을 위해 자신의 신체를 봉사하고 전시하는 움직이지 않는 (보통은 여성의) 신체를 전제한다.

그래서 모리스(Morris, 1988)는 현대의 움직이는 생활의 본질을 나타내고자 모텔의 은유를 제시하였다. 모텔에는 로비가 없고, 고속도로망과 연결되어 있으며, 엉켜 있는 인간 주체들을 제대로 대우한다기보다는 사람들을 중계하는 기능을 하고, 사람들의 순환과 이동에 전념하면서 독자적인 장소와 위치라는 느낌도 사라진 곳이다. 모텔은 '오직 이동, 속도, 끊임없는 순환을 기념하는' 곳으로서, '결코 진정한 **장소**일 수 없고', 각각은 '고속의 섬광과도 같은 **경험**'으로서만 다른 것들과 구별된다(Morris, 1988, pp.3 · 5). 모텔은 공항의 환승 라운지나 버스 정류장이 그러한 것처럼, 도착을 표상하는 것도 아니고 출발을 표상하는 것도 아니다. 모텔은 관광객이 '유동적 근대성'의 일상에서 벗어난 경로를 따라서 다음 정류 지점으로 이동하기 전의 '잠시간의 휴식'을 표상하고, 물론 이것은 빠른 속도로 지나가는 일별의 대상이 되는 고정된 신체들(가령 시카고 오헤어 공항의 직원 5만여 명)을 뒤에 남겨두는 것이다(Gottdiener, 2001, p.23).

이렇게 해서 세계화에 관한 분석은 관광객의 시선에 대한 몇 가지 중요한 재검토가 이루어질 수 있도록 했는데, 이는 가끔 멈추기도 하지만 계속 움직이는 신체들 그리고 새로운 세계 질서의 이러한 '낯선 마주침'의 일부에서 만나게 되는 고정된 신체들 둘 다에 대한 것이었다. 이러한 마주침은 '비상호작용'의 예외적 수준, 또는 특히 '성곽 도시'나 공항이라는 이름의 수용소 내부의 도시적 익명성을 수반한다(Cwerner, Kesselring and Urry, 2009; Adey, 2006 · 2010).

이와 같이 19세기에는 관광객의 시선에 관한 담론, 형태, 구체적 사안들의 범위가 제한되어 있던 것이 현재에 이르러서는 크게 확장되는 중요한 전환이 일어났다. 간단히 말하자면, 우리는 다중적 시선이 그 어마어마한 여파로 거의 모든 곳을 쓸어 담으며 세계적 문화의 중심이 되어 왔다는 것을 가지고서 관광객의 시선이 국제화되었다고 이야기할 수 있다. 구체적이고 분명한 종류의 시공간에서 발생하는 **본래의** '관광'은 거의 사라지고, 남겨지는 것은 보다 일반적인 '기호의 경제' 안에 있는 '관광의 종말'이다. 여기에는 셀 수 없이 많은 이동성이 존재하는데, 그것은 물리적이고, 상상적이면서도 가상적이며, 자발적이면서도 강제적일 뿐만 아니라, '홈'과 '원정'에서의 행동양식이 점점 비슷해지는 것이다(Shaw et al., 2000, p.282; Urry, 2007; Haldrup and Larsen, 2010). 관광이 대규모로 미디어화됨에 따라서 관광지가 전 세계적으로 확산되는 동안 일상적인 활동 장소는 다수의 테마화된 환경들처럼 '관광객의' 양식으로 재설계되었다. 이동성은 많은 젊은이들의 정체성에 디아스포라를 겪은 구성원들에게, 그리고 장소를 바꿔가며 살거나 많은 시간을 자신의 작은 별장이나 휴가용 연립주택에서 쓸 수 있는 상대적으로 부유한 은퇴자들에게 점점 더 중요한 것이 되어 가고 있다(Urry, 2007). 그리고 '관광 성찰'은 거의 모든 장소들, 하지만 분명 따분한 곳들을 대상으로 하여 새로 만들어지는 질서의 소용돌이치는 형세 속에서 몇몇 틈새의 장소를 개발하도록 부추기고 있다(마틴 파의 사진집 *Boring Postcards*(1999)를 보라).

이와 별개로 혼돈과 복잡성이라는 개념이, 세계 도처에 맹위를 떨치는, 예상을 할 수 없고 평형 상태와는 거리가 먼 움직임을 보이는 사회적이고 물리적인 과정을 해명하는 데에 어떻게 도움을 줄 수 있는지 생각해 볼 수 있다(Urry, 2003). 이러한 움직임은 '관광'을 아주 주변부에 있던 것에서 새로 등장한 세계 질서 내의 중심적인 위치에 있는 것으로, 심지어 여가, 쇼핑, 예술, 문화, 역사, 신체, 스포츠 등과 차별화되지 않는 것으로, 예측할 수 없을 정도로 그 위상을 향상시켰다. 그리고 곳곳에서 이런 일이 벌어짐에 따라, 구멍과 틈새, 기억과 환상, 이동과 여백이라는 무질서의 주머니가 남아 있게 되었다(MacCannell, 2001에서는 그의 '제2의 시선'이라는 개념으로 비슷한 주장을 했다). 새로이 등장한 세계 질서에 대해 확실한 것 한 가지는 그것이 기껏해야 임시적이고 일시적인 질서이며 이 또한 머지않아 대규모의 복잡한 무질서를 초래할 것이라는 점이다.

다음 장에서 우리는 단체로 움직이는 세계의 기원으로 되돌아가서, 영국 북부에서 발달했던 1차 산업 노동자 계급의 해외여행을 통해 유난히 독특한 대중 관광을 생겨나게 했던 그 과정의 일부를 조사해 본다.

제2장
대중 관광Mass Tourism

도입

대중 관광은 영국의 산업 노동자 계급 사이에서 처음으로 나타났다. 대중적 관광객의 시선은 영국 북부 공업지대의 뒷골목에서 시작되었다. 본 장에서는 산업 노동자 계급이 짧은 시간 동안 다른 곳으로 떠나는 것을 적절한 형태의 사회적 활동이라고 생각하게 된 이유에 대해 설명한다. 관광객의 시선은 무슨 이유로 영국 북부의 산업 노동자 계급에서 발달하게 되었을까? 체험, 사고방식, 지각에서의 어떠한 변화가 있었기에 그러한 새롭고 중대한 사회적 관행의 양식이 생겨나게 되었을까?

이러한 관광의 성장은 여행에 관한 일종의 '민주화'를 표상한다. 우리는 여행이 사회적으로 굉장히 제한적이었었다는 것을 확인했다. 여행은 비교적 한정된 엘리트인 사람들만 다닐 수 있었고, 사회적 지위의 지표이기도 했다. 그러나 19세기 후반에 이르러 유럽에서는 기차를 이용하는 대중 여행이 크게 발전했다. 그러고서 서로 다른 계급의 여행자들 사이에 사회적 지위의 구별이 이루어지기는 했지만, 여행할 수 있는 사람과 여행할 수 없는 사람 사이에는 사회적 지위의 구별이 덜하게 되었다. 위에서도 지적했듯, 1840년은 바로 세계가 변화하는 것처럼 보이고 새로운 사회적 관계의 패턴이 확립되는 주목할 만한 순간 중 하나이다. 이때 '관광객의 시선'이 단체 여행의 수단, 여행에 대한 욕구, 사진 현상의 기술이 모두 결합되어 서양 근대성의 핵심 요소가 되었다.

20세기에 들어서 자동차와 비행기가 어떻게 지리적 이동을 더 민주화했는지에 대해서는 뒤에서 다루기로 한다. 여행이 민주화됨에 따라, 사람들이 여행하는 서로 다른 장소들 사이에는 매우 광범위한 취향의 구별이 생겨나게 되었고, 그것은 사회적 '구별'의 지표가 되었다. 관광객의 시선은 장소에 따라 다른 중요성을 띠게 되었다. 휴양지의 '위계 관계'가 생겨나면서 어떤 장소는 대중 관광의 전형적인 사례로 취급받으며 폄하나 조롱의 대상이 되었다. 딱히 달라 보이지도 않는 장소들 사이에도 '사회적 기풍'이라는 주요한 차이가 확립되었다. 그리고 이러한 새로운 노동 계급의 휴양지와 같은 장소들은 '대중 관광'의 상징으로서, 또한 지배적인 사회 계급이 천박하고 저속하며 형편없다고 여기는 모든 것들을 상징하는 열등한 장소로서 빠르게 변화했다.

관광객의 시선에 관한, 그리고 19세기 산업 노동 계급을 대상으로 한 대중 관광을 확립하고 유지해 온 담론에 관한 설명은 지나치게 일반적인 경향이 있다. 이러한 발전은 보통 '19세기의 산업화'와 관련하여 설명되어 왔다(Myerscough, 1974). 특히 중요한 산업화의 측면을 보다 정확하게 확인하기 위해서는, 개발을 꼭 해야 할 필요가 있지 않은 해변 휴양지가 여기서 주목될 필요가 있다. 해변 휴양지의 성장은 19세기 영국의 산업화의 어떤 특징에서 생겨났고, 새롭게 나타나 조직화된 대규모의 노동 계급에 기반을 둔 사회 속에서 즐거움도 조직화되고 구조화되는 새로운 생활양식이 성장하면서 비롯되었다. 이것이 최초로 나타난 대중 관광이므로 우리는 그 발전을 살펴본다.

영국 해변 휴양지의 성장The Growth of the British Seaside Resort

18세기에는 유럽 전역에 수많은 온천 마을이 개발되었다. 원래 목적은 약으로 쓰려는 것이었고 목욕과 음용을 위한 생수를 제공했다. 사람들이 이러한 약용 특성을 어떻게 그리고 왜 믿게 되었는지는 명확하지 않다. 영국 최초의 온천은 스카버러에 있었던 것 같은데, 그 시기는 1626년에 패로우Farrow라는 이름의 부인이 그 해변에서 온천원을 발견한 때로 거슬러 올라간다(Hern, 1967, pp.2~3; Blackbourn, 2002를 보라). 몇 십 년 지나지 않아 의료계에서는 그 물을 마시거나 그 물에 몸을 담가 '치유하면' 효능이 있을 것이라고 주장하기 시작했다. 그 이후 바스, 벅스턴, 해러게이트, 턴브리지 웰즈 등에서 다양한 온천이 개발되었다. 그 물을 마시거나 목욕물로 사용하면 놀라울 정도로 다양한 질병을 호전시킬 수 있을 것이라고 생각되었다.

그런데 스카버러는 온천이 컸을 뿐만 아니라 바닷가에 있었기 때문에 특히 유명했다. 위티Wittie라는 의사는 바닷물을 마시고 해수욕을 할 것을 주장하기 시작했다. 18세기 동안에는 해수욕을 하는 경우가 상당히 늘어났는데, 이는 성공한 상인들과 전문직 계급의 사람들이 그것에 대해 종합 피로회복제 같은 약용 특성을 믿기 시작했기 때문이다. 그때까지만 해도 이것은 성인들을 대상으로 한 것이었고 해변과 어린이들 사이에는 연관성이 거의 없었다. 실제로, 해수욕의 핵심은 딱 한 가지 신체의 건강이어서 겨울에도 행해지는 경우가 흔히 있었고, 이것은 '침례'를 포함하는 것이어서 지금의 수영으로 이해되는 것과는 달랐다(Hern, 1967, p.21). 이렇게 바다에 몸을 담그는 것은 순서가 정해져 있었고 의례화되어 있었으며 심각한 의학적 상태를 치료하기 위해 처방되었다. 역사학자인 기번Gibbon이 말한 대로, 목욕은 '적절한 준비와 조언을 거친 다음에' 수행되어야만 하는 것이었고(Shields, 1990), 보통은 나체 상태에서 수행되었다. 해변은 '오락'이 아닌 '의료'의 장소였다.

온천 마을은 비교적 사회적으로 특정한 부류의 사람들을 위한 곳이었다. 각각의 마을 안에 자신의 숙소를 소유하고 있거나 임대할 수 있는 사람들만 이용이 가능했다. 영거(Younger, 1973, pp.1~15)는 '17~18세기의 온천이나 해변의 행락지에서의 생활은 여러 면에서 유람선에서의 생활이나 겨울 스포츠용 소규모 호텔에서의 생활과 닮아 있는데, 이 집단은 개인이 대중 속에 묻혀 버리는 근대의 해변 휴양지와는 달리 소규모이고 필요한 것들이 완비되어 있다'라고 요약한 바 있다.

그러나 해수욕이 대중화됨에 따라 지배적인 사회 집단의 입장에서는 사람들의 이용을 통제하기가 더 어려워지게 되었다. 스카버러에서는 온천이면서 해변에 위치한 휴양지라는 이중적인 기능 때문에 갈등이 불거졌다. 1824년, 온천 시설에는 울타리가 설치되고 '어울리지 않는 계급'을 배제하기 위한 요금소도 개설되었다(Hern, 1967, p.16). 핌롯 (Pimlott, 1947)은 이러한 사회적 제한이 불가능해지게 된 전문화된 해변 휴양지의 광범위한 개발의 결과를 다음과 같이 요약했다.

반면에, 해변 휴양지의 수용 능력은 한도가 없었다. 온천에서의 사회생활은 필연적으로 온천수를 마시는 방과 욕실에 초점이 맞춰져 있었고, 공동으로 생활하기 위한 만족스러운 대안이 존재하지 않았던 반면, 바닷가는 모든 사람들을 받아들일 수 있을 만큼 넓었고 사회적 동질성은 별로 문제가 되지 않았다(Pimlott, 1947, p.55).

18세기 후반, 그리고 특히 19세기에 해변 휴양지가 급속히 성장한 데에는 공간이라는 한 가지 전제 조건이 있었다. 영국에는 긴 해안선이 있었지만 낚시 외에는 별다른 용도가 없었고, 게다가 사적으로는 관리할 수 있는 것이 아니었는데 그 이유는 밀물과 썰물이 드나드는 해안가와 해변의 소유권은 왕실이 갖고 있었기 때문이다(Thompson, 1981, p.14를 보라).

이러한 새로운 해변 휴양지 개발에는 이목을 끄는 부분이 있었다. 바로 19세기 상반기의 해변 휴양지가 공업 도시들보다 인구 증가율이 더 높았다는 점으로, 도시 인구가 2.38%씩 증가할 때 해변 휴양지는 2.56%씩 증가했다(Lickorish and Kershaw, 1975, p.12). 브라이튼의 인구는 반세기 만에 7천 명에서 6만 5천 명으로 증가했는데, 그 이유 중 하나로 섭정 왕자인 조지 4세가 이곳을 웨스트엔드 지역의 **해변판으로서**

부유층이 애용하도록 만들었다는 것을 들 수 있다(Shields, 1990). 48개의 주요 해변 마을의 인구는 1861년에서 1871년 사이에 거의 10만 명이나 증가했고, 19세기 말에는 그 두 배 이상이 되었다. 1911년까지 영국과 웨일즈 사람의 55%가 매년 최소한 한 번은 해변 여행을 다녀갔고 20%는 상당 기간 머물렀다(Myerscough, 1974, p.143).

여러 조건들이 복합되면서 이 새로운 대중적인 여가 활동이 급속히 성장하면서, 이로 인해 각 도시 안에서도 이렇게 비교적 특화되고 고유한 서비스의 집중이 이루어졌고, 참신하면서도 당시로서는 놀라움을 느끼게 하는 관광객의 시선의 대상을 제공하기 위한 기획들이 집중되었다.

먼저, 노동 계급 인구 상당수의 경제적인 후생이 어느 정도 증가했다. 1인당 실질 국민소득이 19세기에 4배 상승했다(Deane and Cole, 1962, p.282을 보라). 이 덕분에 노동 계급의 사람들은 한 차례의 휴가를 보낸 뒤에 다음 휴가에 대비하여 저축을 할 수 있게 되었는데, 당시에는 유급 휴가가 거의 없었던 점을 고려할 필요가 있다(Walton, 1981, p.252).

게다가, 작은 마을이 엄청나게 빠르게 성장하면서 도시화가 급속도로 이루어졌다. 1801년에만 해도 인구의 20%가 도시에 살았지만, 1901년에는 그 비율이 80%가 되었다. 이는 극심한 수준의 빈곤과 과밀을 초래했다. 또한 이러한 도시 지역에는 공원이나 광장 같은 공공장소가 거의 없었다(Lash and Urry, 1987, 3장). 오래된 마을과 도시와는 달리, 새로 생겨난 도시에는 계급에 따른 주거 분리가 현저한 수준으로 이루어졌다. 이는 신흥 공업 도시가 있는 어떤 지역에서 특정 사회 집단을 끌어들이는 전형적인 휴양지의 출현에 결정적으로 기여했다. 1857년

『이코노미스트The Economist』에서는 전형적인 도시인의 패턴에 관해 다음과 같이 요약했다.

사람들의 교제는 계급, 단순한 계급뿐만 아니라 지역화된 계급 및 계급 공동체의 내부로 점점 확산되는 경향이 있다. (…중략…) 이는 동등한 부류의 사람들, 작게는 비슷한 실질적인 **이해관계**를 가진 사람들, 더 크게는 비슷한 취향과 문화를 가진 사람들, 그리고 무엇보다도 우리의 실제 기준이 무엇이든지 간에 우리가 마음으로 확신하여 동등하다고 판단하는 사람들과 사귀고자 하는 성향이다(1857.6.20, 669호; Johnson and Pooley, 1982).

19세기 도시의 경제적, 인구통계적, 공간적 변화가 초래한 결과 중 하나는 자기 규제적인 노동 계급 공동체의 형성을 들 수 있는데, 이 공동체는 그들을 에워싼 더 넓은 사회의 오래되거나 새로운 제도에 상대적으로 자율적인 것이었다. 이러한 공동체는 분화되고 전문화되며 제도화되었던 노동 계급의 여가 형태를 형성하는 데에 중요했다(Thompson, 1967; Clarke and Critcher, 1985).

보다 조직화되고 틀에 박힌 듯 일상화된 노동 패턴의 성장은 그에 상응하는 여가의 합리화를 개발하려는 시도로 이어졌다. '매일의 노동 시간 및 노동의 질이 변화하면서 대부분 여가 시간의 정례화가 이루어지게 되었다'(Cunningham, 1980, p.147). 특히 새롭게 생겨난 산업의 노동현장과 도시에서, 노동은 놀이, 종교, 축제와는 분리된, 상대적으로 시간과 공간의 제약을 받는 활동으로 구성되었다. 18세기와 19세기 동안에 노동은 점점 더 그 자체에 대해 가치가 매겨지게 되었고 단순히 게으름에 대한 구제책인 것이 아니게 되었다. 일부에서는 작업 중시에서 시간 중시로 이행하려는 시도가 있기도 했다(Thompson, 1967; Lash and Urry, 1994, p.9, 10장을 보라).

산업가들은 이렇게 새로 구성된 노동력에 대해 엄격한 규율을 적용하려 들었다(Pollard, 1965). 출근하고 시간을 엄수하는 것에 대한 엄격하면서도 상당히 낯선 규칙들이 도입되었고 더불어 여러 가지 벌금과 벌칙도 부과되었다. 음주, 유혈이 낭자한 스포츠, 비속어, 게으름 등을 비판하는 캠페인이 늘어났다(Myerscough, 1974, pp.4~6; '합리적인 레크리에이션'에 대해서는 Cunningham, 1980, 3장을 보라). 수많은 장터가 폐쇄되었고 성인을 기리는 날이나 영국 은행의 휴일도 격감했다. 1860년대부터 체계화된 레크리에이션을 통해 '거친' 노동 계급을 교화시키자는 구상이 고용주, 중산 계급 개혁가, 정부 관계자들 사이에 더욱 널리 퍼졌다(Rojek, 1993, 2장을 보라). 대표적으로 선호되었던 형태의 레크리에이션은 학습 지도, 신체 운동, 공예, 음악 교육, 당일여행 등이었다. 가난한 도시 아동들을 위한 시골 소풍이나 막 싹트기 시작한 청소년 운동(보이즈 브리게이드, 스카우트, 유대인 청년 브리게이드 등)에 의해 조직된 캠프는 합리적인 레크리에이션 운동에서 선호했던 노동 계급에 대한 사회 공학적 기법의 한 요소였다.

노동이 부분적으로 합리화됨에 따라 노동의 시간도 점차 단축되었다. 영국 의회는 19세기 후반에 다양한 보호입법을 도입하기 시작했다. 특히 중요했던 것은 반나절 휴가, 특히 토요일의 반나절 휴가를 달성한 것이었다(Cunningham, 1980, 5장을 보라). 펠프스 브라운Phelps-Brown은 '54시간을 넘지 않는 주당 노동시간과 반나절 휴가 제공의 성취는 그 당시 유일무이한 것이었고 그래서 "영국의 일주일"이라는 찬사를 받았다'고 지적했다(Phelps-Brown, 1968, p.173; Cunningham, 1980, pp.142~145).

좀 더 긴 휴식시간과 일주일짜리 휴가의 달성은 영국 북부, 특히 랭커셔의 면직물 공업 지역에서 먼저 이루어졌다(Walton, 1981; 1983; 1997; 2000). 공장의 소유주는 '철야제 주간'을 정식 휴가 기간으로 인정하기 시작했으며, 사실상 연중 나머지 기간 동안 훨씬 더 부지런히 출근하여 노동하는 것을 대가로 삼았다. '관례적인 휴가 기간에 공장을 완전히 폐쇄하는 것이 여름철 내내 간헐적으로 중단하는 것보다 선호되었고, 휴가를 일정한 협약 기간 내로 보내어 휴가일수를 준수하는 데에도 이점이 있었다.'(Walton, 1981, p.255)

그리하여 일부 고용주들은 정기적인 휴가가 효율성에 기여한다고 생각하기 시작했다. 그러나 19세기 중반 이후에 휴일이 점차 늘어나게 된 것은, 주로 노동 인구 자체, 특히 휴가라는 관행에 대해 자율적인 형태의 레크리에이션을 개발하는 방법이라고 여긴 더 부유한 노동자들의 방어적인 압력에 기인한 것이었다. 공장의 감독이던 레너드 호너Leonard Horner는 휴가의 존속이 '주인이 베푸는 선물'이라기보다는 관습이 기인하는 것으로 보았다(Walton, 1978, p.35). 이러한 휴일의 행락에서 특히 중요한 특징은 집단적이어야 한다는 점이었다. 월턴(Walton, 1978, p.35)이 주장했듯이, 철야제 주간은 '크리스마스, 부활절, 오순절 같은 때와 마찬가지로 **집단으로** 실시되어야 하고 공동체 전체가 축하해야 한다는 관습이 지정되었다.' 1860년대 이후부터 철야제 주간은 주로 지역 전체의 사람들이 일상의 노동 및 생활의 공간을 벗어나 바닷가로 여행 가는 것을 포함하게 되었다(Walton and Poole, 1982; Walton, 2000).

18세기 말에서 19세기 초 사이에는 낭만주의 운동의 진전과 함께, 연관된 가치관의 변화가 생겨났다. 감정과 감각의 격렬성에, 그리고 지적인 명석함보다는 시적인 신비성에, 또한 개인의 쾌락적인 표현에 강조가 놓인 것이다('낭만적' 관광객에 대해서는 Feifer, 1985, 5장). 낭만주의를 퍼뜨린 최고의 포교자는 셸리Shelleys, 바이런Byron, 콜리지Coleridge, 키츠Keats, 워즈워스 등의 문인들이었다(Bate, 1991). 낭만주의는 사람이 자연 세계와 풍경에 대한 정서를 느낄 수 있다는 것을 떠올리게 했다. 개인적인 즐거움은 인상적인 물리적 광경을 감상하는 것에서 얻어지는 것이 되었다. 낭만주의는 신흥 공업 도시에 사는 사람들에게 짧은 시간이나마 그곳을 벗어나 자연을 감상하거나 체험하는 것에 혜택이 있을 것이라고 암시했다. 낭만주의는 '풍경 관광'과 장대하게 펼쳐진 해안선을 감상하는 것의 발전을 이끌었다. 또한 해수욕을 장려했다. 일반적으로 궂은 영국의 날씨 그리고 19세기 초기까지는 적당한 수영복이 아직 만들어지지 않았기 때문에 대부분의 사람들이 나체로 수영을 했었다는 사실을 고려하면, 건강에 도움을 주는 '자연'의 속성에 대한 믿음이 상당히 크게 생겨날 수밖에 없었을 것이다. 19세기 관광의 대다수는 바다의 자연 현상과, 그리고 그것이 가져다 줄 것으로 믿는 건강에 기반을 두고 있었다(Hern, 1967, 2장; Walton, 1983, 2장; Sprawson, 1992).

　　대중 관광의 성장을 위한 또 다른 전제 조건은 바로 교통수단의 획기적인 개선이었다. 18세기 후반에는 버밍엄에서 블랙풀까지 여행하는 데에 3일이 걸렸다. 심지어 맨체스터에서 블랙풀까지 가는 데에도 꼬박 하루가 소요되었다. 유일하게 브라이튼의 경우에만 상당히 잘 갖춰진 마차를 이용할 수 있었다. 1830년 당시, 하루 48편의 마차가 런던과 브라이튼 사이를 운행했고, 소요 시간은 4시간 30분으로 단축되었다 (Walvin, 1978, p.34을 보라). 그러나 마차 여행에는 두 가지 주요한 문제가 있었다. 첫째, 도로가 대부분 매우 열악한 상태였다. 유료도로 정비 회사가 적정한 국내 도로망을 만들고 여행 시간이 극적으로 감소한 것은 1830년대의 일이었다. 둘째, 마차 여행의 경비가 매우 비쌌던 것인데, 당시 운임은 1마일 당 2.5펜스에서 3펜스 정도였다. 리처드 에이튼 Richard Ayton은 1813년에 블랙풀의 방문객에 대해서 '대부분의 사람들은 여기 오는 데에 마차를 이용하지만, 몇몇은 맨체스터에서 40마일도 더 떨어진 거리를 하루 종일 걸어서 올 것이다'(Walvin, 1978, p.35).

1830년대에 신설된 철도 회사는 처음에는 저소득의 대중 여객 시장의 경제적인 잠재력이 얼마나 큰지 깨닫지 못했다. 그 대신에 화물 운송과 부유층 승객의 운송에 주력했다. 하지만 글래드스톤Gladstone이 제출한 1844년 철도법이라는 중요한 법안이 제정되면서, 철도 회사는 '노동자 계급'에 대해서도 서비스를 제공하는 의무를 지게 되었다 (Walvin, 1978, p.37). 그 이전에도 1840년에 프레스턴과 플리트우드 사이에 철도가 개통되면서 플리트우드를 방문하는 사람들이 엄청나게 유입되었고 그 중 대다수는 해안을 따라 더 내려가 블랙풀을 여행했다. 1848년까지 10만 명 이상의 여행객이 오순절 주간에 맨체스터를 출발하여 기차를 타고 해안 방면으로 방했으며, 1850년에는 그 수가 20만 명을 넘었다(Walvin, 1978, p.38). 다음에는 19세기 중반의 블랙풀이 그 당시 어떤 사회적 기풍을 띠었는지 지적되어 있다.

즉각적인 조치를 취하지 않으면 블랙풀은 귀한 손님들을 위한 휴양지로서의 가치를 잃게 될 것이다. (···중략···) 저렴한 열차의 운행이 중단되지 않거나 혹은 이곳을 찾는 수천 명의 방문객을 관리하기 위한 무언가 효과적인 규제가 강구되지 않으면, 블랙풀의 재산은 회복할 수 없게 가치가 떨어지게 될 것이다(Walvin, 1978, p.38에서 인용).

실제로 블랙풀의 '사회적 기풍'은 급속하게 쇠락한 것으로 추정되는데, 15년 전만 하더라도 '"품격 있는 가정"을 위한 인기 있고 건전하며 상류층이 애용하는 휴양지'로 알려져 있었다(Perkin, 1976, p.181).

그러나 철도의 역할이 과대평가되어서는 안 된다. 일반적으로, 철도 회사는 계절적인 변동성을 가지는 휴가가 특히 수익성이 별로 없다는 것을 알고 있었다. 실제로 철도 회사가 각 휴양지의 가장 매력적인 특징을 광고 문구로 내걸면서 여러 휴양지로의 여행을 홍보하기 시작한 것은 19세기 끝무렵이 되어서였다(Richards and MacKenzie, 1986, pp.174~179를 보라). 그리고 영국 북서부에 있는 실로스의 경우처럼 철도 회사가 완전히 새로운 휴양지를 건설하고자 시도하는 경우는 거의 없었고, 실로스는 이례적인 사례였지만 실제로는 실패하고 말았다(Walton, 1979).

철도의 발전이 19세기 중반 급속하게 만들어지기 시작한 해변 휴양지들의 '사회적 기풍'의 차이를 만들어 낸 이유라는 주장이 제기되기도 했다. 겉으로 보기에 이러한 차이에 대한 합리적인 설명은 대도시와 공업 도시에 좀 더 가까운 휴양지가 더 대중화되고 이로 인해 상대적으로 사회적 지위가 높은 방문객들이 밀려났을 것이라고 하는 것이다. 이러한 이유로 브라이튼과 사우스엔드가 대중화되면서 런던에서는 당일 여행을 갈 수 없는 본머스와 토키에 비해 더 낮은 사회적 기풍을 갖게 되었다고 할 수 있다(Perkin, 1976, p.182).

그러나 이러한 설명만으로는 충분하지 않다. 스카버러와 스케그니스는 웨스트 라이딩과 실질적으로 동일한 거리에 있는 곳이었지만 이들은 서로 다른 사회적 기풍을 형성했다. 철도는 분명 어떤 차이를 만들어냈지만, 철도의 도입이 그곳에서 발생한 현저한 다양성을 완전히 설명하지는 못한다. 퍼킨Perkin은 또한 지역 엘리트의 동향도 사회적 기풍의 차이에 대한 설명이 될 수 없다고 주장한다. 사실 (블랙풀이나 모컴 같은) 노동 계급의 휴양지가 된 대부분의 장소에서는 현지 철도 회사에 일요일 여행을 위한 열차편 운행을 중단하라고 하는 격렬한 캠페인이 벌어졌는데, 그 이유는 어느 휴양지에서나 끌어들이고 싶어 하는 부유한 방문객들을 일요일 당일치기 여행객들이 몰아낼 것이라고 하는 생각이 있었기 때문이다.

이 대신에 퍼킨은 지역 엘리트가 서로 다른 휴양지의 '사회적 기풍'에 미치는 영향은 토지와 건물이 지역적으로 소유되고 통제되는 방식에 기인한다고 주장한다. 각 휴양지의 사회적 기풍을 결정하는 요인은 세 가지 부분의 자본 사이에 벌어진 휴양지의 지배를 위한 경쟁 관계였다. 첫째는 지역의 대규모 자본으로서, 특히 주요 호텔, 콘서트홀, 상점 등의 소유자들이었고, 둘째는 지역의 소규모 자본으로서, 특히 하숙집의 주인과 오락실 소유자 등이었으며, 셋째는 저렴한 대중적 여흥을 제공하는 고도로 자본화된 외부 소유의 대기업이었다(Perkin, 1976, p.185). 특히 중요한 것은 각 지역에서 토지를 이전부터 어떻게 소유하고 통제해 왔는지 하는 것이었다. 퍼킨은 블랙풀과 사우스포트의 대조를 통해 그 차이를 보여주는데, 사우스포트의 경우 블랙풀에 비해 대규모의 인구 중심에 더 가까이 위치해 있고 아름답고 긴 해변을 보유하고 있다. 두 휴양지 모두 정도의 차이는 있더라도 현지의 여관 주인, 농부, 어부들이 해수욕 시설을 자연스럽게 제공하면서 시작되었다. 그러나 사우스포트의 토지는 담장으로 둘러싸이지 않았고, 해수욕 시설을 제공하던 무단 점유자들은 곧 널찍하고 우아한 도로인 로드 스트리트를 차례차례 개설한 영지의 공동 영주의 세입자가 되었다. 영주들은 또한 새로운 산업적인 개발과 훨씬 상업적인 개발을 막았으며, 그 결과 사우스포트는 면화 사업으로 크게 성공한 부호들이나 그 비슷한 사람들을 위한 대형 호텔, 주거용 별장, 대형 정원, 퇴직 이후의 주택이 있는 휴양지가 되었다(Walton, 1981, p.251).

이와는 대조적으로 블랙풀은 소규모 부동산 자유보유권자들의 공동체로 시작되었다. 1838년까지 이곳에서 25에이커가 넘는 땅을 보유한 사람은 24명에 불과했고, 그 대부분은 해안가에서 멀리 떨어져 있었다. 전면에 바다가 있는 더 넓은 토지들도 매각되어 해변 하숙집을 세우기 위한 구획들로 쪼개졌다. 월턴은 이 정도로 큰 휴양지 중에서 이렇게 블랙풀만큼 작은 숙박 시설이 많은 곳은 없었다고 지적한다. 그 이유는 다음과 같았다.

블랙풀의 소규모 부동산 자유보유권자들은 휴양지 전체의 편의시설을 개선하는 것보다는 비좁은 토지에서 최대한의 이익을 얻는 데에 더 관심이 있었기 때문에, 토지 소유자들이 독자적으로 고급스러운 토지를 계획적으로 육성할 수 있는 여지가 없었다(Walton, 1978, p.63).

이렇게 블랙풀의 토지는 처음부터 크게 밀집된 상태로 개발되었고 토지 소유자들은 개발자에 대해 제한을 거의 두지 않았는데, 왜냐하면 토지 소유권이 분할된 양상은 항상 토지 판매와 건축에서 경쟁이 있었다는 것을 의미하기 때문이다.

결과적으로, 중심 지역 전체가 계획성이 결여된 집합체로 변하여 더 작은 부지, 하숙집, 오락실, 작은 점포와 그 비슷한 것들이 가득하게 되었고, 한편 사우스포트에서 볼 수 있는 대규모의 공공건물, 대로, 정원 등을 위한 공간은 없었다. 지역의 소규모 자본이 급속하게 팽창하던 중산 계급 관광 시장의 관심을 끌려는 시도를 해 보기도 했지만, 블랙풀은 이 시장에 호소할 만한 매력을 갖추고 있지 못했고, 동시에 저렴하다는 이유로 산업 노동 계급에게서 큰 인기를 끌었다. 이 중에는 당일치기 여행객도 있었고 하룻밤 숙박하는 사람들도 있었다. 방문객 수는 1870년 대와 1880년대를 거치면서 크게 증가하였는데, 당시 *Morning Post*에서는 블랙풀에 가면 '세계의 그 어느 곳에서보다 더 적은 비용으로 더 많은 재미를 누릴 수 있다'라고 선언했다(1887.8.24). 저렴한 상품을 판매하고 서비스를 제공하는 상인을 배제하려 했던 자치단체 당국의 노력은 실패로 끝났고, 1890년대에는 그 지역의 지방세 납부자들도 노동 계급의 행락객에게 음식을 제공하며 충분한 이익을 얻게 되면서 마침내 블랙풀의 '사회적 기풍'이 정해지게 되었다(Perkin, 1976, p.187).

다만 이러한 패턴에는 주요한 예외도 발견되는데, 노스 쇼어라고 알려진 이 지역은 블랙풀 토지·건물·호텔 회사가 3/4 마일에 달하는 해안 거리에 대한 통제권을 획득한 후 사회적으로 상류층이 이용하는 고급스럽고 일관성이 있는 개발을 신중하게 계획했다(Walton, 1978, pp.70~

71을 보라). 19세기 동안에 사우스포트는 실제로 블랙풀보다 더 번성했고, 1901년까지 인구도 더 많았다(Perkin, 1976, p.186).

따라서 휴양지의 사회적 기풍 차이(즉 '휴양지의 위계 관계')는 토지 소유권의 패턴과 좋은 경치가 갖는 매력의 정도 사이의 교차점의 측면에서 설명할 수 있다. 결국 노동 계급의 휴양지가 되거나 혹은 특정한 공업 도시와 연결된 '제조업의 휴양지'로 묘사될 만한 그러한 장소들은 일반적으로 19세기 중반에 토지 소유권이 상당히 분할되어 있고 그 경치도 상대적으로 매력이 덜한 곳이었다. 이러한 휴양지는 방문하기에 상당히 저렴한 장소로 개발되었으며, 결국 관광 기반시설 또한 보통은 특정한 공업 도시에서 찾아오는 대규모의 노동 계급을 상대하는 시장에 맞추기 위한 것들로 갖추어졌다. 시장이 발전함에 따라, 부유한 행락객들은 우수한 숙박 시설과 사회적 기풍, 그리고 관광객의 시선을 찾아 다른 곳으로 갔다. 휴일의 행락은 사람이 머물렀던 **장소**에 기반하여 지위의 속성이 결정되는, 그리고 부분적으로는 그곳에 또한 머무르고 있는 다른 사람들이 어떤 사람들인지에 의존적인, 눈에 잘 띄는 소비의 형태이다. 장소의 매력성과 그에 따른 휴양지의 위계 관계 내의 위상은 또한 같은 장소에 **얼마나 많은** 사람들이 머무르는지, 그리고 특히 자신과 비슷한 다른 사람들이 얼마나 많이 있는지에 따라 달라진다.

19세기의 영국 남부와 북부에는 인기 있는 휴일의 행락에 몇 가지 흥미로운 차이점이 있었다(Walton, 1981). 남부에서는 당일에 돌아오는 여행이 더 인기가 있었고, 이들은 철도 회사, 내셔널 선데이 리그와 같은 전국적인 이익 단체, 또는 토마스 쿡 같은 상업 회사에서 조직하는 경향이 있었다(영국 남부 해안의 휴양지, '런던의 바닷가'의 개발에 대해서는

Farrant, 1987을 보라). 토마스 쿡 여행사는 1841년에 설립되었는데, 쿡 Cook이 금주운동 집회 참가를 위해 레스터에서 러프버러까지 가는 기차를 전세 낸 것이 그 시작이다(Brendon, 1991). 1844년에는 첫 번째 유람 여행이 이루어졌고, 이 '패키지'에는 추천하는 가게 및 '시선을 보낼 만한' 역사적 명소에 대한 안내가 포함되어 있었다. 쿡은 대중 관광의 바람직함과 여행의 민주화에 관한 웅변을 남겼다.

그런데 이런 진보의 시대에 그런 특정 계층만을 대상으로 한다는 배타적인 말도 안 되는 소리를 하다니요. (…중략…) 철도와 증기선은 모두가 공유하는 과학 지식의 결과물이자, 보통 사람들을 위한 것입니다. (…중략…) 훌륭한 사람들, 그리고 고결한 마음을 가진 사람들이여, 보통 사람들이 즐거움을 위한 각자의 행로를 따르는 것을 보면서 기뻐하세요.Feifer, 1985, pp.168~169에서 인용).

흥미롭게도 쿡이 추진한 유럽 대륙의 '패키지' 참가한 사람들 중에는 여성이 남성보다 훨씬 많았다. 엄격한 분위기였던 빅토리아 시대의 영국에서, 토마스 쿡은 (대부분 독신인) 여성이 보호자 없이 유럽을 여행할 수 있는 획기적인 기회를 제공했다. 토마스 쿡의 이러한 시도가 조직론적으로 그리고 사회학적으로 얼마나 큰 의의를 가지는 것인지는 영거가 다음과 같이 잘 정리하였다. 쿡의 독창성은 그의 방법, 자신의 수고를 아끼지 않는 거의 무한한 능력, 고객의 요구를 예리하게 파악해 내는 감각에 있었다. (…중략…) 지금은 보편화된 쿠폰 시스템은 그가 고안한 것이었으며, 1864년에 이르기까지 약 100만 명 이상의 고객이 그

의 손을 거쳐 갔다(Younger, 1973, p.21; Urry, 2007).

한편 영국 북부에서는 자주적인 조직이 휴가 운동을 발전시키는 데에 큰 역할을 했다. 술집, 교회, 동호회에서는 종종 당일치기 여행이나 휴가를 위한 기차를 빌리고 회원들에게 저축 계획을 제공하기도 했다. 서로 친밀한 관계에 있는 친구, 이웃, 지역의 대표자들이었기에 안전과 사회적 통제도 수월했다. 지극히 가난한 사람들도 상당수가 집을 떠나 며칠을 묵고 오는 휴가를 떠날 수 있게 되었다. 얼마 지나지 않아, 행락객들이 똑같은 휴양지의 똑같은 숙소를 몇 번이고 반복해서 찾는 패턴이 만들어졌다. 랭커셔 지방 출신의 여성 지주의 비율이 높았던 블랙풀은 이 부분에서 상당한 이점을 누릴 수 있었다. 다른 곳에서는 아직 드물었던 휴가 동호회라는 것이 랭커셔의 공업지역 곳곳에서는 일반화되어 있었다. 19세기 후반의 랭커셔 공업지역의 발전에 대해 월턴(Walton, 1978)은 다음과 같이 잘 개관하고 있다.

이렇게 해서 공장 공동체는 이전부터 있었던 고용주의 장려 및 자기 계발에 관한 능동적인 노력에 힘입어, 19세기 후반에는 휴가 조직의 풀뿌리 시스템을 만들었다. 각 가정은 윗사람의 도움을 받지 않고도 자력으로 휴가를 위한 자금을 마련할 수 있게 되었다. 따라서 랭커셔 지역의 이 독창적인 휴가 시스템은 노동 계급의 연대에 기반을 둔 것이었는데, 이 연대는 관례적인 휴가를 유지하면서도 이를 확대하기 위한 것이었으며, 또한 휴가를 최대한 활용하기 위한 협력과 상호 지원을 통해 이루어졌다. (…중략…) 오직 랭커셔 지역에서만 (…중략…) 전통적인 휴가의 유지와 산업 노동의 규율 사이에 균형이 맞춰져 있었다. 마을 전체가 휴가를 떠나고 자신의 욕구를 충족시킬 수

있는 휴양지를 찾아가는 곳은 이 지방이 유일했다(Walton, 1978, p.39).

이러한 패턴은 특히 면직물 산업 분야에서 드러났는데, 그 이유 중 하나로 여성 고용률이 높았던 것을 들 수 있다. 이것은 더 높아진 가족 단위의 수입, 그리고 남성의 욕구에 기반해 있기보다는 가족／주부의 욕구에 더 크게 기반해 있는 여가 형태에 대한 더 큰 관심이 있었다는 것을 의미한다(Walton, 1978, p.253을 보라). 그리고 월턴(Walton, 1978, p.263)은 '관례적인 휴가에 대한 너무 큰 집착과 노동의 방식은 영국의 대부분의 공업 지역에 걸쳐 노동 계급이 즐기는 해변 휴가의 발전을 지연시켰다'고 주장한다.

실제로, 이 시기에는 여타의 수많은 여가 행사들이 조직되던 시기였는데, 1870년부터 1914년까지의 기간 동안 전통행사들이 과잉되게 창설되었고, 개중에는 왕실의 후원을 받으며 추진되고 신성시된 것도 여럿 있었다. 예를 들어 1888년에 개최된 군사 퍼레이드 로열 토너먼트, 1872년에 처음 열린 옥스퍼드 대학과 캠브리지 대학의 럭비 대항전 바시티 매치, 1895년에 처음 열린 클래식 연주회 헨리 우드 프롬나드 콘서트, (1852년에 왕실에서 처음 주최한) 스코틀랜드의 민족 전통 축제 하이랜드 게임 등이 있다. 로엑이 주장했듯이, 빅토리아 시대 후기／에드워드 7세 시대에는 도덕규범의 시스템이 재구성되었는데, 여기에는 유희적 활동을 거부하는 것이 아니라 육성하는 것이 포함되어 있었다. 이 과정에서 국가적인 행사가 핵심적인 역할을 했는데, 사람들의 시선을 가장 많이 끌어 모은 것은 기마 근위대 관병식에서의 '군기軍旗 분열식'이었다(Rojek, 1993, 2장; McCrone, 1998을 보라). 이러한 여가 행사에 적어도 한번쯤 참여하는 것이 19세기 후반에 새로이 생겨난 영국다움이라는 감각의 한 중요한 부분이 되었는데, 이는 사람들의 **여가** 활동에서 점차 비롯된 감각이었다.

두 차례의 세계대전 기간 동안에는 여러 변화가 있었고 이는 영국에서의 관광객의 시선에도 영향을 미쳤다. 첫째로, 차량을 소유한 사람들이 늘어나 1939년에는 200만 명을 넘었고, 이뿐만 아니라 버스 여행 및 시골을 여행한다는 생각이 폭넓게 확산되었다(Light, 1991).

둘째로, 항공 운송이 상당히 발전하면서 1938년 당시의 총 비행거리가 2억 마일이 넘었다. 이는 부분적으로 에이디(Adey, 2006)가 '비행기 여행을 좋아하는 마음'이라고 칭한 것의 조직적인 장려가 이루어진 결과이기도 하다.

셋째로, 여러 가지 새로운 조직들이 만들어졌다. 자전거 여행 동호회, 공동조합 휴가 협회, 헨리 런 경의 여행 모임, 프랑스 여행 동호회, 국제 관광 선전기구 연합, 유스호스텔 협회, 영국 캠핑 동호회 등이 있었다.

넷째로, 사람들에게 숙박과 오락을 제공하는 해변의 휴가 캠프장의 초기적인 개발을 들 수 있다. 조지프 커닝햄Joseph Cunningham이 1908년에 만 섬에 개설한 캠프를 시작으로 하여, 빌리 버틀린Billy Butlin이 1936년에 개장한 스케그니스 마을의 호화로운 캠프가 개장되었을 때가 최전성기였다(Ward and Hardy, 1986).

다섯째로, 정기선을 이용하는 여행의 매력이 향상되었는데, 특히 당시 유람선 여행의 즐거움은 배 위에서는 사치스러운 소비와 한가로운 해상궁전을 누리는 것이었다(Walton, 2000; Stanley, 2005).

마지막으로, 1938년의 유급 휴가법으로 정점에 달했던 유급 휴가

운동의 강력한 성장이 있었다. 다만 그 조문 내용의 대부분이 1945년 이후에 발효되기는 했다(Walvin, 1978, 6장). 월터 시트린Walter Citrine 경은 노동조합평의회TUC에 대한 특별조사위원회에서 증언할 당시, 휴가를 떠나는 것이 '노동 계급의 삶을 증진시키는 요인입니다. 제가 생각하기에, 대부분의 서민들은 이제 자신들의 처우가 근본적으로 바뀌어야 할 필요성을 인식하고 있습니다'라고 밝힌 바 있다(Brunner, 1945, p.9에서 인용).

전체적으로 보면, 여타의 여가 활동들이 많이 개발되었음에도 불구하고, 이 시대의 해변 휴양지는 대다수 영국인 행락객들에게 메카로 남아 있었다고 브루너는 주장했다. 실제로 그녀는 이러한 휴양지가 '본래 영국에서 탄생한 것으로, 다른 나라의 것들에 비해 숫자도 훨씬 많았고 그 기능 또한 매우 전문화되어 있었다'라고 주장했다(Brunner, 1945, p.8). 바닷가로 가는 휴가는 제2차 세계대전 때까지는 영국에서 가장 지배적인 휴가 형태였으며, 두 차례의 세계대전 그 사이의 시기에는 다른 어떤 유형의 휴가보다도 더 빠르게 확대되었다(Walvin, 1978, pp.116~118; Walton, 2000을 보라). 이렇게 해서 제2차 세계대전이 발발할 때까지는 휴가를 떠나는 것이 개인에게 득이 되고, 그것이 개인에게도 재충전의 기반이 된다고 하는 견해가 널리 받아들여졌다. 휴가는 거의 시민권의 상징이자 즐거움을 위한 권리가 되어 갔다. 그리고 이 권리라는 점에 입각하여 영국에서는 특히 이들 휴양지에서 전문적인 서비스를 제공하는 기반시설이 광범위하게 개발되었다. 누구나 바닷가에서 '관광객의 시선'이라는 즐거움을 누릴 수 있게 되었다.

다음 절에서는 그 시선이 다양한 휴양지에서 어떻게 조직화되었는지 자세히 설명할 것인데, 먼저 레이크 디스트릭트 바로 남쪽, 영국 북서부 가장자리에 있는 '노동 계급의 휴양지' 중 하나인 모컴을 살펴본다. 이를 통해 각각의 휴양지가 사회적 위계 관계 내의 개별 집단에 대해 관광객의 시선 및 관련된 서비스를 제공하는 것에 특화되어 있었다는 것을 보여줄 것이다.

'브래드퍼드의 바닷가',
해변과 해변별장 'Bradford-by-the-Sea', Beaches and Bungalows

19세기 중반까지, 규모가 큰 해변 휴양지들은 거의 대부분 영국 남부에 위치해 있었는데 이는 중산 계급 고객들과 그들의 재력과 가까이 있는 것이었다(King, 1984, pp.70~74). 이러한 휴양지들만 '전국적' 규모의 시장에서 방문객들을 끌어들일 수 있었다. 남쪽 해안에서 떨어져 있는 휴양지들은 그 지역이나 지방의 시장에 의존해야 했다. 그러나 20세기 초에 이르러서는 극적인 변화가 생겼다. 그 첫 사례는 19세기 후반의 영국 북부, 특히 섬유산업이 발달했던 랭커셔 지역의 노동 계급이 떠난 휴가에서 확인된다.

1875년경부터 19세기 말까지의 기간 동안, 이 지역에서는 당일여행이 아닌 해변에서 즐기는 휴가가 대중화되었다. 다른 곳에서는, 심지어 런던에서도 이런 변화의 과정은 더 느리고 들쭉날쭉했다. 그러나 빅토리아 시대 후반 영국 북부에서는 휴양지가 성장하는 데 있어서 노동 계급의 수요가 가장 중요한 원동력이 되었다(Walton, 1983, pp.30~31).

영국 북부에서는 수많은 대형 휴양지들이 개발되었다. 1911년에는 블랙풀이 영국에서 다섯 번째로 큰 휴양지가 되었고, 리담, 모컴, 사우스포트, 세인트 앤즈 등의 도시도 모두 상당한 인구 증가를 보였다. 그러므로 당시는 '노동 계급에 특화된 휴양지가 신속하고도 강력한 성장을 보여준' 시기였다(Walton, 1983, p.67). 그 이전의 시기와 비교했을 때, 휴양지는 매우 빨리 성장하여 영국 전역에 걸쳐 더 널리 확산되었다.

'모컴은 (…중략…) 웨스트 라이딩 지역의 사업가들을 위한 고급 휴양지이자 통근을 할 수 있는 종착점이 되고자 했지만, 결국은 그렇게 되지 못하고 그 대신 요크셔 사람들의 블랙풀이 되고 말았다'(Perkin, 1976, p.104; Quick, 1962). 노동 계급이 휴가를 보낼 휴양지로 성장하기 위한 필수적인 조건은 영국 북부 공업 중심지에서 발견되는 강력한 연대감을 가진 공동체의 존재였다(Walton, 1978, p.32). 그런데 랭커셔에서 찾아오는 휴가객의 규모로 따져 보면, 모컴은 블랙풀의 경쟁상대가 될 수 없었다. 왜냐하면 블랙풀은 훨씬 일찍 더 실질적인 관광 기반시설을 구축했기 때문이다. 랭커셔 남부와 동부 지역의 빠르게 확장해 가는 마을과 도시에서 상당히 가까웠던 관계로 당일 여행객들도 엄청나게 끌어들일 수 있었다. 일단 어떤 휴양지가 그 '산업적인 배후지역'을 고정적으로 확보하게 되면 그 입지가 흔들리게 될 가능성이 별로 없는데, 왜냐하면 해당 휴양지를 방문하는 것이 행락에서 '전통'의 일부가 되거나 '경로 의존성'을 갖게 되기 때문이다. 본머스나 스케그니스와 같이 나중에 개발된 휴양지의 경우는 그 근처에 확실하거나 비슷한 경쟁자가 없었기 때문에 의도한 바대로 성장할 수 있었다(Walvin, 1978, p.161).

모컴의 경우 랭커셔 지역의 행락객을 두고서는 블랙풀과 경쟁할 수 없다는 것이 19세기 후반에 들어서 분명해졌다. 공업도시인 위건의 탄광 소유주이자 시의원이었던 랄프 달링턴Ralph Darlington은, 1884년 하원 위원회에서 '모컴에 대해 우리는 해안 휴양지라고 평가하지 않습니다. 전혀 아니라고 말해야 됩니다'라고(Grass, 1972, p.6에서 인용) 단언했다. 마찬가지로, 1889년에는 모컴의 보건 위원회의 의장이었던 토마스 백스터Thomas Baxter도 '블랙풀이 랭커셔 지역 전체의 손님을 독식하고 있다는 것에는 의심의 여지가 없습니다'라고(Observer, 1889.10.11) 말했다.

모컴은 그 기반 지역인 랭커셔의 휴가 시장에서는 경쟁력을 상실했지만, 요크셔 주의 양모산업 도시와 연결되는 철도를 통해 리즈와 브래드퍼드에서 많은 방문객들이 올 수 있었다. 이는 요크셔 지역과의 연계가 단지 휴가객의 이동뿐만 아니라 일반인들의 이주 패턴으로까지 확대되었기 때문이다. 노동자와 고용주 가릴 것 없이 요크셔에서 온 많은 사람들이 모컴에 살기 시작했고, 그 중 일부는 매일 브래드퍼드 또는 할리팩스로 통근했다(Perkin, 1976, p.190). 초대 모컴의 시장이 된 시의원 반즈비E. Barnsbee는 은퇴 후 모컴으로 이주한 브래드퍼드 사람이었다. 게다가 모컴은 웨스트 라이딩 지역에 거주하는 사람들에게 유일한 휴가지는 아니었다. 모컴은 요크셔와 링컨셔에 있는 동부 해안의 휴양지들과 어렵게 경쟁해야 하는 상황에 직면했다. 그러나 서서히 인기를 얻게 되었다. 1891년 Daily Telegraph의 통신원은 다음과 같이 기록했다. '마게이트와 평균적인 코크니, 즉 런던 사람들이 서로 이어져 있듯이, 모컴은 튼튼하고 건강을 사랑하는 요크셔 사람들과 이어져 있다. 랭커셔에 있지만 모컴이 모든 면에서 뼛속까지 진정한 요크셔 사람이라는 것은 모든 이들이 다 알고 있다. (…중략…) 요크셔의 사람들, 요크셔의 총각과 처녀들은 바람이 자주 불고 비도 자주 오며 강한 바람이 들이치기도 하지만 건강에 좋다는 이 해안 휴양지를 선택하여 자기 땅으로 삼고 대중화시켰다'(Grass, 1972, p.10에서 인용). 게다가, 두 차례의 세계대전 사이의 기간에 브래드퍼드의 어느 시장은 '아이들은 말할 것도 없고, 브래드퍼드의 시민 대부분이 이 멋진 건강을 위한 휴양지에서 여가를 즐겼습니다'라고(Visitor, 1935.4, 60주년 기념호) 공표했다.

　　그러나 모컴은 중산 계급 방문객들을 기대했던 만큼 많이 끌어오지는 못했다. 그 이유 중 하나로 Lancaster Guardian에서 '무질서하고 소란스러운 무리들'이라고(1868.8.22) 묘사한 수많은 당일 여행객의 증가를 마을의 지도자들이 억제하지 못했던 점을 들 수 있고, 또 다른 이유로는 비교적 작은 집(대부분 '곳간' 수준의 집)이 너무 많았는데, 이들이 특히 요크셔의 서부에서 찾아오는 덜 부유한 방문객들에게 숙소를 제공하는 새로운 하숙집이나 소규모 호텔로 영업하는 것을 금지할 수 없었던 점도 들 수 있다. 이 와중에 상당한 실랑이도 있었는데, 1894년까지는 보건 위원회를 통해서 그리고 그 이후에는 시의회를 통해서 조직된 '높으신 분들'의 대변자들과, 대규모 유흥시설의 운영회사와 같은 '대중적인 휴가 소비'의 공급자들이 벌인 논쟁이 그것이다. 1901년 Visitor에 게재된 논설은 후자를 지지하면서, 그 주된 근거로 '공영 음악단도 없고, 공원도 없고, 지방세의 지원을 받은 관광부두도 없는' 마을에서, '이번 여름 방문객들을 훌륭하게 응대하는 일을 해냈다'는 것을 들었다(1901.10.2). 1890년대 후반이 되고서 얼마 지나지 않아, 상업적 개발의 옹호자들이 이 논쟁에서 승리를 거두었고, '높으신 분들'을 지지했던 시의회는 패배했다. Daily Telegraph는 1891년의 모컴을 다음과 같이 간결하게 표현했다. '까다로운 사람들에게는 거칠고 수수한 장소로 여겨지는 모컴은, 약간 구식이고 다소 저속한 느낌이 들 수도 있다. 하지만 결코 지루하지 않다.'(Perkin, 1976, p.191에서 인용)

19세기 후반에는 모컴도 많은 발전을 이루었는데, 빠른 인구 증가율(매년 10퍼센트 이상), 특히 회전 전망탑 같은 주요 시설에 대해 크게 증가한 자본 지출, 하숙집과 호텔 숙박시설의 광범위한 성장을 들 수 있다 (Denison-Edson, 1967을 보라).

그러나 그 번영은 요크셔 서부 지역의 경기 수준에 의존하고 있었다. 브래드퍼드, 특히 그곳의 모직물 산업이 호조를 띠면 모컴도 따라서 번성한 것으로 보인다. 1883년에 *Observer*에서 지적한 것처럼 '브래드퍼드의 경기가 후퇴하면 "브래드퍼드의 바닷가"를 향하는 발길도 끊어졌다'(1883.3.25). 또한 모컴은 철도 회사에 종속되어 있었던 탓에 열차 서비스는 질과 양 모두 제공되는 대로 받을 수밖에 없었다.

두 차례 세계대전 사이의 기간에 모컴은 성공적으로 발전했는데, 일정 정도는 노동자들에 대한 유급 휴가가 광범위하게 증가했기 때문이고, 또한 일정 정도는 대부분 휴가를 여전히 해변에서 보내고, 가족 단위로 기차를 타고 이동하거나 드물게는 마차를 타고 왔기 때문이다. 모컴의 대변인은 모든 노동자들이 1주일간의 유급 휴가를 받아야 한다고 주장했다(*Visitor*, 1930.1.22). 1925년까지 같은 자치구에 속한 히섬에는 두 개의 휴가 캠프가 만들어졌다. 모컴은 1930년대에 매년 3.8%의 상당한 수준의 인구 증가를 보였다(Denison-Edson, 1967, p.28). 1930년대와 1940년대에는 특히 번영했으며, 시의회도 관광객의 시선을 위한 새로운 대상에 막대한 투자를 진행했는데, 이는 보수적인 의회가 얼마나 '시정의 보수적 경향'에 관여하고 있었는지 보여주는 예이다.

이제 우리는 두 개의 휴양지를 비교하여 간략히 설명해 볼 것인데, 하나는 남부 해안의 브라이튼이고 다른 하나는 켄트의 버칭턴이다. 둘 모두 처음에 관광객의 시선이 될 새로운 대상을 해변에다 조성했는데, 브라이튼은 '유흥'에 특화된 해변을 처음으로 개발했고, 버칭턴은 처음으로 피서용 해변별장을 도입했다.

우리는 18세기에 브라이튼의 초기적이고 광범위한 발전에 대해 이미 주목한 바 있다. 해변은 병을 치료하는 장소로 여겨졌고, 몸을 물에 담그는 일을 전담하는 여성인 '입욕치료사'가 그 지도를 맡았다(Shields, 1990, 2장을 보라). 19세기 중반에는 이 의료 목적의 해변이 유흥 목적의 해변으로 바뀌었는데, 실즈는 이곳을 일상생활의 패턴과 리듬으로부터 벗어날 수 있는 기본 제공되는 도피수단인 경계적 공간으로 특징 짓기도 했다. 이러한 경계적 공간은 또 하나의 특징으로 축제 상태의 면모를 가지고 있었는데, 해변은 시끄럽고 붐비며 예측할 수 없는 사회적 혼합으로 가득했고, 사회 계층과 도덕 규범의 전복이 일어났다. 중세의 고전적인 축제에서는 그로테스크한 신체가 예절과 권위를 겸비한 단련된 신체와 대립되었는데, 19세기의 휴가 축제에서도 그로테스크한 신체는 망측한 모습으로 노출되어 다른 사람들의 구경거리가 되었다. 마침내 말 그대로 그로테스크한 신체는 점점 현실의 풍경에서 사라지고 상업화된 표상, 특히 통속적인 그림엽서를 통해 시선을 받게 되었다. 실즈(Shields, 1990)는 유흥에 더 어울리는 것으로 변화된 해변의 축제를 다음과 같이 요약했다.

이 축제를 가장 신랄하게 드러내는 상징은 바로 이 어리석어 보이고 천박해 보이며 단련되지도 않은 신체인데, 그대로 드러내진 울퉁불퉁한 모습의 신체는 타자의 신체 공간에 침입하면서 신체의 윤곽에서 탈출하고 벗어나며 초월하려는 듯했다(Shields 1990, p.95).

브라이튼은 유흥, 사회적 혼합, 지위의 전복, 축제를 위한 장소로서 해변이 건설된 최초의 휴양지였다. 이것이 20세기 초반의 수십 년 동안 브라이튼이 과도한 성행위, 특히 '불륜 상대와 주말을 보내는 곳'으로 이름이 알려지게 된 이유 중 하나이다. 실제로 브라이튼의 해변이 축제의 장소로서 기능한 것은 그리 오래 가지 않았음에도, 그러한 장소 이미지는 브라이튼의 일부가 되었다.

브라이튼의 계급 구성은 왕실 및 귀족으로 이루어져 있었던 것에 비해, 19세기 중반 켄트의 휴양지는 새로운 중산 계급과 관련되어 있었다(King, 1984, pp.72~78). 힘을 갖춘 전문직 중산 계급은 점차 클리프턴빌과 웨스트게이트에 머무르게 되었다. 웨스트게이트의 경우 모든 도로가 사유지였고 단독주택만 지을 수 있었다. 영국 최초의 해변별장은 1869년부터 1870년 사이 웨스트게이트에 지어졌고, 1870년에서 1873년 사이에는 훨씬 큰 규모의 해변별장이 바로 옆의 버칭턴에 지어졌다(King, 1984, p.74). 이 개발이 되기 전까지만 해도 해변가에 전용 주택 건물은 없었다. 실제로, 초기의 어촌 마을에서는 레이크 디스트릭트의 가장자리에 있는 레이븐 글라스에서처럼, 대부분 집이 바다를 등진 채로 지어졌다. 바다는 낚시를 위한 곳이었지 시선을 보내기 위한 곳이 아니었다. 19세기의 휴양지는 공적인 장소로서, 사교장, 산책로, 공원, 무도회장 등의 독특한 공공건물들이 갖춰져 있었다. 그곳의 개인 주거지들은 내륙 마을의 것과 비슷했으며 뚜렷이 구별되는 것이 아니었다.

대조적으로, 해변에 특화된 형태의 주택으로서 별장이 개발된 것은 엄밀하게는 의료적인 이유에서가 아니라 쾌적한 공기와 아름다운 전망을 위해 해변을 방문하도록 하는 흡인력이 높아진 결과였다. 또한 비교적 고독한 상태에서 바다에 시선을 보낼 수 있도록, 다른 사람들과 멀리 떨어져 있는 숙박시설에 대한 중산 계급의 수요가 증가한 결과이기도 했다. 이뿐만 아니라 물놀이가 아닌 수영의 인기가 늘어나고 따라서 온 가족, 특히 어린이를 위해 어느 정도는 사적인 이용이 필요하다는 인식이 늘어난 결과이기도 했다. 버칭턴은 이러한 조건에 이상적으로 부합했다. 공공 시설이 전무했고, 집을 짓기에 매력적인 해안선도 있었다. 최초의 해변별장은 '시골풍'으로 만들어져서 도회지와는 대조되는 매력을 보여주었으며, 각각의 별장과 해변을 직접 연결하는 터널을 만들 수도 있었다. 20세기가 되어서는 해변 지역에 광범위한 '해변별장 붐'이 일어나서, 어떤 의미에서 20세기에는 해변별장이 영국의 해변이 **되었다**. 그리고 이것이 하위 중산 계급의 주거지가 되어 감에 따라 초기에 유행을 이끌었던 특성과 자유분방한 기질이 사라지고, 그야말로 상당한 지위 적대감의 대상이 되었다(King, 1984, 5장을 보라). 이는 해변 휴양지가 어떻게 사회적 기풍의 경쟁이 벌어지는 장소가 되는지, 그리고 문화 자본을 놓고 쟁탈전이 벌어지는 장소가 되는지를 드러내 준다.

결론

본 장에서 우리는 19세기 영국 해변 휴양지의 기원을 살펴보았다. 우리는 이 개발이 얼마나 두드러지는 것이었는지를 드러내 보이고자 했다. 이들 휴양지는 빠르게 성장한 유럽의 산업 노동 계급이, 주로 그들과 같은 계급의 지역에서 온 타인들과 함께 여가와 유흥을 위해 떠날 수 있는 최초의 장소였다. 노동자들은 고작 하루가 되었든 일주일이 되었든 간에, 가혹한 노동, 수질 및 공기 오염, 만연한 건강 악화 및 시각적 자극의 부족으로 가득한 장소인 공업도시를 뒤로 하고 휴가를 떠났다. 집단적 관광객의 시선이 해변의 장소들에 뿌리를 내리지 않은 상태였기 때문에, 휴양지들은 놀랄 만한 시각적 차이를 제공했다. 그리고서 이들 장소는 시각적 유혹의 장소로서 다시 만들어지고 다시 보여지게 되었는데, 이들은 '변두리에 있지만' 점차 산업 경제의 측면에서는 성장하는 '기호의 경제'의 중심이 되었다.

20세기는 관광객의 시선을 더욱 눈에 띄게 변화시켰다. 초기의 대중 휴양지를 본보기로 삼으면서도, 시선을 보낼 수 있는 다양한 새로운 특징과 특성을 발전시킨 해변의 장소들이 전 세계 곳곳에 나타나게 되었는데, 이에 대해서는 이 책의 나머지 부분에서 검토한다. 시선을 보낼 장소들 사이의 경쟁이 전국화되었다가 이후에는 국제화되어 감에 따라, 몇몇의 경우에 이들 초기의 휴양지들은 시대에 뒤떨어지고 저속주행 차선에서 매우 뒤처진 것처럼 보이게 되었다.

제3장

경제|Economies

도입

관광객의 시선과 그 시선을 충족시키기 위해 발전하는 산업 사이의 관계는 복잡하다. 관광객을 위한 서비스는 몇 가지 예외가 있기는 하지만 대부분 그것이 생산된 그 시간과 장소에서 제공된다. 따라서, 웨이터, 승무원, 여행 담당자, 호텔 안내원 등의 서비스 제공자와 소비자 간에 이루어지는 사회적 상호작용의 품질은 관광객이 구매한 '제품'의 일부이다. 만약 그러한 사회적 상호작용의 측면이 만족스럽지 못하다면(무뚝뚝한 웨이터, 웃지 않는 승무원, 무례한 안내원), 구매한 제품은 사실상 다른 서비스 제품이 된다. 한 가지 중요한 문제는 그러한 소비자 서비스의 생산이, 관광객에게 서비스를 제공하는 산업의 일부 측면을 어쩔 수 없이 보게 되는 관광객의 시선에서 벗어나서, 온전히 무대 뒤편에서 이루어지는 것은 아니라는 점으로부터 야기된다. 그러나 더구나 관광객들은 자신이 제공받게 될 서비스에 대해 높은 기대를 가지는 경향이 있는데, 이는 '다른 곳으로 떠나는' 행위에 보통 특별한 의미가 부여되기 때문이고 또한 관광 조직의 광고와 홍보를 통해 기대감이 커지기 때문이다. 사람들은 비일상을 추구하고 있기 때문에, 그러한 품질을 떨어뜨리는 것으로 여겨지는 서비스에 관해서는 비판적이게 된다. 서비스 품질에 대한 이러한 기대는 해외 출장 여행자의 경우에 특히 두드러진다 (Beaverstock et al., 2010을 보라).

이를 바탕으로, 관광 서비스는 언제나 특정한 장소에서 생산되고 소비되어야 하며, 다른 아무 장소에서나 제공될 수는 없는 것이라는 결론을 내릴 수 있다. 소비되는 것의 일부는 사실상 서비스의 생산자가 위치해 있는 바로 그 장소이다. 개개의 장소가 적절한 문화적 의미를 전달하지 못하고 기억에 남을 수 있는 시각적 특징을 보여주지 못한다면, 특정한 서비스의 품질은 저하될 수도 있다. 그러므로 관광 서비스에는 엄격한 '공간적 고정성'이 존재한다. 최근 몇 년 사이에는 관광객 유치를 위한 경쟁이 엄청나게 치열해졌다. 그래서 생산자는 개별적인 장소에서 개별적인 서비스를 제공해야 한다는 점에서 공간적으로 상당히 고정되어 있지만, 소비자는 이동이 가능하며 전 세계적으로 일정한 정도의 관광 서비스를 소비할 수 있는 입장이다. 세계의 거의 모든 장소가 관광객의 시선을 받는 대상이 될 수 있기 때문에, 이 산업에서 경쟁은 불가피하다. 또한 일부 서비스의 경우 결정적인 시간적 고정성도 존재한다. (따뜻한 식사를 비롯한) 다수의 서비스는 딱 정해진 시간에 제공되어야 하고, 서비스를 접하는 매 시간이 항상 '결정적 순간'이다. 서비스는 지금 여기서 벌어지는 공연이다(4장을 보라). 적시에 제공되지 못하는 서비스는 불량한 서비스로 인식될 가능성이 매우 높다. 게다가 서비스의 '내세'는 예측할 수 없는데, 나쁜 서비스와 좋은 서비스는 인터넷 공간에서 여행담과 리뷰를 통해 '세계 곳곳에 알려져' 사람들의 기억에 고정될 수 있다. 형편없는 서비스가 제공된 모든 순간은 미래의 그 장소에 출몰하는 망령으로 돌아오게 될 것이다.

관광 서비스의 생산자와 소비자 사이에 일어나는 사회적 상호작용의 품질에 대한 강조는 관광 개발이 단순히 '경제적인' 결정요인과 관련하여 설명할 수 없음을 의미한다. 후술하겠듯이, 사람들이 시선을 보내고 싶어 하는 것에 대한 예상, 어떤 의의가 그 시선에 부여되어야 할 것인가에 대한 예상, 그리고 이것이 관련된 관광 서비스의 제공자들에게 어떤 영향을 미치는가에 대한 예상을 완전히 바꿔 놓는 다양한 사회적, 문화적 변화를 조사할 필요가 있다. 일반적으로 관광 산업은 상당한 수준의 공적 개입과 투자를 필요로 해 왔고 최근 몇 년 사이에는 이 점이 더 증대되었는데, 왜냐하면 모든 종류의 장소가 관광객의 시선의 인기를 끄는 대상으로서 자신의 입지를 구축하거나 강화하려는 시도를 하고 있기 때문이다. 관광 산업 내의 노동이라는 것이 복잡한 서비스 제공을 둘러싼 사회적 기대와 별도로 이해될 수 없듯이, 관광의 경제학도 이 책의 뒷부분에서 다루는 문화, 경영, 정책의 개발에 관한 분석과 별도로 이해될 수 없다. 관광 산업 내부에서의 노동의 상관성은 지극히 사회적으로 결정된다.

본 장에서는 변화해 가는 관광의 정치적, 문화적 경제 분야에서의 몇몇 발전상에 관심을 둘 것이다. 우리는 지난 수십 년 동안 벌어진 포드주의에서 포스트포드주의로의 전환을 추적하고, 그 다음 '체험 경제', '맥도날드화', '디즈니화'라고 하는 연관 개념에 대한 최근 논의를 통해 이를 예증해 볼 것이다.

포드주의와 포스트포드주의Fordism and Post-Fordism

우리는 소비의 특성에 관한 캠벨(Campbell, 1987)의 고전적인 분석 부터 살펴보기로 한다. 캠벨은 은밀한 공상과 기대감이 현대 소비주의 의 핵심이라고 주장한다. 개인은 단순히 제품, 자신의 선택, 구매, 실제 의 사용에서 만족을 추구하지는 않는다. 오히려 만족은 기대감, 상상 속 에서 찾던 즐거움에서 비롯된다. 소비에 대한 사람들의 기본적인 동기 는 단순히 물질중심적인 것이 아니다. 오히려 사람들은 자신의 상상 속 에서 이미 체험해 왔던 즐거운 드라마를 '실제로' 체험하고 싶어 한다. 하지만 '현실'은 공상에서 마주했던 완벽한 즐거움을 제공하는 경우가 거의 없기 때문에, 모든 구매는 환멸을 느끼게 하고 더 새로운 제품과 서비스를 추구하도록 이끈다. 현대 소비주의의 진정한 핵심에는 새로 운 것에 대한 추구와 만족하지 못하는 욕망의 변증법이 존재한다.

캠벨(Campbell, 1987, pp.88~95)은 '상상적 쾌락주의'를 현대 사회 의 비교적 자율적인 특성으로 간주하면서 광고 혹은 개별적인 사회적 경쟁의 방식과 같은 특정한 제도적 장치와는 다른 것으로 보는 것 같다. 그러나 여기에는 일반적으로 미심쩍은 점이 있는데 특히 관광과 관련 해서 그러하다. 광고와 매체를 통해서, 그리고 서로 다른 종류의 자본을 동원하는 각기 다른 사회 집단 사이의 경쟁을 통해서 그러한 활동들이 사람들의 상상 속에 어떻게 구성되는가를 파악하지 않고서 현대 관광의 본질을 직시하기는 어렵다(관광 이미지에 대해서는 Selwyn, 1996을 보라). 현대 소비주의가 상상의 즐거움 추구를 포함한다고 주장하는 캠벨의 입장이 옳다면, 관광은 분명 전형적인 사례가 된다. 관광은 일상생활에서 보통 접하게 되는 것들과는 분리된, 새롭거나 다른 체험에 관한 공상과 기대감을 필연적으로 수반한다. 그러나 그러한 공상은 자율적인 것이 아니다. 여기에는 광고와 여타의 미디어가 만들어낸 기호의 집합을 반복하여 사용하는 것이 포함되고, 또한 대부분은 우리가 나중에 설명하겠듯이 사회적 경쟁의 복잡한 과정과 관련되어 있다.

한 가지 추가적인 문제점이 캠벨의 또 다른 유용한 분석에 내재되어 있는데, 그것은 그가 근대적 소비주의를 마치 역사적으로 고정된 것처럼 취급한다는 점이다. 그러므로 그는 변화하는 소비의 성격을 다루지 못하며 그리고 자본주의적 생산의 본질 속에서 이와 평행하게 이루어질 수 있는 변형도 다루지 못한다(여기서 소비는 '구매'의 뜻으로 사용되며 가정 내에 '생산'이 없다는 것을 함의하지는 않는다). 그러나 수많은 연구자들은 조직화된 자본주의에서 비조직화된 자본주의로의 전환을 포함하여, 급격한 변화가 현대 사회 내에서 발생했다고 주장한다(Lash and Urry, 1987; 1994). 또 다른 연구자들은 이것을 포드주의에서 포스트포드주의로의 이동으로, 그리고 특히 대량 소비에서 더 개별화된 패턴의 소비로의 이동으로 특성화했다(Piore and Sabel, 1984; Harvey, 1989; Poon, 1989; 1993).

그러나 이러한 분석의 소비 측면은 개발되지 않았고, 여기 수많은 문헌의 '생산주의적' 편견이 시사되고 있다. 이를 다루기 위해 우리는 이제 두 가지 이상적인 유형의 포드주의형 대량 소비와 포스트포드주의형 개별화된 소비를 설정한다.

대량 소비 : 대량 생산이라는 조건에서 생산된 상품의 구매, 소비재에 대한 높은 지출 비율, 개별 생산자가 각각의 산업 시장을 지배하려는 경향, 소비자에 대한 생산자의 비교 우위, 상품이 유행, 계절, 특정한 시장 부문에 의해서는 거의 차별화되지 않는 상태, 그리고 상대적으로 제한된 선택, 이들은 사적이든 공적이든 생산자의 이익을 반영하는 경향이 있다. 이러한 시스템은 역사적으로 대량 소비, 혹은 포드주의라기보다는 쿡주의라고 부를 수 있는 것을 통해 관광을 대중화한 토마스 쿡에 의해 시작되었다. 토마스 쿡은 '대중 관광'이 생산자의 전문적 지식을 통해 **사회적으로**, **물질적으로** 발명되고 조직화되어야 한다는 것을 인식했다. 다양한 시스템 혁신의 결과로, 쿡은 비싸고 위험하며 예측할 수 없고 시간이 많이 소요되는 개인 여행을 대중을 대상으로 하고 전문 지식을 기반으로 하는 조직화되어 있고 체계화되어 있으며 예측 가능한 사회적 활동으로 전환시켰다. 쿡의 초기적 혁신의 예로는 발권 시스템, 안내, 가이드 동반 여행, 일괄 예약, 철도 쿠폰, 여행가방의 체계화된 수거 및 배달 등을 들 수 있다(Brendon, 1991).

포스트포드주의 소비 : 소비 지출이 국민소득에 비례하여 증가하므로 생산보다는 소비가 비교 우위, 높은 부채 수준으로 소비지출을 늘리도록 하는 새로운 형태의 신용, 사회생활의 매우 많은 측면이 상품화되어 있음, 서로 다른 시장 부문에 의해 훨씬 더 크게 차별화된 구매 패턴, 더 큰 변동성을 가지는 소비자 선호, 소비자 운동의 성장과 소비의 '정치화', '대량'의 일부가 되는 것에 반대하는 소비자의 반응과 특히 서비스 산업의 경우에 생산자가 더 소비자 중심적이어야 할 필요성, 더 짧은 수명을 가진 더 많은 제품의 개발, 더 전문화되고 대량 생산이 아닌 형태에 기반한 새로운 종류의 상품(예를 들면 '자연' 제품), 그리고 기호 가치와 '브랜딩'의 개발에 대한 큰 관심.

일부 소비 패턴은 이러한 구분에 걸쳐 있기도 하지만, 서구 사회는 대체로 전자의 이념에서 후자의 이념으로 이동해 가고 있다. 이러한 전환은 변해가는 현대 관광의 특성에도 반영된다(Poon, 1993; Urry, 1995a 을 보라). 예를 들어, 영국의 휴가 캠프는 포드주의적인 행락의 전형적인 사례였다. 포스트포드주의로의 이동 과정에서 그러한 캠프는 '센터' 혹은 '휴가 세상'으로 이름을 바꾸었고, 이제는 '선택', '독립', '자유'의 장소라는 것을 드러내 보이고 있다. 이후의 장에서 우리는 넓은 의미에서의 '포스트포드주의적인' 종류의 현대적인 행락에서 또 다른 변화들이 얼마나 많이 생겨나는지를 설명한다. 푼(Poon, 1993)은 이들 변화에 대해, '낡은 관광' 즉 일괄적인 공급과 표준화를 포함하는 것에서, '새로운 관광' 즉 세분화되고 유연하며 맞춤화된 것으로의 전환이라고 특성화하였다. 일부 그러한 변화는 또한 관광과 그밖의 문화적 관행 사이의 관계를 변화시키고 있다. 5장에서 우리는 '포스트모더니즘'에 대해 고찰할 것인데, 이것의 주요한 특징은 놀이, 유흥, 테마에 대한 중요성을 강조한다는 점이다. 본 장의 후반부에서는 '세계화'가 어떻게 관광지의 생산과 소비에서, 특히 세계적인 브랜드의 새로운 등장과 Web 2.0이라는 인터넷의 혁명을 통해 추가적인 변화를 만들어내는지를 고려한다.

먼저, 우리는 후기 산업사회의 생산과 소비에 관하여 영향력 있는 두 가지 현대의 이론, 즉 체험 경제(Pine and Gilmore, 1999)와 디즈니화 (Bryman, 2004)에 대해 논의한다. 두 개념 모두 특별하고 개인화된 체험 이 포스트포드주의적인 소비 경제에서 얼마나 중요한지를 강조한다.

체험 경제의 주된 특징은 서비스가 그저 단순한 '서비스' 이상의 것 이어야 한다는 점인데, 단순한 서비스는 점점 더 흥분할 만한 것을 찾는 소비자들에게는 지루해 보일 수 있는 것을 말한다. 서비스는 어떻게든 즐겁고 추억할 만한 것일 필요가 있기 때문에, 반드시 '긴 시간 동안을 반추할 만한' '체험'이어야 한다. 1999년에 파인Pine과 길모어Gilmore는 '체험 경제'라는 용어를 만들어 서비스 경제가 체험 경제로 변모해 가 고 있다고 주장했다. 수익은 가능한 한 저렴하게 주문형 서비스를 제공 하는 것에서 얻어지는 것이 아니라, 인상 깊고 흥미진진하며 매력적인 체험을 연출하고 공연하는 것에서 창출된다. 소비자가 특별한 서비스 를 원하는 것으로 받아들여지면서, 소비자 주도의 커다란 변화가 이루 어진 것이다. 포스트포드주의적인 경제에서 기업은 그 스스로를, 소비 자와 교류하기 위해 공연하는 예술가로서의 직원이 존재하는 '극장'으 로 생각할 필요가 있다(Pine and Gilmore, 1999, p.104). 서비스를 받게 되 는 장소는 추억할 만한 체험이 '시간이 지나도 되돌아 볼 수 있는' 분위 기와 이벤트성을 가진 감동적인 장소로 상상되고 연출될 필요가 있다. 따라서 서비스를 만드는 사람은 무대에 선 연기자와 다를 것 없이, 공연 하고 연기하고 상연하고 연출하는 것을 배워야 한다. 그들은 더 이상 편 의 제공자가 아니며 감동 연출자가 되었다.

파인과 길모어(Pine and Gilmore, 1999, p.98)는 경영과 기획에 대한 극장 은유를 흥미롭게 도입하면서 또한 일반적인 기업 경제도 체험을 항상 중요시하는 월트 디즈니와 기타 오락 산업으로부터 배워야 한다고 주장한다. 조건을 다 갖춘 체험 경제에서, 소비자들은 비행기를 타고 식사를 하고 쇼핑을 하고 예약을 할 때에 그때 그곳에서의 기본적인 요구 사항과 기능을 충족하는 서비스를 받을 수 있을 뿐만 아니라 그 서비스를 추억으로 간직할 수 있는 개인적이고 인상적인 체험으로 전환할 수 있다(Pine and Gilmore, 1999, p.99).

파인과 길모어의 논의는 새로운 '문화 경제' 개발에 대한 더 큰 관심의 일환으로서 정책 및 상업 분야로 급속하게 확산되었다(Löfgren, 2003; Gibson and Kong, 2005; O'Dell and Billing, 2005). 정책 입안자, 도시 계획가, 건축가 등, 극장이나 박물관 같은 노후화된 장소 및 문화 시설을 활성화하고 상업화하고자 애쓰는 사람들은 점차 '체험 풍경'으로 바꿔 나가고 있다(Hayes and MacLeod, 2007). 관광 및 환대 산업의 경영자들 또한 파인과 길모어의 논의를 채택하여 서비스 수행에 대한 혁신적인 접근법을 개발하고 있다(Landry, 2006; Bell, 2007).

디즈니화라는 개념은 체험 경제와 유사성이 있다. 이는 디즈니 테마파크가 체험 경제라는 개념의 상징물이자 선도적 모델이기 때문이다. 브라이만(Bryman, 2004, p.5)에 따르면 '디즈니화는 소비자가 압도적 우위를 점하는 포스트포드주의적 세계의 다양성 그리고 선택과 연결되어 있다.' 디즈니화는 서비스 풍경의 화려한 '테마'를 통해서, 그리고 서비스 받는 것을 공연하는 노동자가 소비자를 '왕'으로 대접하는 동시에 즐기게 해 주는 이벤트로 전환함으로써 소비자의 다양성과 선택이 제공되는 경제를 가리킨다. 디즈니화는 상품과 서비스를 차별화된 체험으로 변환시켜, '마법을 부린 것처럼' 평범한 것을 비범한 것으로 만들어 내고, 그것의 가치를 향상시키고자 하는 기업 전략의 하나이다.

디즈니화라는 개념은 리처(Ritzer, 2008)의 맥도날드화 이론과는 다르다. 후자의 이론은 전 세계에서 소비가 얼마나 균질화되고 표준화되어 있는지를 강조하는데, 다시 말해 포드주의적인 것이다. 맥도날드화는 관광객이 어디서 서비스를 제공받든 마치 빅맥버거처럼 예측 가능하고 표준화되어 있으며 위험 부담이 없고 믿을 수 있는 체험과 서비스를 갈망한다고 제안한다. 브라이만(Bryman, 2004, p.4)에 따르면, '디즈니화는 다양성과 차별성을 만들어내고자 하는 반면, 맥도날드화는 비슷함과 유사성을 입힌다. 맥도날드화는 자주 발생하는 화려한 체험을 일상적이고 단조로운 균질화된 소비 체험으로 바꾼다.'(디즈니 테마파크에 대해서는 4장을 보라)

그러나 브라이만은 몇몇 서비스와 여가 공간이 맥도날드화와 디즈니화의 두 요소를 모두 포함하고 있다는 점에 대해서도 서술하고 있다. 올인클루시브 리조트 호텔(Edensor, 1998), 패키지 여행(Haldrup and Larsen, 2010), 크루즈(Weaver, 2005), 테마파크(Lukacs, 2008)와 같은 수많은 관광지들은 예측 가능하고 표준화된 것들을 개인적이고 체험적인 것들과 결합시킨다. 게다가 맥도날드화가 사회 곳곳에 일반화되면서 휴가를 맥도날드화시켜야 할 필요는 덜 중요해졌다. 따라서 표준화된 식사를 생각해 보면,

---

과거에 여행업자가 표준화된 식사를 제공해야 했던 한 가지 이유는 어떤 관광지에서든 너무 독특하고 예측할 수 없는 음식이 제공되어 대부분의 관광객들에게는 입에 맞지 않는 경우가 많았다는 것을 들 수 있다. 그러나 지금

의 관광객은 웬만한 장소에서 편안하게 있을 수 있는데, 이는 표준화된 식사를 원하는 사람들은 대부분 의심의 여지없이 현지의 맥도날드 아니면 다른 몇몇 국제적인 패스트푸드 레스토랑의 체인점을 찾아서 손쉽게 이용할 수 있기 때문이다(Ritzer and Liska, 1997, p.98).

세계화 Globalisation

앞의 장에서 검토했던 영국의 해변 휴양지는 1960년에 중반, 대중 관광이 적어도 유럽에서만큼은 국제화되기 시작했던 그 순간에 적어도 상대적으로는 쇠락하기 시작했다. 이러한 국제화는 대부분의 다른 국가들에서 발생하고 있는 상황을 검토하지 않고서는 개별 사회에서의 관광 패턴을 설명할 수 없다는 것을 의미한다. 국제화를 통해서, 특히 인터넷 공간에서 국내외에 있는 여러 관광지들을 서로 비교할 수 있게 되었다. 그래서 누군가 자국 내의 어딘가를 방문한다고 할 때 결과적으로 그들은 외국의 어딘가를 방문하지 않기로 선택한 것이 된다. 관광객의 시선의 모든 잠재적인 대상들은 전부 하나의 척도에서 서로 비교할 수 있고, 지금은 대부분 TV와 인터넷을 통해 거의 즉각적으로 비교할 수 있다.

이러한 세계화의 한 가지 결과는 다른 국가 또는 어떤 국가 내의 다른 장소가 시선을 받을 수 있는 특별한 종류의 대상을 제공하기 위해 특수화를 꾀하는 것이다. 최근 20~30년 동안에는 관광지의 국제적인 분화가 나타나고 있다. 영국은 역사와 문화유산에 특화되었고, 이는 해외의 방문객이 시선을 보내기를 기대하는 것에 그리고 영국 국내에서 휴가를 보내고자 할 때 영국인이 관심을 두는 것에 영향을 미치게 되었다. 게다가 이러한 국제화는 다른 몇몇 국가들보다 영국에서 더 진전되어 있다. 그 이유로는 일단 영국에서 패키지여행 또는 부대비용 포함 휴가 상품이 일찍부터 그리고 획기적으로 발달해 있었던 것을 들 수 있고, 또 상당수의 해외 관광객을 끌어들일 수 있는 유적지가 이미 많았다는 것도 들 수 있다. 전반적으로 영국 경제가 개방형 경제인 것처럼 관광도 마찬가지이다.

영국에 기반을 둔 여행업자는 패키지여행 또는 부대비용이 포함된 휴가 상품을 다른 유럽 국가들보다 저렴하게 판매해 왔다. 1980년대에 스페인, 포르투갈, 그리스에 있는 호텔 대부분을 가장 저렴한 가격에 제공했던 것은 영국의 여행업자들이었다. 영국에 기반을 두었던 이들 회사는 단위 원가를 내려 영국발 외국 여행의 거대한 시장을 효과적으로 키워냈다. (1983년의 800만 건과 비교하면) 지금은 1년에 약 1900만 건의 패키지 휴가 여행이 판매되고 있다(www.telegraph.co.uk/travel/budgettravel/5130485/Return-of-the-package-holiday.html, 접속일 : 2010.3.31). 부대비용이 포함된 휴가 상품은 영국에서 상당한 영향을 갖고 있었는데, 이는 일찍부터 출현한 종합회사라 할 수 있는 여행 운영업체들이 1960년대부터 제트 여객기 운항과 컴퓨터 예약 시스템이라는 선진적인 기술을 함께 결합시킨 결과라 할 수 있다.

유럽이라는 단일 시장이 형성된 이래, 유럽의 여행업자는 점차 주요 국가 중 어느 한 곳을 거점으로 삼아 운영하고 있다. 이로 인해 경쟁이 심화되고 단일 국가 내 집중의 수준은 감소했으며, 이와 동시에 국경을 초월한 기업의 매수와 합병도 빈번해졌다. 그리고 심지어 여행업자가 여행 대리점, 호텔, 항공사를 소유하는 수직적 통합의 수준 또한 높아졌다(Chandler, 2000, D5-9).

여가시간이 늘어남에 따라 사람들, 특히 젊은이들은 정형화된 패키지 휴가 상품에서 점점 멀어지고 자유여행을 포함하여 더 많은 형태의 여가 활동을 추구하는 것으로 보인다(Desforges, 1998). 항공권만 구입하는 경우도 현저히 증가했는데, 그 이유로는 더 자유롭게 돌아다니는 것에 대한 바람, 그리고 해외의 부동산을 소유한 경우의 증가 등을 들 수 있다(단, 이는 2008년 국제 금융위기가 일어나기 전까지의 것이며, 금융위기가 벌어진 이 시기에는 행락 자체가 전체적으로 줄어들면서도 패키지 휴가 여행이 다소 증가한 것으로 보인다). 영국을 방문하는 해외 방문객 중에서 부대비용이 포함된 휴가 여행을 하는 사람은 10% 정도에 불과하다.

배럿(Barrett, 1989b)은 자유여행으로의 전환은 '부분적으로 패키지 휴가 상품의 "멋없음"에 대한 반응'이라 할 수 있는데, 실제로 1980년대에도 패키지여행이 멋져 보이거나 세련된 것으로 여겨지지는 않았음을 밝혔다. 2003년과 2007년 사이에 자유여행으로 예약된 휴가 여행은 2170만 건에서 2720만 건으로 증가한 반면 패키지여행은 대략 1900만 건으로 정체되어 있다(www.telegraph.co.uk/travel/budgettravel/5130485/Return-of-the-package-holiday.html, 접속일 : 2010.3.31). 이는 아래에서 논의할, 전에 없던 사업 모델로 운영되는 라이언에어, 이지젯과 같은 저가 항공사가 인기를 얻으면서 더욱 가속화되고 있다.

이에 더하여 새로운 기술, 특히 정보통신기술ICT은 원거리에서도 사람들의 활동을 계획하고 조정하는 것과 관련되는 방대한 정보 및 통신의 문제 때문에 매우 중요한 문제이다. 이제 우리는 인터넷이 관광의 정치경제학에 미친 중대한 영향을, 특히 이른바 Web 2.0과 함께 살펴본다. 인터넷의 초창기부터 관광 산업, 여행 대리점, 여행업자, 항공사는 한편으로는 내부 및 외부의 관리, 기획, 물류, 의사소통을 위해 인터넷을 활용했고, 다른 한편으로는 발권, 여행 대상지역의 홍보, 적절한 관광객의 시선 개발, 관광객을 대상으로 하는 웹사이트 상의 장소 신화의 개발을 위해서도 인터넷을 활용했다(Buhalis and Law, 2008). 인터넷에서의 '쇼핑'이 서적과 같은 특정한 상품을 제외하고는 아직 널리 보급된 것은 아니지만, 호텔 및 항공권의 예약은 이제 온라인으로 진행하는 것이 일반적이다 (Pan and Fesenmaier, 2006; Xiang and Gretzel, 2009). 2008년에 설문조사에 참여한 덴마크인의 절반 이상이 완전히 온라인으로 항공권을 구매하고 그리고 / 또는 호텔 객실을 예약한다(www.dst.dk/nyudg/14530, 접속일 : 2010.5.4).

슈말레거와 카슨(Schmallegger and Carson, 2008)은 홍보, 상품 유통, 의사소통, 관리, 연구의 측면에서 인터넷이 관광에 얼마나 중요한 의미를 갖는지를 강조한다. 전반적으로, 인터넷은 '네트워크 경제'를 가능하게 하는데, 여기서 관광 사업자는 이전보다 쉽게 세계적 규모로 운영할 수 있으며, 여행 대리점, 여행업자, 체크인 직원과 같은 전통적인 중개인들에 대한 의존도를 낮추어, 관광 '상품'을 보다 개인적이고 유연하게 만들 수 있다.

저가 항공사의 놀라운 성장은 이러한 과정을 여실히 보여준다. 이들 회사는 웹사이트에서의 온라인 예약을 통해, 그리고 이렇게 함으로써 여행 대리점으로 가는 비용 없이 승객에게 직접 항공권을 판매함으로써 항공권의 가격을 낮춘다. 저가 항공사는 온라인으로 직접 예약을 하는 사람들에게 할인을 제공하고 종이 항공권은 발행하지 않는다(현재는 대부분의 다른 항공사들도 비슷하다). 예전에 이지젯은 브리티시항공의 표어인 '세계가 사랑하는 항공사'를 따와 '웹이 사랑하는 항공사'라고 자신의 브랜드를 홍보했다. 2001년에 라이언에어의 웹사이트는 전체 예약의 75%를 처리했다. 지금은 라이언에어 승객의 97%가 온라인 예약을 하며 75%가 인터넷으로 체크인을 한다. 라이언에어는 2009년 10월에 공항 체크인 데스크를 모두 폐쇄했다(http://news.bbc.co.uk/2/hi/business/7903656.stm, 접속일 : 2010.3.31). 공항 터미널에서 관광객은 관광 산업에 종사하는 사람의 얼굴을 마주하기보다는 얼굴 없는 '인터넷 화면'과 상호작용하는 경우가 더 많아지고 있다. 대부분의 서비스 제공은 점점 '얼굴 대 얼굴'이 아니라, 우리의 용어로 말하자면 '얼굴 대 인터페이스'인 것이 되어 가고 있다.

관광 경제의 네트워크 특성에 관한 추가적인 지표로는 Hotels.com, Expedia.com 및 Cheapflights.com과 같은 국제적인 인터넷 기반 예약 웹사이트의 성장을 들 수 있다. 이들 사이트는 인터넷에서 전 세계의 저렴한 항공권이나 호텔을 찾다 보면 금세 눈에 들어온다. 이러한 '검색 엔진은 강력한 인터페이스가 되어, 여행 관련 정보의 "출입문" 역할을 할 뿐만 아니라 관광 목적지와 관광 회사가 잠재적인 방문객을 찾아 설득할 수 있는 중요한 마케팅 채널 역할도 한다'(Xiang and Gretzel, 2009, p.179). Hotels.com은 미국에 기반을 둔 호텔 예약 네트워크[HRN]로서 소비자들에게 전 세계 주요 도시의 호텔 객실을 할인된 가격으로 제공한다. Expedia.com에서는 세계 대부분의 개별 관광 목적지의 항공권,

호텔 예약, 차량 대여, 크루즈 여객선, 패키지여행, 다양한 볼거리에 대한 가격을 비교해 볼 수 있다. Expedia.com에서는 다음과 같이 말하고 있다.

익스피디아는 고객 여러분이 원하는 여행의 모든 것을 조사하고 계획하고 구매할 수 있도록 도와드립니다. 당사는 북아메리카 지역의 웹사이트, 유럽 전역의 각 지역에 최적화된 웹사이트, 그리고 아시아 지역의 광범위한 제휴를 통해 가장 다양한 여행 상품과 서비스에 대한 직접적인 접근을 제공합니다. 여름휴가를 예약하는 가족부터 주말에 잠깐 여행을 즐기고자 하는 개인에 이르기까지, 다양한 고객 여러분들께 서비스를 제공하고자 익스피디아는 여러분들이 여행에서 원하는 모든 것들을 조사하고 계획하고 예약할 수 있는 기능을 제공합니다. 익스피디아 브랜드의 웹사이트에서는 제휴 업체에서 제공하는 항공권, 호텔 예약, 차량 대여, 크루즈 여객선, 그 외 다양한 관광 목적지에서의 서비스 등도 선택하실 수 있습니다(www.expedia.com/default.asp, 접속일: 2010.5.2).

Hotels.com 및 Expedia.com에서 여행자는 서비스의 실제 제공자와 접촉하지 않고서도 웹사이트를 통해 직접 구매할 수 있다. Cheap-flights.com의 경우는 구매자를 서비스 제공자의 웹사이트로 재접속시킨다.

관광 산업은 전통적인 중개자에게 덜 의존하게 되었지만, 이들 가상 예약 네트워크의 영향력과 존재감은 호텔과 항공사가 이러한 허브에 연결되어야 하도록 만들었다. 여기에는 널리 퍼져 있고 그 자체로 매우 중요한 세계적 인터넷 브랜드인 기술적 중개자 또는 시스템에 대한 새롭고도 광범위한 의존이 존재한다.

소비자는 다음과 같은 사이트가 매력적이라고 생각한다. 첫째, 노동하는 사람들의 시간을 절약해 주는 사이트인데, 이러한 곳은 소비자들이 구글 검색을 통해 여러 사이트를 찾아다닐 필요 없이 하나의 '사이트'(허브)를 찾아보기만 하면 되기 때문이다. 둘째, 수많은 선택이 필요한 가상 세계와 이질적인 사이트 사이에서 정보를 투명하게 제공하여 비교해 보고 선택할 수 있도록 하는 사이트인데, 이것은 인터넷이 처음 생겨난 이래로 계속 이어져 온 특징이라 할 수 있다. 어떤 서비스(예를 들면, 어느 주말에 이용 가능한 바르샤바 모처의 호텔)를 검색할 때마다, 이용 가능한 호텔의 목록과 함께 편의시설이 사진과 함께 제시되고, 상세한 숙박 요금과 더불어 '전통적인 성급星級 구분' 및 이용객 후기에 의한 별점 순위가 표시된다. 셋째, 보다 유연하고 개별화된 여행 패턴을 계획할 수 있는 사이트이다. 인터넷으로 작동되는 시스템에서는 이용객이 직접 '셀프 서비스'로 항공권이나 그 외의 표준화된 상품을 이용할 수 있다. 소비자는 더욱 자유롭게 패키지 조합, 즉 휴가에서도 일종의 '믹스앤드매치' 또는 업계에서 말하는 피트FIT, 즉 '단독 자유 여행'을 구성할 수 있다. 전문가 시스템의 발달에 의해 여행을 가기로 마음을 먹은 사람들은 가고 싶은 여행과 관련된 매개변수를 제공할 수 있게 되었고 그에 따라 컴퓨터는 관련된 소비자 여행 상품을 만들어낼 수 있게 되었다.

최근까지도 관광 산업은 정보의 흐름을 대부분 통제하고 있었는데, 이는 관광객이 이러한 정보에 직접 접근하거나 자신의 경험적 내용을 밝힐 수 없었기 때문이었다. 그런데 Web 2.0이라는, 어떤 면에서 더 개방적이고 협력적이며 참여적인 인터넷의 발전으로 변화가 생겨났다. 이는 서로 연결된 개인이 인터넷을 돌아다니기만 하는 것이 아니라 게시판에 글을 쓰고 새로운 정보를 얻고 블로그를 운영하고 정보를 다시 뒤섞고 의견을 개진하고 응답하고 공유하고 전시하고 식별을 위한 태그를 붙이는 등등의 여러 가지 일을 할 수 있는 개방형 온라인 참여 문화를 제공한다. Web 2.0은 소비자가 어떻게 생산 과정에 참여하게 되었는지를 강조한다. 아마도 Web 2.0의 특질을 정의할 수 있는 열쇠는 사용자가 스스로 온라인 콘텐츠를 생성하고 검색하면서, 그리고 태그를 붙이고 블로그를 운영하고 의견을 개진하고 공유하면서, 생산과 소비의 과정에 관여한다는 점이다. 여기서 '소비자'가 상품의 '생산'에 더 적극적인 역할을 한다는 것이 확인된다. 실제로, Web 2.0에서 **진정한** 의미를 갖는 것은 자기소개란에 기재된 일상적인 개인 정보 및 온라인 '친구'와의 연결이다. 사람들을 네트워크로 끌어들이고 개인들로 하여금 '친구'를 만들도록 부추기는 것은 일상생활의 정보 보관소인 자기소개란이다(Beer and Burrows, 2007, 3.3).

　　Web 2.0은 또한 관광업 및 관광객이 여행을 계획하는 방법에 영향을 미친다. 관광객은 사용자 생성 소셜 네트워크 사이트(예. 페이스북, 마이스페이스), 사진 커뮤니티(예. 플리커, 포토버킷), 여행 커뮤니티(예. 버추얼 투어리스트, 트립어드바이저)에서 중요한 타인에게뿐 아니라 '모르는 사람들'에게도 자신의 '여행 이야기'를 게시하고 있다. 사용자는 웹 콘텐츠를 생산하고 소비한다. Web 2.0은 관광객이 (Hotels.com과 Expedia.com 같은) 예약 웹사이트 및 (Tripadvisor.com과 Virtualtourist.com 같은) 여행 웹사이트에 자신의 추천, 후기, 사진 등을 다른 관광객들이 볼 수 있도록 게시할 수 있는 기회를 제공하고, 이렇게 해서 다른 관광객들은 굳이 관광 업체에서 제공하는 브로슈어나 홈페이지를 찾아보지 않고도 자신의 여행 계획을 세울 수 있게 된다.

사용자가 제공한 여행 후기를 보여주는 이러한 여행 커뮤니티 웹사이트는 관광 업체의 낯익은 호화 브로슈어와 홈페이지보다 훨씬 진정성 있는 것으로 받아들여진다. Tripadvisor.com에서는 '3천만 건 이상의 검증된 여행자 후기와 의견'을 접수하고 있다고 주장한다. 이러한 '후기와 의견'은 특정한 호텔에서 서비스 받은 경험을 가진 여타의 관광객들이 작성한 것이어서, 값비싼 4~5성급 호텔을 신랄하게 폭로하거나, 저렴한 2~3성급 호텔의 품격을 끌어올릴 수도 있다. 이는 매일 수백만 명의 사이트 방문객들에 의해 전 세계적인 가상의 무대에서 관광 서비스가 지속적으로 '망신을 당하거나' 혹은 '추천을 받는' 새로운 경제이다. 언제나 입소문을 탄 추천은 어느 곳으로 여행을 갈지 결정할 수 있게 하는 중요한 요인이었지만, 이는 전통적으로 친구, 가족, 동료 등으로 구성된 작은 세계에 국한된 것이었다. '전자 입소문'은 이렇게 어떤 제한된 세계에 구애받지 않는데, 왜냐하면 전 세계를 그 범위로 하기 때문이다(물론 세계가 상당히 균질하지 못하기는 하다). 관광객이 여행 정보를 찾고 비교하는 데에 이러한 검색 엔진에 더 많이 의존한다는 점을 고려하면, 평판이 좋은 추천 또는 전자 입소문은 사업에 호재로 작용하는 반면 비추천은 특히 소규모 혹은 덜 알려진 회사나 브랜드에 치명적인 결과를 초래할 수도 있다는 연구 결과는 놀랍지 않다(Litvin et al., 2008).

따라서, 이러한 여행 커뮤니티 웹사이트는 예를 들어 어떤 도시의 공식적인 지명도나 어떤 호텔의 별 개수에 대해 공감하여 지지하거나 동조하지 않으면서 비판할 수 있다는 점에서 '강력하다'(Pan et al., 2007; Ek et al., 2008을 보라). 장소의 지명도를 평가하고 별점 후기를 남기는 것은 더 이상 관광 산업의 소관이 아니다. 관광객은 이제 관광지를 만드는 일과 체험 평가 과정의 한 부분이 되었다. 이것은 또한 관광객이 한 순간이라도 좋지 않은 서비스가 제공되면 그곳을 찾아가 체험을 공유하려는 사람들에게도 혹평이 계속 따라붙게 될 수 있다.

사용자가 생성해 낸 자료의 진정성은 수많은 관광 기관에서도 인정하고 있다. 예를 들어 영국의 여행 및 관광의 공식 웹사이트인 비지트브리튼에서는 관광객에게 의견, 사진, 동영상 업로드를 요청하면서 '이것은 여러분이 좋아하는 영국을 공유할 수 있는 기회입니다! 다른 여행자들이 잉글랜드, 런던, 스코틀랜드, 웨일즈에서 즐긴 휴가의 추억을 살펴보시고, 사진, 동영상, 의견도 확인해 보세요.'라고 적어 놓았다(www.visitorreview.com/visitbritain, 접속일 : 2010.3.31). 따라서 사용자가 생성한 내용은 관광업체의 경영자에게 문제의식을 환기시킨다. 이뿐만 아니라 이용객들과 직접 소통할 수 있는 새로운 방법, 장소 및 서비스에 대한 저렴하면서도 전문화된 홍보, 자사와 경쟁업체의 서비스 등급에 대한 이해 등을 제공한다(Schmallegger and Carson, 2008). 이것이 관광객의 시선을 확장하고 '민주화'하는 것에 도움이 된다.

다음 절에서 우리는 호스트와 게스트 사이의 사회적 관계의 일부 측면을 검토하여 관광 산업의 구조에 관해 좀 더 일반적으로 생각해 보기로 한다.

사회적 관계|Social Relations

우리는 1장에서 관광객 및 관광객이 시선을 향하는 해당 장소의 현지 주민들 사이의 관계가 얼마나 복잡할 수 있는지에 대해 살펴보았다. 이러한 '호스트'와 '게스트' 사이의 사회적 관계에는 다양한 결정 요인이 존재하는데, 이에 관해서는 스미스(Smith, 1989) 및 다른 연구자들이 논의한 바 있다. 그 결정 요인은 아래와 같이 설정하고 이론화할 수 있다.

1 호스트 인구의 크기 그리고 시선을 받는 대상의 규모와 관계되는, 장소에 방문하는 관광객의 수. 예를 들어 뉴질랜드의 지리적 규모는 (기후변화를 제외한) 환경적 피해나 사회에 끼치는 악영향 없이도 더 많은 관광객이 방문할 수 있도록 허용할 수 있을 것이다. 반면 싱가포르의 지리적 협소함은 더 많은 호텔 건물을 짓는 것을 제외하고는 추가적인 관광객을 쉽게 수용할 수 없다는 것을 의미하는데, 호텔 건물을 짓는 것도 사실 관광객의 시선의 주요한 대상 중 하나이자 몇 군데 남지 않은 중국 상점가를 철거해야만 가능하다. 비슷하게, 크로아티아의 중세 도시 두브로브니크는 도시의 성벽과 그 안쪽에서 현재 살아가고 있는 4,000명 넘는 사람들에 의해서 그 절대적인 물리적 수용 능력이 결정되어 있다.

2 풍경, 도시 풍경, 민족, 생활양식, 역사적 유물이나 건물, 또는 단순히 모래, 태양, 바다 등 관광객의 시선의 주된 대상. 물리적인 대상의 관찰을 포함하는 관광의 관행은 개인과 단체를 관찰하는 것보다는 침입적인 느낌이 덜하다. 또한, 개인과 단체를 관찰하는 경우, 호스트 집단의 사생활을 관찰하는 것은 가장 큰 사회적 갈등을 야기할 수 있다. 에스키모인이

나 마사이족이 그 예인데, 이들은 자신의 오두막에 들어오는 관광객들에게 '차량당 비용'을 요구하면서 시선을 상대한다. 대조적으로, 발리섬에서 행하는 여러 의례행위에서와 같이 관찰되는 것이 보다 공적인 의례인 경우 사회적 갈등은 덜 두드러지고 더 많은 사람의 참여가 긍정적으로 선호될 수도 있다(Smith, 1989, p.7을 보라; 아래 8장을 보라).

3 방문객의 시공간적 '포장'을 야기하는, 포함되어 있는 시선의 **특성**. 예를 들어 시선은 거의 순식간에 발생하는 것일 수 있고(뉴질랜드의 최고봉인 마운틴 쿡을 보는 것 / 사진을 찍는 것), 또는 오랜 시간 동안의 노출을 필요로 하는 것일 수도 있다(파리의 '낭만'을 보는 것 / 체험하는 것). 전자에 해당하는 경우로 일본인 관광객이 고작 몇 시간 동안의 방문을 위해 비행기를 타고 찾아올 수 있지만, 파리의 낭만은 더 길고 '더 깊은' 몰입을 필요로 한다.

4 집단적 시선을 제공하기 위해 발달하는 산업의 **조직화**. 집단적 시선에는 개인 또는 공공의 소유 및 재정 지원의 여부, 현지 소유 또는 해외 이해관계의 관여 여부, 관련된 자본이 소규모인지 대규모인지의 여부, 직원이 현지인인지 아니면 다른 지역 출신인지의 여부, 현지 주민과 새로 생겨난 관광업체 사이의 갈등이 존재하는지의 여부 등이 관여된다. 특히 갈등은 여러 국면에서 발생할 수 있는데, 상업적인 개발과 그에 반대하는 보존, 현지에서 고용된 직원과 그렇지 않은 직원에게 지급되는 임금, 현지의 관습과 가정생활에 미치는 개발의 영향, 현지 공예품들이 소위 '싸구려 장신구화' 되는 것, 계절적 변동이 있는 노동 고용에 대한 보상 등을 들 수 있다. 더욱이, '호스트' 또한 균질적인 집단이 아닌데, 베네치아 지역의 주민들에서와 같이, 관광을 통해 경제적으로 이익을 보는 사

람들은 그렇지 못한 사람들보다 '게스트'에 대해 상대적으로 관용적이다(Quinn, 2007).

5 관광이 기존의 **농업 및 산업의 활동**에 미치는 영향. 여기에는 기존의 농업 및 산업 활동이 파괴되는 사례(그리스 서해안 코르푸 섬의 농업)에서부터, 노동과 자본이 관광에 잠식됨에 따라 점점 농업 및 산업 활동의 기반이 약화되는 사례나(스페인 대부분의 지역), 기존의 농업 및 산업 활동들을 시선을 받기 위한 추가적인 대상으로서 보존하려고 노력하는 사례(영국 동부의 노포크 브로즈의 목축 및 방목 견학) 등으로 다양하다.

6 방문객과 대부분의 **호스트** 사이에 존재하는 경제적, 사회적, 민족적 **차이**. 북유럽이나 북아메리카에서는 많은 '호스트'가 다른 경우에는 '게스트'가 되는 관계로 관광이 사회적 갈등을 비교적 덜 발생시킨다. 오히려 관광이 '국제적 이해' 혹은 세계적인 태도를 개발하는 초기 단계의 방법이 될 수도 있다(Szerszynski and Urry, 2002, 2006; Verstraete, 2010). 그러나 다른 곳에서는 보통 방문객과 원주민 사이에 상당한 불균형이 존재하고, 대부분의 원주민은 직접 관광객이 될 수 있을 만큼의 소득이나 시간적 여유를 꿈도 꾸지 못한다. 이러한 불균형은 방문객이 국제적인 사업 목적의 여행자일 때 더욱 두드러진다(Beaverstock et al., 2010). 이러한 차이는 관광 개발의 특성에 따라 여러 개발도상국에서도 크게 나타날 수 있는데, 인도, 중국, 싱가포르, 북아프리카에 세워진 호텔과 리조트처럼 유난히 호화롭고 지극히 자본화된 개발의 사례에서 볼 수 있고, 이렇게 되는 이유로는 호스트인 주민들은 말할 것도 없고 방문객이 이용할 수 있는 서비스 시설을 거의 찾아볼 수 없다는 것을 들 수 있다.

7 대중 방문객이 요구하는 **숙박시설과 서비스에 관한 개별적인 기준**의 정도. 이 것은 방문객이 호스트 사회의 여러 상황으로부터 보호받을 수 있도록 하는 환경적 보호막에 둘러싸일 수 있도록 한다(Edensor, 1998; 이 책의 6장을 보라). 이 요구는 국제적인 사업 목적의 여행자 및 부대비용이 포함된 관광 방문객 사이에서 가장 두드러지는데, 이 사람들은 서양 기준의 숙박시설과 음식뿐만 아니라 언어가 통하는 직원 및 꼼꼼하게 갖춰진 준비상태를 기대한다. 많은 관광객들이 서양식의 관광 보호막에서 거의 벗어나려고 하지 않으며, 어느 정도는 관광 전문가들에게 의존하는 '어린이'로 취급을 받는다(Smith, 1989, pp.10~11; Edensor, 1998). 경우에 따라서는 몇몇 대도시나 넓은 범위의 슬럼가, 무장세력이 점유하고 있는 지역이나 테러가 발생하는 지역에서처럼, 그 지역의 문화가 실제로 위험할 수도 있다. 그러나 탐험을 즐기는 개인 '여행자', 여러 차례 와본 적이 있는 관광객, 학생처럼 돈이 별로 없는 관광객, '불편한 생활'과 '위험'을 '경험'의 한 부분으로 받아들이는 방문객 사이에서는 이러한 기대가 별로 두드러지지 않는다(배낭여행자 관광에 대해서는 Edensor, 1998; 빈민가 관광에 대해서는 Freire-Medeiros, 2011을 보라).

8 관광객이 **호스트에 대한 시선**을 보낼 권리를 요구하는 정도. 이것은 호스트의 일상적 공간을 이용하고 지나다니며, 호기심을 가지고 그들에게 시선을 보내고, 바로 가까이에서 혹은 몰래 멀리 떨어져서 사진을 찍는 등의 허용 정도와 관련된다. 미국의 민속 공동체에 관한 한 연구에 따르면 현지인의 75%가 관광객의 사진 촬영이 그들의 삶에 '부정적 영향'을 주는 것으로 여기고 있다(Chhabra, 2010, p.10). 관광객의 시선은 호스트들로 하여금 끊임없이 감시당하고 있고 대상화되고 있으며 관광객

들이 몰리는 장소의 한가운데에서 살아가고 있다는 느낌을 갖게 만든다 (Maoz, 2006; Quinn, 2007, 이 책의 8장을 보라). 조던과 애치슨(Jordan and Aitchison, 2008)은 여성 관광객(특히 혼자 다니는 이들)도 현지 남성의 성적이고 단속적인 시선을 얼마나 많이 받는지를 다루었다. 신체 그 자체도 시선의 대상이 되는 것이며, 특히 현저한 인종적 불평등과 성적 불평등이 수반된다. 매클린톡(McClintock, 1995)은 과거 대영제국의 '처녀지'에 발을 들이는 여행의 역사를 논의하면서, 식민화된 자연과 여성의 신체라는 두 요소가 남성적 권력과 예사롭지 않게 얽혀 있다고 설명한다.

9 **국가가 관광을 적극적으로 촉진하거나 애써서 막으려고 하는 정도.** 전자의 사례는 셀 수 없이 많고, 여기서는 수많은 관광객들이 '풍경'의 일부가 된다(Smith, 1989). 반면, 몇몇 산유국은 종교적이고 사회적인 이유를 들어 관광을 명시적으로 제한하고 있지만(사우디아라비아), 두바이는 단연 돋보이는 관광 목적지 중 하나로 탈바꿈하는 중인데, 이는 최근 수십 년 동안 석유가 고갈되기 시작했기 때문이다(Elliott and Urry, 2010; 이 책의 9장으로 보라). 1960년대 후반 중국의 문화대혁명 당시에 정부는 관광의 성장을 막으려고 했다. 그러다 1970년대 중반에 상황이 바뀌자 당시에는 매우 드물었던 서양인 방문객들은 마치 저명인사인양 박수를 받기도 했다. 그러나 2020년까지 중국은 세계 최고의 관광 목적지이자 관광 진흥국이 될 것으로 예상된다.

10 관광객이 경제적, 사회적, 문화적 발전에 부적절한 존재로 **낙인찍히고 희생양이 되는** 정도. 이것은 관광객이 호스트인 주민들과 경제적으로 그리고 / 또는 문화적으로 그리고 / 또는 민족적으로 구별될 때 더 흔하다(인

도 고아 지역의 '광란의 파티를 벌이는 관광객'과 현지인 사이의 마찰에 대해서는 Saldanha, 2002를 보라), 호스트 인구가 급속한 경제적 사회적 변화를 경험하는 중일 때에도 더 자주 발생한다. 또한 관광객이 현지인보다 수가 더 많고 그들의 일상적 공간을 침범하는 곳에서도 더 일반적이다. 베네치아의 주민들은 대중교통의 과밀, 그들의 일상적인 이동 속도의 저하, 상품과 서비스 가격의 인상, 폐기물 발생 등의 문제를 관광객의 탓으로 돌린다(Quinn, 2007, pp.467~469). 그러나 이러한 변화는 단순히 '관광'으로 인한 결과가 아니다. 경제적 사회적 불평등이라는 지역적 문제에 대해 '이름 없고 얼굴 없는 외국인'을 비난하는 것은 훨씬 쉬운 일이다(Smith, 1989). 게다가, 관광에 대한 몇몇 반대는 '근대성' 그 자체, 즉 이동성과 변화, 새로운 종류의 인간관계, 줄어든 가족과 전통의 역할, 서로 다른 문화의 결합 등에 대한 반대이기도 하다('세계관광윤리강령'을 보라 : www.tourismpartners.org/globalcode.html, 접속일 : 2010.3.22.).

11 **호스트와 게스트의 관계적 시선.** 관광객의 시선은 게스트와 호스트의 눈길이 서로 교차하는 '상호적인' 것이다. 비록 짧지만 관광객의 시선이 공연되는 매 순간 교차는 발생한다(8장을 보라). 수많은 연구들이 호스트를 풍경(혹은 눈에 거슬리는 것)으로 대상화하고 장소를 자신의 '마음대로 할 수 있는 것'으로 취급하는 게스트의 권력을 강조하지만, 호스트 또한 '현지인의 시선'을 통해 권력을 행사하고 대상화한다(Maoz, 2006; 그리고 Cheong and Miller, 2000; Chan, 2006도 보라).

따라서 관광 행위의 사회적 영향은 수많은 결정 요인들의 교차 방식에 달려 있다. 우리는 이 책을 통해 호스트와 게스트 사이의 구별이 지금과 같은 움직이는 사회 속에서 갈수록 유동화되어 가고 있다는 것을 강조하는데, 이 움직이는 사회는 노동과 즐거움을 위해 많은 이들이 여행을 떠나고 있고, 장소들은 광범위한 문화적, 사회적, 경제적 네트워크와 전 세계적으로 연결되어 있다. 관광지는 외부로부터의 영향력에 노출된, 단독적이고 폐쇄적이며 고정된 '외딴 섬'이 아니다. 이들은 관계성을 통해 존재를 드러내는 장소이다. 장소는 끊임없이 다른 장소들과 연결하기도 하고 차단하기도 하는 인간, 기술, 대상, 리스크, 이미지가 국경을 뛰어 넘어 움직이는 네트워크 속을 떠돌아다니고 있다(Urry, 2007, p.42). 매시(Massey, 1994, p.217)는 장소에 특별함을 부여하는 것은 긴 역사가 아니라 '해당 위치에서 함께 연결된 관계의 배치'를 통한 구성의 방식이라고 말한다.

우리는 잠시 간략하게 그러한 장소를 검토하여, 이러한 작용들이 어떻게 서로 교차하는지를 살펴본다. 먼저, 지중해의 분지 지역인데, 이곳은 관광의 성장이 가장 중요한 경제적 사회적 발전 중의 하나였던 곳이다. 관광은 전후 재건의 눈부신 상징이 되었는데, 이곳은 전 세계 관광객의 30%에 달하는, 연간 2억 7500만 명 이상의 해외 관광객이 찾아오는 세계 최대의 관광지로 거듭났다(www.planbleu.org/pubication/SoED2009_EN.pdf, p.100, 접속일 : 2010.3.19; Pons et al., 2008을 보라). 2차 세계대전 이후 서독, 프랑스, 스칸디나비아, 벨기에·네덜란드·룩셈부르크 등의 저지대 국가들과 영국의 소득이 증가함에 따라 해외여행에 대한 수요가 상응하는 정도 이상으로 증가했다. 이에 부응하여 남유럽의 관광 산업은 엄청난 발전을 이루었다. 그리고 이들 산업은 특히 비용 대비

효율 또한 좋아서, 결과적으로 해외여행의 실제 비용도 낮추고 더욱 확대되기에 이르렀다. 스페인은 최초의, 그리고 최대의 지중해 관광지로 자리매김하였으며 지금도 그러하다. 그 외의 주요 관광지로는 프랑스(세계에서 가장 많이 방문하는 국가), 이탈리아, 그리스, 포르투갈, 몰타, 키프로스, 터키 등이 있다. 전체적으로 보면 관광은 북유럽의 부를 남유럽으로 분배하는 결과를 만들어냈다.

이들 국가의 지중해 지역에서 이루어지는 광범위한 관광객 행위의 몇몇 결과는 이미 잘 알려져 있다. 이는 엄청난 수의 관광객, 특정 계절에 집중되는 서비스에 대한 수요, 특히 성차별적인 노동으로 인한 해악을 초래하는 사회적 영향, 방문객의 지역적 편중, 합의된 정책적 대응의 부족, 호스트와 게스트 사이의 문화적 차이, 값비싼 '환경적 보호막' 안에 둘러싸여 있기를 원하는 일부 방문객의 수요 등에 기인한다.

관광객이 '넘치는' 곳으로 알려진 곳 중 하나는 피렌체인데, 약 40만 명의 주민이 매년 700만 명의 방문객을 수용하고 있다. 이로 인해 1980년대에는 도시의 학술적, 상업적, 산업적 기능을 도심 밖으로 이전하고 완전히 관광으로 전환하고자 하는 계획이 세워지기도 했다. 이 계획을 비판했던 사람들에게는 '피렌체의 디즈니화'를 의미하는 일이었을 것이다(Vulliamy, 1988, p.25). 로버트 그레이브스Robert Graves는 일반적으로 그 수용 능력을 초과했다는 평을 듣는 스페인 마요르카Mallorca 섬의 관광객 동향에 대해 비난을 퍼부었다.

팔마의 구시가지는 오래전에 그 존재를 상실했다. 중심가는 레스토랑, 술

집, 기념품가게, 여행사 등에 잠식되어 있다. (…중략…) 인근 해안을 따라 거대하고 새로운 광역 도시가 생겨났다. (…중략…) 올리브나무의 주된 용도는 변해서 (…중략…) 관광객들에게 팔기 위한 샐러드 사발과 상자가 된 듯하다. 하지만 농담하기 좋아하는 마요르카인은, 일단 올리브나무가 다 베어지고 나면 우리는 관광객들이 버스 창문에서 놀라워할 수 있도록 플라스틱 나무를 세워둬야겠다고 말했다(Graves, 1965, p.51; 관광이 '체류'의 가능성을 말살하는 방법에 대해서는 Heidegger 2005, p.56을 보라).

터키는 비교적 최근에 인기 있는 관광지로 발전한 국가이다. 터키 현지의 투자자들에게 즉각적인 유인 요소가 되는 것은 대부분의 수익을 외환의 형태로 얻는다는 점이다. 지금까지의 터키 관광은 보드룸 Bodrum, 마르마라Marmara, 알라니아Alanya와 같이 보기 싫고 무계획적으로 개발된, 정말로 철거될지도 모르는, 대규모의 호텔과 휴가용 아파트의 지속적인 확산과 관계되어 있었다. 일찍이 1988년에는 한 여행기획 전문회사인 심플리 터키가 보드룸에 있는 검벳 지역의 휴가 상품 판매를 중단했는데, 왜냐하면 '더 이상은 작고 예쁘지 않으며, 제멋대로 솟아오른 빌딩이 가득하고, 소음과 먼지에 뒤덮여 있고, 해변은 급격한 개발을 감당할 수 있을 만큼 넓지도 않은' 곳이었기 때문이다(Whitaker, 1988, p.15에서 인용). 급속한 관광 성장의 영향력은 특히 이의제기를 많이 받았는데, 터키의 남서부 지역은 이전부터 고대 유물을 찾는 수많은 개인 '여행자'에게 인기를 끌어 왔기 때문이다. 그러므로 터키는 대중 관광과 좀 더 사회적 안목이 가미된 선별 관광의 상충하는 이해관계 사이에, 즉 관광객의 집단적 시선과 낭만적 시선의 사이에 끼어 있는 상태이다(터키 알라니아의 덴마크인 관광객의 침입에 대해서는 Haldrup and Larsen, 2010을 보라).

많은 사람들은 지중해, 특히 대부분의 관광객이 방문하고 또 점점 더 많은 인구가 살고 있는 해안선의 환경이 매우 심각하게 위협받고 있다고 주장한다. 지중해 지역의 방문객 수는 1980년대에 약 1억 명이었는데, 2025년에는 6억 3700만 명까지 늘어날 것으로 예상된다(www.watermonitoringalliance.net/index.php?id=2052&L=2%2F%2Finclude, 접속일 : 2010.3.19). 이는 식량, 물, 인적 자원에 큰 부담을 줄 것이며, 또한 기후 변화에도 큰 영향을 미칠 것이다. '사막화'가 서서히 진행되면서 그리스의 30%, 포르투갈의 60%에 해당하는 지역이 완만한 위기상황을 맞이하고 있다. 만약 이러한 기후 변화가 계속될 경우 장기적으로는 사하라 사막이 북쪽으로 확산하여 지중해 지역까지 올라올 수 있다고 보는 사람도 있다.

두 번째로 중요한 관광 지역은 북아메리카 대륙이다. 이 지역의 발전 양상은 유럽과는 다르게 자동차, 고속도로, 자동차 앞 유리를 통해보는 풍경, 도로변 상점가가 중심을 이루고 있다. 재클(Jäkle, 1985, 9장)에서는 2차 세계대전 이후 도시, 마을, 시골 지역이 장소에 관계없이 얼마나 '고속도로를 기준으로 통일된 질서' 속에서 재건되었는지를 이야기한다. 도로 시스템의 급속한 질적 향상이 이루어지면서 더 빠른 여행이 가능해지고 더 많은 교통량을 수용할 수 있게 되었다. 전후 미국에서는 특정한 풍경들이 어떤 시선을 만들어내기 위해서 크게 바뀌었는데, 즉 '운전자의 눈을 즐겁게 할 수 있도록 (…중략…)"파크웨이에서 보면 눈길을 끄는 **그림**이 될" 수 있게 땅을 활용한 것이다'(Wilson, 1988, 1992, p.35, 강조는 필자). 윌슨(Wilson, 1992, p.37)에 따르면, 국가는 자연을 '눈으로만 감상할 수 있는' 무언가로 바꾸었다. 자동차 앞 유리를 통해 바라보는 풍경이 의미하는 바는, '빨리 달리면 달릴수록 대지는 더 평평하게 보인다'는 것이었다(Wilson, 1992, p.33).

좀 더 일반화하여, 보드리야르(Baudrillard, 1988, p.6)는 미국의 사막이 끝없는 미래, 과거의 소멸, 순간적인 시간의 승리라는 은유를 구성한다고 말했다. 사막을 가로질러 운전하는 것은 사람의 과거를 뒤에 남겨두고 계속 운전하면서 앞 유리의 모양을 통해 틀이 잡힌, 사라지는 공허함을 보는 것을 수반한다(Kaplan, 1996, pp.68~85). 사막의 이러한 공허한 풍경은, 굉장히 먼 거리를 운전하면서 사라지는 미래를 향해가는 '비행곡선'을 포함하는 여행을 통해 체험된다. 도로는 운전의 편의를 위해 건설된 것이지, 여기서 만들어질 인간 생활의 패턴을 위해 지어진 것은 아니다. 라디오와 CD플레이어는 어디에나 있고 미국 자동차의 대부분에는 에어컨이 달려 있어서, 움직이는 관광객들은 앞 유리를 통해 흘끗흘끗 바라보는 것을 제외하고는 나머지 대부분의 환경적 측면으로부터 차단된다(Larsen, 2001; Urry, 2007). 그리고 이 경치도 거의 대부분 별것 아닌 것인데, 도시 풍경은 도로변 상점가로 되어 있고 눈에 띄는 장소들은 거의 없으며 획일화된 풍경만이 펼쳐져 있을 뿐이기 때문이다. 이를 두고 재클(Jäkle, 1985)은 '장소의 몰개성'의 탄생이라고 불렀고, 오제(Augé, 1995)는 비(非)장소라고 말했다. 도로변 상점가에도 보통 장소에 흥미를 느끼게 만드는 애매성과 복잡성이 결여되어 있다. 이들은 '단일기능적 풍경'으로서, 대기업들이 표준화되고 비슷해 보이는 사업체의 체인점을 운영함에 따라 그 외관이 훨씬 더 균일하게 보이는 것이다(맥도날드, 하워드 존슨, KFC, 홀리데이 인 등). 자동차 여행은 전후 미국의 상징물이 되었는데, 그 모습은 케루악Kerouac의 소설 *On the Road*(1957) 또는 영화 *Easy Rider*(1969)에 반영되어 있다. 소설 *Lolita*(1962)의 주인공 험버트 험버트Humbert Humbert의 결론은 다음과 같았다. '우리는 어디든 다 가보았다. 그리고 아무것도 보지 못했다.'(Jäkle, 1985, p.198에서 인용·)

북아메리카 지역의 대표적인 관광지 중 하나로 나이아가라 폭포가 있다. 폭포에 대한 반응은 언제나 숭고라는 담론으로 틀지어진 최상급의 표현을 포함하고 있었다(Shields, 1990을 보라). 폭포를 본 사람들은 할 말을 잃었다고들 한다. 이 폭포는 이국적인 경이로움이고, 엄청난 기운을 가지고 있다고 말이다. 이렇게 18세기까지 이 폭포는 강렬한 자연적 분위기의 대상이었다. 19세기가 되면서 이 폭포는 사랑을 나누는 커플이 시선을 향하고 체험하는 경계적 공간으로서 기능했다. 그런데 20세기 후반이 되어서는 이곳은 여기저기를 돌아다니는 방문객들이 수집하는 또 다른 '장소'가 되었는데, 이 방문객들에게 폭포를 바라보는 시선은 구경거리, 섹스, 상업주의를 상징하는 것이었다. 나이아가라 폭포에서의 모든 강조점은 폭포가 아니라 무대 소품, 신혼여행 스위트룸, 하트 모양의 '사랑의 욕조'에 놓여 있다. 이제 폭포는 키치, 섹스, 상업적인 구경거리를 상징한다. 폭포는 이제 더 이상 그곳에 있지 않고 오직 구경거리로서만 존재한다. 이렇게 물리적인 뜻에서 동일한 실체가 다양한 관광의 관심사에 따라서 변형되어 왔다.

이와 관련되는 것이 '섹스 관광'의 성장으로서, 특정한 동남아시아 사회에서뿐만 아니라 전 세계 대부분의 주요 도시에서 볼 수 있는, 관광객의 시선의 대상이 되는 몸에 관한 문제이다(Oppermann, 1999). 한국에서 이것은 국가에 의해 분명히 장려되었다. 이것의 주요 형태는 일본인 사업가에게 특별히 맞춰진 기생 관광이다(Mitter, 1986, p.64~67). 수많은 일본 기업들이 우수한 남성 직원들에 대한 보상으로 기생 윤락업소와 파티 관광의 모든 비용을 지불하고, 수많은 일본 여행사들이 그러한 성 관련 서비스를 제공하고 장려한다(Leheny, 1995, p.375). 한국의 장관은 '소녀들'이 자국의 경제적 발전에 기여한 것을 축하했다(옮긴이 주-이에 대해서는 이준식, 2013,「박정희 정권과 국책으로서의 성의 도구화 : 1970년대 기생관광의 식민지적 기원」, 학술단체협의회 기획, 『유신을 말하다』, 나름북스, pp.165~204 참고).

비슷하게 섹스 산업이 발달된 다른 국가로는 필리핀과 태국을 들 수 있다. 필리핀의 경우 관광에 '접대부'를 활용하는 것을 국가가 장려하고, 관광청에서는 다양한 윤락업소를 추천하고 있다(Mitter, 1986, p.65). 마닐라의 어느 여행사가 구성한 패키지 관광에는 사전에 선택된 '접대부'가 포함되어 있다. 이렇게 벌어들인 돈 가운데 여성 섹스 노동자가 가져가는 몫은 7~8% 정도뿐이다. 이러한 사회적 관행은 여성을 '성모 / 처녀'가 아니면 '창녀'로 간주해 버리는 비정상적으로 강력한 가부장제의 관습에 의해 만들어진다. 그리고 부유한 국가에서 찾아온 남성들이 가진, 유색 인종의 여성이 성적으로 이용가능하고 순종적이며 스스로 나서서 몸을 판다고 하는 편견도 있다. 그리고 섹스 관광이 성행하는 몇몇 사회에서는 근친상간 및 아버지 / 남편에게서 당하는 가정폭력의 비율이 높다. 농촌 인구의 감소로 사람들이 어떤 직업이든 구하기 위해 도시로 떠나오고 있다는 점도 중요하다. 게다가 남성 '섹스

관광객' 단체 여행을 돕는 데에 전념하는 '전문' 관광 기업과 웹사이트
도 증가하고 있다(매춘 여성을 보호하기 위한 조직을 만든 시도에 대해서는
Enloe, 1989를 보라; Leheny, 1995; Clift and Carter, 1999). 1990년대 중반
부터 태국 정부는 섹스 산업을 억제하고 다른 형태의 관광을 장려하기
위해 노력하고 있다. 이는 에이즈의 위협이 증가하고 있다는 점, 그리고
여성이나 젊은 가족을 포함하는 새로운 유형의 관광객이 성적인 시선
과 신체를 불쾌해 한다는 점 등을 고려한 것이다(Leheny, 1995).

그런데 섹스 관광에는 매춘 말고도 고려해야 할 것이 더 있다. 첫째,
관광 산업은 오랫동안 마케팅에 '섹스'를 활용해 왔다는 점이다(Cohen,
1995; Dann, 1996b; Pritchard and Morgan, 2000a, 2000b, 2000c). 브로슈어
와 엽서에는 이상적이고 매력적인 여성의 신체가 끝도 없이 전시되고
있다. 다음은 자메이카 관광청이 카리브 해변의 도시 네그릴Negril을, 여
성을 원하는 백인 남성의 에덴동산으로 그려낸 사례이다.

울퉁불퉁한 절벽이 순백의 해변으로 이어지고, 요염함과 순결함이 감미
롭게 어우러진 그곳. 너무 따스한 햇살은 그야말로 죄스럽습니다. 고요한 카
리브 해안으로 태양이 녹아 들어가면, 유혹하는 저녁노을이 펼쳐지고, 그때
계피색 피부의 소녀들이 나비 크기만 한 비키니를 몸에 걸치고 해변을 거닙
니다. 이곳이 여러분의 에덴동산입니다. 네그릴은 여러분을 환영합니다
(Morgan and Pritchard, 2000a, p.127에서 인용).

이와 같이 성적인 이미지의 '장소 신화'는 특히 태양이 지배하는 그
장소에 각인된다.

둘째, 성적 욕망은 대개 관광에 활기를 불어 넣어준다는 점이다. 리틀우드(Littlewood, 2001, p.4)는 귀족의 '그랜드투어'에 관한 비공식적인 이야기로서 사실 그것이 길게 이어진 성적 모험이었으며, 물론 '고향에 보내는 편지에는 윤락업소가 아니라 방문한 교회에 대한 글을 적었다'는 것을 밝히고 있다. 리틀우드(Littlewood, 2001)는 성적 환상이 **문화** 관광의 필수적인 부분이며, 왜곡된 일탈이 아니라고 주장한다(Ryan and Hall, 2001도 보라). 리틀우드(Littlewood, 2001, pp.1~7)에 따르면 뜨거운 태양과 성적 쾌락은 밀접하게 관련되어 있다. 북쪽 나라에서의 상상 속에서 (반)나체와 '무더운 기후'는 성적인 욕망과 행위를 자극한다. 쾌락주의의 대변자였던 오스카 와일드Oscar Wilde는 이렇게 말했다. '나는 태양 이외의 것은 더 이상 숭배하고 싶지 않습니다. 여러분들은 알고 계십니까? 태양은 사색을 몹시도 싫어한다는 것을요.'(Littlewood, 2001, p.190에서 인용). 백인 관광객이 수영장이나 해변과 같은 경계적 공간에서 옷을 벗을 때, 그들은 동시에 일상의 자아도 벗어 던지고 다른 관광객들에게 시선을 받고자 공연한다. 그리고 햇살에 피부를 태움으로써 일종의 '야성적인' 성적 매력을 신체에 각인한다. 그을린 신체는 더욱 강력한 성적 기호가 되는데, '거무스름한 피부'를 곧 성적인 능력 및 가용성과 동일시하는 서양적 전통이 여기에 반영된다. 리틀우드(Littlewood, 2001, p.194)가 말한 대로, 나체 상태로 땀을 흘리는 피부에 햇빛이 **닿는** 감각적 경험은 그 자체로 육감적인, '태양과 섹스를 하는' 행위가 될 수 있다.

셋째, 더 중요한 성적 공간은 호텔이라는 점이다.

호텔은 서양의 사회적 상상력 속에서 매혹적인 장소로서의 위상을 차지하고 있고, 여러 면에서 섹스, 정사, 불장난과 유의적인 관계에 있다. 그리고 스파이나 연인들의 밀회, 신혼의 첫날밤, 신혼여행, 불륜, 혹은 막간의 비밀 회합과 같은 대중문화와도 관련되어 있다.Pritchard and Morgan, 2006, p.765).

홍등가가 보통 호텔과 관광객들에게 '봉사하는' 외국인 매춘부와 스트리퍼로 이루어져 있고, 특히 방문객들은 금융서비스업에 종사하는 사람들이라는 것은 우연이 아니다(Elliott and Urry, 2010, 6장).

이제 우리는 관광 서비스와 체험이 계급, 성별, 민족에 따라 나뉘게 되는 몇 가지 방식을 더 깊이 조사해 본다. 2장에서 우리는 관광 개발이 서로 다른 장소에서 어떻게 서로 다른 방식으로 이루어졌는지를 구조화합 시의 사회적 계급 구분의 중요성을 강조했다. 그 결과는 서로 다른 휴양지들 각각의 사회적 기풍과 토지 소유의 패턴을 포함하고 있었다. 어떤 장소를 부유층이 애용하도록 구축하는 데 있어서 귀족 계급과 관련을 맺는 것의 중요성, 중산 계급 가족이 떠나는 휴가의 증가와 해변에 어울리는 건물 형태로서의 해변별장의 개발, 자연을 어떤 절대적으로 중요한 지위재로 구성하는 '낭만적 시선'과 그 역할의 중요성, '집단적' 시선의 특성 및 어떤 장소의 구경거리를 구성하는 데 있어서 자신과 비슷한 타자의 역할 등을 논의했다. 그리고 5장에서 우리는 서비스 계급의 강화된 문화 자본에 대해서, 그리고 농업 및 산업 유산과 포스트모던에 관한 관심을 높이는 것에 대한 문화 자본의 위력에 대해 논의한다.

그런데 시선을 향하는 행위는 성별과 민족의 구분에 의해서도 영향을 받는다. 성별과 민족의 상호관계는 서로 다른 사회 집단이 방문하고자 하는 곳을 개발하는 우선순위를 형성하는 데에, 그리고 그러한 방문이 호스트의 주민들 및 서로 다른 장소의 유행 여부에 미치는 영향을 구조화하는 데에 중요한 요소이다. 여기에는 두 가지 주요한 사안이 있다. 하나는 같은 관광객들의 사회적 구성이고 다른 하나는 방문한 현지에 사는 사람들의 사회적 구성이다. 이것이 중요한 이유는 대부분의 관광 행위가 테마파크, 쇼핑몰, 해변, 레스토랑, 호텔, 온천수를 마시는 방, 산책로, 공항, 수영장, 광장 등 다양한 종류의 공공 공간을 걷고 지나다니는 등의 이동을 수반하기 때문이다. 그런 공간에서 사람들은 시선을 보내기도 하고 타자로부터 시선을 받기도 한다(그리고 사진 찍히기도 하고 타자를 촬영하기도 한다). 복잡한 선호 관계가 개발되어 왔는데 이는 서로 다른 사회 집단이 서로 다른 장소에서 바라보고 사진 찍기를 기대하는 적절한 타자의 범위를 대상으로 한 것이었다. 그리고 한편으로는 자신에게 시선을 보낼 수 있는 적절한 타자가 누구인가에 대한 서로 다른 기대 또한 서로 다른 사회 집단에 의해 길들여진다. 관광에 관여되는 것 중 일부는 특정한 테마를 가진 체험을 구매하는 것으로, 이는 해당 체험을 함께 공유하는 특정할 수 있는 타자들의 구성에 의해 결정된다(8장 논의 참조).

동남아시아의 성별과 민족적 종속의 조합은 젊은 아시아인 여성을 다른 사회에서 찾아온 남성 방문객, 즉 민족적으로 지배적인 방문객에 대한 관광객의 시선 그리고 성적 시선의 대상으로 만드는 데 공모해 왔다. 지금까지 우리는 관광객 패턴이 성별과 인종적 종속의 관계와 별도로 분석될 수 없다는 것을 확인했다(Hall, 1994; Kinnaird and Hall, 1994).

성 불평등의 문제를 다른 방식으로 볼 수도 있다. 거의 모든 사회에서 남성은 여성보다 더 높은 생활수준과 '여가의 자유'를 향유한다. 이것은 휴가의 발달과 큰 관련성을 가진다. 19세기까지만 해도 여행이라는 행위는 남성의 전유물이었다. 그러나 이것은 19세기 후반 '빅토리아 여왕 시대의 귀부인 여행자'가 출현하면서 미약하게나마 바뀌었는데, 이들 중 일부는 그 당시에 특히 여성에게는 '전인미답의' '문명화되지 않은' 것으로 여겨지던 국가를 방문하기도 하였다(Enloe, 1989, 2장). 또 다른 여성들은 토마스 쿡의 여행상품을 이용했다. 어느 여성이 쓴 글에 따르면, '미스터 쿡과 같은 가이드 겸 보호자와 함께라면 어디든 모험을 떠날 수 있었다'(Enloe, 1989, p.29에서 인용). 이후 휴가 기간 중의 남녀 간 불평등은 다른 형태의 여가에 비해서 점차 완화되어 왔다.

초기의 대중 관광의 형태는 남녀 커플에 기반을 두고 있었다. 실제로, 19세기를 거치는 동안에는 휴가객의 단위가 (무수히 많은 사진에 기록된 바와 같이) 점점 남녀 커플에 자녀가 더해진 구성으로 점차 바뀌어 갔다(7장을 보라). 그리고 두 차례의 세계대전 사이에는 유럽 대부분의 지역에서 가족 휴가가 더더욱 자녀 중심적인 것으로 변화되었다. 이것을 뒷받침한 것이 1930년대, 어린이용 놀이 기구가 중심에 비치된 휴가 체류시설의 발달이었다. 그 이후로 대부분의 관광은 특별한 장소에서 다정한 가정생활을 공연하는 것을 중심으로 진행되었다. 관광은 (새로운) 장소를 익히거나 소비하는 방법일 뿐만 아니라, 집을 떠나와서 가까운 친구 및 가족 구성원과 함께 지내는, 사교성이라는 '감정의 지리학'이기도 하다(Larsen, 2008b).

대부분의 휴일의 행락에 관한 마케팅에는 자녀가 있거나 없는 실제의 커플 아니면 잠재적 커플의 사진을 붙여 놓은 '강제적인 이성애'가 포함된다. 여행업자가 제작하는 브로슈어에는 세 가지 두드러지는 이미지가 있다. 첫째는 두세 명의 건강한 학령기 자녀를 둔 부부가 함께하는 '가족 휴가'이다. 둘째는 남녀 커플이 노을에 시선을 보내는 '낭만적 휴가'이다(실제로, 노을은 낭만의 기표이다). 셋째는 '즐거움'을 위해, 남성 집단과 여성 집단이 각자 다른 성을 가진 짝을 찾기 위해 떠나는 '즐기는 휴가'이다. 앞서 언급했듯이, 남성에게는 '섹스 여행'이라는 것도 존재한다. 이러한 특정한 시각적 범주 어디에도 속하지 않는 사회 집단에 대해서는 관광 산업에서 제대로 대우하지 않는다. 독신자, 편부모 가족, 장애인, 그리고 최근까지는 동성애 커플이나 단체가 휴가를 보내는 것이 얼마나 어려운지에 관하여 수많은 비판이 제기되었다. 그런데 최근 일부 '동성애 관광'의 성장은 '국제 여행 산업에서 가장 빠르게 성장하는 틈새시장' 중의 하나로 일컬어지고 있다(Casey, 2009, p.158). 예를 들어 영국의 경우, 영국 관광청의 관광객 게시판에서는 해외에서 온 게이 및 레즈비언 관광객을 대상으로 하는 캠페인을 시작했다.

　관습적인 휴일의 행락 및 마케팅 자료에서 자주 배제되는 또 다른 사회 집단은 흑인 영국인과 같은, 백인이 아닌 사회 집단이다. 여행업체에서 제작한 광고 자료에 나오는 관광객은 백인이며, 휴가를 즐기는 사람들 사이에 흑인의 얼굴이 등장하는 일은 거의 없다. 실제로, 만약 사진 속에 백인이 아닌 얼굴이 나온다면 그들은 시선을 받는 '이국적 원주민'으로 추정될 것이다. 많은 수의 외국인 관광객을 끌어들이는 영국 지역에서도 같은 작용이 일어나는 것으로 보인다. 만약 흑인이나 아시아인이 보이면 그들은 해외에서 온 방문객이나 서비스 노동자일 것이라고 생각되지, 휴가를 즐기는 영국 거주자일 것이라고는 생각되지 않을 것이다. 테일러(Taylor, 1994)가 일반적으로 우세한 사진 이미지와 관련하여 보여주었듯이, 시골지역은 특히 '흰색'으로 구성된다.아시아 지역 내에서의 햇볕에 그을린 신체의 의미에 대해서는 Winter et al., 2009도 보라).

흥미로운 문제는 영국의 소수민족 구성원들이 서양식 휴가를 수행하는지의 여부이다. 햇빛, 호텔, 풍경을 찾아 다른 곳으로 여행을 떠나는 서양인의 휴가 양상은, 적어도 최근에 영국으로 이주한 일부의 사람들에게는 특이한 문화적 관행을 형성한다(햇볕에 피부를 그을리는 깃의 중의성에 대해서는 Ahmed, 2000을 보라). 이민자들 중에서 최소한 몇몇은 여행이 이보다는 좀 더 심각한 목적, 즉 일자리를 찾는다거나, 떨어져 사는 가족을 만난다거나, 친척을 방문한다거나, 민족 집단의 이주에 참여하는 등의 목적을 가지는 것으로 생각할 수 있다.

좀 더 일반적으로 말하면, 최근 VFR 여행(친구 및 친척 방문)이 증가하고 있다. 2007년에는 기존의 여행 관광객들과 거의 비슷한 수의 사람들이 친구와 친척을 만나기 위해 영국을 방문했다(www.statistics.gov.uk/-STATBASE/Product.asp?vlnk=1391, 접속일 : 2006.10.10). 이러한 VFR 여행의 증가는 보덴과 몰로치(Boden and Molotch, 1994)가 '근접에 대한 강박'이라고 부른, 설령 이것이 상당히 불편한 여행을 포함하더라도 다른 사람들과 물리적으로 공존하고 싶다는 욕구에서 생겨난다.

다양한 연구들에서는 이민과 관광이 얼마나 서로 복잡하게 중첩되는지를 보여주고 있다(Larsen et al., 2006). '이민이라는 과정은 귀환, 즉 출발점으로 다시 돌아오는 여정을 필요로 하는 것 같다'(Goulborne, 1999, p.193). 이는 특히 디아스포라를 겪은 구성원들의 경우에 특히 그러하다. 이민은 전통적으로 영구적인 귀환에 대한 열망을 필연적으로 수반하지만, 오늘날의 이민자들은 가끔씩의 방문을 통해 자신의 고국 및 유산과의 근접에 대한 강박을 해소할 수 있다. 메이슨(Mason, 2004)은 파키스탄인 조상을 가진 영국인들이 자신의 친족과 공존하기 위해서, 자신의 가족 네트워크를 '건재한' 상태로 유지하기 위해서, 자녀들에게 그들의 '출신'을 보여주기 위해서 어떻게 정기적으로 파키스탄을 방문하는지를 보여주었다. 더욱이, 수많은 문화권에서 다수의 여행은 국경을 초월하여 이루어진다. 개발도상국의 가구들은 소득이 증가함에 따라 광범위한 이동성의 패턴을 보여준다. '세계적인 디아스포라'의 확산은 멀리 떨어져 지내는 가족과 가정을 위한 온갖 형태의 여행의 범위, 규모, 중요성을 확대시키고 있다. 트리니다드 토바고 공화국에서는 해외로 나가야만 '트리니다드 사람'이 될 수 있다고 한다. 핵가족의 약 60%가 가족 구성원 중 최소한 한 명 이상이 해외에 나가 살고 있다(Miller and Slater, 2000, pp.12 · 36). 옹과 노니니(Ong and Nonini, 1997)도 중국인의 집단적 디아스포라의 사례를 통해 국경을 넘어서는 이동성의 중요성을 보여주는데, 그 규모는 2500만 명에서 4500만 명에 달하는 것으로 추산된다. 클리포드(Clifford, 1997)는 그 양상을 다음과 같이 요약하고 있다.

넓고 큰 바다와 정치적 장벽에 가로막혀 고향과 단절되어 흩어졌던 사람들이, 교통 및 통신과 같은 근대적인 기술과 노동이민제도에 의해 왕래가 가능해 진 덕분에 점점 국경을 초월하여 고국과 관계를 맺을 수 있게 되었다.

비행기, 전화, 카세트테이프, 캠코더, 이동할 수 있는 취업 시장은 전 세계의 장소들 사이의 거리를 줄이고 또한 합법적이든 불법적이든 쌍방향적인 교섭을 촉진하고 있다(Clifford, 1997, p.247).

이러한 디아스포라형 여행은 또한 시간성의 측면에서 오히려 제한을 두지 않는다. '일상의 공간에서 지내는 기간'과 '멀리 떨어진 곳에서 머무른 기간'의 명확한 구분을 기반으로 하는 종래의 관광과는 다르게, 퀘르너(Cwerner, 2001)가 상당히 부정기적인 기간 동안을 런던에서 살아가는 브라질인의 사례를 통해 보여준 것처럼, 디아스포라형 여행자에게는 시간의 경계가 분명하지 않아서 하나의 활동이 또 다른 활동으로 이어지는 경향이 있다.

그러나 대부분의 관광 개발은 6장에서 논의되는 문화유산 산업에서와 같이, 수많은 민족 집단을 배제할 것이다. 여기서 우리는 압도적으로 많은 백인들이 그러한 유산을 채우고 있다는 것을 지적해 둔다. 그럼에도 영국의 관광 산업에서는 민족 집단이 중요하며, 어떤 측면에서는 중요한 역할을 한다. 그들은 특히 대도시에서 방문객 대응에 종사하는 기업에 고용된다. 우리는 다음 장에서 이 문제를 다룬다.

게다가, 어떤 민족 집단은 일부 지역의 '구경거리' 또는 '테마'의 일부로 구축되기도 한다. 이는 아시아인 집단의 경우에서 가장 흔히 볼 수 있다. 맨체스터에서는 이러한 현상이 어느 협소한 지역 내에 밀집된 중국 음식점을 중심으로 발생했는데, 이는 전후시기에 영국인의 요리 취향이 국제화되면서 생겨난 모습이다(Frieden and Sagalyn, 1989, pp.199~201을 보라). 1980년대의 도시계획 담당자들은 새로운 모습의 '차이나

타운'을 만드는 데에 심혈을 기울였고, 지금의 이곳은 바람직한 관광객의 시선의 대상으로 재건되고 보존되었다. 이에 대한 더 깊은 분석을 위해서는 이국적인 대상으로 구성되는 아시아 지역 출신 사람들의 사회적 영향에 대한 탐구, 그리고 이것이 경제적 정치적 발전의 패턴을 왜곡하는지의 여부에 대한 탐구가 필요할 것이다. 또한, 그다지 위협적이지 않고 심지어 열등하지 않은 아시아 지역 출신 사람들이, 오히려 이국적이면서 묘하게 다르며, 어떤 면에서는 매력적인 풍부한 문화를 가지고 있다고 느끼는 백인들에게 어떤 영향을 미치는지 고찰하는 것은 흥미로울 수 있다. 이러한 논의는, 전 세계에서 테마화되고 사진 찍히며 전시되는 문화처럼 이국적으로 다른 것으로 여겨지는 수많은 문화라는 맥락 속에서 심화되고 있다.

전략으로서의 관광Tourism as Strategy

관광의 효과는 복잡하고도 모순적이다. 소위 개발도상국에서 경제발전을 위한 하나의 전략으로서 관광이 바람직한 것인지에 대한 많은 논의가 있었다. 이는 여러 가지 어려운 문제를 야기한다.

케냐의 '수렵 관광'과 멕시코의 '민족 관광', 마카오의 카지노 등과 같은 개발도상국에서의 관광의 성장은 해당 사회의 내부적 과정만으로 이루어지는 것이 아니다. 이러한 발전은 외부적 변화의 결과라고 할 수 있다. 저렴한 항공 여행과 인터넷 예약 시스템과 같은 기술적 변화가 이루어졌다. 세계에 곳곳에 진출한 호텔 그룹(라마다), 여행회사(토마스 쿡), 신용카드(아메리칸 익스프레스)와 같은 개인이 이용하는 금융기관의 성장을 포함하는 자본 개발도 있다. 더 많은 사람들이 기존의 대중 관광의 패턴을 벗어나 스스로 고립되기를 원하는 '낭만적' 시선도 광범위하게 성장했다. 저개발 사회의 문화적 관행에 대한 선진국 국민들의 관심 또한 증가했다. 겉으로 드러난 장소에 주로 시선을 보내고 체험하는 '수집가'로서의 관광객이 늘어났다. 관광이 주요한 발전의 잠재력을 가지고 있다고 보는 관점을 촉진하는 강력한 이해관계자들이 새롭게 나타났다. 이들 중 마지막 항목은 중국에서 가장 극적으로 드러나는데, 지난 30년 동안은 국내의 이동과 관광이 엄중히 제한되어 왔지만, 금세기에 들어서서 어떤 면에서는 국제 관광과 관련하여 세계 최대의 주요한 중심지로 부상하고 있다(Nyíri, 2010을 보라).

그러나 관광의 이점이 예상을 밑도는 경우는 자주 있다. 많은 관광투자는 북아메리카나 서유럽에 기반을 둔 대기업이 실시하며, 관광객지출의 대부분은 그 다국적 기업의 소유가 된다. 호스트 국가에 남는 몫은 20~60% 정도에 불과하다. 관광을 통해 벌어들이는 외환의 대부분도 외국에 기반을 둔 회사로 넘어간다. 이러한 자금 유출은 높은 수준으로 산업이 수직적으로 통합된 빈곤한 사회에서 더 심한 경향이 있다.

또 다른 문제는 관광 수입이 그 국가의 국민 소득에서 예외적으로 높은 비율을 차지하는 경우에 발생한다. 몇몇 카리브 해의 섬나라들이 이 문제를 겪고 있다(Sheller, 2003). 이는 만약 무언가가 관광 수요를 약화시키게 될 경우 엄청난 국민 소득의 손실이 초래된다는 것을 의미한다. 1987년 피지에서 군사 쿠데타가 벌어졌을 때 이런 일이 발생한 적이 있다(소비자의 신뢰 회복을 위해 이루어진 광고에 대해서는 Lea, 1988, pp.32

~36을 보라).

　이러한 질문을 해 보아야 한다. 과연 **누구를 위한** 개발인가? (공항, 골프장, 호화스러운 호텔 등) 수많은 시설은 대부분의 현지 주민들에게는 거의 도움이 되지 않는다. 마찬가지로 그 지역 고유에서 발생하는 부가 있어도 매우 불평등하게 분배되어 대부분의 사람들은 별 이익을 얻지 못할 것이다. 물론 이것은 그 지역의 소유권의 패턴에 달려 있다. 마지막으로, 관광 관련 서비스에서 발생하는 다수의 고용은 상대적으로 숙련도가 낮아도 할 수 있는 일이어서, 과거 식민지 체제의 노역적인 특성을 재현할 수 있는데, 이를 가리켜 한 비평가는 '하인 양성'이라고 일컬은 바 있다(Crick, 1988, p.46에서 인용).

　그러나 또한 수많은 개발도상국들이 개발 전략으로서의 관광에 대한 충분한 대안을 갖고 있는지의 여부도 따져보아야 한다. 우리가 여기서 충분히 고려하지 못한 사회적 비용뿐만 아니라 심각한 경제적 비용이 존재함에도 불구하고, 찾을 수 있는 실행 가능한 대안이 부재한 상황에서 개발도상국이 특히 북아메리카, 서유럽에서 오는 방문객들, 그리고 점점 증가하는 아시아 일부 지역 및 특히 중국의 중산 계급의 방문객들을 위해, 관광객의 시선의 대상으로서 매력적인 특성을 개발하는 것 이외에 어떤 다양한 선택지를 가지고 있다고 하기는 어렵다.

제4장
노동과 시선Working under the Gaze

도입

우리는 관광객의 시선이 갖는 다양한 측면을 분석했고, 이러한 서로 다른 시선을 충족시키기 위해 발전하는 관광 관련 산업 조직의 종류와 관련하여 시선이 서로 다른 형태를 취할 수 있다는 것을 지적했다. 이 장에서 우리는 관광 서비스의 제공과 관련된 두 요소 사이의 복잡한 관계에 대해 자세히 고찰한다. 한편으로는 관광 행위가 있는데, 이는 취향의 구별에 따라 고도로 구조화되어 있다. 이러한 관행은 사람들이 어떤 장소에서 개별적인 대상을 바라보며 특정한 다른 부류의 사람들과 함께 있기를 원하게 만든다. 다른 한편으로는 수많은 서비스가 그러한 관광객들을 위해 주로 이익의 극대화라는 조건 아래 제공되고 공연되고 있다. 그리고 앞의 장에서 본 바와 같이, 거대한 국제적 산업이 발달하면서 그 결과 서비스는 대규모의 분업화된 시장을 개발하고 수익성 있게 유지할 수 있도록 하는 비용으로 제공된다.

관광 행위와 새롭게 나타난 산업 사이에는 다양한 모순이 발생할 수 있다. 운송, 호텔, 부동산 개발, 요식, 유흥 등의 산업은 모두 소비자 서비스의 제공과 관련되는 것으로, '환대' 산업으로도 알려져 있다. 이러한 형태의 서비스 제공은 종종 소비되는 제품이 무엇인지가 명확하지 않을 정도로 보통 매우 복잡하다. 게다가 관광객의 시선은 무엇이 특별하고 따라서 볼만한 가치가 있는 것인가에 대한 문화적으로 특정한 관념들로 구조화되어 있다. 이것은 시선 그 자체에는 부수적일지도 모르는 제공되는 서비스가 시선의 품질과 모순되거나 그것을 훼손하지 않는 형태를 취해야 하며, 이상적으로는 시선의 품질을 향상시켜야 한다는 것을 의미한다. 우리가 앞으로 보게 되겠듯이, 이것은 상대적으로 저임금을 받는 노동자들이 주로 제공하는 서비스가, 오래도록 고대하던 특별한 관광지를 찾아온 방문객의 거의 신성시될 정도로 높아진 수준의 시선에 적합한 것이 될 수 있도록 해내야 하는 그러한 산업을 경영하는 데 엄청난 문제를 일으킨다.

이러한 관광 관련 서비스는 관광객의 시선의 대상에서, 아니면 적어도 그 근처에서 제공되어야 한다. 서비스가 다른 곳에서 제공될 수는 없다. 관광 서비스는 개별적인 장소에서 개발되며 다른 곳으로 이전될 수 없다. 즉 보통은 개별적인 '공간적 고정'이 존재한다. 또한, 대부분의 서비스 생산은 그 서비스의 생산자와 소비자 사이의 밀접한 공간적 근접성을 포함한다. 이는 식사, 음료, 유원지의 놀이기구 등과 같이 관광객에게 제공되는 수많은 서비스 상품의 본질에서 비롯되는 것이다. 이러한 소비자 서비스는 상연되는 서비스가 그것을 소비하는 관광객에게 흥미롭고 기억에 남는 것이 되도록 자주 공연하고 보장해야 하는 생산자와 소비자 사이의 밀접한 유대감 혹은 근접성을 포함한다. 이 장에서 우리는 포스트포드주의적인 체험 경제에서 이러한 서비스의 공연이 관광객의 시선에서 얼마나 중요한지를 논의한다.

'서비스'의 공연Performing a 'Service'

일반적으로 공산품의 경우, 그 제품이 무엇으로 구성되었는지 분명히 알 수 있다(그것이 기호 가치와 사용 가치를 모두 가지는 것이더라도). 그러나 서비스 산업은 대부분의 경우 그렇게 간단하지 않다(Bagguley et al., 1990, 3장). 마스와 니코드(Mars and Nicod, 1984)는 어떤 주어진 서비스의 경계를 명세하는 것과 관련된 문제를 다음과 같이 설명한다.

우리가 사용하는 '서비스'라는 것은 사람들이 일반적으로 기대할 수 있는 것 이상의 어떤 행위 혹은 사물을 지시한다. 장거리 운전자용 간이식당에서의 서비스는 웃는 얼굴로 소스가 담긴 병을 건네는 것 그 이상을 의미할 수 없다. 하지만 런던의 고급 호텔인 사보이에서의 서비스는 다른 곳에서는 경험하지 못할 섬세함을 제공하기 위한 엄청난 노력을 기울이거나 고객 각자의 취향이나 결점을 만족시키는 것을 뜻한다. (…중략…) 사람들이 실제로 서비스에 대한 비용을 더 많이 지불할수록 더 낫고 더 많은 개성적 서비스에 대한 그들의 요구도 더 꼼꼼해질 것이다(Mars and Nicod, 1984, p.28).

노동의 지출은 이 노동이 단순히 소스를 전달해 주는 것이든지 아니면 좀 더 폭넓고 차별화된 행위인 것이든지 간에, 서비스 노동의 중심이 된다. 관광 관련 서비스는 대개 노동집약적이므로 인건비가 총 비용의 상당한 비중을 차지한다. 게다가 제조 기술의 변화는 단가를 근본적으로 줄일 수 있기 때문에, 서비스는 시간이 지나면서 상대적으로 더 비싸지게 된다. 따라서 다양한 서비스 부문의 고용주들은 추적 관찰을 통해 비용을 최소화할 수 있는 부분을 찾고자 한다.

지적한 것처럼, 노동은 수많은 관광 관련 서비스의 제공 또는 상연과 관련하여 그 정도가 다양화되어 있다. 이것은 한 명 이상의 생산자와 한 명 이상의 소비자 사이에 일어나는 몇몇 상호작용 내에서 필연적으로 **사회적**이고 체화되는 과정의 결과로 발생한다. 사회적 상호작용의 품질은 그 자체로 구매한 서비스의 일부가 된다(Bryman, 2004; Boon, 2007). 서비스를 산다는 것은 특정한 종류의 사회적 체험을 사는 것이다. 예를 들어, 새서와 아르바이트(Sasser and Arbeit, 1976)는 '햄버거의 패티가 품질이 아무리 좋아도 종업원이 무뚝뚝하면 고객은 다시 오지 않을 것이다'라고 말한다. 오델(O'Dell, 2007)이 온천의 사례를 통해 보여준 바와 같이, 대부분의 서비스는 그것이 행해지는 동안 고객들의 참여가 상당한 고도의 접촉 시스템이다. 결과적으로, 시스템을 합리화하는 것은 쉽지 않은 일일지도 모른다(Pine, 1987, pp.64~65).

서비스는 생산 시점에 생산자와 소비자 사이의 몇 가지 사회적 상호작용을 일반적으로 필요로 한다. 서비스는 어느 정도 완전히 물질화되지 않는 한, 하나 이상의 서비스 생산자와 소비자 사이에는 지리적이거나 공간적인 근접성이 일부라도 있어야만 한다. 둘째로, 서비스 소비자와는 최소한의 접촉을 가지는 무대 뒤의 노동자, 그리고 관광객과의 대면 접촉이 많은 무대 앞의 노동자라는, 두 부류의 종업원을 구분할 수 있다(Boon, 2007). 무대 앞의 노동자들은 말 그대로 관광객의 시선 아래에서 일을 한다. 우리가 뒤에서 논의하겠듯이, 이러한 무대 앞의 노동자들은 공연적 노동을 수행한다. 무대 뒤의 노동자에 대해 고용주는 기술 혁신 및 노동의 합리성 강화를 추구할 것이고, 무대 앞의 노동자에 대해 고용주는 대인관계의 능력이나 홍보 활동의 기술을 기준으로 종업원을 채용하고 교육할 것이다(Pine, 1987, p.65).

그러나 이러한 구별된 전략을 채택하는 것에는 어려움이 있다. 예를 들면 요리사와 웨이터와 같은 두 집단 사이에 비생산적인 감정적 이반이 생겨날 수 있다. 또한 호텔이나 온천처럼 이용객이 매우 제한된 지역에 공간적으로 머무르지 않는 곳에서는 두 집단 사이의 구분을 유지하기가 어려울 수 있다. 그리고 다양한 서비스에 대한 수요의 변동성은 노동력의 유연한 사용에 상당한 규모의 장려금이 필요할 뿐만 아니라 서로 다른 종업원 집단 사이에 업무 구분이 지나치게 분명하면 조직을 운용하기가 어렵다는 것을 의미한다.

게다가, 생산자들, 최소한 일선에서 서비스를 제공하는 사람들의 사회적 구성은 실제로 고객에게 '판매되는' 것이 일부일 수 있다. 바꿔 말하면, '서비스'는 부분적으로 성별, 연령, 인종, 학력 등의 특정한 사회적 특성이 스며든 생산 과정으로 이루어진다. 개인이 어떤 서비스를 산다고 할 때, 구매되는 것은 서비스 생산자의 개별적인 사회적 구성이다. 경우에 따라서는 다른 서비스 **소비자**의 사회적 구성도 구매된다. 이것의 사례는 특히 관광 / 교통 및 휴양지에서 발견되는데, 휴양지에서 사람들은 타인들과 가까이 근접하여 서비스를 소비하는 데에 상당한 시간을 할애하므로, 구매하게 되는 것의 일부는 다른 소비자의 사회적 신체적 특질이기도 한 것이다(회원제 고급 휴양 시설인 클럽 클래스 또는 부유층용 크루즈 여행 상품이 이에 해당한다).

이제 우리는 서비스 제공을 위한 '공연적 노동'의 의미를 검토한다. 노동은 그 자체가 서비스 상품의 일부이기 때문에, 이는 경영진에게 특별한 문제를 야기한다. 이 문제는 특히 중요한데, 서비스 제공에 드는 시간이 길어질수록 그 서비스는 더 친밀해지고 또한 소비자들에게는 서비스의 '품질'이 더 향상된다. 어떤 경우에는 종업원의 화법, 외모, 성격이라는 부분이 경영진이 합법적으로 개입하고 통제할 수 있는 영역의 것으로 취급된다.

가브리엘(Gabriel, 1988, 4장)은 런던에 있는 신사 클럽에서 제공하는 서비스에 대해 논의한다. 회원들에게 클럽은 전통적인 영국식 식사보다 훨씬 더 많은 것을 제공한다. 그리고 다음과 같은 것들도 내놓는다.

온갖 종류의 무형의 제품, 예를 들면 중요한 인적 교류를 할 수 있는 장소, 손님을 접대할 수 있는 장소, 정보를 교환할 수 있는 장소, 특정한 의례행위를 지속하고 매일같이 다시 상연할 수 있는 장소를 제공한다. 이 클럽의 그야말로 시대착오적인 본질이 사람들을 움직이는 힘의 일부인데, 이것은 즉 오래된 것의 소구력이라고 할 수 있다(Gabriel, 1988, p.141).

이어서 가브리엘(Gabriel, 1988, p.141)은 신사 클럽의 성공을 평가

하는 유일한 방법은 '경영의 측면에서는 합리화될 수 있는 것이 아니고 음식을 제공하는 기계에 통합될 수도 없는 그러한 "무형의" 서비스를 제공하는 것'을 통하는 것이라고 말한다. 그곳의 직원은 만약 음식을 제공하는 것이 경영적으로 합리화될 경우 상실될 수 있는 무형의 분위기를 제공하고 있다.

이러한 서비스는 감정 노동(Hochschild, 1983), 또는 심미적 노동(Warhurst et al., 2000) 아니면 공연적 노동(Bryman, 2004)이라고 불리는 것들을 필요로 한다. 이들 개념에서 공통되는 것은 서비스를 제공하는 것이 점점 더 공연적인 **행위**, 즉 사람들을 특히 시각적으로 기쁘게 하거나 끌어들이거나 즐겁게 만들 필요가 있는 신체적인 공연이 되어 가고 있다는 인식이다. 이들 연구자들은 모두 무대 앞에서 이루어지는 서비스의 접촉에는 극장과도 같은 성격이 있으며, '양질의' 서비스는 주어진 대본을 따르면서도 즉흥 공연을 해내는, 극장을 경영하는 데 필요한 '연기'의 대본과 기술을 필요로 한다고 주장한다.

항공 승무원에 대한 고전적인 연구에서 혹실드Hochschild는 '감정 노동'이라는 용어를 만들어냈다. 이 용어를 통해 그녀는 '벽지 제조공장의 노동자가 벽지를 좋아하거나 싫어하는 것이 벽지 생산의 일부가 되지 못하는 것과 대조적으로, 서비스를 제공하는 것에 관한 감정의 스타일이 서비스 자체의 일부가 되는' 상품을 지시하고자 했다(Hochschild, 1983, pp.5~6). 고프만Goffman의 '인상 관리'라는 개념을 끌어오면서, 혹실드(Hochschild, 1983, p.7)는 서비스 노동이 '공개적으로 관찰할 수 있는 얼굴 및 신체의 전시를 만들어내기 위한 기분의 관리'가 필요하다고 주장한다. 우수한 항공 승무원에게 요구되는 것은 무례한 승객과 스트

레스 상황에 직면했을 때에도 긍정적인 감정을 보여줄 수 있는 감정적 기술이다. 이들은 기분 좋은 목소리를 내야하고 특히 행복해 **보여야** 할 필요가 있다. 여기에는 유쾌하고 친근하며 소비자의 입장이 되어 미소를 짓는 것이 포함된다. 그들은 항상 **미소**를 유지하면서 그 이면에 있는 자신의 감정을 관리하고 억제하고 위장할 수 있어야 한다. 그리고 미소는 부드럽고도 자연스럽게 지어야 한다. '항공 승무원에게 미소는 노동의 일부이자, 그 노동이 자연스럽게 보일 수 있도록 자아와 기분을 조화시킬 필요가 있는 부분이다'(Hochschild, 1983, p.8). 수많은 소비자 서비스에서 중요한 것은 공개적이면서도 쉽게 알아볼 수 있는 종류의 이러한 '감정 노동'이다. 항공 승무원의 경우에는 특수한 훈련이 행해지고 그 결과 인간 감정의 상업화가 야기된다. 항공 승무원은 웃는 방법을 배우고 승객의 시선을 받게 될 때는 항상 그렇게 웃도록 지시받는다.

혹실드는 1970년대 중반부터 이루어진 신자유주의적 규제 완화 이래 아메리칸항공이 노동 관리를 강화함에 따라 이러한 감정 노동이 항공 승무원들을 더 힘들게 만들었다고 주장한다. '노동자들은 속도 향상을 위해 태업으로 대응한다. 그들의 미소에는 여유가 적어졌고, 웃음은 금방 보였다가 사라지며 눈에는 생기가 없다. 이렇게 되면서 사람들에게 보내는 회사의 메시지도 희미해졌다. 이것은 미소의 전쟁이다'(Hochschild, 1983, p.127). 승무원들이 더 이상 승객들이 기대하는 완벽한 서비스를 제공하지 않는다는 것을 경영진들이 설령 잘 알고 있더라도, 그들이 이러한 품질 저하를 감시하고 통제하기는 매우 어렵다.

그러나 KLM 네덜란드 항공의 승무원들 사이에서는 더 복잡한 구도가 드러난다(Wouters, 1989). 최근 이 회사에서 벌어지는 일은 성별,

연령, 체중, 장신구, 화장, 신발, 미소, 품행 등에 관한 회사의 요구가 오히려 느슨해지고 있다는 것인데 이는 특히 현대의 항공 여행자의 유형이 다양해졌기 때문인 것으로 보인다. 바우터스(Wouters, 1989)는 다음과 같이 설명한다.

> 이제 항공기는 국적뿐만 아니라 사회적 계급의 도가니가 되어 가고 있다. 그에 따라 항공 승무원과 승객 사이의 접촉 행위도 획일화되거나 표준화되는 것을 벗어나 더 다양하고 유연한 것이 되어야 했다. (…중략…) 접촉하는 경우에는 개별 승객의 감정 관리의 방식에 맞추어 자신의 행동을 조정할 필요가 있게 되었다(Wouters, 1989, p.113).

'연출된 미소'는 항상 웃고 있는 '미소의 공장'인 디즈니랜드의 상징이다(Van Maanen, 1991; Bryman, 2004). 디즈니 연구소에서 직원에게 가르치는 것은 '손님을 대할 때, 그 시작과 끝에는 직접 눈을 마주하며 소통하라'는 것이다. 월트 디즈니Walt Disney는 직원에게 항상 '미소를 짓고' '모든 사람에게, 심지어 상대하기 곤란한 사람에게도 평정심을 잃지 말라고' 말했다. 디즈니 직원 중 한 명의 말을 빌리자면, '우리는 고객들에게서 매일 잔소리를 듣는데 아무튼 계속 웃고 있어야 한대요. 우리는 8시간 내내 모든 각각의 손님에게 눈을 마주치고 인사를 해야 해요. 안 그러면 징계를 받게 돼요'(Bryman, 2004, pp.108~109에서 인용). 감정 노동을 수행하는 웃고 있는 신체는 (적어도 겉보기에는) 고분고분하고 감정이 드러나지 않는 얼굴이다. 따라서 '웃고 있는 직원'은 관광객 그리고 잠재적으로는 관리자의 시선의 대상이 되고 있다는 것을 자각하고 있다.

미소와 적극적인 몸짓 언어의 주된 역할은, 서비스의 접촉을 조정하는 데 있어서 관광객의 시선의 힘을 더 분명하게 드러내는 것이다. 이에 더하여 디즈니의 직원은 '친절한 표현'을 사용하고, 고객과 농담을 주고받으며, 적절한 행동을 보여줄 것을 항상 요구받는다. '웃고 있는 신체'는 훈련을 받은, '미소 전쟁'의 전장에서 고객의 만족을 위해 투쟁하고 있는 고분고분한 몸이다. '미소의 힘은 오직 고객과 더불어 만들어질 수 있다. 만족한 고객이 필요하기 때문이다.'(Veijola and Valtonen, 2007, p.19)

디즈니 테마파크(좀 더 넓게는 체험 경제)에서의 '감정 노동'은 마치 고프만식의 극장에서 수행되는 것처럼, 명백하게 공연적인 것이면서 또한 담론적이고 공간적으로 구성되는 것이 되어 가고 있다(고프만의 논의에 대해서는 8장을 보라).

공연적 노동이라는 말로써, 나는 단순히 연극 공연과 비슷하게 경영진과 종업원이 노동을 연출하는 것을 의미한다. 디즈니 테마파크에서 연극 공연의 은유는 '출연진', '오디션', '무대 위', '무대 뒤편'과 같은 용어 사용을 통해 분명히 확인된다(Bryman, 2004, p.103).

디즈니의 언어는 손님을 게스트로, 종업원을 출연진으로, 일선 종업원을 호스트 혹은 호스티스로, 공공장소를 무대 위로, 제한 구역을 무대 뒤편으로, 종업원의 고용을 캐스팅으로, 업무를 배역으로, 유니폼을 의상으로, 채용 면접을 오디션으로, 입장객을 청중으로, 대기열을 프리엔터테인먼트 영역으로, 구경거리 기획자를 이미지를 만드는 사람 등으로 부른다(Bryman, 2004, p.11). 관광 경제(그리고 좀 더 넓게는 서비스 경

제)의 생산 측면은 점점 연극적이고 공연적인 것이 되어 가고 있다. 노동자는 '출연진'으로서 의상을 입고 연극적이고 테마화된 환경에 부합하는 대본과 배역을 연기하도록 훈련되므로, 실제 극장과 비슷하다고 할 수 있다.

그러한 모든 감정 노동이나 공연 노동이 전적으로 사전에 대본이 작성되어 있거나 반복되는 것은 아니다. 디즈니 연구소에서도 '손님에게 미소 짓고 인사하고 감사를 표하는 것이 모두 괜찮기는 한 것이지만, 만약 이러한 행위들이 틀에 박힌 기계적 행동에 그친다면 그 효과는 매우 미미해진다'는 것을 인정하고 있다(Bryman, 2004, p.108에서 인용). 미소는 진심에서 우러난 것처럼, 역량을 갖춘 서비스 공연자가 사적으로 미소를 짓는 것으로 보일 필요가 있다. 이를 위해서 노동자들은 '기업 브랜드'를 잘 관리해야 하고, 즉흥 연기를 통해 '마음을 사로잡을 수 있는' 방법을 알아야 하고, 타자에게 서비스를 제공하는 것을 즐겨야 하며, 이는 어느 정도 자신이 손님보다 '아래에' 있다는 것을 받아들이고 또한 게스트의 체면을 손상시켜서는 안 된다는 것을 포함한다. 그들은 베이욜라와 발토넨(Veijola and Valtonen, 2007, p.17)이 '종속적 경제'라고 부르는 것 안에서, 상대방을 기쁘게 하겠다는 어떤 의지를 보여줄 필요가 있다. 서비스의 접촉이 권력 관계에 의해 각본화되고 있다면, 우리는 또한 어느 정도의 자율성과 비판정신을 회복하기 위해 서비스 노동자들이 각본에 대처하고 정말로 그 각본을 바꿔내는 방법을 탐구할 필요가 있다.

어떤 감정 노동은 경영진에 의해 대본이 만들어지는 일이 거의 없다. 실제로, 작위적이거나 인공적인 것보다는 ('현지의' 레스토랑에서처럼)

생산자와 소비자 사이에 더 '진정한' 정서적 관계를 확립하는 것에 더 강조를 둘 수도 있다(James, 1989). 한 레스토랑에서는 '직원들에게 항상 손님들에게 미소를 짓고, 농담을 주고받으며, 그리고 시간이 허락한다면 더 많은 대화를 나누어 소비자들에게 "맞추어 행동하도록" 장려했다'(Marshall, 1986, p.41). 관광 안내원이 수행하는 '감정 노동' 또한 짜여진 대본이나 감독을 받는 경우가 거의 없다. '안내원에게는 상당한 자율성이 주어진다. 안내원은 공항에서 출발하는 버스에 올라 자기 자신의 해설에 대한 대본을 준비할 책임이 있고 주어지는 것은 "처음 만나 인사 나누는 자리"에서 전달해야 하는 일반적인 가이드라인이 전부이다. 휴양지에서의 관리 / 감독은 제한적이어서, 직속 상사가 아주 가끔 방문하는 정도이다'(Guerrier and Adib, 2003, p.1405; Wong and Wang, 2009). 그러나 직접적인 감독이 없이 이루어지는 감정 노동이라고 하더라도 '부재'에 의해서, 아니면 호스트와 게스트 사이의 서비스 접촉에서의 행동에 관한 눈에 보이지 않는 문화적 관례, 규범, 에티켓에 의해서 대본은 쓰여지게 마련이다. 서비스의 공연에는 절대로 '처음'이 있을 수 없는데, 왜냐하면 공연에는 리허설, 다른 공연의 모방, 규범과 기대치에 대한 조정 등이 필요하기 때문이다.

더욱이 모든 상황을 한정된 방식으로 다룰 수 있는 것은 아니다. 마스와 니코드(Mars and Nicod, 1984, pp.34~35)에서 일상 업무와 비상 상황의 차이를 좀 더 일반적으로 정리한 바 있다. (예를 들면 너무 익힌 스테이크처럼) 모든 종류의 문제를 하나의 비상 상황으로 간주하는 서비스 수신자와 이러한 사건을 일상 업무로 처리하도록 배우는 서비스 제공자 사이에는 만성적인 긴장이 존재한다. 이러한 긴장이 가장 현저한 곳은 일류 고급 호텔이라고 할 수 있는데, 이곳의 고객들은 자신만을 위한 매우 높은 수준의 서비스를 위해 비용을 지불하고 그것을 기대하며, 거기서 발생하는 문제들은 순수하게 일상 업무의 문제로 처리될 수 없는 것이다. 대조적으로, 그다지 고급스럽지 않고 저렴한 호텔의 직원들은 수행해 내야 하는 노동의 강도가 높기 때문에 '일상적으로' 비상 상황이 발생함에도 불구하고 마치 별일 없다는 듯이 보이기 위한 기량을 연마해야 한다.

우리가 지금까지 살펴보았듯이, 공연하는 관광 노동에는 가볍게 미소 짓는 기술, 어느 정도 표현적이고 연기적인 기교, 스트레스와 비상 상황에 대처하는 능력, 적절한 사회적 행동에 대한 규범에 부합하는 어느 정도 암묵적인 지식과 준수의 의지가 필요하다. 그러나 우리가 '신체 자본'이라고 부를 만한 것이 결여된 경우는 그러한 기술들만으로 충분하지 않다. 신체 자본이란 외모, 동작, '서비스를 제공하는 신체'의 분위기 등을 가리키는 것으로, 대개 여성에게 요구되는 경우가 많다. 이것은 워허스트 외(Warhurst et al., 2000)의, 노동이 상연되는 특정한 무대에 어울리는 방법으로 바라보고 대화하고 행동하는 기술을 가리키는 '심미적 노동'이라는 개념과 관련이 있다. 미소를 짓는 신체가 너무 늙었거나 과체중이거나 기형이거나 지저분하거나 생기가 없거나 서투르거나 소수민족이거나 유행에 뒤처지거나 말투가 이상한 경우에는 좋은 미소를 보이는 것이 충분하지 못한 경우가 종종 있다. 연령과 관련하여 혹실드(Hochschild, 1983, p.22)가 말한 것처럼, "'팔자주름'은 그 사람의 성격이 누적된 증거가 아니라, 오히려 나이 드는 것을 평가 절하하는 어떤 직무를 수행하는 중에 얻어지는 어떤 직업적인 위험이자 바람직하

지 않은 노화의 징후로서 간주된다.'

'상처가 있는 신체'는 서비스 경제의 일선 무대에서는 일자리를 얻는 경우가 거의 없는데, 서비스 직종(예. 관광 안내원과 기내 승무원) 또는 어떤 특정한 '침착하거나' '화려한' 분위기를 가져야 하는 영업 직종(예. 최신 유행하는 술집의 바텐더)에서 특히 그러하다(그럼에도 불구하고 이들 직업은 저임금인 경우가 대부분이다). 관광 및 환대 산업은 외모와 행동거지 모두에서 고객들이 미적으로 만족하는 신체의 기준에 부합하는 사람을 선호한다. 이와 다른 여가 및 관광 환경에서는 미적 노동에 적합하거나 바람직한 신체의 개념이 분명 다르기는 하지만(이를테면, 고급스러운 복고풍의 컨트리 호텔과 최신 유행의 도회적인 카페), 일반적인 경향은 젊고 아름다우며 명랑해 보이는 신체를 선호하여 일선 무대에 배치하는 것이고, 그렇게 매력이 있지 않은 신체는 무대 뒤편으로 밀려나거나 노동 공급의 환경에 따라서는 배제되기도 한다.

수많은 공연적 노동이 여성, 청년, 그리고 합법적이고 불법적인 경우를 모두 포함하여 점점 증가하는 외국인들에 의해 수행된다. 실제 노동력 공급은 대부분 (적어도 상대적으로) 저임금을 받으며, 사업 전반에 참여하거나 연계하는 경우는 거의 없는 상대적으로 하위 수준의 노동자들에 의해 이루어진다. 그리고 서비스의 접촉은 언제나 비대칭적인 권력 관계 속에서 이루어진다. 하급자에게는 상급자를 품위 있는 방식으로 존경할 만한 인물로 대우해야 한다는 암묵적인 약속이 존재한다. 그렇지 않으면 '도덕적으로' 잘못된 것이 된다(Dillard et al., 2000). 그리고 선택 관광이나 서비스가 판매되는 동안에는 팁과 수당이 대부분의 서비스에서 매우 중요하기 때문에, '무례함'은 곧 손실로 이어질 수 있

다. 이렇게 비교적 하위 수준에 속하는 노동자들은 일반적으로 여성이
며 모종의 노동 관계에서는 고객 또는 실제로는 경영진에 대한 '성적'
서비스가 암시된다(Adkins, 1995; Baum, 2007; Veijola and Valtonen, 2007).
상호작용의 위에 가로놓이는 '서비스'에는 성 특정적인 형태의 적합한
행동과 신체적 전시에 관한 가정과 개념이 존재하는데, 이는 대체로
'남성적 시선'으로 정의된다. 감정 노동과 심미적 노동이라는 두 개념
모두, 서비스를 제공하는 동시에 친절해 보이는 이른바 여성적 가치라
는 것이 각인되어 있다.

실제로 데즈먼드(Desmond, 1999)는 실시간 공연과 신체적 전시가
관광에서 매우 일반적이라는 것을 지적한다. 움직이는 신체는 자주 시
선을 받는 대상이 되는데, 이는 '화려한 유형성'이 점점 세계 관광을 특
징 짓는 것이 되고 있기 때문이다. 마오리족의 전승의 춤, 발리 섬의 무
용 의식, 브라질의 삼바 춤, 하와이의 훌라 춤 등과 같이, 춤으로 공연하
는 신체가 일반화되어 왔다. 이들 사례는 맥카넬(MacCannell, 1973)이
'재구축된 민족성' 및 '무대화된 진정성'이라고 명명한 것을 포함한다.
경우에 따라 이러한 춤이 강력한 기표가 되어 버려서, 공연이 해당 문화
의 지배적인 기표가 되기도 한다. 이렇게 해서 마오리족과 하와이의 문
화에서 춤은 문화가 되었으며, 다른 모든 기표들을 집어 삼키고 전 세계
에서 알아보는 것이 되었다. 데즈먼드는 19세기 초반부터 현재에 이르
기까지, 여성의 훌라 춤이 만들어 낸 민족과 성의 역사를 개관했다. 매
년 600만 명의 방문객이 자연주의적 낙원에 이끌려 찾아오고 있는데,
이곳은 훌라 춤을 추는 '자연 그대로의' 여성이 신체를 전시하는 것으로
의미화되어, 이러한 장소 이미지가 세계적으로 알려져 끝없이 재순환되

고 있다(Desmond, 1999, 1부).

대부분의 서비스 노동은 어렵고 까다로우며 인정받지 못하고 상대적으로 보상이 부족하다고 말할 수 있다. 자신의 진정한 감정과 정체성으로부터 소외되는 감정 노동에 대해서는 큰 정서적 대가를 지불해야 할 수 있다(Hochschild, 1983; Veijola and Valtonen, 2007). 관광 안내원에 관한 연구에서 한 조사대상자는 다음과 같이 말했다.

우리는 여정이 진행되는 내내 유쾌하고, 즐겁고, 진지하고, 활력이 넘치는 척을 해요. 대부분의 경우에 그런 감정들이 우러나는 것은 아니지만요. 그리고 골치 아픈 사람을 마주해야 할 때에도 분노, 증오, 혐오를 억눌러야 해요. 실제로 좀 심각한 문제가 생겨도 걱정하거나 불안해하는 모습을 보이지는 않아요. 사람들이 제 능력에 대한 신뢰를 잃어버리면 안 되거든요(Karen, 여성, 32세, 관광 안내원 경력 7년)(Wong and Wang, 2009, p.255).

하지만 서비스 업무가 반드시 인간 소외와 연결된다고 하는 생각은 너무 일방적이다. 크랑(Crang, 1994, p.698)은 과거에 웨이터로 일했던 시간을 되돌아보면서 '나는 내 감정이나 행동거지, 여가 습관에서 소외된다고 느껴본 적이 단 한 번도 없어요. 나는 항상 "내가" 거기에 있다고 느꼈어요. 나는 팁을 주는 사람들을 진심으로 좋아했고요. 나는 진정으로 돕고 싶은 마음을 가졌어요. 정말로 재미있었어요'라고 주장했다. 또 다른 연구에서는 서비스 노동의 즐거움 중 하나로 노동과 여가의 경계가 분명하지 않은 것을 지적하기도 한다(Weaver, 2005, p.10). 이러한 모호함은 관광객의 소비 공간에서 노동하는 관광 안내원과 관련하여 특히 분명한데, 그들은 즐거움을 상연하면서 파티를 벌여야 한다. '안내원이 스스로 즐기면서 행락객들이 즐길 수 있도록 돕는 것처럼 보이는 것은 직무상 실패한 것이다'(Guerrier and Adib, 2003, p.1402). 게다가 어떤 서비스 노동과 서비스 장소는 '멋지다'고 생각되는 반면, 또 다른 경우는 '멋없다'고 여겨지며 그로 인해 괄시당하고 낮은 평가를 받기도 한다.

다른 노동 영역에서와 마찬가지로 관광 노동 내에서도 양극화가 일어나고 있다는 것은 분명하지만, 그 차이의 기준은 노동의 기술적인 혹은 압력적인 지위가 아니라 노동의 브랜드 평판 및 이미지와 관련되어 있다. '멋있는' 노동은 품격, 유행, 소비자의 브랜드 평판(바, 나이트클럽, 부티크 호텔, 창조적인 행위의 장소)와 동일시되는 반면, '멋없는' 것에는 단조롭고 고된 분야(청소 등 대중을 상대하는 서비스)의 노동 및 예전에야 조금 그럴 듯했던 항공 객실 승무원, 특히 일부 신규의 저가 항공사의 경우가 해당된다(Baum, 2007, p.1396).

우리는 대다수의 소비자들에게 현실에서 서비스로서 소비되는 것은 상대적으로 하위 수준의 서비스 노동자들이 제공하는, 항공 승무원들의 얼굴에 잠깐 비치는 미소, 웨이트리스의 기분 좋은 행동, 관광 안내원의 공감하는 시선 등등 개별적인 서비스의 순간이라고 주장했다. 경영상 문제는 한편으로는 원치 않게 개입하는 (따라서 불쾌한) 관리 / 감독 체계의 비용을 최소화하고 뿐만 아니라 더 높은 보수를 받는, 대체로 남성인 무대 뒤편 노동자들과의 마찰을 줄이면서, 서비스의 순간이 실

제로 적절하게 작동하는 순간을 보장할 수 있는 방법이다(고전적 연구인 Whyte, 1948을 보라).

SAS 스칸디나비아 항공의 전 회장인 얀 칼손(Jan Carlzon, 1987)에서는 어떤 조직에서든 이러한 서비스의 순간이라는 것은 '진실의 순간'이라고 말한다. 그는 SAS에는 매년 5000만 건에 달하는 진실의 순간이 있으며, 그 하나하나가 15초가량 이어지는데 그동안 고객은 종업원과 접촉하게 된다고 말한다. SAS의 명운을 결정짓는 것은 바로 그 진실의 순간이다. 고프만(Goffman, 1959, p.243)이 과거에 지적했던 것처럼, '인생은 딱히 큰 도박이 아닐 수도 있지만, 상호행위는 큰 도박이다.' 즉, 아무리 사소한 잘못된 관리 행위조차도 들통 나기는 쉬우며 상호작용의 질서를 불안하게 만들 수 있기 때문에, 모든 '진실의 순간'은 하나의 도박이다. 칼손은 이러한 순간의 중요성을 고려할 때 기업은 고객에 대한 서비스를 최고의 목표로 재조직화되어야 한다고 주장한다. 결과적으로, '최전선'의 작전 행동에 대해 가장 잘 아는 회사의 '보병'이라 할 수 있는 실제의 서비스 제공자는 고객의 개별적인 요구에 효과적이면서도 신속하고 정중하게 대응해야 할 더 많은 책임을 져야 한다. 이는 바꿔 말하면 일선 종업원의 노력이 더 높이 평가 받을 필요가 있다는 것을 의미한다. 이들은 '진실의 순간'의 제공자이기 때문에, 그들의 동기와 헌신은 매우 중요하다. 칼손은 그러한 서비스 지향적인 기업에서 의사결정은 계급 체계의 상부에서가 아닌 책임 현장에서 이루어져야 한다고 주장한다. 서비스 제공자는 스스로 '관리자'가 되어 더 소비자 지향적이어야 한다.

호텔 경영에 관한 연구문헌에서도 이러한 사례를 찾아볼 수 있다.

어떤 방문객을 같은 호텔에 계속해서 묵게 만드는 방법은 무엇일까?(Greene, 1982) 이는 호텔의 물리적인 특징과는 거의 관련이 없고 오히려 직원과 호텔 투숙객 사이에 면식이 있는지의 여부에 기인한다. 그린Greene은 호텔에 걸어 들어가서 친숙한 얼굴을 만난 다음 방 번호가 아닌 이름으로 인사하는 것보다 더 만족스러운 것은 없다고 주장한다. 그는 호텔 직원이 투숙객의 손님을 기억하고 '진실의 순간'마다 활용할 수 있도록 하는 몇 가지 기술을 제안한다. 이 전략은 포터하우스 레스토랑 그룹이 상당한 오랜 기간 동안 수행해 왔는데, 이곳에서는 직원들이 가능한 한 많은 고객을 이름으로 식별할 수 있도록 동기 부여하는 방안을 고안해 냈다. 100명 이상의 이름을 외우는 직원은 '100클럽'의 회원이 되고, 250명 이상의 이름을 외우는 직원은 '250클럽'의 회원이 되는 등의 방식이었다. 한 여성 관리직 사원은 무려 2,000명의 방문객을 식별해 내면서 영국 신기록을 달성했다(Lunn, 1989).

게스트의 이름을 기억하고 인사하는 것의 중요성은 고프만에게서 영감을 받은 리츠칼튼 호텔에서의 인상 관리에 관한 연구에서도 볼 수 있다(Dillard et al., 2000). 이 고급 호텔의 일선 무대 위의 직원은 올바른 인상을 기르고 호텔이 추구하는 도덕적 표준을 따르도록 하기 위한 연출기법적인 훈련을 받는다. 이러한 '대본 만들기'의 한 측면은 '서비스의 세 단계'이다. ① 따뜻하고 진심어린 환영 인사이다. 가능하면 투숙객의 이름을 불러야 한다. ② 투숙객의 요구를 예측하고 대응한다. ③ 다정한 작별 인사이다. 가능하면 투숙객의 이름을 부르며 따뜻한 송별 인사를 건넨다(Dillard et al., 2000, p.408). 그래서 하나의 '진실의 순간'은 일선의 직원이 고객의 이름을 부르며 인사를 하거나 그들의 특정한 요구와 선호를 기억하는 등 **개인에 맞춰진** 서비스를 수행할 수 있느냐의 여부에 달려 있다. '스테이크는 어디서나 먹을 수 있다. 그러나 당신이 좋아하는 와인 잔이 비치된 식탁, 그리고 당신이 선호하는 모든 종류의 서비스, 그것이 오랫동안 한담을 나누는 것이든 아니면 눈에 보이지 않는 서비스이든, 이것들이야말로 세분화된 시장의 사업가인 당신이 기꺼이 비용을 지불할, 그리고 얻기가 매우 어려움을 아는 것이다'(Dillard et al., 2000, p.408). 또 다른 '진실의 순간'은 직원이 게스트의 까다로운 요구를 성공적으로 수행하는지(특히 극적인 우발적 상황이 벌어졌을 때) 그리고 '차질이 생긴 사건에 대해 진정어린 사과를' 전하는지의 여부에 달려 있다.

이들 서비스와 관련해서는 네 가지 결론적 사항을 지적할 수 있다. 첫째, 대다수 서비스의 생산은 **맥락** 의존적이라는 점이다. 서비스는 그것의 성공적인 생산을 위해서 그것이 발생하는 사회적 물리적 상황의 측면에 의존한다. 그 예로는 여행사에 어울리는 기업 이미지를 반영하는 가구 양식, 항공기의 안전해 보이는 인테리어, 컨트리 호텔의 앤티크 가구, 스페인 이비사 섬에 있는 클럽의 음향 및 조명의 품질, 휴양지에 위치한 역사적으로 흥미로운 여러 건물, 테마파크, 놀이공원, 레스토랑, 선술집, 쇼핑몰 같은 수많은 테마화된 환경 등을 들 수 있다. 달리 말하면, 대부분의 서비스 제공은 구축된 환경의 측면, 특히 체험 경제 내의 기획 및 브랜드 구성의 본질과 상호 관련된다(6장을 보라). 경우에 따라서는 부적절한 물리적 사회적 맥락 속에서 서비스가 수용될 수 없다. 즉, '서비스'의 일부, 소비되는 것의 일부는 사실상 맥락이라고 할 수 있다(Urry, 1995a).

둘째, 서로 다른 소비자 집단이 가지는 기대가 상당히 다양하다는 점이다. 예를 들어 마스와 니코드(Mars and Nicod, 1984, p.37)는 비교적 저렴한 호텔의 투숙객들은 신속한 서비스를 기대하지만 보다 전반적인 특성에 대해서는 특별히 신경 쓰지 않는다고 말한다. 최고급 호텔의 경우 고객들은 어떤 특이한 요청이든지 들어주기를 기대하며, 실제로 직원은 그러한 요청들을 대부분 미리 예상할 수 있다. 여기서 마스와 니코드가 시사하는 것은 중간 등급의 시설에서 성가신 어려움이 야기된다는 점인데, 이곳에서는 소비자에게 제공해야 할 서비스의 수준과 형태가 덜 명확해서 이의제기가 이루어질 수 있기 때문이다. 서로 다른 사회에서 인식되는 서비스의 품질 수준에는 상당한 차이가 있다.

셋째, 현대 사회에서 수많은 서비스의 품질에 **이의제기가 이루어지고** 있다는 점이다. 그 이유는 다양하다. 점점 더 다종다양한 사람들의 관습적이고 정서적인 요구를 충족해야 한다는 점, 이들의 소비가 연속적으로 발생하며 동시에 발생하지는 않기 때문에 일반적으로는 상당히 많은 시간을 쓰게 된다는 점, 소비자 운동이 사람들로 하여금 제공받는 서비스의 품질에 대해 더 비판적이고 관심을 갖게 만들었다는 점, 그리고 소비자가 점점 더 까다로워지고 취향이 광범위하며 변덕스러워지고 있다는 점 등을 들 수 있다. 이에 따라 서비스 제공자는 현대 사회에서 본질적으로 경합적인 '서비스'의 특성에 직면하여 여러 종류의 어려움을 겪게 된다.

넷째, 서비스 상품은 **무형**인 경우가 대부분이라는 점이다. 따라서 음식, 여정, 음료와 같은 몇몇 유형적 요소가 있기는 하지만 중요한 요소들은 무형적인 것이다. 이 점은 소규모의 컨트리 호텔에 관한 연구에서 확인된다. '서비스는 상품 그 자체가 아니라, 그 상품을 만들고 다루는 방식, 서비스를 전달하는 사람의 행동거지, 지식, 태도, 그리고 서비스가 전달되는 환경과 관련된다. (…중략…) 일반적으로 말하자면, 품질은 측정하여 보일 수 있는 것이 아니다'(Callan, 1989, p.245). 이와 같이 서비스 상품은 무형적인데, 그 이유는 소비되는 것의 일부가 공연적 노동, 감정 노동, 심미적 노동을 통해 영향을 받는 환대의 공연이기 때문이다. 서비스 공연은 가르치고 학습하고 규제한다고 해도, 서비스의 접촉은 전적으로 미리 결정되고 동일하게 이루어질 수 있는 것이 아니다. 각각의 '진실의 순간'에는 언제나 예측 불가능하고 유동적인 요소가 일부 존재하게 마련이다. 컷힐(Cuthill, 2007, p.68)은 다음과 같이 주장한다. '서비스 문화는 유동적이고 공연되는 것이다. 이들은 고객 집단에 따라 바뀌고 달라지고 공연은 하루, 일주일, 일 년이라는 시간에 따라 바뀌고 달라져서, 핵심적인 서비스 문화가 만들어져 있기는 하지만 공연을 할 때마다 변형된다.'(온천의 서비스에 대해서는 O'Dell, 2007을 보라)

서비스에 대한 이러한 일반적인 사항들은 이제 관광의 중심이 되는 개별적인 유형의 서비스, 즉 식사와 음주를 공연하는 것에 적용될 것이다.

고객에 대한 음식 제공 Catering for the Customer

요식 산업의 발전은 오랜 시간이 걸렸고 또한 복잡한 과정을 거쳐 왔다. 오늘날의 음식은 공개된 곳에서 즐길 수 있도록 되어 있다. 현대 사회에서 레스토랑, 바, 카페는 **공공** 공간의 일부가 되었다. 이러한 모습은 최고의 식사 장소가 사적이거나 반쯤은 사적인 공간이라고 생각했던 19세기 런던의 모습과는 현저히 대조되는 것이라고 할 수 있다(Mennell, 1985, 6장). 19세기의 식사 장소에는 두 가지 형태가 있었다. 첫째는 런던의 회원제 클럽으로서, 1820년대부터 더 크게 성장해 온 것인데, '공공 식당'이란 것은 존재하지 않고 개인만을 위한 특별 객실에서 식사가 제공되는 예약객만 받는 호텔이었다. 이것이 변화한 것은 철도 부설에 따른 사람들의 이동성 증가에 기인하여, 다수의 대형 호텔이 지어지기 시작한 1880년대와 1890년대였다. 새로운 호텔은 더 이상 사적 공간이 아니었다. 공공 식당이 돈이 많은 '대중'에게 개방되었고 이는 빠른 속도로 부유층이 애용하는 것이 되었다. 이들의 배타성은 특정한 사교 모임의 반쯤은 사적인 친분관계에서 비롯된 것이 아니라, 비용이 들었기 때문에 생겨난 것이다. 이러한 호텔은 더 이상 남성의 전유물이 아니게 되었다. 이들은 독특하게 격식을 차린 모습으로 공공 영역에 들어가 서로를 쳐다보고자 하는 부유한 남성과 여성을 위한, 공적이거나 아마도 반쯤은 공적인 장소가 되었다(Finkelstein, 1989).

이 새로운 호텔은 혁신적인 형태의 조직화를 필요로 했는데, 이는 특히 새로운 고객층이 더 빠른 식사 준비를 요구했기 때문이다. 이러한 주방 합리화의 핵심 인물은 요식 산업 노동의 개혁을 일으킨 프랑스의 셰프 에스코피에Escoffier였다. 전통적으로 주방은 여러 구획으로 분명하게 나뉘어 있었는데, 요리의 종류마다 책임을 맡은 셰프가 따로 있었고, 거기서 각 셰프들은 다른 셰프와는 독립적으로 일하는 방식이었다. 이와 반대로 에스코피에는 준비해야 할 요리의 종류가 아니라 수행해야 할 작업의 종류에 따라 주방을 5개의 구획으로 나누었다(예를 들어 굽고 볶고 튀기는 작업은 로티쇠르Rôtisseur, 소스 제작은 소쉬에Saucier 등이다). 이들 구획은 상당히 상호의존적이어서 모든 요리는 여러 서로 다른 구획에서 일하는 셰프들이 분담하여 만들게 되었다. 이러한 개혁의 결과 특별한 솜씨를 발휘하는 전통적인 작업의 경계가 무너지고, 행위상 새로운 전문화와 새로운 상호의존성을 바탕으로 하는 참신하고 복잡한 분업 체계가 만들어졌다(Mennell, 1985, pp.155~159).

이후 요식 업계에서는 또 다른 상황이 전개되었다. 하나는 **임기응변적인 노무관리**이다. 음식을 제공하는 서비스에 대한 요구 수준은 변동성이 크고 예측이 불가능하기 때문에, 경영진은 다양한 수요와 예상치 못한 위기에 대응하기 위한 **임기응변**의 방식들을 개발해야 한다. 이러한 예측불가능성에 대처하기 위해 경영진은 주로 단체 노동협약을 맺는 것을 기피하고 개별 계약을 선호한다. 개별 종업원은 경영자 측과 계약과 관련한 협상을 개별적으로 진행한다. 이러한 종업원들에게 가장 중요한 것은 총 보상 제도인데, 이는 기본 급여 외에도 숙박시설 같은 정규적인 혜택, 팁 같은 반정규적인 혜택, 그리고 직무상의 부수입이나 **빼돌리기**와 같은 비정규적인 혜택을 포함한다(Mars and Nicod, 1984). 또한 비정규적인 보상 체계에서 가장 많은 이익을 얻는 핵심적인 노동자와 그렇지 않은 주변적인 노동자 사이에는 큰 차이가 있다.

이러한 상황은 화이트(Whyte, 1948, p.17)의 고전적인 연구에서 확인된, 레스토랑의 주요 특성, 즉 생산과 서비스의 조합에서 파생되는 것이다. 따라서 레스토랑은 생산의 단위인 공장과 다르며, 또한 서비스의 단위인 상점과도 다르다.

레스토랑의 운영자는 자신의 가게에서 상하기 쉬운 제품을 만들기 때문에 바로바로 팔아야 한다. 이러한 사업에서 성공하려면 수요에 대한 공급이 섬세하게 조정되어야 하고 또한 생산과 서비스에 관한 숙련된 조화가 필요하다. (…중략…) 이러한 상황은 숙련된 기술을 가진 인력에게 특별 상여금을 얹어 주게 만든다. (…중략…) 레스토랑은 그곳에서 노동하는 사람들에게 만족스러운 생활의 방식을 제공해야만 하고, 그렇지 않으면 고객이 원하는 만족을 제공할 수 없게 된다(Whyte, 1948, pp.17~18).

레스토랑이 생산과 서비스 둘 다를 어떻게 포함하는지와 관련되는 중요한 함의가 존재한다. 종업원들은 상하기 쉬운 제품을 다루고 있기 때문에 작업의 속도는 매우 다양하다. 작업을 진행하는 리듬을 만들어 내기가 어렵고, 이는 또한 작업 간 조화에서도 막대한 문제가 발생한다는 것을 의미한다(Whyte, 1948, pp.18~19). 레스토랑의 노동자에게는 두 명의 상사가 있는데, 감독자 / 고용주 그리고 고객이다. 총 보상은 양측과의 관계가 얼마나 만족스러운가에 달려 있다. 게다가, 웨이터 및 웨이트리스와 같은 낮은 지위의 종업원들도 높은 지위의 셰프나 요리사에게 즉각적인 조치를 요구할 수는 있다. 그러나 이것은 보통 지위의 우월성을 보여주기 위한 분노와 작업 지연을 유발하는 일이 될 뿐이다. 마스와 니코드(Mars and Nicod, 1984, pp.43~47)는, 서비스 품질에 대한 공동의 헌신이 있고 시간에 쫓기는 일이 적은 초고급 호텔과 레스토랑에서는 이러한 갈등이 문제되는 경우가 적다고 말한다. 다만, TV 요리 프로그램에서 활약하는 영국의 유명 셰프 고든 램지가 경영하는 최고급 레스토랑은 이에 해당하지 않는다. 화이트는 이러한 문제를 극복하는 다양한 방법, 즉, 대면 상호작용을 제한하고 이에 따라 마찰의 가능성을 제한하면서 주방과 웨이터 사이의 의사소통을 유지하는 방법에 대해 논의한다.

요식 산업의 또 다른 측면은, 종업원과 고객이 만날 때 노동과 여가가 복잡하게 얽혀 있다는 것이다. 마셜(Marshall, 1986, p.34)은 만약 화이트Whyte가 '직원과 고객의 관계를 종업원들 간의 관계를 탐구한 것과 비슷한 결의를 가지고 조사했었다면, 비근한 레스토랑 종업원의 문화는 그저 "노동현장"의 문화의 일부일 뿐이라는 것을 깨달았을 것이다'라고 주장한다. 마셜은 레스토랑의 열악한 노동 조건과 상반되게 그에 대한 전체 노동자들 사이의 불만이 없다는 모순점에 대해 논의한다. 급여는 낮고 노동 시간은 매우 길고 모든 직원이 무슨 일이든 해내야 했다. 그러면서도 그 노동이나 고용주의 부에 대해서는 불만이 거의 없었다. 다른 대부분의 산업에서와 같은 노동조합 조직도 거의 없었다(Mars and Nicod, 1984, p.109를 보라). 또한, 오히려 이례적이라고 할 만큼 직원의 이직률도 낮았다.

마셜은 총 보상 제도의 물질적이고 상징적인 중요성과 결합되어 있는 고용주의 온정주의가 전체 노동자들의 분명한 충성도를 설명하기에 충분할 것이라고 가정했다. 그러나 참여 관찰을 통해서, 마셜(Marshall, 1986, p.40)은 이들 '종업원들은 자신들이 월급봉투를 받기 위해서 실제로 "노동하는" 것이 전혀 아니라고 확신하고 있었다'고 결론지었다. 직원들은 노동에 관한 언어 표현을 거의 사용하지 않았다. 그들은 일하러 간다거나 일 마치고 집으로 간다는 말을 쓰지 않았다. 어쨌든 그 사업은 여가 제공을 포함하고 있었던 것이다. 대부분의 고객이 종업원의 친구이거나 친척이었으며, 적어도 한가한 시간 동안에는 직원들에게 대화를 나누라고 하거나 심지어 주변에서 진행되는 여가 활동에 참여하라고 장려하기도 했다. 시간 엄수에는 거의 관심을 기울이지 않았으며 직원들은 자신의 일상 업무를 조직할 수 있는 자유를 가지고 있었다. 게다가 대부분의 종업원들은 여가 시간을 레스토랑에서 술을 마시는 데 썼다. 따라서 노동과 여가 사이의 수많은 상징적인 경계가 실제로 작동하지 않고 있었다. (말하자면, 공식적으로 '노동'인 것이면서 공식적으로 '여가'인 것이라 할 수 있는) 매일하는 활동들은 생활의 방식 이상의 것이었다. 다른 노동현장도 어느 정도 유사한 특징을 가질 수 있는데, 특히 여가 또는 관광 관련 서비스가 제공되는 곳에서 그러하다(패스트푸드 매장에는 이러한 특징이 드러나지 않는다).

요리사의 경우, 노동 문화와 노동 상황의 일부 특징으로 인해서 요리사와 셰프 사이에는 적극적인 노동조합의 결성이나 계급의식이 있을 것 같지는 않다. 특히 예약객만 받는 호텔과 레스토랑의 셰프와 요리사는 일반적으로 서비스라는 개념에 대한 어떤 지향을 갖고 있다. 작업에 대한 헌신이 있다는 것인데, 이는 그들이 하는 노동이 숙련된 것이고 흥미로울 뿐만 아니라 자신의 특별한 기술과 같은 능력을 표현할 수 있는 넓은 영역을 제공한다는 신념이 있기 때문이다. '셰프'와 '요리사' 사이에는 지위의 차이가 있다. 셰프는 스스로를 '고급스러운' 장소에서 상류 계급의 고객에게 서비스를 제공하는 엘리트라고 생각한다. 역사적으로 뿌리가 깊은 이러한 지위의 차이는 동질적인 '직업'에 대한 인식을 약화시킨다. 이것은 요리사들 사이에 그들도 승진을 할 수 있고 자기

자신의 가게를 운영하게 될 것이라는 분명한 경력 구조에 관한 인식을
생겨나게 했다.

1970년대에는 셰프와 요리사 사이에 커다란 기술적 변화가 생겨
났다. 이것은 어느 정도는 많은 일상적인 수작업을 대체하는 전기 기구
의 도입 때문이었지만, 대체로는 '간편식'의 광범위한 발달 때문이었
다. 냉동 설비를 갖춘 주방에 대한 연구에서 가브리엘Gabriel은 주방을
하나의 생산 라인으로 전환하는 것이 가능하다는 것을 보여주었다. 어
떤 종업원은 '여기는 주방이 아니에요. 공장의 생산 라인이에요. 하지
만 우리는 제조업으로 돈을 벌고 싶지는 않아요'라고 말했다(Gabriel,
1988, p.57). 그러나 요리와 관련해서, 대체로 그 숙련된 노동이라는 것
이 실제로 어느 정도에 해당하는 것인지를 확정하기는 어려운데, 왜냐
하면 정규적인 견습 프로그램을 통해서도 배울 수 없는 말로 나타내기
어려운 기술들이 포함되기 때문이다. 암묵적인 기술에는 판단력, 사고
력, 감수성, 주관성 같은 것들이 포함되는데, 유명인이나 다른 셰프들이
출연하는 흔한 TV 프로그램들에서 이런 자질들이 지금은 낱낱이 공개
되고 있다(때로는 이런 자질을 갖추지 못한 경우도 나온다!).

1980년대와 1990년대에는 패스트푸드 산업, 그리고 레빗(Levitt,
1981)이 '서비스의 산업화'라고 말한 것에 대한 광범위한 투자가 이루
어졌다('맥도날드화'에 대해서는 Ritzer, 2008). 이러한 '산업화된' 먹거리는
예측가능하고 계산가능하며 일상화되고 표준화된 환경에서 생산되는
데, 이는 체인점에까지 적용된다. 이러한 패스트푸드 회사는 전 세계에
서 '빠진 곳'이 거의 없는 정도로 사업 네트워크를 확장하여, 아프리카
의 맥도날드에서도 미국의 맥도날드만큼 '좋은' 맛을 즐길 수 있게 되

었다. 이러한 관리 네트워크는 회사의 조직, 브랜드 홍보, 광고, 품질 관리, 직원 교육, 기업 이미지의 국제화 등을 위해 자원을 얼마나 큰 규모로 할당하는가에 의존한다.

맥도날드는 빅맥이나 가짜 닭고기 맥너겟 같은 새로운 '먹거리' 상품을 만들어 왔는데, 이들은 사람들의 식습관을 바꾸고 또한 포장 전문 레스토랑에서 사 온 표준화된 패스트푸드를 먹는 것과 같은, 새로운 사회적 습관을 전 세계적으로 형성했다. 이로 인해 어느 때든 쉽게 먹거리를 접하고 자유로이 소비하는 행태가 촉진되고 있다('방목된 소나 양이 어디서든 풀을 뜯어 먹듯이'). 패스트푸드는 특히 여행 중이거나 집을 비우는 동안에 정해진 식사시간과 엄격한 하루 일정표에 대한 강박관념을 무너뜨렸다.

또한 맥도날드화는 숙련을 필요로 하지 않는 새로운 종류의 표준화된 일자리를 만들어내는데, 특히 이런 일자리는 임금이 낮고 장래성이 별로 없는 맥잡으로 돈을 벌어 세계를 여행하고자 하는 젊은이들을 대상으로 한다. 그 고용 효과로서 요식 산업에 종사하는 전체 노동자 중에서 21세 미만의 비율이 계속 높아지고 있다. 패스트푸드점에서 노동하는 것은 영국에서 처음 가지는 일자리로서는 가장 흔한 것이 되었다. 어느 패스트푸드 회사의 경영자는 그들의 채용 정책에 대해 설명하기를, '우리는 젊은 사람들을 써야 해요. 업무 속도 때문에요. 나이 드신 분은 그 속도를 유지할 수가 없거든요 (…중략…) 이 일은 청결하고 역동적인 이미지로 젊은 사람들에게 먹히고 있어요.'(Gabriel, 1988, p.97에서 인용).

이들 패스트푸드점에서 젊은 직원은 고객에게 정해진 방식에 따라 자신을 표현하는 방법을 배워야 한다. 고객에게는 정형화된 어투로 말을 건네며, 그 내용이 메뉴판 뒤에 인쇄된 경우도 있다. 직원은 마음에 없는 웃음도 보여줄 수 있어야 한다. 하지만 어떤 패스트푸드점의 노동자는 '다 꾸며낸 거에요. 웃으면서 친절하게 서비스하는 척을 하지만, 실제로는 아무도 그런 마음은 안 가지고 있어요. 이건 우리도 알고, 경영자들도 알아요. 손님들도 다 알아요. 그래도 우리는 계속 그런 척을 하고 있지요'라고 설명했다(Ritzer, 2008). 그러나, 패스트푸드 업계에서는 거의 모든 것이 규칙으로 정해져 있기는 하지만, 이 규칙이 지켜지지 않는 경우도 있는데 하루 중 특히 바쁜 시간대에 많은 주문을 처리해야 하거나 힘들고 단조로운 노동에서 잠시 벗어나고자 할 때 그러하다. 경영진은 종업원이 어느 정도의 자율적으로 일하거나 자기 업무의 완급을 조절하는 것을 보고도 못 본 척하는 경우가 잦은데, 그렇지 않으면 노동자들은 일을 따분한 것으로 느끼게 되기 때문이다.

우리는 지금까지 똑같은 과정이 어느 나라에서나 적용될 수 있을 것이라고 가정해 왔다. 그러나 메넬Mennell은 프랑스와 영국이 겪은 차이를 보여준다. 오랫동안 영국에서는, 특히 대형 호텔의 경우 '관리직'을 우위에 두고 있었고, 최근까지도 셰프와 요리사라는 직업에 대한 경시 풍조가 있었다(Mennell, 1985, p.195; 흥미롭게도 지금은 유명 셰프가 등장하고 있다). 대조적으로 프랑스는 셰프가 하나의 전문직으로서 발전해 왔다. 프랑스 사회에서 **셰프 패트론**Chef Patrone은 매우 높은 지위를 누리고 있다. 메넬은 이러한 영국의 상황이 프랑스에 비해 주방 노동의 탈숙련화가 더 광범위하게 실행되도록 촉진했다는 것을 시사한다.

크랑(Crang, 1994, 1997)은 캠브리지에 있는 '테마' 레스토랑에 관한 연구에서 이러한 비격식성과 품격에 관한 몇몇 문제를 추적했다. 그는 서비스의 접촉이 상당히 복합적인 **공연적** 특성을 가지는 방식에 대해 지적했다. 레스토랑이라는 노동현장은 심리적, 육체적, 감정적 노동이 뒤섞인 하나의 무대라고 생각할 수 있다. 직원은 그들이 제대로 된 문화 자본과 미적 자본을 갖고 있기 때문에 선택되고, 그들은 격식을 차리지 않고 젊고 친근해야 하고, 또한 제대로 된 신체와 기술을 갖추어 매일 저녁의 디너코스를 서비스하는 동안 적절한 감정적 공연을 연출할 수 있어야 한다. 이 공연은 '진정으로' 즐기면서, 친근하고 또 사교적이어야 하기 때문에 여기서는 자기 자신이 곧 열쇠가 된다.

레스토랑 직원들은 문화적 판독 및 다양한 고객과의 상호작용을 통해 자신의 공연을 조정하면서 여러 가지 '사회적이고 감성적인' 기술을 보여준다. 어떤 면에서 그들은 저녁 식사를 즐기는 개별 단체를 '독해하고' 그들이 기대하는 '체험'의 종류를 예상하는 아마추어 사회과학자가 되어야 한다. 레스토랑은 직원에 의해 감성적인 장소로 묘사되고, 저녁 시간이 되어감에 따라 '분위기를 잡는' 대화를 하면서 감성이 흘러넘치도록 한다. 직원들 중에서도 특히 젊은 여성 웨이트리스는 당연하게도 고객의 시선 아래에서 일을 하며, 성 특정적인 관념에 따라 공연할 것으로 기대된다(Adkins, 1995를 보라). 그래서 크랑은 저녁 만찬 형식의 레스토랑에서 이루어지는 노동이 식사를 하는 관객들 앞에서 얼마나 대본화되어 있으면서도 독창성이 발휘되는 의식적인 연기의 형태로 이루어지는지를 보여준다. 한편으로는 적절히 손님을 대접하기 위한 훈련과 상세한 내부적인 대본의 미묘한 조합으로 인해서, 다른 한편으로는 미리 짜여진 개인적인 즉흥 연기의 기술로 인해서, 고프만식의 기쁨과 친밀함을 향한 열망의 우주가 비로소 상연된다.

할드럽과 라슨(Haldrup and Larsen, 2010, 6장)은 스칸디나비아에서 찾아오는 패키지 관광객 및 별장 소유자들에게 매우 인기 있는 곳인 터키 알라니아^{Alanya} 지역의 관광객 '레스토랑 풍경'에 관한 문화기술학적 논의를 다루었다. 이 '관광객 레스토랑'에서는 대형 이미지로 된 다국어 메뉴 카드, 혼재된 세계 각국의 요리와 터키 요리, 화려한 색채, 식탁 위에 놓인 국기, 벽에 한가득 걸린 세계 각국 축구팀의 티셔츠, 세계적으로 유명한 팝 음악, 야외에 있는 대형 식사 공간, 대형 TV 화면을 통해 중계되는 국제 축구시합, 거리 위에서 끈질기게 호객을 하는 터키인 웨이터, 시내 중심가 또는 관광객들이 다니는 옆길, 관광객들만 있고 현지인은 **없는** 풍경을 볼 수 있다. 알라니아의 이러한 레스토랑 풍경은 눈에 띄게 그 지역색과는 동떨어져 있으며 현지인들이 가는 곳에서 식사를 하는 관광객은 거의 없다. 먹고 마시는 관광객들은 오직 다른 관광객들을 지나치게 될 뿐이다.

알라니아의 이들 레스토랑에는 '통속적 민족주의'가 퍼져 있다. 건물 정면은 세계 여러 나라의 국기로 덮여 있고 레스토랑의 이름은 **선셋 코펜하겐, 스칸디나비아, 더 바이킹**(네덜란드어 명사의 복수형 'Vikingen'으로 표기되어 있었음) 등으로 되어 있다. 관광객은 자기가 어디서 왔는지를 물으면서 호객 행위를 하는 레스토랑 웨이터에 의해 출신지와 국적을 계속해서 상기하게 된다. 관광객이 자신의 국적을 드러내면(가령 덴마크라고 말하면), 웨이터는 덴마크어로 관광객을 사로잡기 시작하고, 그곳이 덴마크 사람들 사이에서 얼마나 인기가 있는지를 강변하면서 곧바로 덴마크 맥주인 칼스버그를 시원한 상태로 내어오고, 곧 시작될 덴마크 축구 경기를 보여주거나 아니면 벽에 걸린 덴마크 축구팀의 유니폼을 가리켜 보인다. 일단 레스토랑에 들어가면 어느 나라의 국기가 식탁에 깔려 있다. 국가 대표팀 아니면 덴마크 클럽팀의 축구 유니폼이 수많은 술집과 레스토랑의 벽면을 장식하고 있고, 이들은 국가 정체성의 표식으로 기능한다. 예를 들어, **선셋 코펜하겐** 레스토랑에는 덴마크 축구 클럽팀의 유니폼이 전시되어 있는데, 반면에 길 건너 편에 있는 **오스카스 스칸디나비안 레스토랑**에는 라이벌인 노르웨이 팀의 축구 유니폼이 장식되어 있다. 두 레스토랑은 모두 덴마크와 노르웨이의 경기를 보여주고 있다는 것을 길거리에 광고하고 있으며, 알라니아의 다른 수많은 레스토랑 및 술집과 마찬가지로 실내 한가운데 비치된 TV 화면을 통해 길거리에서 선전되는 '놓쳐서는 안 될' 축구 시합과 다른 스포츠 이벤트를 보여준다. 국제 위성 TV 덕분에 덴마크 사람들은 자기네 고향 축구팀의 경기를 해외에서도 볼 수 있게 되었다.

한 가지 흥미로운 사실은, 이러한 '스칸디나비아' 레스토랑의 주인과 종업원이 터키 출신의 덴마크인 아니면 하절기 외에는 덴마크에 거주하는 터키인인 경우가 많다는 점이다. 특히 덴마크스러운 분위기가 연출되고 공연되는 곳이 바로 '덴마크계 터키인'들이 영업하는 이들 레스토랑이다. 이는 관광 산업에 종사하는 직원의 이동성을 돋보이게 한다. 직원과 관련해서, 우리는 이제 접객 노동력의 '유연한' 본질을 검토하기로 한다.

'유연성' 과 '이동성' 'Flexible' and 'Mobile'

유연한 노동력의 사용을 통한 구조조정은 수십 년 동안 수많은 관광 관련 서비스의 특징이었다. 이러한 서비스에 관한 이해는 관광 산업 내에서 변화해 가는 성별 차이의 관계에 관한 면밀한 조사를 필요로 하는데, 왜냐하면 특정한 종류의 노동 유연성이 전제하는 바가 노동력의 어떤 성별적 차이를 전제하기 때문이다. 앳킨슨(Atkinson, 1984)은 네 가지 형태의 유연성을 구별한 바 있다. 첫째는 **수적 유연성**인데, 이는 기업이 노동 산출 수준의 변화에 대응하여 노동 투입 수준을 달리하는 것을 말한다. 여기에는 시간제, 임시 계약직, 단기 계약직, 한시적 노동자 등이 포함될 수 있다. 둘째는 **직능 유연성**인데, 이는 노동 부담의 변화에 따라서 고용주가 종업원을 서로 다른 직능의 업무로 전환 배치하는 것을 가리킨다. 셋째는 **거리두기** 전략인데, 이는 사내의 고용 관계를 하도급 및 유사한 조정을 통해 상업 시장의 관계로 대체하는 것을 포함한다. 넷째는 **임금 유연성**인데, 이에 따라 예를 들어 고용주는 '복수의 직업 능력에 숙련되어서' 직능적으로 유연한 종업원에게 보상을 지급하려고 한다. 이러한 경영 전략은 기업의 고용을 '핵심적인' 노동자와 '주변적인' 노동자로 재구성하는 효과가 있다.

이 유연성이라는 논제는 1980년대 제조 산업의 구조조정과 관련하여 주로 다루어졌다. 그런데 사실 서비스 산업은 훨씬 더 오랫동안 유연성이라는 형태로 특성화되어 왔다. 관광 관련 서비스에서 우리는 임금 유연성에 대해 지적했는데, 이는 대형 호텔에서조차 저조한 수준의 노동조합 결성, 그리고 산업 분쟁의 상대적인 부재와 관련되는 것이다

(Johnson and Mignot, 1982; Baum, 2007). 게다가, 직능 유연성 및 수적 유연성 모두 1960년대부터 호텔과 요식 산업에서는 분명한 경영상의 목표가 되어 왔다.

또한 이러한 여러 유연한 노동 관행의 형태 및 범위에는 뚜렷한 성별 구분이 존재한다(Bagguley, 1991; Baum, 2007). 여성에 비해 남성이 직능 유연성을 수반하는 일자리를 갖는 경우가 훨씬 더 일반적인 것처럼 보인다. '현장직'이라고 할 수 있는 웨이터, 바텐더, 주방의 허드렛일을 하는 사람, 가사 직원, 청소부 등은 주로 여성이 담당하는데, 다만 셰프는 예외이다. 게다가 이러한 현장에서 여성 종업원들은 시간제로 일하는 경향이 있어서 '수적 유연성'도 보여주고 있다. 또한 그러한 수적으로 유연한 노동자는 보통 직능적으로 가장 유연하지 않다. 대부분의 시간제 종업원(대부분 여성)은, 정규직으로서 직능적으로 유연해질 수 있는 다양한 기술과 경험을 개발할 수 있는 기회를 갖지 못한다. 정규직은 남성이 차지할 가능성이 높다. 그러므로 종업원의 성별은 어떤 형태의 유연한 노동을 경험하게 될 가능성이 높은지를 결정하는 것처럼 보인다.

유연한 고용 형태의 개발은 다양한 요인의 영향을 받는다. 대부분의 관광 관련 서비스가 관광객의 시선이 존재하는 '여름철' 동안에 제공된다고 하는 사실은 임시직, 시간제, 그리고 직능적으로 유연한 노동자의 사용을 증가시킨다. 바움(Baum, 2007, p.1390)은 영국의 대도시 및 기타 지역의 관광 직원 중 절반가량이 학생임을 명시하고 있다. 수많은 관광 관련 서비스에는 음식 생산, 음식 서비스, 유흥, 숙박, 술집 등 충족되어야 할 매우 다양한 직능이 존재하고, 이는 업무의 유연성에 대한 기회를 많이 제공한다. 이들 기업의 노사 관계 환경은 충분히 고려되어야 할 필요가 있다. 직업군에 기반한 광범위한 노동조합 결성과 종업원의 조직화가 이루어지지 않은 것은 새로운 노동 관행에 대해 공식적으로 조직화된 반대 의견이 거의 없다는 것을 의미한다.

요컨대, 지금까지 유연한 노동 관행은 한동안 관광 관련 산업의 핵심 특질이 되어 왔다. 이러한 관광 직원의 높은 이직률을 보면, 충분한 기술 수준을 유지하고 적절한 훈련 계획을 개발하는 것은 어려울지도 모른다. 대체로 기업들은 핵심 직원의 다양한 기술을 개발하는 것 대신에 '수적 유연성'을 활용한다. 실제로, 좀 더 일반적으로는 관리직 및 셰프직의 경우를 제외하면 관광 관련 서비스에서는 승진의 기회가 부족한 것으로 보인다. 멧캐프(Metcalf, 1988, p.89)는 환대 산업의 수많은 노동자들이 처한 상황에 대해 '승진할 수 있는 일자리는 거의 찾아볼 수 없다. (…중략…) 대부분의 일자리는 젊은 신입사원, 승진 기회의 부재, 높은 이직률도 특징 지어진다. 그리고 퇴직자들은 기술 숙련을 필요로 하지 않는 다양한 일자리로 옮겨갔다'고 요약했다.

성별 외에도 인종과 이동성이라는 차원의 문제도 있다. 대부분의 관광 사업은 여러 국적과 여러 출신 지역의 사람들로 구성되는 문화적으로 다양한 노동현장이다. 특히 '세계적인' 대도시뿐만 아니라 점점 더 늘어가는 주변 지역에서 호텔과 레스토랑은 다른 국적의 임시 직원을 많이 활용하고 있다(Duncan et al., 2009). 예를 들어, 아일랜드의 관광 및 환대 산업에 종사하는 노동력의 약 25%가 아일랜드 국적이 아니다 (Baum, 2007). 이렇게 국가를 넘나드는 관광 노동자는 이질적이다. 한편으로는 호텔과 식당에서 청소 및 음식 준비와 같은 진입 장벽이 낮으면서도 적은 임금을 받으며 무대 뒤편의 보이지 않는 일을 하는 이민자와 난민들이 존재한다. 그들은 다른 선택지가 거의 없기 때문에 이러한 일을 감수한다. 그리고 우리는 이 집단에 전 세계 대부분의 관광지에 있는 스트립 클럽, 윤락업소, 랩댄싱 클럽, 카지노, 길모퉁이 등지에서 부당하고 불법적인 조건 아래에서 착취당하는 수많은 여성들을 포함할 수 있다. 예를 들어 덴마크 코펜하겐의 홍등가에는 놀기 좋아하는 현지인, 호텔, 관광객, 포르노 상점, 마약 중독자, 매춘부들이 북적인다. 성 산업은 관광 산업과 밀접하게 얽혀 있는데, 주로 동유럽이나 아프리카에서 온, 거의 팔려오다시피 한 여성들이 활동하고 있다. 인신매매나 그 밖의 이유로 유입되어 들어오는 성 노동자들은 접객 노동, 더 일반적으로 말하자면 관광업계의 이동성에 결정적인 역할을 한다. 이는 전 세계의 수많은 빈곤하고 젊은 여성들에게 고통과 위험을 가져다주는 관광객의 (신체화된) 시선의 이면이라고 할 수 있다(Jeffreys, 1999).

다른 한편으로, 국가를 넘나드는 서비스 노동자 중 또 다른 집단은 여행 체험의 일부로서 임시적인 서비스 노동을 수행하는 젊은 관광객 (주로 '배낭여행객')이다(Bianchi, 2000; Duncan et al., 2009). 그리고 이러한 '이동성이 있는 접대 노동'의 결과 중 하나는 호스트와 게스트 사이의 구별이 희미해지고 유동적으로 변한다는 것이다. 관광객은 같은 처지의 게스트인 (그리고 아마도 내일이면 떠나버릴 수 있는) 직원에 의해 서비스를 받는 경우가 점점 더 많아지는데, 그러므로 호텔, 레스토랑, 휴양지가 국적이나 지역성만큼이나 다문화주의를 상징하게 된 것은 오직 관광객들 때문만은 아니다. 좀 더 일반적으로 말하자면, 호스트와 게스트라는 범주 자체가 이 분야에서는 성립되기가 어려워지고 있다. 게르면

몰츠와 깁슨(Germann Molz and Gibson, 2007a, p.7)은 수많은 연구자들이 어떻게 호스트와 게스트 사이의 이분법적 대립에 이의를 제기하면서 좀 더 다원적이고 이질적인 용어를 써서 이들 범주를 세밀하게 구분하고자 했는지를 요약해 보인 바 있다(Bell, 2007을 보라).

결론

지금까지 우리는 소위 '환대 산업'의 여러 측면을 살펴보았다. 실제로, 우리는 대규모의 이주, 과도한 상업화와 착취와 같은 것들이 존재하는 세계에서 '접객'을 한다는 개념에는 모호성과 변칙성이 있다는 것을 확인했다(Germann Molz and Gibson, 2007b를 보라). 관광객의 시선이 전 세계로 확대되고 호스트와 게스트 사이의 수많은 사회적 관계를 포용할 수 있게 되면서, 접객이라는 것은 다양한 종류의 경제, 정치, 윤리의 측면들을 전제로 하게 되었다. 호스트와 게스트의 관계는 접대hospitality와 적대hostility 사이의 기묘한 조합을 전형적으로 보여주는데, 이는 우리가 타자에게 무조건적으로 환대를 제공하는 순수한 행위로서 가치 있게 여겨왔던 것을 세계 최대의 산업인 관광이 철저하게 산업화, 상업화, 대본화했기 때문이다(더 일반적인 논의는 Derrida, 2000를 보라).

우리는 지금까지 사람이 하는 서비스 노동의 공연에 대해 검토했는데, 마지막으로 구경거리로 가득한 사회를 향하는 더 폭넓은 이동의 한 부분으로서 동물들 또한 어떻게 관광객의 시선 아래 노동하게 되었는지를 지적해 두고자 한다. 예전부터 동물원은 관광객의 구경거리였다. 여기서 동물들은 울타리 안에 갇혀 말 그대로 미쳐 있는 상태로 무대 위에서 생활하고, 끊임없이 관찰 당하고, 때로는 조련을 당하고 박수를 받으면서 '자연스러운' 본능을 공연하기도 하는데, 이 공연은 프랭클린(Franklin, 1999)이 '동물원적 시선', 버즈워스와 브라이만(Beardsworth and Bryman, 2001)이 '동물원의 디즈니화'라고 일컬은 것의 일환으로 진행된다. 데즈먼드(Desmond, 1999, p.151)는 어떻게 동물들이 연극 공연의 일환으로서 '허구적인 그들의 야생'을 공연하도록 요구받는지를 다음과 같이 설명한다. '예를 들어 우리는 범고래의 엄청나게 힘찬 점프에 압도될 때가 있는데, 그 동안은 범고래의 쇼가 그 순간만을 위한 것이라는 것을 잊어버릴 수 있다. 뛰어오르는 범고래의 곡예는 야생성과 통제 불가능성을 상징하며, 문화라는 제약에 종속된 것으로 여겨지지는 않는다.'(Cloke and Perkins, 2005)

이제부터는 시선 아래에서 행해지는 노동의 종류에 영향을 미치는 관광 문화의 폭넓은 변화를 검토하기로 한다.

제5장

변화하는 관광객 문화Changing Tourist Cultures

도입

우리는 지금까지 관광객의 시선을 여타의 사회적 활동과 구별되고 특정한 기간 동안 개별적인 장소에서 발생하는 것으로 개념화했다. 이러한 관점은 관광의 몇몇 현저한 특성을 분석한 3장과 4장을 통해 강화되었다. 무엇이 관광 산업의 일부이고 무엇이 그렇지 않은지를 구분하는 것이 어렵기는 하지만, 우리는 상당히 엄격한 구체화를 시도했다. 예를 들어 4장에서는 환대 및 체험 경제에서의 서비스 공연의 구체적인 특성에 대해 논의했다. 그러나 이 장에서 우리는 지난 수십 년 동안 특히 서구 사회의 본질적인 변화가 어떻게 이러한 정밀한 개념을 약화시켜 왔는지를 고찰한다. 우리는 상대적으로 뚜렷이 구분되는 사회적 제도 아래 개별적인 업무나 직능이 전문화되는 구조적인 분화의 장기적

과정이 역전되어 왔다는 것을 주장한다. 이러한 반전의 이유 중 하나로 기호 경제로서의 '문화'가 현대 사회의 조직 내에서 더 중심적인 것이 되었다는 것을 들 것이다. 고급문화와 저급문화 사이뿐만 아니라, 관광, 예술, 교육, 사진, 텔레비전, 음악, 스포츠, 쇼핑, 건축 등의 서로 다른 문화적 형태 사이의 경계가 사라지고 있다. 게다가 대중 매체는 관광객의 시선을 변형시켜 모든 종류의 다른 사회적 문화적 관행과 점점 더 밀접한 관계가 있는 것이 되게 하였고, 어떤 부분에서는 이들과 구별할 수 없는 정도가 되었다. 이는 '관광' 그 자체의 특별함이 줄어들어감에 따라 관광객의 시선을 일반화하는 효과가 있다. 관광객의 시선을 좋아하든 아니면 그것을 알고 있든 관계없이 사람들은 대부분의 시간에 '관광객'이 되어 있다. 관광객의 시선은 본질적으로 현대적 체험의 일부이지만 이것이 생겨나는 관광의 관행은 급격하고 중요한 변화를 경험하고 있는 중이다. 이러한 변화는 현대 사회에서 더 광범위한 구조적 문화적 발전과 분리될 수 없다.

모던과 포스트모던 The Modern and the Postmodern

1980년대와 1990년대에는 모던과 포스트모던 문화의 구분을 통해 이러한 변화의 일부를 이해하는 것이 일반적인 것이 되었는데, 본 장에서는 이 차이를 이용해 보고자 한다.

모던이라는 것은 '구조적 분화', 즉 경제, 가족, 국가, 과학, 윤리, 심미적 부문의 여러 제도적이고 규범적인 영역에 관한 개별적인 발전을 포함한다. 이들 각각은 자율적으로 작동한다(Lash, 1990, pp.8~9를 보라). 각 영역은 자체적인 관습과 가치의 양식을 개발해 나간다. 문화적 영역 내의 가치는 문화적 대상이 그 영역의 규범을 얼마나 적절하게 따르는가에 달려 있다. 이것을 '수평적 분화'라고 한다.

그러나 고려해야 할 또 다른 측면으로, '수직적 분화'도 있다. 각 영역이 수평적으로 분화되어 감에 따라 수직적 분화도 진전된다. 문화적 영역 내에도 여러 가지 구분이 성립되었다. 예컨대 문화와 생활이라는 구분, 고급문화와 저급문화의 구분, 학술적 혹은 아우라틱한 예술과 대중적 즐거움의 구분, 상류층의 소비 형태와 대중적인 소비 형태의 구분 등이다. 건축 설계에서도 (분명하게도 여러 가지 다른 양식을 취하는) 건축 양식과 다양한 일반적인 주택 양식의 형태가 구분된다. 따라서 모더니즘은 어떤 분화의 과정으로 이해되는 것으로, 특히 우리가 여기서 살펴본 바와 같이, 수평적 그리고 수직적으로 다양한 문화적 영역 사이의 분화가 발생하는 것이라 할 수 있다.

반면에 포스트모더니즘은 탈분화의 성격을 가진다(Lash, 1990, 1장). 여기에는 서로 연결된 다양한 양상이 존재한다. 첫째, 이러한 각 활동의 영역들, 특히 문화적 영역의 차별성이 붕괴되었다는 점이다. 각자가 서로 뒤섞이고, 그 대부분은 시각적인 구경거리와 놀이를 포함하게 되었다. 이는 소위 다중매체로 소비되는 행사들에서 가장 분명하게 확인되는데, 특히 중심적인 역할을 하는 TV와 지금의 인터넷을 통해서 이루어지는 대부분의 문화적 생산은 어떤 특정한 영역으로 분류하거나 배치하기가 어렵다.

게다가 이러한 문화적 영역은 벤야민(Benjamin, 1973)의 용어로 말하자면, 더 이상 아우라틱한 것이 아니다. 어떤 문화적 현상이 아우라를 갖고 있었다고 하는 것은 그것이 근본적으로는 사회와 동떨어져 있으며, 그 자체의 독창성, 고유성, 특이성을 분명히 보여주고 있고, 또한 형식적인 유기적 통일성과 예술적 창조성의 담론에 기반하고 있었다고 하는 것이었다. 모스트모더니즘의 문화는 대조적으로 반-아우라틱한 것이다. 이러한 문화적 형식은 자신의 고유성을 분명히 보여주기보다는 기계적이고 전기적이며 디지털적으로 재생산되고 유통된다. 여기에는 사회적인 것으로부터 심미적인 것을 분리하는 것에 대한 거부, 그리고 예술이 생활의 차원과는 다른 것이라고 하는 주장에 대한 거부가 존재한다. 예술작품의 단일성에 부여된 가치는 파스티셰, 콜라주, 알레고리 등에 대한 강조를 통해 도전을 받고 있다. 포스트모던의 문화 형태는 (클래식 음악 콘서트에서와 같이) 정신을 집중하는 사색의 상태에서가 아니라, 정신의 집중을 방해하는 상태에서 소비된다. 포스트모던의 문화는 즉각적인 충격을 통해 관객에게 영향을 미치는데, 이는 개인에 대한 충격, 그리고 쾌락과 정서라는 체재를 통하는 것이며, 심미적 소재의 형식적 특성을 통하는 것은 아니다. 그리고 이것은 어떤 주어진 영역(미술, 음악, 문학)의 미적 특질에 대해 잘 아는 상류층이 즐기는 고급문화와, 대중들에게 인기가 있는 저급문화 사이의 어떤 강력한 구별을 약화시키는 역할을 한다. 포스트모더니즘은 그러한 수직적 분화에 반대되는 반계층적인 것이다.

또한 '문화 경제'에서의 탈분화도 있다. 이것은 한 측면은 문화적 대상과 청중 사이의 차별성이 일부 와해되고 있으며 이로써 청중의 참여를 유도하는 적극적인 장려 활동이 전개되고 있다는 점이다. 이러한 참여는 특히 SMS 투표를 통해 이루어진다. 예를 들어 '리빙 시어터', TV 퀴즈 프로그램, 혹은 누구나 15분 동안은 유명해질 수 있는 시청자 참여형 TV 토크쇼 같은 것을 들 수 있다(최근의 예로는 〈빅 브라더Big Brother〉, 〈엑스 팩터X-Factor〉, 〈팝 아이돌Pop Idol〉이 있다). 또 다른 측면은 예술적 창작과 상업적 생산 사이의 경계가 점차 사라지고 있다는 점이다. 이는 CD 판매를 위해 제작되는 예술적이면서도 '무료'인 뮤직비디오, '다운로드' 및 콘서트 티켓, 광고에 가장 먼저 등장하는 노래, 광고 제작에 고용되는 거물급 예능인, 협찬을 통해 제품을 판매하는 '예술' 활용 등이 증가하는 것을 통해 확인된다. 포스트모던에서는 상업과 문화가 떼어놓을 수 없을 정도로 서로 얽혀 있다.

그리고 '표상'과 '실재' 사이의 구분 문제도 있다. 의미작용이 점점 비유적이거나 시각적인 것이 되어감에 따라 표상과 실재 사이에는 더 가깝고 친밀한 관계가 존재하게 되었다. 의미 작용이 (영화, TV, 영상, 뮤직비디오 등이 아닌) 말이나 음악을 통해 이루어지는 경우보다 더 긴밀하게 된 것이다. 게다가 의미작용의 지시대상인 '실재'가 증가하는 비율은 그 자체로 표상이 된다. 또는 보드리야르(Baudrillard, 1983 · 1985)의 유명한 주장처럼, 우리는 기호나 표상을 점점 더 많이 소비하고 있다. 사회적 정체성은 기호 대 가치의 교환을 통해 구성된다. 그러나 이 기호 대 가치는 구경거리에 관한 의식 속에 수용된다. 예를 들어, 사람들은 매체가 세계의 모방이라는 것을 알고 있으며, 그들도 결국 그 매체를 모방한다. 기호와 구경거리의 세계는 그 어떤 진정한 독창성도 없는 세계이며, 그저 에코(Eco, 1986)가 '초실재에서의 여행'이라고 일컬은 것이라고 할 수 있다. 모든 것이 복사본이거나 덮어쓴 텍스트이며, 여기서는 가짜가 진짜보다도 더 진짜처럼 보일 수 있다. 이는 깊이가 없는 세계, 또는 '실재의 새로운 박약성'이다(Lash, 1990, p.15). 래시(Lash, 1990, p.13)는 이러한 논의를 요약하여 '모더니즘은 표상을 문제적인 것으로 여기고, 포스트모더니즘은 실재를 문제적인 것으로 여긴다'고 말한다.

그런데 흥미롭게도 대부분의 관광 장소 및 관광 행위는 과거에도 일부 포스트모던의 특징을 앞서 보여주고 있었다. 휴양지는 서로 경쟁하면서 방문객들에게 가장 웅장한 대연회장, 가장 긴 연안부두, 가장 높은 탑, 가장 최신의 놀이공원, 가장 세련된 휴가 캠프, 가장 호화로운 조명장식, 가장 미려한 정원, 가장 우아한 산책로 등을 제공하려 들었다. 시각적인 것, 그리고 시선의 중요성으로 인해 관광은 항상 구경거리와 관련되어 왔고 또한 어느 정도는 서로에게 파고들어 영향을 미치는 문화적 관행과도 관련되어 왔다. 수많은 관광 활동은 철저히 반-아우라틱한 것이다. 이는 기계적이고 전기적인 재생산에 기반해 있었다(뮤토스코프라는 장치를 통해 볼 수 있었던 〈What the butler saw〉에서 시작하여, 화려한 조명장식을 거쳐, 특수 조명과 음향을 곁들이는 쇼인 **송에뤼미에르**와 레이저쇼에 이르기까지). 또한 대중적인 쾌락, 사회생활과 예술을 거의 분리하지 않는 반엘리트주의에 기반해 있었다. 보통은 가만히 관조하는 것이 아니라 청중의 참여가 높은 정도로 이루어졌다. 그리고 파스티셰, 혹은 누군가는 키치라고 부를 수도 있는 것에 더 큰 가치를 부여해 왔다(BBC의 TV 프로그램 〈Hi-de-Hi!〉의 매플린(Maplin)의 휴가 캠프에 나온 하와이식 대연회장에서처럼).

우리가 지금까지 설명해 온 것은 집단적이고 미디어화된 시선이 갖는 몇 가지 특징이다. 그러나 이전 장에서 우리는 '낭만적 시선'에 대해서도 논의했고, 이것은 훨씬 더 분명하게 아우라틱하고, 웅장한 풍경에 대한 엘리트주의적이면서도 고고한 감상과 관련되며, 특히 각각의 대상이 문학 작품(예를 들어 영국 호수 지역 시인의 작품)에도 등장하는 경우와 같은, 상당한 문화 자본이 요구되는 감상의 방식이다. '낭만적 시선'은 또한 탈분화를 수반한다고 말할 수도 있다. 역사적으로, '낭만적 시선'은 18세기 후반 영국에서 회화적 풍경을 찾아다니는 관광의 성립과 함께 발달한 것이다. 숙련된 감식안과 클로드 글래스Claude Glass가 혼합된 회화적 안목은 저작물 및 회화작품과 닮은 풍경의 특징에서 즐거움을 얻었다. 방문객들이 찾고 소중히 여긴 것은 '그림으로 그리면 좋아 보일, 그런 종류의 즐거움'이었다(Ousby, 1990, p.154). 북유럽의 관광객은 수입된 풍경 이미지를 통해 장소를 소비하고 그림으로 그렸으며, 자연과 예술 사이의 구분은 순환성 속에 녹아들었다. 풍경은 그 자신에 선행하는 그림의 복제품이 되었다. 회화적인 구경행위의 관습을 잘 보여주는 사례는 토마스 웨스트Thomas West의 레이크 디스트릭트 가이드북에서 볼 수 있는데, 이 책은 18세기 후반에 상당히 영향력이 있었다.

이 길 옆의 호수는 눈을 더 즐겁게 해 주고 기분 좋은 상상을 하게 하는 질서 정연한 세계 안에 펼쳐져 있다. 경치의 변화는 즐거운 것에서 놀라운 것까지, 클로드(Claude)의 섬세하고 우아한 필치부터 푸생(Poussin)의 장엄한 풍경까지, 그리고 이들 풍경에서 살바토르 로사(Salvator Rosa)의 깜짝 놀랄 만한 낭만적 발상에 이르기까지 다양하다(Andrews, 1989, p.159에서 인용).

웨스트가 그토록 사랑했던 레이크 디스트릭트Lake District의 드러난

모습은 클로드, 푸생, 로사와 같은 화가들이 그린 이탈리아식 풍경화를 모방한 것이다. 이렇게 함으로써 웨스트West는 '이 지역의 특수성을 번역하고 부흥하는 행위를 통해 이곳을 유럽의 관광 순례지의 하나로 만드는 일에 공헌했다'(Duncan, 1999, p.155). 레이크 디스트릭트의 풍경은 이동성의 산물이다. 그곳에 처음 방문하는 사람은 '수입된' 풍경 모델을 통해 그 숭고한 자연을 '발견했다.' 즉 다른 관광지들과 서로 떼어 놓을 수 없게 관련되어 있다. 관광객의 시선은 심지어 낭만적 시선의 경우에도 관광객이 풍경에 시선을 보내고 있을 때는 텍스트, 이미지, 그리고 표상의 기술의 세계에 둘러싸여 있다는 것을 함의한다(덴마크 보른홀름 섬의 성립을 다룬 비슷한 연구에 대해서는 Larsen, 2006b를 보라).

감상되는 것의 대부분은 직접 체험되는 실재가 아니라, 특히 사진이라는 매개를 통한 표상이다(Taylor, 1994). 사람들이 '시선을 향하는' 대상은 사람들이 여러 움직이는 표상들로부터 내면화한 해당 장면에 관한 이상적인 표상이다. 그리고 실제로는 해당되는 그 자연의 경이로움을 '보는' 것이 불가능한 경우에도, 그들은 자신의 마음속에서 여전히 그것을 느끼고 볼 수 있다. 그리고 심지어 대상이 그 표상대로의 모습을 하고 있지 않은 경우라도, 사람들이 실제로 '보았다'고 생각하여 마음속에 계속 남아 있게 될 것은 역시 표상이다.Crawshaw and Urry, 1997; 그리고 아래 7장을 보라).

이와 같이 탈분화에는 문화적 패러다임이 존재하는데, 역사적으로 보면 다양한 관광 장소 및 관광 행위가 오래전부터 이러한 패러다임을 예고하고 있었다(이와 관련된 건축 분야에서의 논의는 6장을 보라). 그러나 대부분의 관광이 부분적으로는 모던의 특성을 갖는 것이라는 점에 중요한 의미가 있다. 이러한 의미는 '대중 관광'이라는 용어에서 드러나는데, 이는 얼마나 많은 관광 행위가 최근까지도 구조화되어 있었는지를 보여준다. 우리가 3장에서도 논의했듯이, 사람들을 동일한 방식으로 대우하고, 같은 휴가 캠프, 호텔, 레스토랑의 소비자인 사람들 사이에 차별을 두지 않으려고 하는 시도가 있어 왔다. 모던의 개념에서 중요한 것은 대중을 균질한 집단으로 보는 것, 그리고 대중을 획일화하는 데 동원되는 가치의 영역이 있다는 것이다. 관광을 두고 보자면, 모던의 이념이란 사회적으로는 차별화된 장소 내에 있는 사람들을 공통된 취향과 성격을 가진 비록 이것들도 해당 서비스의 제공자에 의해 결정되는 것이기는 하지만 아무튼, 서로 유사한 집단으로 대우하고자 하는 시도에 반영된다. 다음 절에서 우리는 포스트포드주의와 같은, 포스트모던의 주요 특징 중 하나가 바로 사람들이 서로 구별되지 않는 대중으로 다루어지는 것을 수용하지 않고 거부하는 것이라는 점을 살펴본다. 권위에 대해 포스트모던이 갖는 강한 반대의 일부는, 한데 묶여 다루어지는 것에 대해서 많은 사람들이 느껴온 반감이라고 할 수 있다. 오히려 사람들은 더욱 차별화된 방식으로 대우받고 싶어 하는 것으로 보이며, 이로 인해 광고업계에서는 생활양식에 대한 많은 연구를 진행하면서 방문객의 범주를 훨씬 더 세분화하려는 시도를 하게 되었다(Poon, 1993을 보라).

우리는 지금까지 서로 다른 문화적 패러다임에 관해 이야기해 왔으나, 그 배경에 있는 사회적 영향력에 대해서는 고려하지 않았다. 노동 계급의 약화된 집단적 권력 그리고 서비스 계급 및 기타 중산 계급의 강화된 권력은 새로운 문화적 형태, 그리고 특히 '포스트-관광'이라고 불리는 것에 대한 추종자들을 광범위하게 만들어냈다.

여기서 제시하는 우리의 주장은 부르디외Bourdieu의 고전적인 논저인 『구별짓기Distinction』(1984)를 큰 틀에서 참고하여 만들어진 것이다. 그 중에서 주요한 부분은 특히 어떤 계급의 문화적 관행이 다른 계급에 미치는 영향력을 분석하는 것과 관련된다. 부르디외는 서로 다른 사회적 계급(그리고 함축적으로는 여타의 사회적 행위자)의 권력이, 경제적 혹은 정치적인 것만큼이나 상징적인 것임을 지적한다. 이러한 상징재는 차별화된 경제인 '문화 경제'의 영향 아래에 있는데, 이 문화 경제는 경쟁, 독점, 인플레이션, 그리고 특히 문화 자본을 포함하는 다양한 형태의 자본을 그 특징으로 한다. 서로 다른 사회 계급은 서로 끊임없는 투쟁을 벌이면서, 다른 계급에 비해서 자신이 소유한 자본의 양을 늘리려 하고 또한 자신이 우연히 소유하게 된 특정한 형태의 자본에 부여된 가치를 증대시키려 한다. 각각의 사회 계급은 모종의 아비투스를 갖는데, 이는 개인의 의식이라는 층위 아래에서 작동하는 것이면서 또한 사람들의 지향적인 관행, 신체화된 성향, 좋아하고 싫어하는 것 속에 새겨진 분류의 체계를 말한다. 서로 경쟁 관계에 있는 각각의 계급은 자신의 분류 체계를 다른 계급에 강요하고 우위를 행사하고자 한다. 이러한 투쟁에서는 문화적 제도, 특히 교육과 미디어가 중심적인 역할을 한다. 문화적 영역에는 그 독자적인 논리, 통화, 그리고 경제 자본으로의 전환가능성이 있다. 문화 자본은 단순히 추상적이고 이론적인 지식의 문제가 아니라, '예술' 작품이나 '반예술' 작품 또는 '장소'를 감상하는 데에 필수적인 상징적 능력의 문제라고 할 수 있다. 예술 소비의 수단에 대한 차별적인 접근은 계급의 재생산 그리고 계급 투쟁의 과정과 더 넓게는 사회 투쟁의 과정에서 매우 중요하다. 이러한 차별적인 문화 소비는 한편으로 계급 체제에 의해 만들어지는 결과이자, 그와 동시에 계급 및 여타의 사회 세력이 사회 내에서의 우위성을 확립하고자 하는 매커니즘이다 (Bourdieu, 1984; Devine et al., 2005).

특히 여기서는 서비스 계급이 중요하다. 서비스 계급은 그 노동의 사용자가 어떤 실질적인 가치가 있는 정도로 자본이나 토지를 소유하지 않는 사회적 노동 분업 내의 일련의 장소들로 구성된다. 그리고 총체적으로는 자본에 '서비스'하는 서로 맞물린 일련의 사회 제도 내에 위치해 있다. 또한 일반적으로 조직의 내부에 혹은 조직 사이에 잘 정의된 직업 경력의 존재에 기인하는 우수한 노동 상황 및 시장 상황을 즐긴다. 그리고 이러한 서비스 계급에 가입하는 것은 차등화된 교육 자격의 소유 여부에 의해 결정된다. 이 사항들은 서비스 계급을 보다 일반적인 화이트칼라 노동자와 구분하고 문화 자본 및 취향의 구별을 만들어낸다 (Butler and Savage, 1995; Savage et al., 1992).

부르디외도 서비스 계급에 대해 논의한 바가 있다. 그는 '지식인'에 대해 이야기하면서, 부르주아가 호화로운 인테리어를 선호하는 것과 달리, 지식인은 '심미적이고 금욕적인' 인테리어를 선호한다고 대비하였다. 이는 모던 양식의 인테리어를 '지식인'이 좋아하는 것과 연관된다. 지식인들의 여가 패턴에 관해서도 부르디외는 다음과 같이 말한다. '가장 금욕적인 형태의 심미적인 성향, 그리고 문화적으로 가장 정직하면서 경제적으로 가장 저렴한 실천, 예를 들어 미술관을 가거나 스포츠를 즐기더라도 등산이나 하이킹을 다니는 모습은 경제 자본이 (상대적으로) 가장 빈곤한 계층들 사이에서 특히 빈번하게 볼 수 있는 것들이다'(Bourdieu, 1984, p.267). 흥미로운 것은 지식인이 '과시적 빈곤'을 통해 부르주아 질서의 관례들을 상징적으로 전복시킨다고 부르디외가 지적한 부분이다. 예를 들어 직장에서 캐주얼한 옷차림을 하고, 칠하지 않은 원목 인테리어를 선호하며, 등산, 하이킹, 산책을 즐기는 경향, 즉 '원래 그대로의, 손대지 않은 자연'에 대한 자신의 취향을 드러내는 것에 이러한 과시적 빈곤이 반영되어 있다(Bourdieu, 1984, p.220). 지식인은 '낭만적 시선'을 보이는 성향이 있다. 반면 부르주아는 '체계적으로 정리된 이정표가 잘 세워진 자연'을 선호하는 것으로 일컬어진다(Bourdieu, 1984, p.220; Savage, Barlow, Dickens and Fielding, 1992; 관광에 관한 내용에 대해서는 Munt, 1994를 보라).

우리가 서비스 계급 및 기타 화이트칼라 노동자라고 언급한 대상에는 주로 상징적인 표상과 관련되는 직종에 종사하는 사람들이 포함된다. 이 두 집단의 대부분의 직무는 문화 중개자로서의 미디어, 뉴미디어, 광고, 기획, 연기 등에서 상징적이다. 이러한 집단은 유행에 민감하여 빠르면서도 유희적으로 양식을 변화시키는 것에 열심히 참여한다(Featherstone, 1987, p.27; Lash and Urry, 1994를 보라). 이러한 집단이 지식인 및 오래된 문화 자본의 확립에 마땅히 받아들여진 것은 아니었다. 따라서 여기에는 확립된 문화와 고급문화에 대한 이의제기가 존재하며, 이와 동시에 유명 지식인의 출현은 문화 자본의 전통적 기반의 베일을 벗겨냈다. '이러한 계층의 교체, 새로운 대중적 유행에 대한 지식인의 기민성, 그리고 "새로운 것"의 시장성은 유행이 전위적인 것에서 대중적인 것으로, 대중적인 것에서 전위적인 것으로, 그리고 대중적인 것에서 초부유층의 것으로 더 빠르게 이동해 갈 수 있는 조건을 만들어냈다.'(Featherstone, 1987, p.27; Savage et al., 1992)

결과적으로, 옛것과 새것, 회고적인 것과 미래적인 것, '자연적인 것'과 '인공적인 것', 청년과 장년, 고급문화와 저급문화, 그리고 모던과 포스트모던 등 서로 다른 양식들을 모두 담아내는 일종의 도가니가 만들어지게 된다. 마틴Martin은 이러한 중산 계급 집단의 성장이 기존의 문화적 패턴을 어떻게 뒤집어 놓게 되었는지를 다음과 같이 요약하고 있다. '현대의 문화 시장은 엘리트의 것과 저속한 것, 어제의 충격과 오늘의 농담을 하나의 근사하면서도 하찮은 브리콜라주Bricolage 속에 뒤섞어 놓는다. 유행이 전부이고 또 어떤 것이든 유행이 될 수 있다.'(Martin, 1982, pp.236~237)

게다가 부르디외는 이들 집단이 쾌락에 대해 매우 다른 접근 방식을 가지고 있다고 주장한다. 옛날의 프티부르주아는 도덕성과 의무에 그 생활의 기반을 두고 있으며, '쾌락에 대한 두려움을 가지고 있고 (…중략…) 그들의 신체는 "신중함", "겸손함", "자제력"을 갖추고 있으며, 금지된 욕망을 채우고자 하는 충동을 죄의식과 연관시킨다'(Bourdieu, 1984, p.367). 이와 대조적으로, 새로운 중산 계급이 강조하는 것은,

---

하나의 의무로서의 쾌락이라는 도덕률이다. 이러한 이념은 '즐거움을 누리지' 못하는 것을 하나의 실패로서, 자존감을 위협하는 것으로 만든다. (…중략…) 쾌락은 과학적 근거만큼이나 윤리적 근거 위에서 허용될 뿐만 아니라 요구된다. 충분한 쾌락을 얻지 못하는 것에 대한 두려움은 (…중략…) 자기 표현과 '신체적 표현'에 대한 추구 그리고 타자와의 의사소통에 대한 추구와 결합되어 있다(Bourdieu, 1984, p.367; 의무로서의 쾌락에 대해서는 Elliott and Urry, 2010을 보라).

이 마지막 주장에는 약간의 설명이 필요하다. 자본주의 사회는 항상 낭만적 윤리에 기반한 소비를 상당히 강조하는 특징을 가지고 있다. 캠벨(Campbell, 1987, p.201)은 쾌락을 추구하는 것이 그 자체로서 바람직한 것으로 간주되는 활발한 소비활동에 필수적인 '레크리에이션'의 철학을 제공한 것이 바로 낭만주의라고 주장한다. 낭만주의는 참신성에 대한 광범위한 취향을 만들어냈는데, 참신성은 지속적으로 변화하는 소비 패턴에 대한 윤리적인 지지를 확실히 하는 것이었다. 중산 계급의 다양한 집단이 변화된 상황에 놓여 있으며 사회 전체에도 중대한 영향을 미친다. 이들 집단은 상징적인 노동의 중요성을 보여준다. 즉 미디어의 중요성, 그리고 유행과 취향을 형성하는 미디어의 현대적 역할의 중요성이 증가하고 있다는 점, 새로운 문화적 패턴을 고안해 내는 이들 집단이 가지는 자유도와 장려책이 늘고 있다는 점, 존경심 때문이 아니라 유행을 만들어내기 때문에 중산 계급의 명망이 축적되어 높아지고 있다는 점, 이들 집단에 대한 문화 자본의 중요성과 그것을 증가시켜야 할 지속적인 필요성이 커지고 있다는 점, 그리고 그들의 경제 자본을 그대로 유지하기 위한 기능적 필요성이 감소하고 있다는 점 등이 참고된다(Lash and Urry, 1994). 낙후된 도심 인근의 고급화 및 도심 빈민가에 대한 예술 주도 재생이라는 다양한 '포스트모던'의 풍경은 고급화된 지역의 설계에 중산 계급의 문화 자본이 어떻게 반영되는지 보여준다(Zukin, 1991).

이러한 모든 변화에서 미디어와 뉴미디어는 정보와 쾌락이라는 분리되고 구별된 시스템의 중요성을 축소시킨다는 점에서 의의가 있다. 서로 다른 사회 집단에 속한 사람들은 더 일반적으로 이용 가능한 정보의 시스템에 노출되었고, 이제는 어떤 집단이든 다른 사회 집단의 사적인 공간에 대한 표상을 들여다 볼 수 있게 되었다(Meyrowitz, 1985). 미디어는 엘리트 집단과 '유명인사'를 포함하여 다른 사람들의 생활에 관한 정보를 엄청나게 많이 제공한다(Richards et al., 1999; Rojek, 2004를 보라). 이렇게 남의 생활을 엿보는 행태의 제도화로 인하여, 많은 사람들이 다른 집단의 생활양식을 채택할 수 있게 되었고, 고급문화, 저급문화, 예술적인 것, 고상한 것, 멋없는 것 등과 같은 개별적인 가치를 구현하는 것으로 여겨지는 서로 다른 사회 집단 사이의 경계를 넘어설 수도 있게 되었다. 미디어는 비공개로 두어야 할 것과 공개할 수 있는 것과 같이 무대 뒤편에서 적절히 고려되어야 할 것들에 대한 기준을 무너뜨렸다(특히 사생활을 드러내는 '리얼리티' TV 프로그램 및 소셜 네트워크 사이트의 엄청난 성장을 통해서). 부르디외가 신흥 **프티부르주아**라고 부른 사람들은 어떤 순간, 즉 '집단적인 기억과 기대에 의해 부과된 제약과 제동에 방해받지 않는' 순간을 위해 살아간다(Bourdieu, 1984, p.317). 그들은 자신들이 중산 계급이 되는 것에 대해 종종 거리낌을 느낀다. 그 이유는 '그들 자신이 어떤 계급으로 분류될 수 없는 '제외된' 존재라고 여기기 때문인데, 다시 말하면 (…중략…) 어떤 계급으로 범주화되거나 어떤 사회적 공간 내의 분명한 공간에 할당되지도 않고 (…중략…) 가족이라는 단위에 의해 부과되는 자기 자신의 생애주기, 장기 계획, 때로는 여러 세대에 걸친 장기 계획, 그리고 시장으로부터의 충격에 대처하는 집단적인 방어활동 등의 시간적 구조에서 해방되어 있다고 생각하기 때문이다.'(Bourdieu, 1984, pp.370~371)

마틴(Martin, 1982)도 비슷한 분석을 통해, 특히 1960년대 이후의 중산 계급의 청년들 사이에서의 탈구조화된 아비투스에 대해 논하였다. 그녀에 따르면 이는 부모의 친권의 쇠퇴 및 어린이도 어른도 아닌 시기의 장기화에 의해 엄청나게 확대된 경계적 공간에 기인한다. 현저히 길어진 경계성의 시기는 새로운 중산 계급에서 더 현저한데, 이 계급에서는 청년뿐만 아니라 다수의 직업, 특히 미디어에서 탈구조화된 아비투스를 가지고 있다(Wittel, 2001). 마찬가지로, 제임슨Jameson은 본래의 실제적인 역사적 지시대상에 관한 패러디보다는 오히려 모방 작품이라 할 수 있는 파스티셰의 증가를 분석한다. 파스티셰는 시간을 일련의 '영구적 현재'로 조각낸다(Jameson, 1985, p.118). '모방과 향수라는 새로운 시대'를 살아가는 사람들의 생활은 불연속적인 사건의 연속으로서 체험된다(Edgar, 1987). 개별적인 단위로서는 계산적이고 합리적일 수 있지만, 전체적인 패턴으로는 비합리적이다. 일부 중산 계급에서 퍼져나가는 것은 '계산적인 향락주의'로 일컬어진다(Featherstone, 1987). 프램튼Frampton에 따르면 사람들의 역사 감각이라는 것은 이미 상실되었다. '우리는 그 어느 때보다 더 역사에 집착하는 반면, 동시에 어떤 역사의 궤도가, 또는 심지어 어떤 사람들에게는 역사 그 자체가, 끝나가고 있다는 느낌을 받고 있는 역설적인 순간을 살아가고 있다'(Frampton, 1988, p.51). 이것은 테마화된 공간과 '유산 산업'에 대한 여러 논의를 다루는 다음 장에서 더 자세히 살펴본다.

이러한 역사 감각의 상실은 또한 현대 미디어의 또 다른 특징, 즉 사람들이 점점 3분 문화 속에서 살아가고 있다는 것과 관련된다. TV 시청자는 어떤 화제나 테마에 대해서도 고작 몇 분 이상을 집중하지 못하고 채널을 여기저기 돌린다. 인터넷의 즉각적인 검색 문화는 이것을 3

초 문화에 더 가까운 것으로 만들고 있다. 문화적 보수주의자들은 사람들이 이미 자신이 부모의 자식이고, 그 부모는 또한 그 부모의 자식이라는 등등의 의식에 물든 정체성을 가진 채로 살아가고 있지 않음을 주장한다. 심지어 어느 세대이건 저축보다는 신용카드(지금은 주로 온라인)을 통해 구매하는 즉각적인 소비에 빠져 있는데 이는 결혼과 같은 평생의 과업이던 것이 점점 결혼과 이혼의 연속, 다시 말하면 '수시적인 일부일처제' 또는 불륜 따위로 변해가고 있다는 것을 의미한다(Lawson and Samson, 1988; Giddens, 1992; Beck and Beck Gernsheim, 1995; Bauman, 2003).

다음 절에서 우리는 관광으로 돌아가서, 이러한 다양한 문화적 변화, 그리고 서비스 및 중산 계급의 발전이 관광에 대해 어떻게 깊은 영향을 미치는지를 논의한다.

중개된 관광Mediated Tourism

실제로, 구체적인 관광의 발전을 이해하려면 더 넓은 문화적 변화에 관한 분석을 통해야만 한다. 우리는 서비스 계급의 취향 그리고 해변 휴양지에 미친 그들의 영향에 대해 몇 가지 논평을 하는 것으로 논의를 시작하고자 한다.

이러한 취향에는 '자연' 또는 '자연적인 것에 대한 욕망'이라는 특정한 구성보다는 '문화'에 관해 우선순위를 매기는 태도가 포함된다. 부르디외는 이에 대해 잘 표현한 바가 있다. '여기서 문화가 구축될 때 대비되는 자연은 사실 "대중적이고", "저급하며", "통속적이고", "일반적인" 것 그 외에는 아무 것도 아닌 것이며 (…중략…) 존재론적 상승으로서 체험되는 어떤 "사회적 상승", 곧 "문명화"의 과정은 (…중략…) 자연에서 문화로의 도약, 그리고 동물에서 인간으로의 도약이다.'(Bourdieu, 1984, p.251)

영국의 해변 휴양지는 문화라는 문명화에 대항하고자, 문명적 요소가 없고 어떤 취향이 드러나지도 않으며 짐승의 본능적 요소가 드러나는 자연이라는 특별한 구성을 구현했다. 그러한 태도는 사회주의 비평가들 사이에서도 확인된다. 조지 오웰George Orwell은 콜리지Coleridge의 시 '쿠빌라이 칸'에 묘사된 유원지형 동굴을 현대적으로 재구성하는 기획을 논의한 바 있는데, 그 내용은 에어컨이 설치된 동굴에 무어식, 코카서스식, 하와이식 따위로 일련을 돌집을 꾸며서 휴가 캠프를 구성하는 것이었다. 신성한 강은 인공적인 온수풀로 바뀌고, '그 무서운 일, 즉 생각하는 것의 시작을 막기 위한' 배경음악이 연주된다(Hebdige, 1988, p.51에서 인용). 마찬가지로, 리처드 호가트Richard Hoggart는 값싼 낭만적 소설에 관한 자신의 패러디를 안락한 휴가 캠프라고 그 스스로 부른 것 내에 설정하였는데, 그곳에는 '햇빛이 가득한 자연의 모습', '정신의 타락', '솜사탕처럼 겉보기에만 그럴 듯한 세계'가 존재했다(Hebdige, 1988, p.52). 좋은 취향을 갖는다는 것은 이러한 장소를 낮추어 본다는 것이며, (오웰이나 호가트 같은 식으로) 엿보는 정도로 지나쳐갈 뿐, 결코 그곳에 머무르지 않는다. 개발되지 않은 것처럼 꾸며진 휴양지는 진심으로 받아들여져야 할 것은 아니며, 그곳에서 혹은 그곳과 놀아주는 정도는 될 수도 있다.

이와 동시에, 대안적인 자연의 구성 또한 서비스 계급이 가지는 아비투스의 일부이다. 자연적인 것의 특정한 측면에 뚜렷한 문화적인 강조가 이루어진다. 앞서 부르디외의 논의를 다루면서, 지식인은 최소한의 사치, 기능 본위의 검소한 생활, 금욕적인 심미성의 추구를 통해 부르주아의 질서를 전복시킨다는 주장을 다룬 바 있다(Bourdieu, 1984, p.287). 이러한 패턴은 놀랍도록 넓은 범위에 걸쳐 현대의 문화적 상징과 관행에 더 많이 반영된다. 건강식품, 전통 방식의 맥주, 전통 방식의 빵, 채식주의, 누벨 퀴진, 전통적이며 서구적 방식이 아닌 과학과 의학, 자연분만, '인공' 섬유가 아닌 양모, 레이스, 면화, '인공' 복제품이 아닌 골동품, 복원된 주택 / 창고, 조깅, 요가, 준비되어 있고 '작위적인' 여가활동이 아닌 자전거 타기, 등산, 하이킹 같은 것을 선호하는 것 등을 예로 들 수 있다. '자연적인 것'에 대한 중산 계급의 양면적인 태도는 캠벨(Campbell, 1989)이 잘 포착했는데, 여기서는 낚시가 '스포츠맨'이라는 자연주의적 신화로부터 어떻게 영향을 받았는지에 관해 설명하였다(Macnaghten and Urry, 2000b).

진짜인 것 또는 자연적인 것에 관하여 관광 분야에서 확인되는 한 가지 반사작용은, 1980년대 후반에 영국의 서비스 계급을 대상으로 하던 주요 신문 중 하나인 *Independent*에서 펼친 '진짜 휴가 캠페인'을 들 수 있다. 이 캠페인을 통해 새로운 여행 가이드북인 *The Independent Guide to Real Holidays Abroad*가 출간되었다(Barrett, 1989a). 이 책의 편집인은 '진짜 휴가'를 떠나는 것이 점점 어려워지고 있다고 말하면서, 그 이유로 '대량 생산 체제가 맥주, 빵, 아이스크림 등 수많은 것들에 끼친 것과 동일한 문제가, 성장에 성장을 거듭한 패키지 휴가로 인해 여행에도 생겨나게 되었다는 것'을 들었다(Barrett, 1989a, p.1). 이른바 진짜 휴가라는 것에는 두 가지 주요한 특징이 있다. 첫째, 다수 대중이 방문하게 될 장소로부터 멀리 떨어진 곳을 방문하는 것이다. 그러므로 진짜 휴가는 낭만적인 관광객의 시선을 수반하는 것이라고 할 수 있는데, 이것은 세계의 거의 모든 장소를 일종의 '놀 수 있는 주변부'로 포함하는 효과를 가진다. 둘째, 진짜 휴가를 즐기는 사람은 목적지를 찾아갈 때 소규모의 전문 대리점 / 여행업자를 이용한다. 이 *Guide*에서는 영국인이 이용한 해외 휴가상품의 3/4을 5개의 주요 여행사가 판매했다는 사실에 한탄했다. 대신 *Guide*에서는 '여행자 시장'의 특정한 분야에 전문화된 소규모 회사의 성장을 지지한다. 이 책에서는 '조제 식품을 파는 가게와 같은' 여행업자의 성장에 대해 이야기하는데, 이들은 '안목이 있고 자립심이 있는 의뢰인'에게 잘 맞는 중개인을 홍보하는 전문 대리점이라고 할 수 있다(Barrett, 1989a, p.4, 1989b).

기존의 기업들이 '관광'보다는 '여행'의 문화, 집단적 시선보다는 낭만적 시선, 대량 생산 / 소비의 중개인보다는 작은 틈새시장을 노리는 공급자 등을 포함하는 '진짜' 휴가에 대한 이러한 추세를 뒤늦게 인식했던 것은 아니다. 토마스 쿡도 이것은 '관광객을 위한 여행이 아니라 여행자를 위한 발견의 항해입니다. (…중략…) 패키지 관광은 없어요. (…중략…) 토마스 쿡은 여러분들을 단순한 개인이 아니라 VIP로 모시겠습니다. (…중략…) 토마스 쿡은 여러분만을 위한 서비스, 그러면서도 세계적인 서비스를 제공하겠습니다. 이것은 진정한 선택 주문식 여행입니다'라고 말하고 있다(토마스 쿡 에스코트 여행Thomas Cook Escourted Tours, 1989.1~12). 각각의 휴가 또는 여행 체험에 관한 설명과 함께, 세계 각국에 대한 유용한 도서 목록도 제공된다. 여기서 몇 가지 강조할 사항을 지적해 둘 필요가 있는데, 바로 이것들이 관광이라기보다는 여행이라는 점, 개인의 선택이라는 점, 패키지 행락객을 회피한다는 점, 교양 있는 여행자여야 한다는 점, 개인에 대한 배려와 주의를 쏟으며 세계적인 규모로 업무를 수행한다는 점 등이다.

서비스 계급의 '진짜' 또는 '자연적인 것'에 대한 선호는 시골에 방문하는 것과 그 시골을 보호하는 것 이 두 가지에 대한 인기가 점차 증가하는 것에서도 볼 수 있다. 물론 이는 새삼스러운 일이 아니다(Williams, 1973; Macnaghten and Urry, 1998). '단정하고 편안하며 고요하고 그리고 무엇보다 예의를 중시하는 과거라는 목가적인 상상'이라 할 수 있는 영국 시골에 관한 이미지는 결코 함께 존재한 적이 없던 요소들로 이루어진, 즉 근본적으로 가공된 것이라 할 수 있다(Thrift, 1989, p.26). 오늘날의 시골은 이제 '옛날 옛적 영국의 마을'과는 전혀 다르며, 18세기의 시인 토마스 그레이Thomas Gray가 레이크 디스트릭트의 그래스미어Grasmere에 대해 '이 작은 뜻밖의 낙원, 모든 것이 평온하고 소박하며 청빈하다'라고 설명한 것과도 전혀 다르다(특히 공장식 축산 농장에서 사육되어 병에 걸린 동물들의 격리장소로 시골이 활용된다는 점을 고려하면 더욱 그러하다).

그러나 근대적 농업의 변화로 인해 전원생활이 변모하는 중인 바로 그 순간, 시골은 관광객의 시선의 매력적인 대상이 된다. 이것을 보여주는 한 가지 사례가 시골을 보호하는 동시에 시골에 편리하게 접근할 수 있도록 하는 것을 추진하는 여러 단체의 회원 수의 증가이다. 현재 영국 및 웨일즈의 내셔널 트러스트의 회원은 350만 명, 왕립조류보호협회(RSPB)의 회원은 100만 명에 달한다. 이와 관련하여 '신전통주의' 잡지도 다수 발행되면서, 급속하게 사라지는 시골이라고 하는 꽤나 의미심장한 기호를 구축하는 데에 일조하고 있다. *Country Homes and Interiors, Country Living, Country Homes* 등의 잡지가 대표적이다(Thrift, 1989, p.28). 스리프트(Thrift, 1989, p.31)는 '시골과 문화유산의 전통을 마음속에 가장 깊이 담아두는 사회 집단으로 보이는' 것이 바로 서비스 계급이라고 주장한다. 이 계급은 시골로 이주하자는 운동을 이끌어 왔으며, 실제로, 역사적으로도 지주 계급에 대항하여 시골 지역을 개방하라고 요구하는 캠페인을 이끌어 왔다(이 계급투쟁에 대해서는 Urry, 1995b를 보라). 스리프트(Thrift, 1989, p.34)는 '곳곳이 깔끔하게 손질된 시골의 장소를 만들어낸 서비스 계급의 특질'에 관해 논의했다(Cloke et al., 1995; Urry, 1995b). 이로 인해 황폐했던 시골의 부동산, 특히 폐허 상태였던 농장 건물이 있던 곳에 중산층이 들어와 지역의 고급화가 이루어졌고, 이뿐만 아니라 향토적인 또는 소박한 양식의 새로운 주거 단지, 보통은 '마을'로 묘사되는 주거 단지가 조성되었다(Cloke, Phillips and Thrift, 1995).

스칸디나비아 권역의 국가들에서는 시골 지역에 대한 이러한 욕구에 따라 여름용 별장의 '멋짐'이 다시금 주목받게 되었다(Bærenholdt et al., 2004). 이것은 서비스 계급을 따라서 다른 많은 사람들이 '자신의 마음속에 그리는 마을'을 실현하고 시골이라는 장소 기반의 소비를 개발하려고 함에 따라 확장될 것이다. 또한 전문 관리직에 종사하는 사람들은 육체 노동자들보다 시골 지역을 방문할 가능성이 두 배는 높고, 그 이상으로 빈번하게 방문할 가능성도 있다(Urry, 1995b, pp.211~212). 그러나 그들 사이에는 차이점도 확인될 수 있는데, 공적 부문에 종사한다고 할 수 있는 사람들은 시골 지역에서 '자연적인 것'을 추구할 때 산책, 등산, 캠핑 따위를 즐기는 반면, 민간 부문 관리직 종사자들은 시골에서 수렵, 낚시, 요트, 골프 등을 즐긴다(Urry, 1995b, pp.212~213; Savage et al., 1992). 그리고 포스트모던과 현재의 시골 지역에 대한 집착 사이에는 모종의 관계가 존재한다. 시골 지역의 매력은 부분적으로 근대에 대한 환멸에서 비롯되며, 특히 세계대전 이후 시기 도시 지역의 대규모 재건축에 영향을 미치고자 하는 시도에서 비롯된다. 시골은 다음의 것들 중 일부 또는 전부를 구현하는 것으로 **여겨지는**데 즉 계획 및 조직화의 부재, 향토적이고 예스러운 건축, 구불구불한 오솔길 및 보통은 미로와도 같은 도로 체계, 전통의 미덕 및 사회적 개입의 결여 등이다. 그런데 대부분의 국가에서 시골 지역이 실제로는 광범위한 근대화의 과정, 특히 대규모의 농업, 토지 활용 계획과 같은 수많은 시도, 민간 부문에서의 광범위한 농촌 개발의 대상이 되어 왔다는 것은 두말할 필요가 없다. 게다가, 장래의 방문객에게 매력적으로 보일 수 있는 시골, 특히 '풍경'이라는 관념과 일치될 만한 곳은 몇 군데 남아 있는 것이 고작이다. 코스그로브Cosgrove는 다음과 같이 요약했다.

본래 이용을 목적으로 하던 자연에 대한 집단적 전유를 무너뜨리는 과정에서, 관념으로서의 풍경이 힘을 얻었다. 풍경은 개인이 보는 방식 속에 갇히게 되었다. (…중략…) 단일한 관찰자의 눈에만 지배권을 부여하면서 주체와 객체를 분리시키는 것이 바로 보는 방식이다. 이 속에서 풍경의 관념은 집단적 체험을 거부하거나 (…중략…) 혹은 이 집단적 체험을 특정한 장소가 가지는 초월적인 특질의 매력으로 신비화한다(Cosgrove, 1984, p.262; Schama, 1995).

이와 같이 '풍경'은 교양을 갖춘 안목, 숙련된 기술, 표상의 기술을 통해 어떤 물리적 환경을 시각적으로 형상화하는 인간의 방식이다. 그러므로 '풍경은 주변 환경을 표상하거나 구조화하거나 상징화하는 그림과 같은 방식, 즉 문화적인 이미지라고 할 수 있다'(Cosgrove, 1984, p.1). '풍경'은 인간이 '자연'을 지배하고 소유하며 그로부터 즐거움을 얻어내는 방법과 관련이 있다. 또한 '실재'에 이미지와 표상을 융합시킨 '자연'과 관계하는 특정한 방식이다. 이것은 외견, 즉 장소의 겉모습에 대한 것으로, 장소의 물질적 속성을 없애는 것이라 할 수 있다.

풍경은 이러한 분리 및 개인의 관찰을 함의한다(Williams, 1973, p.120). 풍경은 '보는 사람이 대지로부터 골라낸 것으로, '좋은 광경'을 구성하는 것에 대한 특정한 관례적인 관념에 따라 편집되고 수정된 것이다. 이는 '하나의 액자 속에 넣거나 또는 짧게 훑어보아서 사람의 눈이 그 폭과 깊이를 파악할 수 있는' 지점으로서 정리되고 추려진 대지이다'(Andrews, 1989, p.4). 바꿔 말하면, '풍경'은 자연에 대해 시각적으로 그리고 상상적으로 작동하는 숙달되고 학습된 공연으로서, 그 결과 자연은 수동적이고 순종적인 존재가 된다. 이러한 풍경의 모습은 다양한 사물과 일상적인 건축 기술 등에 따라 달라지며, '자연스러운 것과 부자연스러운 것, 전원적인 것과 도회적인 것, 주체인 것과 소위 객체인 것이라는 단순한 이분법'을 약화시킨다(Macnaghten and Urry, 2000c, p.2). '풍경'은 문화적으로 구성되기는 하지만 그렇다고 물질적 실재가 없는 것은 아니다. 풍경은 움직이는 문화적 대상 속에서 유포되고, 어떤 환경 속에서 세워지며, 구현된 풍경의 공연이 그 안에서 벌어지고 그 풍경에 영향을 미치기도 한다. 풍경의 사회적 구축은 '최소한 종이 매체의 보급, 그리고 신체 및 그 외 여러 물질의 유통을 수반한다'(Michael, 2000, p.50). 풍경의 표상은 돌아다니는 객체로서, 정보이면서 물질인 것이다. '이러한 의미에서 풍경의 표상은 시공간을 넘어 장소를 유포하는 역동적인 수단이 된다. (…중략…) 브루노 라투르Bruno Latour가 제기한 과학에서의 순환 참조와 마찬가지로, 풍경이라는 객체는 우리가 "세계를 상자 속에 담을" 수 있게 하고, 그 주변을 돌아다닐 수 있게 하며, 그렇게 하여 세계 그 자체에 관한 지식의 형성에 기여한다.'(della Dora, 2007, p.293; 2009)

이러한 '시골 풍경'에서는 보통 농기계, 노동자, 트랙터, 전선, 콘크리트로 지어진 농가, 고속도로, 방치된 농지, 오폐수, 원자력 발전소, 죽거나 병든 동물 등이 삭제된다. 사람들이 보는 것은 선택적이며, 사람들에게 귀속되는 것의 핵심은 이러한 초점화된 시선이다. 시골은 시선을 받기 위해 그곳에 있고, 이상적으로는 노동자이든 다른 관광객들이든 누구도 다른 사람들에게 시선을 받게 되어서는 안 된다. 레이먼드 윌리엄스Raymond Williams는 '사람들이 노동하고 있는 시골이 결코 풍경이 될 수는 없다. 풍경이라는 관념 자체가 분리와 관찰을 함의한다'고 말했다(Williams, 1973, p.120). 서비스 계급과 '낭만적 시선'은 이러한 시골의 모습을 '풍경'으로 유지하는 데에 앞장서고 있다. 그러나 농촌의 이미지가 주류의 대중문화, 특히 광고에서 중심적인 것이 되어감에 따라, 더 복잡하면서도 재미있게 변해가는 것이 바로 시선이다.

이러한 포스트모던의 관점에서 보면, 풍경은 '진짜' 혹은 '진정한'의 의미

가 올바른 기술, 이론, 이념 등을 통해 어떻게든 복원될 수 있는 재생 양피지에 가까운 것이라기보다는, 오히려 깜빡거리는 텍스트 (…중략…) 그 의미가 버튼을 누르는 것으로써 창조, 확장, 교체, 정교화될 수 있고, 결국에는 삭제될 수도 있는 것처럼 보인다(Daniels and Cosgrove, 1988, p.8; Macnaghten and Urry, 1998, 6장).

여기에 그러한 '풍경', 즉 사람의 손으로 경작하고 파종하고 방목하고 만들어내는 물리적이고 유형적인 자원인 '대지'에 관한 대안적인 접근법이 있다. 여기에는 환경에 대한 신체적 근접성 및 물리적 참여, 또는 그 환경 '속에서의 거주'가 포함된다(Milton, 1993; Ingold and Kurttila, 2000; 이 문제는 8장에서 다룬다). 영국에서는 두 차례의 세계대전 사이의 기간에, 특히 북부의 도시 노동자 계급이 산책, 소요, 자전거 타기 등 땅에서 즐기는 여가를 위해 사람의 손길이 닿지 않은 고지대의 시골 지역에 가기도 했다. 이 캠페인의 중심에는 과거부터 접근을 제한했던 토지 소유자에 대항하는 계급투쟁의 요소가 존재했다. 가장 유명한 진입 요구 캠페인은 1932년 영국 중북부의 고원 지역인 피크 디스트릭트Peak District의 킨더 스카우트Kinder Scout에서 열렸다. 톰 스티븐슨Tom Stephenson 등 주최자들의 목표는 '풍경을 보는 것이 아니라 걷거나 오르거나 자전거를 타고 돌아다니면서 그곳을 육체적으로 체험하는 것이었다'(Cosgrove, 1984, p.268). 그들은 '풍경 사진'에 발을 들였고, 신체적으로, 감각적으로, 그리고 표현적으로 자신의 물질적인 행동유발성과 관계를 맺었다. 이는 활동적이고 움직이며 여러 특성이 혼합된 신체를

통해 자연의 물질성이 체험되는 현대의 모험 관광과 거의 비슷하다. '수많은 관광 소비자들에게 자연은 바라보는 어떤 것에서 올라타거나 제트보트를 몰고 통과하거나 완전히 거꾸로 뒤집히는, 즉 숭고함이 전도되는 어떤 것으로 진화했다!'(Bell and Lyall, 2002, p.27)

새뮤얼(Samuel, 1998, p.146)은 1930년대 북유럽 지역에서 재미 삼아 시골 지역을 산책하는 젊은이들을 두고서, '시골은 활력의 원천으로 여겨지고 있었다. 젊은이들의 의도는 체험, 즉 오감으로 느끼는 풍경을 보는 것이 아니었다'고 주장한다. 이러한 새로운 다감각적 관행은 시골 지역의 기존 농업 활동을 외면했다. 두 차례의 세계대전 사이의 기간 동안 마을들은 시각적으로 매력적인 장소로 생각되기보다는 '습기가 차 있고, 지붕에는 비가 새며, 창문은 작고, 내부 환경은 불결하기 짝이 없는 시골의 빈민가'로 여겨졌다(Samuel, 1998, p.146). 산책하거나 등산을 하거나 자전거를 타거나 야영을 하는 등의 사람들은 대부분 그 시골에 살면서 일하는 사람들의 생활과 환경을 무시했다.

시골 지역에 대한 현대적인 전유가 시골을 하나의 구경거리, 심지어는 어떤 '테마'로 취급하는 것을 포함하는 한, 이것은 '사용' 또는 주거 목적으로서의 시골을 강조하는 접근 방식과는 대조되는 포스트모던적인 태도라고 할 수 있다(Macnaghten and Urry, 1998). 사용 또는 주거 목적의 시골에 대한 대응으로서, 농촌 지역에 사는 많은 사람들은 패키지화되고 테마화된 환경을 개발하고자 하며, 이렇게 해서 방문객을 위해 농촌 생활에 관한 상대적으로 위생적인 표상이 설계되고 구축되고 제공된다.

우리는 수동적으로 경치를 구경하러 오는 사람들을 위해 멋진 풍경으로
서 보존할 지역을 계획하는 것이, 그 지역 내에서 생활하고 노동하며 능동적
으로 휴양을 즐기는 사람들에게 지역 개발을 위한 권한을 위임하는 것보다
훨씬 손쉬울 것이라고 생각한다. (···중략···) 이렇게 보존된 풍경은 실제로
국가적으로 상품화되었으며, 여행 산업에서 해외에 홍보되고 팔리는 것이
되었다(Cosgrove, 1984, p.269).

관광객이라는 범주는 시골 지역에서 상대적으로 더 많은 특권을 가
진다. 그러한 지위를 주장할 수 있게 되는 것은 대개 백인이며, 자기 차
량을 소유하고 목적에 걸맞은 종류의 숙박시설(호텔, 캠핑카, 유명 야영지
등)을 예약하거나 구입할 수 있는 정도로 부유해야 한다. 또한 사람들이
단체로 방문하게 될 경우는 관광버스나 기차와 같은 특정한 종류의 교
통수단을 이용하는 것이 필수적이고, 자동차나 오토바이의 행렬이나,
아니면 히피 행렬 같은 방식은 안 된다(신세대 여행자에 대해서는 Hethe-
rington, 2000b를 보라). 또한, 적절하다고 여겨지는 특정한 종류의 행동
에 참여해야 하며, 그 외의 행동은 하지 않아야 한다(영국에서는 '시골 방
식'으로 알려져 있다).

특히 근대적 형태의 교통수단, 에너지, 농공업적인 생산을 선택적
으로 거부하는 입장에서 생겨난 생태 관광의 발전도 이루어졌다. 특히
산림청뿐만 아니라 개인 토지소유주들도 침엽수를 심어서 광범위한 숲
을 '근대화하는' 것에 대한 적대감을 보여 왔다. 그들은 침엽수림이 환
경과 사회 모두에 악영향을 끼친다고 생각하는데, 고유종인 맹금류를

포함한 특수한 야생동물이 멸종되거나, 관광에 의해 유지되어 왔던 고용 수준이 저하되거나, 자연 그대로의 손때 묻지 않은 매력을 가지는 '낭만적인' 습지 초원이 소멸된다는 것 등이 예로 거론된다. 실제로 관광객들이 행사한 더 큰 영향력으로 인해 점점 더 많아지는 근대화된 침엽수의 식목에 대항하여 손때 묻지 않은 습지 초원이 보존되는 경우도 아마 있었을 것이다(Shoard, 1987, pp.223~225를 보라; 삼림 지대의 산책에 대해서는 Macnaghten and Urry, 2000a를 보라). 이에 따라 농촌 관광의 몇 가지 중요한 특징은 지난 20~30년 동안 이루어진 환경 정책의 폭넓은 발전 그리고 특정한 지역이나 장소를 '근대화'하려는 폭넓은 시도에 대한 저항에서 비롯된다.

위에서 개략적으로 언급한 요소 중 하나가 유희성이다. 페이퍼(Feifer, 1985)는 이러한 발상을 '포스트투어리즘'이라는 개념을 통해 발전시켰다. 그녀는 세 가지 특징을 강조한다. 첫 번째, 포스트투어리스트의 입장에서 관광객의 시선의 수많은 전형적인 대상들을 **보기** 위해 자신의 집밖으로 나올 필요가 없다는 것이다. TV, 비디오, 인터넷을 통해 어떤 종류의 장소에든지 시선을 향하고 비교하고 상황을 이해하고 다시 또 시선을 향할 수 있다. 저녁노을, 산줄기, 청록색의 바다 따위를 보면서 자신이 '정말로' 그곳에 있다는 상상을 할 수 있다. 어쨌든 전형적인 관광 체험은 **유명한** 경치를 어떠한 **틀**을 통해 보는 것이며, 이 틀이라는 것은 호텔의 창문이나 자동차의 앞 유리, 관광버스의 유리창 같은 것을 가리킨다. 그러나 이것들도 이제는 거실에서 스위치 한 번만 누르면 체험할 수 있게 되었으며, 몇 번이고 반복할 수도 있다. 진정한, 일생에 단 한 번뿐인 시선이라는 느낌은 거의 존재하지 않으며, 스위치를 누르거나 마우스를 클릭하기만 하면 어떤 틀 안에서 무한하게 펼쳐진 시선을 손에 넣을 수 있다. '관광객의 시선'이라는 차별성은 이러한 시선이 포스트모던 대중문화의 일부가 됨에 따라 사라지게 되었다. 결과적으로, 우리는 '관광의 종말'에 관해 말할 수 있다. '말 그대로 이동을 해서든, 아니면 다양한 기호와 전자 이미지의 엄청난 유동성을 통한 가상의 이동성을 체험할 뿐이든, 사람들은 거의 항상 관광객으로서 존재하기 때문이다'(Lash and Urry, 1994, p.259). 이에 대해 9장에서 우리는 기후 변화의 리스크 및 다른 장소를 '가상으로' 여행하고 소비하는 것의 범위와 관련지어 다시 살펴본다.

두 번째, 포스트투어리스트는 변화에 민감하며 선택지가 다양한 것을 즐긴다. '이제 사람들은 무언가 성스러운 것, 바야흐로 자신을 더 성장시킬 수 있는 무언가 정보적인 것, 바야흐로 자신을 더 높이고 빛낼 수 있는 무언가 아름다운 것, 그리고 지금 지루함을 느끼는 자신을 위한 무언가 색다른 것을 보고 싶어 한다'(Feifer, 1985, p.269). 포스트투어리스트는 한편으로는 '고급문화'의 속박에서, 다른 한편으로는 방종한 '쾌락 원리'의 추구에서도 해방되어 있다. 사람들은 한 곳에서 다른 곳으로 손쉽게 이동할 수 있고, 실제로 그 둘 사이의 대조로부터 즐거움을 얻을 수 있다. 세계는 하나의 무대이며 포스트투어리스트는 다양한 게임을 즐기면서 기쁨을 느낄 수 있다. 에펠탑의 축소 모형 복제품을 구입하면, 이것은 한 조각의 키치로서, 기하학적 형식주의의 실천으로서, 그리고 문화적 가치가 있는 인공물을 사회적으로 드러내는 것으로서 동시에 즐길 수 있는 것이 된다(Feifer, 1985, p.270을 보라). 이것을 올바른 해석으로부터 벗어난 물신 숭배로 여길 필요는 없다. 포스트투어리스트는 그것을 세

가지 의미를 다 갖는 것으로서 즐길 수 있기 때문이다.

가장 중요한 세 번째는, 포스트투어리스트가 자신이 관광객이라는 것, 그리고 관광은 여러 텍스트를 포함하며, 유일하고도 진정한 관광 체험이란 것은 존재하지 않는 일련의 게임이라는 것을 알고 있다는 점이다. 그러므로 포스트투어리스트는 자신이 몇 번이고 줄을 서서 기다려야 한다는 점, 고급스럽게 마감된 브로슈어가 대중문화의 한 부분이라는 점, 겉보기에는 진정한 현지의 오락거리가 실은 민속 주점만큼이나 사회적으로 고안된 것이라는 점, 이른바 정취가 있는 전통적인 어촌 마을이 관광 수입 없이는 살아남을 수 없다는 점 등을 알고 있다. 포스트투어리스트는 '어떤 역사적인 장소를 찾아갈 때에 자신이 시간 여행자가 아니라는 것을 알고 있고, 열대의 해변에 머무르고 있을 때에도 자신이 잠시 동안이나마 고결하고 순수한 원시인이 될 수 없다는 것을 알고 있으며, 원주민의 거주지를 방문할 때에도 자신이 남의 눈에 보이지 않는 관찰자일 수 없다는 것을 알고 있다. 그들은 철저하게 "현실을 자각하고 있으며", 외부인이라는 상황에서 빠져나올 수 없다'(Feifer, 1985, p.271).

관광객이 하는 게임 중 하나로 '어린아이 취급'이라는 것이 있다. 이것은 특히 가이드가 동반하는 버스 관광에서 분명히 드러난다. 목적지는 어디인지, 시간은 얼마나 걸리는지, 식사는 언제 할 것인지, 화장실에는 몇 분만에 다녀와야 하는지 등의 내용들이 전달된다. 그 단체(또는 학급)는 또한 무의미한 질문을 받으며, 대부분의 대화는 여러 곳에서 온 사람들끼리 가상의 대항의식을 부추기는 방식으로 이루어진다. 하지만 이러한 관광은 '관광객이 되어서 놀고 있다'는 것을 이해하는 사람들에게 매우 선호되는 것 같고, 여기 포함되어야 할 게임 중 하나가 바로 '어린아이 되기'이다.

　포스트투어리즘이 중요한 것인 만큼, 이것이 기존의 관광 관행에도 영향을 미칠 것이다. 관광의 즐거움은 생산과 소비 양 측면의 복잡한 과정에서 생겨난다. 우리는 사회적으로 구성되는 관광객의 시선의 특징, 즉 생산과 소비 둘 모두가 사회적으로 조직된다는 점, 시선은 비일상적이면서 또한 다른 것들로부터 그 시선이 닿는 위치 / 광경을 식별해내는 특정한 대상이나 특징을 향하게 되어 있다는 점을 강조했다. 보통은 모종의 물리적인 특징이 있어서 그것을 눈에 띄도록 하지만, 그럼에도 이들은 많은 경우에 만들어진 것이고 그 특성이 무엇인지를 익혀야 한다. 그러나 때로는 그곳을 비일상적으로 만드는 것이 장소의 역사적이거나 문학적인 연관성인 경우도 있다. 다이애나 비가 사망한 파리의 터널이나, 작가인 브론테Brontë 자매들이 살았던 요크셔의 하워스 마을에 있는 목사관 같은 곳이 그러하다.

　포스트투어리즘의 발전은 관광객의 시선이 생산되고 소비되는 이러한 과정을 변화시키고 있다. 예를 들어 머서(Mercer, 1983, p.84)는 대중의 쾌락이 '문화적 사건, 형태, 텍스트에 대한 무의식적이고 전면적인 관여를 필요로 한다'는 것을 지적했다. 관광의 즐거움에서 특히 중요한 것은 다양한 형태의 소비에 작용하는 가벼운 금기사항들, 즉 폭식이나 폭음, 무분별한 소비, 엉뚱하게 옷을 입는 행위, 매우 다른 시간 패턴을 갖고 행동하는 것 등을 강력하게 타파하는 것을 포함한다. 톰슨(Thompson, 1983, p.129)이 말했듯이 '사람들은 규범적이고 "수용가능한" 일상의 소비를 이렇게 **해체**함으로써 소비에 나서게 된다.' 그러나 포스트투어리스트가 유희성, 다양성, 자의식에 강조를 두는 것은 사회적으로 용인되는 미적지근한 규칙 위반을 통해서는 간단한 즐거움도 얻기 어렵게 만든다. 포스트투어리스트는 무엇보다도 자의식이 강하고, '냉정하며', 역할 거리를 둔다. 그러므로 즐거움은 이전과는 다른 방식으로 기대되고 체험된다. 여기서 많은 변화가 일어나고 있다.

선진 서구 사회에서는 주로 시각적인 미디어를 보편적으로 이용할 수 있게 되면서 '일상적'인 것의 수준이 엄청나게 높아졌고, 이에 따라 사람들이 '비일상적'인 것이라고 간주하는 수준 또한 높아졌다. 게다가, 미디어가 '3분 문화'를 만들어낸 것이 사실인 만큼, 매체가 사람들로 하여금 즐거움의 형태와 장소를 바꾸도록 부추길 가능성도 있다. 사람들은, 아니 더 분명하게는 가족 단위로 항상 해 왔던 일을 그대로 지속하기만 해서는 상대적으로 더 적은 만족감을 얻게 될 것임이 거의 분명하다. 따라서 휴일은 특히 가족 및 이웃 사람들과의 집단적 기억과 체험을 강화하는 것과는 별 관련이 없으며, 즉각적인 즐거움과 더 많은 관련을 가진다. 그 결과, 사람들은 일상에서 벗어난 새로운 체험을 계속 찾는다. 절대적으로 어떤 대상을 중심으로 하여 포스트모던의 관광지를 구축하는 것이 실제로 가능한가 하는 것은 흥미로운 질문이다. 다만 머서는 이렇게 더 멀리 떨어진 유희의 방식으로 즐거움을 체험하는 것은 어떤 즐거움도 만족스럽지 못한 것으로 만든다고 주장한다. 특히 과거에 해변의 휴양지에서 한번 보았었던 것과 같은 '단순한' 즐거움을 느끼는 것은 훨씬 더 어려워진다.

그러나 '포스트투어리즘'이라는, 이 일상적 시선과 관광적 시선 사이의 탈분화가 어떤 장소를 직접 몸소 보고 싶다는 욕구를 항상 대체하는 것은 아니다. 또 다른 특질은 체험과 장소의 중재이다. 매체 문화는 관광과 새로운 관광지, 그리고 중개된 시선, 1장에서 우리가 '미디어화된 시선'이라고 불렀던 것의 새로운 형태에 대한 욕구를 만들어낸다. 이들 서로 다른 양식의 가상적이고 상상적인 여행 및 몸을 쓰는 여행 사이에는 복잡한 교차 관계가 있으며, 이들은 점점 서로 탈분화되고 있다. 관광객의 시선은 점점 더 미디어에 의해 중개되고 있다. 포스트모던의 세계에서 관광객은 어떤 장소에서 시선을 향할 때 끊임없이 텍스트와 이미지의 세계, 즉 서적, 잡지, 회화, 그림엽서, 광고, TV 드라마, 영화, 비디오 게임, 뮤직비디오 등에 둘러싸여 있게 된다. 관광객의 시선이 광범위하게 세계화되면서 대부분의 장소는 이미지의 회로를 통해 '움직이고 있고' 또한 '이어져 있다.' 멀리 떨어진 장소도 세계의 '부유한 북반구'에서 살아가는 사람들의 일상 공간을 끊임없이 돌아다니고 있다(Urry, 2007; Haldrup and Larsen, 2010). 사람들이 언젠가 '상상을 통해서' 여행을 해 본 적이 없는 곳이라면 실제로 그곳에 가는 것 또한 불가능하다. 뉴욕을 무대로 하는 〈NYPD Blue〉, 〈스핀시티Spin City〉, 〈Seinfeld〉, 〈프렌즈Friends〉, 〈섹스인더시티Sex in the City〉 등의 TV 드라마를 통해, 뉴욕을 배경으로 하는 영화를 연출한 우디 앨런Woody Allen, 스파이크 리Spike Lee, 웨인 왕Wayne Wang과 같은 감독들의 눈을 통해, 그리고 최소한 9·11 테러 공격사건을 통해, 누구나 뉴욕에 가 본 일이 있으며 그렇기 때문에 우리 모두가 실제의 뉴욕으로 가 볼 수도 있다. 뉴욕의 거리를 걷다 보면 수많은 미디어가 지금까지 유표한 이미지의 기억들이 떠오르게 된다(Larsen, 2005; Mazierska and Walton, 2006).

표상의 공연을 통해, 대부분의 관광지는 오랜 시간에 걸쳐 특정한 '상상의 지리'로서 각인되어 왔고, 서적, 브로슈어, 그림엽서, 사진 앨범

속에서 그리고 그것들을 통하여 물질화되고 누적되어 왔다. 관광지는 주어지거나 고정된 것이 아니다. 이들은 미디어 문화에서 생산되고 재생산되는 방식에 따라, 나타났다가 사라지고, 의미와 성격을 바꾸고, 여기저기를 돌아다닐 수 있다(Shields, 1990; Coleman and Crang, 2002b; Bærenholdt et al., 2004). 문학이론가인 에드워드 사이드Edward Said는, '사람, 장소, 체험은 언제나 책으로 묘사될 수 있고, 그런 만큼 책이 묘사해내는 실상보다 더 큰 권위와 효용을 얻는다'고 말했다(Said, 1995, p.93).

오늘날 관광의 '표식'은 어디에나 있는 것으로 보인다. 요즘은 사람들이 유형적으로 여행을 하든, 아니면 일상 속의 매체 문화가 만들어내는 믿기 어려울 정도로 광범위한 세계의 이미지를 통해 단순히 상상으로 여행을 하든, 관광객의 시선과 매체의 시선은 상당히 중첩되어 있고 서로를 강화한다. 유명한 영화와 TV 드라마가 상영되고, 이전에는 사람들이 거의 돌아다니지 않았던 스크린 속의 촬영 장소에 관광객들이 물밀 듯 찾아오기도 한다(Tooke and Baker, 1996; Riley et al., 1998; Beeton, 2005; Couldry, 2005; Tzanelli, 2008; Mordue, 2009). 미디어 연구자인 컬드리Couldry에 따르면 '공간을 가로지르는 현실의 여행이면서, 또한 동시에 "일상적 세계"와 "미디어 세계" 사이에 구축된 "간극"의 공간에서 연기를 펼치는 것이기도 한' '미디어 순례'가 급증했다(Couldry, 2005, p.72). 영화나 드라마 속의 실재를 찾아나서는 미디어 순례는 포스트모던의 초실재(Eco, 1986)라는 형태 속을 돌아다니는 것인데, 여기서 초실재라는 것은 중개되지 않은 실재에 대한 접근이 불가능한 세계에서 허상과 실재가 혼동되는 곳을 말한다. 여기서 우리는 영화의 풍경이 실제의 풍경과 동일시되고 또한 실제의 풍경을 표상하며, 이에 따라 관광의 목적지가 어느 정도는 **판타지랜드** 혹은 **미디어월드**가 되어 버리는 상황을 맞이하게 된다.

모듀Mordue는 1960년대 영국의 고트랜드에 거주하는 시골 경찰관의 생활을 중심으로 다루는 현대의 TV 프로그램인 〈하트비트Heartbeat〉와 관련하여 다음과 같이 주장했다. '〈하트비트〉 관광을 노린 고트랜드의 무대 관리는 "전통적인" 시골 마을로서의 정체성과 에이든스필드라는 미디어의 정체성이 시각적으로 완전히 뒤얽혀있다는 것을 의미한다. (…중략…) 사실상 마을 중심부의 곳곳에서 표지판이나 기념품 가게를 통해, 당신이 지금 하트비트 나라의 중심부에 있다는 것을 상기시켜 준다'(Mordue, 2009, p.336). 인기를 끌었던 이 시리즈는 시골 생활에 대한 향수를 표상하였으며, 프로그램이 더 큰 인기를 얻으면서 해당 지역의 연간 방문객 수는 20만 명에서 120만 명으로 증가했다(Mordue, 2009, p.332).

이와 함께, 영화 스튜디오도 '관광 목적지'가 되었다. 실제로, 세계 각국의 관광 관계 기관들은 인기 있는 '영화 지리'의 잠재력을 일찍부터 주목해 왔으며, 이를 통해 새로운 관광지를 만들어 내거나 과거의 관광지에 새로운 상상의 지리 혹은 장소의 신화를 각인시킬 수 있었다. 1996년 영국 관광청BTA은 영국의 영화와 관계되는 지리 정보를 관광 지리로 홍보하기 위한 〈영화 지도〉 및 〈영화 지도 웹사이트〉를 공개하였다. 그들이 내건 새로운 표어는 '영화의 야외 촬영지에서 휴가를'이었다(www.visitbritian.com/corporate/links/visitbritian/campaigns.htm, 접속일 : 2010.3.22). 이 영화 지도는 '영국 방문객들이 좋아하는 영화와 TV 쇼에 등장한 야외 촬영지를 찾아내어 더 많은 사람들이 오게 만드는' 현상을 반영한다. 한 캠페인은 〈해리포터Harry Potter〉의 전무후무한 세계적 흥행을 가지고서 영국의 마법, 즉 그 '멋지고 신비로운 매력'을 발견하기 위한 돋보기로 활용하였다(Edensor, 2002; Larsen, 2005). 민족 브랜드를 신장시키려는 시도로서, 스코틀랜드 관광청은 헐리우드의 블록버스터 영화인 〈브레이브하트Braveheart〉에 힘을 쏟았다(Edensor, 2002).

어떤 영화 평론가가 영화 〈Captain Corelli's Mandolin〉에 대해 '휴가 광고로서는 훌륭하지만 영화로서는 다소 지루함'(영국 지상파 방송국 채널4)이라는 촌평을 남긴 점을 생각해 보면, 여행사에서 이 영화에서 드러난 표상을 활용하여 그 배경인 케팔로니아 섬을 관광 상품으로 판매하려고 한 것은 놀라운 일이 아니다. 여행사인 톰슨Thompson의 광고 문구를 인용하자면 다음과 같다. '숨겨진 섬 케팔로니아, 영화 〈Captain Corelli's Mandolin〉의 명성 그대로.'(Crang and Travlou, 2009, p.86에서 인용)

또한 소설 『반지의 제왕The Lord of the Rings』은 영국 소설가 톨킨J. R. R. Tolkien의 저작으로서 뉴질랜드와는 아무런 관련도 없다. 그러나 영화는 뉴질랜드인 피터 잭슨Peter Jackson이 감독을 맡았으며 뉴질랜드에서 촬영되었다. 이로 인해 뉴질랜드의 수많은 관광업체들이 전 세계적인 인기를 기회로 삼을 수 있었다. 실제로 대부분의 장면은 '실제' 풍경에 영화 세트 및 디지털 수정의 후반 작업이 뒤섞인 것이었음에도, 뉴질랜드 관광청에서는 그곳을 '미들어스의 고향'이라고 이름을 붙여 홍보했다. 이제는 촬영의 '흔적'도 남아 있지 않지만, 여러 기업들이 영화의 주요 장면에서 착안한 길고 짧은 관광 상품을 마련했다. 사람들은 이 꾸며낸 가상의 환경에서 '반지의 제왕 야외 촬영지 가이드북'을 손에 들고 여행할 수 있게 되었다. 이러한 〈반지의 제왕LOTR〉 산업에서 '장소'와 '문화'는 물리적인 위치에 딱히 대응되지 않을 뿐만 아니라 꾸며낸 가상의 환경과도 잘 맞아떨어지지 않는다. 차넬리(Tzanelli, 2008, 3장)에 따르면, '가상 관광'은 '장소'와 '문화'에 대한 이야기를 단순히 다 들려주는 것이 아니며, 오히려 꾸며내고 영화적인 이야기 그 자체가 〈반지의 제왕〉이라는 기호 산업의 '정통파 관광객'을 위한 목적지가 된다.

결론

본 장에서 우리는 모던에서 포스트모던으로의 이행이라는 측면에서 표현되어 온 현대 문화의 주요 변화를 탐구했다. 우리는 복합적인 영역들 사이의 다양한 탈분화, 즉 늘어가는 중산 계급의 취향 전쟁 및 미디어화되어 가는 관광의 여러 양상에 대해 조사했다. 이러한 논의의 대부분은 전원적인 것과 자연적인 것이라는 매력과 유인에 관련하여 설명하였다. 종합하자면, 우리는 경제가 점점 더 기호의 경제가 되어 감에 따라 '문화'가 관광에서 얼마나 더 중요해졌는지를 검토했다. 끝으로 우리는 일상과 관광의 탈분화를 포함하는 '포스트투어리스트'의 개념에 대해 탐구했다. 개략적으로 말하자면, 우리는 미디어 문화가 어떻게 관광 여행, 새로운 목적지, 새로운 형태의 '미디어화된 시선 보내기' 등을 위한 욕구를 만들어내는지에 대해서도 검토했다.

그러나 관광 체험에 미치는 영향이라는 문제는 아직 어느 정도 명시되지 않은 것들이 남아 있다. 따라서 다음 장에서는 지금까지 다룬 문화적 변화가 장소, 건물, 디자인에 미친 영향을 살펴본다. 다양한 관광객의 시선이 얼마만큼이나 장소가 만들어진 형태에, 다양한 신구의 건축물의 구조적 형태에, 그리고 그 디자인에 영향을 미치고, 또한 실제로 '시선을 받기 위한' 재디자인에도 영향을 미쳤을까? 기호는 수많은 물질적 영향을 미칠 수 있기 때문에 기호는 그저 단순한 기호가 아니라는 점을 언급해 두고자 한다.

제6장
장소, 건물, 디자인Places, Buildings and Design

장소Places

　대부분의 관광학 **논저**에서 주로 초점을 두는 부분은 관광객과 그들
의 행동, 그리고 그들이 연중의 특정한 시기에 특정한 종류의 장소에 가
게끔 동기를 부여받는 이유 등이다. 즉 인간 주체에 초점을 두는 것이
다. 그러나 이 책에서 우리는 그러한 관광객들이 가지는 서로 다른 시선
의 형태를 통해 만들어지고 다시 만들어지는 장소에 대해서도 관심을
가진다. 정말로, 우리는 장소에서의 그리고 장소에 관한 (그리고 다른 장
소와의 비교를 통해) 공연을 생성하고 재생산하는 시스템을 통해 장소와
사람이 어떻게 밀접하게 관련되는지에 관심을 두고 있다. *Performing
Tourist Places* 집필에 공저자로 참여한 우리는 관광의 장소를 '모래성'
의 은유를 통해 분석한 바 있다(Baerenholdt et al., 2004; Coleman and

Crang, 2002a; 8장을 보라). 특정한 물리적 환경이 그 자체로 관광지를 성립시킬 수는 없다. 적당히 모양을 낸 모래의 더미라고 해도 모래성의 모양을 이루기 전까지는 그냥 모래일 뿐이다. 건물, 사회적 유대, 가정생활, 우정과 추억 등으로 디자인이 되어야 한다. 장소는 기대, 공연, 회상이라는 순환 속에 각인되면서 '관광의 장소'로서 모습을 드러낸다. 장소는 자본, 인간, 사물, 기호, 정보에 관한 네트워크의 이동성을 통해 경제적, 정치적, 문화적으로 생산된다. 그리고 즐기기 위한 특정한 장소로 만들어지는 것은 이러한 복잡한 운동에 의한 결과이다. 장소는 고정되거나 주어지는 것이 아니며 또한 단순히 경계 지어지는 것도 아니다. 분명하게 다른 것과 차별화할 수 있는 몇몇 장소 중에서, 그리고 그런 장소를 통하여, 또한 그런 장소를 초월하여 뻗어나가는 복합적인 관광객의 시선과의 관계 속에서 장소들도 '놀이 중'인 것이다.

따라서 본 장에서 우리는 '관광객'을 떼어놓고, 다양한 장소를 창출하고 공연하는 네트워크와 담론에 중심을 두는 관광론에 집중하고자 한다. 이렇게 해서 장소는 다른 조직, 기계, 그리고 특히 건물과의 네트워크로 이루어진 관련성을 통해 가능하게 된 관광 공연으로 (재)생산된다. 장소는 이러한 '순회하는' 과정으로 붐비는 곳에 있으며 부분적으로는 기대되고 디자인되며 기억되는 건물들로 구성되어 있다. 그러므로 본 장에서 우리는 관광객이 시선을 향하는 건물, 그 디자인, 그리고 장소 사이의 다양한 관계에 대해 살펴본다.

다음 절에서는 발전되어 온 디자인과 건축양식을 다룬다. 관광은 시선을 보내기에 즐겁고 흥미로운 특정한 종류의 장소를 찾는 것이며, 필연적으로 그러한 장소에 있는 건물의 디자인에 주목하게 된다. 우리는 장소의 디자인과 재디자인의 문제를 먼저 다루고, 이어서 테마 시설 및 쇼핑몰의 디자인과 효용에 대해 간단히 논의한다. 그런 다음 문화유산, 특히 역사적 유산인 건축물의 외관에 대한 문제를 고려한다. 마지막으로 미술관 / 박물관의 변화하는 특성과, 특히 포스트모던 미술관 / 박물관의 디자인과 효용에 대해 검토한다.

시선을 위해 디자인하기|Designing for the Gaze

얼마나 많은 관광 소비가 시각적인 것을 포함하는지, 그리고 시선이 향하는 대상으로서의 건물의 중요성을 감안하면, 해당 건물이 가진 심미적인 디자인, 패턴, 형태, 테마의 변화를 고려하는 것은 필수적이다. 여기서 우리는 체험 경제와 무대화, 디즈니화 그리고 특히 포스트모던의 건물에 대한 논의로 넘어가서, 그러한 문화적 패러다임을 가장 잘 보여주는 영역에 대해 살펴본다.

우리는 먼저, 현대 건축에도 다양한 종류가 있다는 것을 주장한다. 모던 **이후**라고 하는 건축, 프리모던**으로의 회귀**라고 하는 건축, 모던에 대해 **반대**하는 건축 등이다. 그리고 이 건축양식들이 서로 연관되어 있다는 것을 간단히 설명한다.

모던 **이후**라고 하는 것은 '소비주의적 포스트모더니즘'이다. 이것은 '라스베이거스에서 배우라'고 하는 벤투리R. Venturi의 외침에서 비롯된 것이다(Venturi, 1972; Jencks, 1977; Frampton, 1988; Ibelings, 1998). 이러한 소비주의적 포스트모더니즘은 포스트포드주의, 그리고 좀 더 최근의 것으로 말하면 '체험 경제'라는 양식의 전형이라 할 수 있다. 라스베이거스나 디즈니랜드에 있는 룩소르 라스베이거스, 시저스 팰리스, 벨라지오, 더 베네치안 호텔은 상업주의 및 포스트모던의 '테마화'를 기념하는 상징들이다(Harris and Lipman, 1986, pp.844~845; Klingmann, 2007, pp.194~205). 〈사진 6-1〉을 보라. 예술과 생활은 장난스럽고 창피한 줄도 모르는 장식적인 양식의 차용으로 융합되어 있거나 마구 뒤섞여 있다(〈사진 6-2〉의 트래포드센터, 또는 존 저디John Jerde의 디자인을 보라). 과거의 고급문화의 요소는 대량 생산되고 더 이상 단일한 양식을 의미하지 않는다. 이것은 표면과 외관, 유희성과 파스티셰의 건축양식이다. 이는 기교만을 지나치게 추구하는 매너리즘의 방식이다. 마치 건축에 관한 모든 역사적 양식과 관습이 끝도 없이 그려지고 나란히 배치되며 다시 또 그려지는 것처럼 느껴진다. 과거는 '형태에 관한 무궁무진한 레퍼토리, 즉 누구나 재활용할 수 있는 "양식"이다'(Ibelings, 1998, p.21). 라스베이거스의 시각적인 광경은 이곳의 건축양식이 근대 건축의 '순수한 형태'의 죽음으로부터 어떻게 해방될 수 있었는지를 보여준다.

라스베이거스의 고양된 상징주의는 허구의 환상적 풍경을 만들어낸다. 기호와 양식으로 만들어진 그 건축양식은 거의 탈공간적인 것으로 여겨지며, 테마화로 인해 건축의 기능은 무색해지게 된 것으로 보인다. 이는 '겉모습에 관한 한 상상의 세계'가 되게 함으로써 건축을 그 시각적 고요로부터 해방시키는 서사적 내용을 갖는 하나의 건축양식이다. 라스베이거스에서 얻은 한 가지 교훈은 오락을 즐기는 구역의 건물이 사람들을 가상적인 역할로 끌어들이는 힘을 가진 서사적 구조를 가져야 한다는 것이다(Venturi, 1972, p.53). 이는 집단적이고 관중적인 시선

〈사진 6-1〉 라스베이거스의 베네치아 체험

을 충족시키는 일종의 건축양식이다.

존 저디가 디자인한 쇼핑몰에서와 마찬가지로, 이 건축양식은 지금은 '체험 경제'에서 매우 중요하다. 클링만Klingmann은 체험 경제와 건축을 연결 짓는다. '건축에서, 체험 경제 속에서 디자인의 상대적인 성공은 소비자가 그것을 보고 느끼는 감흥, 즉 디자인이 제공하는 재미와 그것이 환기하는 결과적인 즐거움에 의해 결정된다'(Klingmann, 2007, p.19). 반면 모던의 건축양식은 주로 형태와 기능에 관심을 두고 있으므로, 클링만이 주장하는 바는 '체험 경제'에서의 디자인이 체험에 초점을 두고 있으며 정서적 감흥을 자아낸다고 하는 점이다. 품질을 결정하는 것은 더 이상 건물의 정형적인 디자인이 아니며, 정서적, 신체적, 정신적으로 사용자의 감각에 반향을 일으키고 사용자를 사로잡을 수 있는 힘이다. 그 열쇠는 이 건물이 어떠한가가 아니라 어떻게 작용하는가가 되어가고 있다(Klingmann, 2007, p.317). 그 과도기적이고 공연적인 힘이 중심적인 것이다. 그리고 건축가들은 스스로를 역동적인 테마와 상황에 관한 안무가로 여기게 된다(Klingmann, 2007, p.214).

이와 대조되는 것으로 프리모던으로의 회귀가 있다. 여기서 칭송되는 것은 고전적인 형태, 엘리트의 건축양식, 그리고 낭만적 시선이다. 리온 크리어Leon Krier는 그 매력을 다음과 같이 요약한다. '사람들은 고전적인 건축양식의 전통에 반하여 이의를 제기한 바가 없다. (…중략…) 건축은 고전적인 원리와 질서 아래 가능한 한 최고의 형태에 도달해 있었다 (…중략…) 이는 자연과 우주 그 자체를 지배하는 원리와 같은 무궁무진한 가능성을 지니고 있다.'(Krier, 1984, pp.87·119)

이러한 재구성된 고전주의는 자신이 뛰어난 통찰력을 갖고 있다고 믿으며 훌륭한 건물의 분위기로 돌아갈 수 있다고 믿는 사람들에게서 비롯된다. 여기서 건축양식은 자기결정적인 관행, 즉 세 가지의 고전적 질서를 재현할 수 있는 자율적 분야이다. 이것은 사람들의 선택이 '모던의 건축양식'에 의해 왜곡되지만 않는다면 그런 고전주의야말로 정말로 사람들이 원하는 것이라고 하는 믿음과 관련되어 있다.

현대의 고전주의적 건축이 영국의 조지 왕조의 양식을 모방하는 한, 그것들은 관광객의 시선에서는 인기 있는 대상이 될 수 있다. 적어도 영국의 관광객이라면, 시선을 보내고 싶은 어떤 단일한 가옥 양식을 물어보았을 때 그 대답은 고전적인 조지 왕조 양식의 전원주택일 것이다(Hewison, 1987, 3장). 조지 왕조 양식의 건물 대부분은 영국의 여러 도시와 마을에 보존되어 있다. 가장 눈에 띄는 조지 왕조 양식의 도시 풍경은 주택들 자체가 하나의 지위재가 된 바스Bath 마을이다(9장을 보라). 누군가는 이곳의 많은 주민들이 미술관에서 살고 있다고, 그리고 동시에 미술관에 둘러싸여 살고 있다고 묘사할 수 있다. 이 도시는 거의 완벽하고도 훌륭한 취향과 환경을 갖추고 있다. 주민들이 소유하고 있는 문화 자본의 일부는 그러한 주택 및 이를 개선하는 데에 필요한 기술에 관한 지식이며 한편으로 동시에 그것을 보존하는 것처럼 보여주는 지식이다. 바스의 르네상스는 최근의 장난스러운 테마파크 혹은 쇼핑몰만큼이나 중요한, (프리모던의 감각으로 회귀한다는 점에서) 포스트모던의 상징이다.

세 번째의 변형적 양식은 모던에 대한 **반대**이다. 이것은 프램튼(Frampton, 1988)의 '비판적 지역주의'라는 개념, 그리고 포스터(Foster, 1985a; 1985b)의 '비판적 포스트모더니즘'이라는 개념에서 확인된다.

포스터는 모더니즘에 대한 비판을 유럽중심적이고 남근중심적인 담론의 일환으로 정의한다(Hebdige, 1986~1987, pp.8~9를 보라). 모더니즘(프리모던의 고전주의도 동일함)은 지방의 도시와 마을에 대한 대도시의 특권의식, 개발도상국에 대한 선진국의 특권의식, 태평양 권역에 대한 북대서양 권역의 특권의식, '동양' 및 '남양'에 대한 서양적 예술 형태의 특권의식, 여성 예술에 대한 남성 예술의 특권의식, 대중에 대한 전문가의 특권의식 등을 포함한다는 논의가 제기되고 있다. 이러한 종류의 논의에는 지금까지 지배적이었던 담론에 대한 도전이 포함되어 있다. 이는 절대적이고 보편화되있으며 맥락 독립적인 모더니즘의 공간 의식과는 대조적으로, 공간을 지역화되고 구체적이며 문맥 의존적이고 특수한 것으로 바라본다(Harvey, 1989).

리온 크리어는 '인간의 존엄성이 있을 자리'를 만들 필요가 있다고 말한다(Krier, 1984, p.87). 여기서는 지역성이라는 것이 중심이 된다. 현대 사회에는 많은 저항이 존재하기에, 특히 지역의 향토적 건축양식이나, 적어도 대도시의 중심가 바깥 지역은 인기를 얻게 되었다. 개별적인 장소에서 살아가는 사람들에게는, 최소한 자신의 공공의 공간에 그들이 살아가는 개별적인 지역성을 표현하는 건물을 보존하거나 개발하고자 하는 분명한 욕구가 존재한다. 이러한 오래된 건물에는 여러 가지 특징이 있는 것 같다. 전쟁, 부식, 개발업자, 도시계획을 거치면서도 살아남은 견고함, 과거 세대와 현재 세대 사이의 연결고리를 제공해주는 연속성, 세월과 전통이 가치가 있고 보존해야 할 것이라는 권위성, 과소평가되었던 프리모던의 기술과 재료를 주로 활용하여 지었다고 하는 숙련된 기술 등이다(Lowenthal, 1985, pp.52~63). 이에 관련된 런던의 대표적인 사례는 테이트 모던 갤러리이다. 이곳은 탬즈강 남쪽 제방에 있던 이전에는 발전소였던 곳에 지어졌는데, 운영 첫해에만 500만 명의 방문객을 끌어들였다.

관광객의 시선이 세계화되면서 모든 종류의 장소가 (정말로 거의 모든 곳이) 관광객의 시선의 대상으로서 스스로를 구축하기에 이르렀다. 즉, 생산의 거점이나 권력의 상징으로서만이 아니라 기쁨을 누리는 장소가 된 것이다. 사람이 한번 대도시나 변화가 등 바깥으로 나갔을 때 재미를 발견하게 되는 대상은 그 장소에 어울리는, 그리고 다른 곳에서는 찾아볼 수 없는 건물들이다. 근대의 건축양식에 대한 한 가지 강력한 반대는 그것이 생성해내는 획일성과 장소상실이었고, 이 때문에 잠재적인 관광객을 끌어들일 수 있는 독특한 건물을 많이 만들어낼 수 있는 가능성은 별로 없었다. 물론 이에 대한 예외도 있다. 대도시에 있는 건물로서, 예를 들면 리처드 로저스Richard Rogers와 렌초 피아노Renzo Piano가 설계한, 첨단 기술이 동원된 파리의 종합문화시설인 퐁피두 센터의 경우, 이곳은 현재 루브르박물관보다 더 많은 방문객을 끌어들이고 있다. 그리고 프랭크 게리Frank Gehry가 설계한, 스페인 빌바오의 구겐하임 미술관 분관의 경우 아마도 전 세계에서 가장 잘 알려진 신축 건물일 것이다. 대도시의 바깥에서는, 관광객의 시선이 수많은 장소들의 개별적인 역사를 알려주는 현지의 향토적인 양식의 재발견을 통해 그 차별성을 강화하고 있다. 린치(Lynch, 1973)가 '이곳은 몇 시입니까?'라는 질문을 던지듯, 달리 말하면 장소는 특정한 시간이나 역사를 나타내며 그러한 과정에서는 그 고장 특유의 포스트모더니즘이 중요하다. 라이트(Wright, 1985, p.230)는 '평범한 것과 오래된 것의 관념적이면서도 인공적인 심미화'를 이야기하는데, 그럼에도 서로 다른 장소는 서로 다른 '오랜' 시간들을 보여준다.

게다가, 각각의 장소는 다양한 관점에서 보여질 수 있다. 하나의 장소에서도 방문객과 현지인이 '보는' 것 사이에, 그리고 오래 살아 온 주민과 새로 이사 온 주민의 관점 사이에 차이가 있을 것이다. 라이트(Wright, 1985, p.237)는 다음과 같이 주장한다. '같은 지역에 살고 있어도 사람들은 서로 다른 세계 속에서 살아간다. **단일한 공동체나 마을 같은 것은 존재하지 않는다.** 누군가에게는 기분 좋은 예스러움이 다른 누군가에게는 낡고 망가진 것일 수 있다.'(강조는 원문 그대로)

지금까지 우리는 다양한 종류의 건축양식에 대해 다루었고, 이들이 지역 주민과 방문객 양측의 시선과 어떻게 일치하거나 일치하지 않는지에 대해 논의했다. 우리는 서로 다른 관광지의 개발에서의 건축가와 개발자 각각의 영향 관계를 간단히 짚어본다. 미국에서는 중소도시에서 건축가의 채용이 확대되는 추세인데 이는 그곳의 중산 계급이 높은 수준의 소득, 환경에 대한 관심, 디자인에 대한 의식을 갖춘 곳이라고 하는, 그 도시의 지역성을 제고하려고 하기 때문이다(Knox, 1987; Blau, 1988을 보라). 이들 지역 기반의 건축가 중 일부에게서 부분적인 영향을 받아, 보다 참여적이고 활동가에게서 더 많은 영향을 받은 계획들이 몇몇 장소에서 추진되었는데, 이들은 '재개발 계획의 중단뿐만 아니라 주변 생활세계의 보존과 강화를 목표로 한 것이었다'(Knox, 1988, p.5). 그 효과는 다양했고, 희망했었던 지역 보존을 위한 계획들은 종종 예상하지 못한 결과를 초래한 것으로 드러났다. 런던의 청과물 시장이었던 코벤트 가든의 개수공사는 시장의 기능이 종료된 이후 건물의 보존에 관심을 가지고 있던 활동가들의 영향을 받아 계획을 결정한 것인데, 그 결과 해당 지역 일대가 매우 성공적인 관광지로 거듭나게 되었다 (그 결과 혼잡, 높은 물가, 수거되지 않은 쓰레기 더미도 함께 생겨났다).

테마 공간Themed Spaces

이제 우리는 현대적인 건축양식의 두 가지 구체적인 양상이라 할 수 있는 테마 공간화와 쇼핑몰화를 살펴본다. 테마화는 '예를 들면 서구적인 것과 같은, 포괄적인 테마를 활용함으로써 전체적이고 통합적인 공간의 조직화를 만들어내는 것을 수반한다'(Lukas, 2008, p.67). 이것은 어떤 지리적 표상과 의미가 스스로 고립된 여가 또는 관광 공간의 물질적이고 상징적인 디자인 속에서 선택적으로 발명되거나 가공되거나 차용되는 의미작용의 과정이다(Hollinshead, 2009). 우리는 먼저 최근의 테마 파크의 측면을 살펴본 다음 현대적인 쇼핑몰과 리조트 호텔의 테마화된 특성으로 넘어간다. 이 절에서 우리는 소비주의적 건축양식과 디즈니화 사이의 유사성에 대해 추가적으로 조사한다. 우리는 수많은 테마화가 관광객의 시선을 중심으로 삼는다는 것을 보일 것이다. 테마 환경은 화려하면서도 예측가능하며 잘 알려진 기호를 통해 주로 시각적 감각을 자극한다. 또한 테마 환경은 시각이 제한적인 여러 가지 특징으로 축소되는, 그리고 그에 따라 과장되며, 끝내는 다른 감각들을 지배하게 되는 초감각적 체험에 의존한다. 불쾌한 냄새는 제거되고 가벼운 무취의 바람으로 바뀐다. 관광적 테마화는 주로 다른 곳, 다른 때의 상징적인 관광의 장소에 관한 기호를 들여옴으로써 이루어진다.

테마화는 장소를 들여오는 것이고 다른 곳에 대한 상상의 여행을 자극하는 것이다. 테마 공간은 존재와 부재, 이곳과 저곳의 역설적인 혼합을 표상한다. 또한 고도의 자본 투자, 사적 소유, 국제적인 '브랜드', 그리고 감시로 대표된다. 이는 공적 공간이 점점 더 사유화되고 상품화되며 규제된다는 것을 시사한다.

첫 번째 종류의 테마는 새로운 지명으로 새롭게 공간을 구분한다는 측면에서 국가를 분할하는 것이다. 영국 북부에는 '마지막 여름 와인의 나라', '에머데일Emmerdale 농원의 나라', '제임스 헤리엇James Herriot의 나라', '로빈 후드Robin Hood의 나라', '캐서린 쿡슨Catherine Cookson의 나라', '브론테Brontë의 나라' 등등이 있다. 공간은 특정한 테마를 나타내는 기호로 구분되지만, 그 테마가 실제의 역사적 또는 지리적 이유와 필연적으로 관련되는 것은 아니다. 캐나다에서는 1920년대 이래로 '해양 관계'의 테마가 발전해 왔는데, 이는 주정부와 민간 자본이 노바스코시아 지방에 근대 관광을 결집시키고자 시도한 결과이다. 맥케이(McKay, 1988, p.30)는 이것을 '새우잡이 통발, 머리가 희끗희끗한 어부, 방파제, 범선과 같은 특유의 프티부르주아적인 수사이면서 (…중략…) 관광에 경제적으로 의존하게 되어버린 지역의 황금시대 신화 이야기'로 설명한다. 특히 페기스 코브 마을은 여러 해에 걸쳐 더 순수하고도 순수한 모조품, 즉 실제로 존재한 적이 결코 없는 고요하면서도 번영한 농촌 마을의 복사품이 되었다.

영국의 테마 명소로는 요크의 조빅 센터Jorvik Centre, 랭커셔의 카멜롯 테마파크Camelot Theme Park, 피크 디스트릭트의 아메리칸 어드벤처

American Adventure, 옥스퍼드 스토리Oxford Story, 윈체스터의 십자군 체험 Crusades Experience('되살아난 역사'), 캔터베리의 순례의 길Pilgrimage Route 등 이 있다. 마지막 것의 경우 광고 자료에서는 '과거로의 순례'로 묘사되어 있다. 하지만 그 역사 감각은 기괴한데, 왜냐하면 '어린이 TV 프로그램에 등장하는 어떤 남성은 중세의 종교시에 나오지도 않는 장면에 부속된 인체 모형의 모델이며, 그 시의 문구들은 하나도 알아들을 수 없는 것이기 때문이다'(Faulks, 1988). 또 다른 예는 웨일즈의 랜드린도드 웰스Llandrinded Wells이다. 이곳에서는 일 년에 한 번 대부분의 시민들이 20세기 초 에드워드 7세 시대의 의상을 입는다. 그런데 사람들은 **일 년 내내** 그런 식으로 입고 다녀도 되지 않겠느냐는 말을 듣기도 한다. 이렇게 하면 온 마을과 그곳의 사람들은 영원한 에드워드 7세 시대 테마의 마을로 바뀌게 될 것이다. 스웨덴의 발트해에 있는 섬인 비스뷔에는 '중세 주간'이라는 것이 있어서, 이때는 모든 사람들이 중세 의상을 입고 중세 '테마'에 생명을 불어넣는 것을 체험한다. 한편 미국만큼 테마화가 더 널리 퍼져 있는 곳도 없는데, 1980년대 중반에 이미 미국 전역에 약 700여 개의 테마 명소가 있었다(Hollinshead, 2009에 나온 미국의 사례들, 그리고 아래 내용을 보라).

　테마란, 드보르(Debord, 1983)의 용어로 말하면, '구경거리 사회'의 요소이다. 조빅 센터나 옥스퍼드 스토리를 개발하는 사람들은 그 체험을 진정한 것으로 만들고자 시도했다. 이러한 테마 영역에서 관찰되는 대상은 시각과 청각의 시뮬레이션뿐만 아니라 후각의 이용을 통해서 진짜이면서 절대적인 것처럼 보인다. 그 장면은 원래의 것 또는 초현실의 것보다 더 진짜 같은 것이다. 아니면 적어도 즉각적인 감각을 통해 파악되는 겉모습은 더 진짜 같다. 로언솔(Lowenthal, 1985, p.293)은 '복제품에 익숙해지면 골동품도 완전하고 "새것같이" 보일 것이라고 생각하게 된다'라고 지적한다. 따라서 표상은 실재에 관한, 현실화되기를 기다리며 우리가 가지고 다니는 기호에 관한 우리의 기대에 더 가깝다. '디즈니랜드는 만들어진 자연이 우리가 꿈꾸는 요구사항에 훨씬 더 부합한다는 것을 알려준다. (…중략…) 디즈니랜드는 자연보다도 기술이 더 많은 현실을 가져다 줄 수 있다는 것을 알려준다.'(Eco, 1986, p.44; Lukas, 2007・2008)

원래의 것보다 더 진짜처럼 보이는 새로운 테마를 만들어내는 기술력은 널리 퍼져있다. 최근 라스베이거스에 있는 거대 호텔의 상징적인 건축양식은, 다른 곳에서 가져 온 상징적인 관광의 장소를 참고로 한 테마화의 수준이 놀라울 정도라는 것을 보여준다. 룩소르 라스베이거스 호텔은 시간을 초월한 '이집트 관광', 즉 상징적인 기념물, 유적, 낙타, 피라미드 등 포스트모던의 오리엔탈리즘적 모습을 테마로 하고 있다. 캐스(Cass, 2004)에 따르면, 이 테마화는 '끝내주는 이집트'를 표상한다. 라스베이거스에는 '이탈리아'도 있다. 시저스 팰리스, 벨라지오, 더 베네치안 등 고급의 거대 호텔은 모두 전형적인 '이탈리아식' 건축양식, 예술, 명소에 관한 가상화된 풍경을 테마로 삼았다(Raento and Flusty, 2006)(〈사진 6-1〉을 보라).

인도, 터키, 케냐와 같은 비서구권 국가에 있는, 서양인 관광객을 대상으로 하는 대부분의 올인클루시브 거대 호텔 또한 이국적인 타자성을 가지는 건축양식적 '테마화'와 공연적 '테마화'를 동원하지만, 이들은 통제된 환경 내에서, 그리고 외부에 숨어 있는 위험과 지저분함이 느껴지는 공간이 없다. 인도처럼, 과거에 식민지였었던 적이 있는 개발도상국 내의 이러한 고립된 공간에는 식민지적인 요소가 있다. 에텐서 Edensor는 그러한 사치스러운 '캠프'에 대해, 관광객이 주변의 장소들로부터 단절되는 고립된 장소라고 말한다. 그는 이국적인 인테리어, 이브닝 쇼, 공연하는 종업원이 있는 '고립된 모든 관광지는 시선을 끌기 위해 디자인되었다'고 주장한다. 이들은 '환경적 보호막'으로서, 관광객은 불쾌한 냄새, 취향, 광경으로부터 보호된다(Edensor, 1998, p.51; Edensor and Kothari, 2004). 그리고 이들은 관광객들이 집을 떠나 있어도 집에 있는 것처럼 느끼는 가족적인 장소이다. 관광객은 비슷한 생각을 가진 사람들끼리 모여, 국제적인 인테리어와 편의시설, 서양식 음식, 영어를 구사하는 직원 등에 둘러싸여 있다.

지중해 지역 대중 관광의 고립된 공간에 관한 테마화는 빌리그(Billig, 1997)가 '진부한 민족주의'라고 일컬은 것과 관련되어 있다. 국가별로 테마화된 바와 레스토랑은 진정한 지중해 현지식을 표방하는 가게들보다 보통 더 많다. 즉, 관광객은 같은 민족성을 가진 관광객들뿐만 아니라 자기 고국의 국기와 다른 상징들에 둘러싸여서 자국의 음식을 먹고 마실 수 있다(Jacobsen, 2003; Haldrup and Larsen, 2010). 최근의 한 문화기술학적 연구에서는 스페인 마요르카 섬에서의 전세 관광에서 관찰되는 영국스러움에 대해 다음과 같이 설명한다.

예를 들어, 더 브리타니아, 더 윌로우즈, 더 레드 라이언 등의 카페바처럼, 지명으로는 영국에서 볼 수 있는 것들을 연상시키는 것들이 사용되며, 또 다른 예로는 연예인인 베니 힐(Benny Hill), TV 드라마인 〈Eastenders〉 등과

같이 영국의 대중문화를 가리키는 것들이 있다. 이에 더하여, 주요 언어로는 영어가 사용되며, 영국의 스포츠 경기, 뉴스 및 기타 TV 프로그램이 위성으로 방송되거나 녹화된 비디오를 통해 재생된다. 음식은 분명히 영국풍이라 할 수 있는 것들로, 영국식 빵, 우유, 베이컨, 소시지 등이며 몇몇은 수입이 되어서 판매를 위해 광고도 이루어지는 것들이다(Andrews, 2005, p.252; West, 2006도 보라).

지금은 쇼핑몰 대다수가 그 자체로 주요 관광 명소가 되었으며, 테마화를 통해 두드러진 탈분화를 표상한다. 캐나다의 웨스트 에드먼튼 몰을 살펴보자.

디즈니랜드, 말리부 해변, 버번 스트리트, 샌디에이고 동물원, 비버리 힐스의 로데오 드라이브, 호주의 그레이트 배리어 리프 (…중략…) 이곳들을 한 번의 주말 동안에, 그것도 한 건물 안에서 찾아간다고 상상해 보세요. (…중략…) 동종 업계 세계 최대 규모의 복합 쇼핑몰로 일컬어지는 이 쇼핑몰은 110에이커의 부지에 828개의 점포, 110개의 레스토랑, 19개의 극장이 입점해 있고 (…중략…) 19층 높이의 유리 돔이 자리한 5에이커 규모의 워터파크도 있습니다 (…중략…) 쇼핑몰의 실내 호수를 감상해 보세요. 4척의 잠수함이 배치되어 있고, 함내에서는 상어, 문어, 열대 해양 생물, 그리고 그레이트 배리어 리프의 모형을 볼 수 있습니다. (…중략…) 판타지랜드 호텔에서는 다양한 테마로 이루어진 객실을 준비했습니다. 고전적인 로마풍의 객실로 된 층이 있는가 하면, 천일야화의 아라비아풍의 객실로 된 층도 있고, 폴리네시아풍의 객실로 된 층도 있습니다. (…중략…) (앨버타 주 여행, 발행일

불명)

이 쇼핑몰은 큰 성공을 거두어, 1987년에 이미 900만 명이 넘는 방문객을 유치했다. 이는 세계의 주변부에 위치한 에드몬튼이 문화의 중심이 되는 것으로서, 일반적으로 이해되는 세계 지리에 관한 상징적 거부를 표상한다. 분명히 해 둘 수 있는 것은 거리와 장소라는 지리적 장벽을 초월하는 것에 기반한 장소에 관한 새로운 집단적 감각이다. 이에 의해 지구에 관한 현실적 공간 관계가 상상적 공간 관계로 치환된다(Shields, 1989, p.153).

이것이 가능했던 것은 관광 기호의 확산, 사진과 영상 이미지의 급속한 보급이 있었기 때문이다. 특히 쇼핑몰이 일반적으로 새로움과 청결함을 강조하는 방식으로 인해서, 각각의 테마가 본래의 것보다 더 진짜같이 보이는, 즉 테마의 파스티셰의 구축을 가능하게 하는 것이 바로 이러한 기호의 교환이다. '이곳은 스페인의 대형 범선이 메인 스트리트를 향하여 영국의 막스앤스펜서Marks&Spencer 백화점을 지나 미국 남부의 "뉴올리언스"에 입항하는, 모든 것이 순조로우며 행복한 쇼핑객이 미소 짓는 돌고래와 함께 어울리는 그러한 세계이다.'(Shields, 1989, p.154)

영국 북동부에 있는 쇼핑몰인 메트로센터Metro Centre도 영국인과 유럽인들의 생활에서 주변적으로 여겨지는 장소라고 할 수 있는 게이츠헤드에 위치해 있다. 이곳의 테마는 '고대의 마을'이다. 고대 로마인이 휴양을 즐기는 식으로 기대어 쉴 수 있는 공간이 있는 '로마 포럼', 이탈리아, 그리스, 레바논 레스토랑이 구불구불한 형상의 기묘한 지중해 거리를 따라 늘어서 있는 '지중해 마을'이 있다. 이곳에서의 쇼핑은 여가 및 관광과도 관련되어 있는 매력의 일부일 뿐이다. 여기서는 쇼핑객의 시선과 관광객의 시선의 탈분화를 확인할 수 있다. 불과 몇 분 정도만 걸어도 사람들은 수많은 관광 테마와 서비스를 소비하며, 그들은 마치 '행락을 즐기는 중인' 것처럼 산책을 할 수도 있고 시선을 향할 수도 있으며 시선을 받게 될 수도 있다.

맨체스터 근교의 트래포드센터Trafford Centre는 고대 로마의 건물과 인도의 타지마할을 뒤섞어 놓은 듯이 보인다. 정문 주위에는 화강암 기둥이 일렬로 세워져 있고 조각상, 분수, 장식된 벤치가 놓인 석조 광장도 있다. 일단 '항구' 안으로 들어가면, 야자수와 원양 여객선이 '대대적인 관광으로의 도피'를 감행하는 방문객들을 초대한다. 관광의 대표하는 온갖 우상들 중에서 야자나무는 가장 암시적인 것 중 하나인데, 이것은 낙원, 경계성, '타자성', 사치스러운 소비, 신체적 쾌락을 의미한다(Osborne, 2000 : 107). 트래포드의 원양 여객선은 '진짜' 원양 여객선을 조악하게 모방한 것은 아니어서, 구명보트, 구명튜브, 동근 모양의 창, 수영장이 있는 것은 물론 그리고 하얀 선체에는 몇 년 정도는 바닷물 위에 있었던 것처럼 보이는 적갈색 얼룩도 붙어 있다! 메인 데크는 1600석의 좌석을 갖춘 푸드코트이며, 여기서 승객들은 라이브 공연이나 '트래포드TV'를 보면서, 아니면 다른 승선객에게 시선을 보내며 즐길 수 있다. 천장에는 환상적인 시각적 효과를 연출하여, 낮에서 밤까지 그리고 다시 황혼에서 새벽까지 매 시간 방문객들을 이끈다.

방문객은 중국, 이탈리아, 뉴욕, 뉴올리언스 등 다양한 세계로 원활하게 이동할 수 있다. 뉴올리언스의 프렌치 쿼터에서는 웃는 얼굴의 흑인 트럼펫 연주자 4명의 조각상과 '야외' 테이블을 갖춘 레스토랑이 사람들을 맞이한다. 빨래가 창문 바깥에 널려 있으며 발코니는 꽃과 장식이 가득하다(〈사진 6-2〉를 보라). 뉴올리언스를 소비한 다음(그동안 허리케인이 닥쳐올 일은 없다!), 여정은 쇼핑가로 이어진다. 리젠트 크레센트에서는 신고전주의적인 장식이 꾸며져 있어 고대 로마와 고대 그리스의 분위기를 느낄 수 있다. 반면에 페스티벌 빌리지는 전통적인 영국 시장을 테마로 삼고 있다.

트래포드센터는 라스베이거스와 디즈니에서 교훈을 얻어 왔다. 첫째, 트래포드센터는 표면적인 효과, 이미지, 장식, 소품 등을 제외하면 사실상 아무것도 없다. 그럴싸한 시각적 향연, 즉 눈의 황홀함을 야기할 뿐이다. 둘째, 역사적 형태를 가져와 대신 인용한다. 그러나 여기서 고전적 위대함은 어떤 서사의 일부로서의 향수와 유머라는 수법으로써

〈사진 6-2〉 맨체스터 트래포드센터의 '뉴올리언스'

환기된다. 이것은 예술로서의 건축이 아니라 대중적인 스토리텔링, 즉 '관광객의 취향저격' 이외에는 아무것도 아닌 세계에 대한 이야기이다 (Bauman, 1993, p.241). 이러한 화려한 쇼핑몰이 제공하는 것으로는 소비재 못지않게 무대화된 환경과 테마화된 체험도 중요하다. 이러한 의미에서 쇼핑몰은 스스로를 재디자인하고 체험 경제의 한 중요한 주동자가 되었다고 할 수 있다. 클링만(Klingmann, 2007, p.36)을 인용하자면, '한 세대가 지나기도 전에 쇼핑몰은 기능적인 쇼핑 장치로서의 시설에서 고도의 몰입적인 환경으로 발전했다. 그곳에는 조명, 음악, 그리고 신중하게 선택된 재료들이 상품을 그럴 듯하게 전시할 뿐만 아니라 그에 어울리는 분위기를 제공한다.' 포스트모던 디자인의 한 특징은 모던의 '국제적 스타일' 이후의 건축양식이 맥락과 정체성에 민감해져야 한다는 것이다. 즉, 차별성과 이질적 풍경을 내세워야 한다(Ibelings, 1998, p.18). 하지만 트래포트센터는 그 소재지인 맨체스터 또는 실제 영국 북서부 지방과의 동일성을 확인할 수 있는 역사적 참고문헌이나 건축양식의 스타일, 문화적 상징 같은 것이 거의 없다.

이것은 포스트모던의 테마화가 더 이상 지역의 '기호학'과 양식을 중시하지 않으며, 어느 정도로 '세계적'인 것, 카스텔스Castells가 '흐름의 공간의 구성'이라고 부른 것이 되었는지를 강조한다. 그것이 표현하는 바는 '단적으로 말하자면, 새로운 지배적 이데올로기, 즉 이데올로기의 종말이다. 이것은 역사의 종말이고 흐름의 공간 내에서의 장소의 은폐이다. 우리가 역사의 종말에 서 있다면 지금 우리는 지금까지 알고 있던 모든 것을 뒤섞을 수 있기 때문이다. 우리는 더 이상 어떤 장소, 어떤 문화에도 속해 있지 않기 때문에, 포스트모더니즘의 극단적인 형식에서는 무엇인가 만들어지게 되는 모든 곳의 규범도 파괴한다는 규범을 강요한다'(Castells, 1996, p.419).

트래포드센터를 계속 독해하다보면 그곳이 따뜻하고 포용적으로 디자인되었다는 것을 알 수 있다. 홍보담당자는 다음과 같이 말한다.

우리는 따뜻한, 당신이 보호받고 있다고 느끼며 이곳의 일부가 되었다고 느끼는 건물을 만들기 위해 노력했습니다. 이곳은 현대적이거나 근대적인, 또는 냉정한 어떤 공간이 아닙니다. 건물 전체가 거대하고 위엄 있는 가정으로서 지어졌습니다. 건축양식의 세부사항들은 신고전주의적 디자인으로 거슬러 올라가며 따뜻한 느낌을 자아냅니다 (···중략···) 이것이 좋은 분위기, 좋은 기운을 이끌어냅니다.

포스터모던 건축양식이 성취하고자 노력하는 분위기의 대부분이 이러한 것이다. 홍보담당자는 근대적인 건축이 소외감을 느끼게 하고 영혼이 담기지 않은 것이라는 널리 퍼진 경멸적 의식을 재생산하고 있다. 엘리트주의적인 모던 건축양식에 비하면 포스트모던의 건축양식은 포퓰리즘적이다. 트래포드센터는 '현실의' 사람들을 위한 '포괄적인' 건축양식이라고 일컬어진다(Jencks, 1977, p.8).

테마파크, 쇼핑몰, 리조트는 소비자 공동체의 회원자격을 표상한다. '상품의 전시장'에 참석하는 것은 현대 사회의 시민, 즉 소비자로 인정받는 것이다. 그러나 최근의 마케팅 철학은 '다양성과 시장의 세분화'라는 상황을 개발해 오고 있다. 이러한 종류의 발전은 또한 변화하는 현대 사회의 공적 공간의 특성을 표상한다. 트래포드센터 및 모스크바의

붉은 광장 옆에 새로 단장한 굼 쇼핑 상가에서와 같이, 사적으로 소유하고 통제하는 소비 공간이 맡게 된 역할의 중요성이 점점 더 커지고 있다. 이들 시설은 감시의 수준이 높고, 특정한 유형의 행동, 복장, 거동이 요구되는데, 예를 들면 바닥에 앉지 않는 것 등이다. 쇼핑몰의 입구와 통로는 (공항과 비슷하게) 대개 사설 보안업체가 '치안을 맡고' 있으며, 노숙자와 같이 '달갑지 않은' 사람들은 거부된다.

소비자의 모든 움직임은 어디에나 있는, 모든 것을 녹화하는 CCTV 카메라의 시선의 대상이 된다. 시선을 향하는 방문객들이 숨겨진 카메라에 의해 끊임없이 시선을 받고 있다. 쇼핑몰은 영국에서 쇼핑을 즐기기에 가장 안전한 장소라고 자주 호언장담을 하며, 반면 리조트 호텔은 아마도 위험하고 더럽고 시끄러울 수 있는 외부 세계로부터 관광객을 보호한다. 벤담Bentham의 팬옵티콘 감옥과 이러한 테마 공간에서 발견되는 시각적인 전자식 감시 체계 사이에는 몇 가지 유사점이 있다. 테마 공간에 대해서 푸코식으로 말한다면, 우리는 '원형극장에 있는 것도 아니고, 무대 위에 있는 것도 아니며, 팬옵티콘이라는 장치 속에 있다'는 것을 강조할 것이다(Foucault, 1979, p.217; Hollinshead, 1999). 트래포드 센터의 홍보담당자가 말하듯이 '여러분은 감시에서 벗어날 수 없습니다'(Larsen, 2000, p.54). 테마 공간은 또한 청결함과 새로움이라는 점에서 돋보이며, 어질러진 쓰레기, 낡은 것, 허름한 것, 닳은 것이 있는 공간은 찾아볼 수 없다(Fiske, 1989, pp.39~42; Larsen, 2000).

테마화된 환경을 보여주는 또 하나의 장소는 세계 박람회이다. 이들은 거대한 국제 관광 명소이다. 예를 들어, 1992년에 개최된 스페인 세비야 엑스포의 경우 하루 50만 명 이상의 방문객이 다녀갔다(Harvey,

1996, p.155). 2008년에 열린 스페인 사라고사 엑스포의 경우 100개국 이상이 참가했다. 2010년에 개최된 중국 상하이 엑스포에는 6개월 동안 약 7000만 명에서 1억 명주로중국인이, 방문한 것으로 예측된다. 세계 박람회의 성장과 인기는 여가, 관광, 쇼핑, 문화, 교육, 음식 등의 탈분화를 보여주는 추가적인 사례이다.

엑스포는 다양한 국가의 전시관을 중심으로 구성된다(Harvey, 1996, 3장). 영국의 선술집, 미국의 스포츠 경기기록, 독일의 노천 맥주집, 남태평양 국가의 이국적인 무용처럼 국가별 고정관념에 기반하여 수많은 테마화된 환경들이 설정된다. 이러한 테마는 해당 국가에 특유한 것이라고 여겨지는 문화적 활동에 대한 국가적인 자부심을 보여주기 위해 설계된다. 일반적으로 이러한 자부심은 각국의 전통과 문화유산의 어떤 측면을 다른 모습으로 내놓거나 아니면 각국이 달성한 최신의 기술을 보여주는 방식으로 드러난다.

이러한 국가의 전시에는 사람, 사물, 기호, 그리고 심지어는 뿌리 깊은 명소의 이동성이 관련된다. 코펜하겐의 관광객의 시선에서 상징적인 명소는 인어공주인데, 이것은 코펜하겐 항구에 있는 바위에서 뽑아내어진 다음 상하이 엑스포의 덴마크 전시관 중앙의 인공연못에 설치되었다. 이것은 포스트모던의 복제품이 아닌 실물 그대로의 것으로, 소설가 한스 크리스티안 안데르센Hans Christian Andersen을 통해 대중화된 상징적인 인물이 국가를 여행하는 것이라 할 수 있다. 덴마크 전시관의 건축가인 비아케 잉엘스Bjarke Ingels는 '덴마크의 정치인들은 모든 중국인들이 교육과정의 일환으로서 실제로 인어공주 이야기를 배우며 자란다는 것을 알게 되었을 때, 모두가 이 인어공주를 6개월 동안 중국에 보내는 것이 멋진 예절행위가 될 수 있다는 것을 생각했다'고 말했다. 인어공주 동상의 제막식이 열린 밤에, 상하이 부시장은 '엑스포 공원 전체를 빛내는 별 중의 하나'가 될 것이라고 예상했다(http://news.bbc.co.uk/2/hi/asia-pacific/8644013.stm, 접속일 : 2010.11.18). 머지않아 전 세계적으로 가장 많은 해외 관광객을 배출하게 될 국가인 중국을 상대로 하여, 덴마크가 자국의 격을 높이는 데에 이보다 더 효과적인 방법은 아마 없었을 것이다(아래의 〈사진 6-3〉 및 9장을 보라).

엑스포와 세계 박람회에서 자국의 우위를 선전하는 메시지를 담아내지 않는 경우는 하나도 없다. 이들은 국제 관광에서 일종의 축소판이라고 할 수 있다. 관광객은 서로 다른 기호를 체험하고 시선을 보내기 위해 전 세계를 여행해야 하지만, 엑스포에서는 그렇게 하는 대신 편리하게 한 장소에서 망라해 볼 수 있다. 하비(Harvey, 1989, p.300)는 좀 더 일반론적으로, '이제는 세계의 지리를 하나의 복제품을 통해 대신해서 체험하는 것이 가능해졌다'고 말한다. 이 점은 세계 박람회에서 즐길수 있는 유흥거리에서도 알 수 있다. 1986년에 열린 밴쿠버 엑스포에서는 8만 명의 공연자가 4만 3천 회의 무료 현장 공연을 벌였다(Ley and Olds, 1988, p.203). 이곳에는 4만 명의 관객을 대상으로 한 라 스칼라La Scala 공연을 비롯한 고급문화도 있기는 했지만, 대부분의 유흥거리는 민속적이거나 대중적인 형태의 것들, 포스트모던 문화의 파스티셰로 구성되었다. 이는 오늘날 세계의 여러 도시에서 세계 각지의 요리를 먹을 수 있는 것과 비슷하다고 할 수 있다(Pillsbury, 1990). 대부분의 공연은 그 국적이 어디인지를 구체적으로 알 수 있는 것들이었고, 그 내용도 관광객들이 각 나라에 방문하면 볼 수 있는 일종의 민족적인 유흥거리로 구성되었다. 여기서 다른 점은, 방문객이 천막이나 전시장을 걸어서 옮겨가기만 하면 전혀 다른 나라를 상징하는 또 다른 문화행사에 시선을 향할 수 있다는 것이었다.

〈사진 6-3〉 2010년 상하이 엑스포의 인어공주

이러한 박람회는 자국의 문화에 관한 이미지 형성, 그리고 실제로는 자국의 '브랜드'를 위한 설명의 기회를 제공하려는, 국가성을 드러내는 기술로서 운용되고 있다(Harvey, 1996, 3장). 강력한 이미지, 상징, 도상을 통해서, 민족-국가는 안정성, 지속성, 유일성, 조화성이 집약된 곳인 것처럼 표상된다. 그러나 세비야의 엑스포는 또한 국제적 자본의 장소이기도 했으며, 다양한 국가별 전시, 엑스포 전체 및 자체적인 전시 공간에 자금이 지원되었다. 특히 국경을 초월하는 정보통신 기술의 발전을 소개하는 전시 공간에 자금이 투입되었다. 이들 전시에서 강조되었던 것은 소비자의 욕구, 개개인의 선택, 범세계주의, 그리고 국경을 초월한 시장의 자유였다(엑스포에서 전시관별 스탬프를 자신의 스탬프북에 찍어 모으는 모습에서도 국경을 넘는 관광객을 볼 수 있다). 이와 같이 세계적인 전시회는 국제적인 풍경(움직이지 않는 기반시설적 요소) 및 흐름(국경을 초월하여 움직이는 요소)을 널리 알리는 장소이면서, 또한 이러한 이동성을 결집시키는 기업들의 장소이기도 하다. 이곳에서 국가는 주로 볼거리와 기호로서 존재하며, 엑스포는 이 브랜드 홍보의 과정을 구성하고 공표한다(스코틀랜드 더 브랜드에 대해서는 McCrone et al., 1995을 보라).

엑스포에서 전시되는 대부분의 것들은 교육적인 것을 그 취지로 하며, 실제로 학령기 아동 단체가 주요 방문객이 된다. 이는 문화적 영역의 탈분화를 보여주는 또 다른 특징이다. 교육과 오락은 융합되고 있으며, 이 과정은 대체로 시각 매체와 전자 매체 둘 모두의 중심적 역할이 점점 증가하는 것에 힘입은 것이다. 실제로 테마 공간은 '에듀테인먼트'를 제공하는 것에 관여한다. 따라서 휴가는 과거처럼 교육 및 학습과 그렇게 직접적으로 대조되는 것이 아니다. 여러 방면에서 관광은 학습과 훨씬 더 밀접하게 얽혀 있고, 어떤 면에서는 그랜드투어로 회귀하고 있다고 할 수도 있다. 아래에서 우리는 증가하는 박물관의 인기, 특히 산업 노동자의 삶에 대한 동경, 그리고 초현실적인 역사적 재현의 인기에 대해 고찰한다. 우리는 현대 관광에서의 문화유산 산업의 중요성, 그리고 이어서 박물관의 중요성을 평가해 본다.

문화유산Heritage

역사적인 것 또는 주로 문화유산으로 여겨지는 것에 시선을 보내는 현대적 행위의 원인에 대해서는 지금까지 많은 논쟁이 있어 왔다. 새롭게 단장한 쿠바의 '식민지 시대풍의' 아바나 거리(〈사진 6-4〉; Lasanky, 2004를 보라), 랭커셔의 위건 부두 문화유산 센터(2007년 폐쇄), 미국 최초의 공업 도시 매사추세츠의 로웰Lowell에 있는 복원된 공장과 같은 장소들이 모두 문화유산의 사례이다. 영국에서 이러한 경우를 조사한 일부 지표에 따르면, 문화재로 지정된 건물이 50만 채, 보호대상인 기념물이 1만 7000개, 그리고 보전구역으로 설정된 곳이 5500곳이다. 영국에서는 새로운 박물관이 2주마다 개장하는 것으로 알려져 있고, 철도와 관계된 박물관이 78곳, 제분소로 이용된 물레방아와 풍차 시설 180개가 공개되어 있다(Samuel, 1994, 2부). 1987년에 존재했던 1750개의 박물관 중 절반은 1971년 이후에 개관했다. 영국에는 수많은 문화유산 센터가 있는데, 텔포드Telford 인근의 아이언브리지 협곡 박물관Ironbridge Gorge Museum, 위건 부두 문화유산 센터Wigan pier Heritage Centre, 더들리Dudley 부근의 블랙 컨트리 월드Black Country World, 뉴캐슬 근처의 비미시 야외 박물관Beamish Open Air Museum, 요크에 있는 조빅 바이킹 센터 등이 대표적이다. 론다 협곡 지대Rhonda Valley에는 과거에 루이스 머서Louis Mercer 탄광이 있던 자리에 박물관과 산업유산 공원이 세워졌다(Dicks, 2000). 과거의 거의 모든 곳과 모든 것이 보존될 수 있다. 랭커셔에서는 이전의 영국 석탄공사가 철거하려고 했던 영국 최대의 슬래그더미를 환경운동가들이 보존하려고 시도한 바도 있다. 런던 과학박물관의 전 관장은 이러한

〈사진 6-4〉 '식민지 시대' 아바나의 복원

문화유산의 증가에 대해 '나라 전체가 하나의 큰 야외 박물관이 되기 전에는 문화유산화의 기획이 어느 정도의 증가율로 확대될지 예상할 수는 없습니다. 히스로 공항에 도착하면 벌써 박물관에 들어온 거에요'라고 말한 바 있다(Hewison, 1987, p.24에서 인용). 17세기를 그리는 향수병이 현대의 유행병이 된 것만 같다.

비슷하게, 로언솔(Lowenthal, 1985, p.xv)은 미국에 대해 '역사의 올가미가 이제는 나라 전체를 뒤덮고 있다'고 말한다. 미국 국가지정 사적지에 등재된 건수는 1968년 기준 1200건에서 1985년 3만 7000건으로 증가했다(Frieden and Sagalyn, 1989, p.201). 마찬가지로 자국의 관광을 진흥하려는 대부분의 다른 국가들에서도, 현재의 쿠바와 그 '식민지 시대풍의 건축양식'에서 두드러지는 것처럼, 건축 환경의 '문화유산'을 재현하고자 노력하고 있다. 비록 이것이 지금에 와서는 폄하되는 시기의 것이라고 하더라도 말이다.

지금은 세계 관광의 구성요소가 된 또 다른 유적지로서 다양한 '다크투어리즘'의 현장을 들 수 있다. 폴란드의 아우슈비츠 비르케나우 Auschwitz Birkenau 수용소, 채널 제도의 나치 점령지였던 올더니Alderney 강제수용소, 남부 독일 다하우Dachau의 유대인 강제수용소, 남아프리카공화국 로벤 섬Robben Island의 아파르트헤이트 수용소, 샌프란시스코 앨커트래즈Alcatraz 섬의 감옥, 사라예보의 '대학살 현장', 뉴욕의 그라운드 제로, 워싱턴의 미국 홀로코스트 기념박물관 등이 있다(〈사진 6-5〉를 보라). 이러한 다크투어리즘의 현장은 죽음, 재해, 악행이 벌어진 곳이다 (Lennon and Foley, 2000; Strange and Kempla, 2003; Lisle, 2004). 그리고 1989년 동유럽에서 공산주의 정권이 붕괴되면서, 수많은 서양인들이

〈사진 6-5〉 워싱턴DC에 있는 미국 홀로코스트 기념박물관

'공산주의에 시선을 향하기 위해', 이 '다른' 정치적, 경제적, 사회적 시스템과 서구 자본주의의 정반대에 있는 '건축양식'을 체험하기 위해 여행을 떠나고 있다(Hoffman and Musil, 1999; Light, 2001). 과거 공산주의의 물질적인 징후를 찾는 그러한 '공산주의 문화유산 관광객'은 현지의 사람들에게 딜레마를 야기한다. 이들 관광객은 중요한 수입원이지만, 과거 공산주의를 원해서 찾아오는 관광객들은 공산주의 이후의 새로운 정체성을 구축해야 하는 옛 공산주의 국가의 목표와는 모순되기 때문이다(Light, 2001).

최근의 이러한 개발은 대부분 문화유산 / 박물관 산업의 민영화가 늘어나면서 이루어진 것으로, 1980년대에 개관한 영국 박물관의 56%가 민간 부문에 속해 있다(Hewison, 1987, 1 · 4장). 민간이 주도하는 다수의 기획에는 지역 활동가와 열성적인 참여자가 함께하여 과거를 새로운 형태로 상품화함으로써 역사를 표상하는 새로운 방식을 모색해왔다. 매우 많은 사람들이 박물관과 유적지를 방문한다. 박물관 및 문화유산 센터를 방문하는 서비스 계급 종사자의 비율은 육체노동자의 3배에 달한다. 이러한 장소에 방문하는 사람들은 인종적으로 다양한데, 비단 '영국'의 문화유산뿐만 아니라 다양한 문화유산의 체험을 배우고 싶어 하는 '흑인'이나 '아시아인'보다 '백인'이 역사적 건물이나 박물관에 방문하는 경우가 더 많다. 한편 영국의 문화유산 현장을 유지하는 것에 대한 매우 광범위한 지원이 존재하며, 인구의 3/4이 문화유산의 현장을 방문하는 기회를 얻게 되어 자신의 삶이 더욱 풍요로워진다고 믿고 있다. 10명 중 9명은 문화유산을 보전하기 위하여 공적 자금을 사용하는 것에 지지를 보낸다.

라반Raban은 영국의 마을이라는 문화유산이 가진 특별한 인상을 보여주려는 사람들의 의욕에 대해 다음과 같이 말한다. '아프리카를 빼놓고 말한다면 (…중략…) "전통적인" 의상을 갖춰 입고서 방문객을 대접하여 만족시키려고 이렇게 기꺼이 나서는 부족민들은 찾아볼 수 없었다. (…중략…) 그 일은 이제 국가적인 산업이 되었다. 해가 지날수록 영국은 점점 더 그림으로 그려놓은 듯한 즐거운 곳이 되었다'(Raban, 1986, pp.194~195). 이러한 행사 중 일부는 현재 '시대극'으로 조직되는데, 이것은 영국 문화유산의 보호에 관심을 두는 핵심 주체라 할 수 있는 영국 문화유산위원회가 주최한다. 전원지역에 있는 귀족들의 별장을 방문하는 경향도 여전히 성황을 이루고 있어서, 한 해에 1200만 명의 사람들이 내셔널 트러스트가 관리하는 곳을 방문한다. 시골스러운 전시물을 보유한 박물관도 800곳이 넘고, 개중에는 수레 목공 장인, 대장장이, 마필 사육사, 편자공 등이 일하는 '가상의 농가'를 묘사해 놓은 곳들도 있다.

실제로, 공장 / 탄광 노동자들의 실제 생활상을 접하는 방식도 눈에 띄게 증가했다. 맥카넬(MacCannell, 1999, p.91)은 '현대인은 직장의 작업대, 이웃사람들, 마을, 가족에 대한 애착을 잃어 가고 있다. 과거에는 사람들이 그 단어들의 앞에 "나의"라는 말을 붙여서 불렀지만, 이와 동시에 사람들은 다른 사람들의 "실제 생활상"에 대한 흥미를 키워 가고 있다'며 이러한 변화의 아이러니를 지적하기도 했다. 이 현상은 특히 중공업 사업장 대부분이 모여 있던 영국 북부에서 두드러진다. 방문객에게 가장 흥미를 끄는 것이 바로 중공업인데, 이곳에서의 노동이 탄광이나 철강업의 노동처럼 멋있고 좋은 것으로 여겨지기 때문이다. 다른 사람의 직업에 대한 이러한 동경심은, 특히 생활이라는 무대의 전면과 뒤편 사이의 경계를 허무는 포스트모던과 밀접하게 관련되어 있다. 이러한 발전은 또한, 거의 모든 것이 방문객에게 호기심의 대상이 될 수 있는 포스트모던 박물관 문화의 일부이다(다음 절을 보라).

1980년대와 1990년대 영국의 급속한 탈공업화는 깊은 상실감을 남겼는데, 하나는 특정한 종류의 기술(증기기관, 용광로, 탄광작업)에 대한 것이고, 다른 하나는 이러한 기술을 중심으로 발전해 온 사회생활에 대한 것이었다. 이러한 변화의 속도는 특히 영국 북부, 사우스 웨일즈, 스코틀랜드 중부에 집중되어 있었다. 게다가 역사적으로 보면, 이 산업의 회사 대부분은 도심에 있는 빅토리아 왕조 시대의 건물과 부지에 기반을 두고 있어서 이 건물과 부지 다수가 대체 용도를 찾을 수 있었다. 이러한 건물은 그대로 놔두기만 해도 사람들을 끌어 모을 만하고(리버풀의 앨버트 도크처럼), 그렇지 않더라도 주택, 사무실, 박물관, 레스토랑에 어울리는 문화유산 스타일로 개조할 수 있다. 이러한 문화유산 스타일이란 보통 벽을 모래로 연마해 마감하고, 창문을 '정통적으로 보이는' 것으로 바꿔 달고, 도로 시설물도 매력적인 것으로 바꿔 달아서 회화적으로 보이게끔 하는 것을 말한다. 영국에서 이러한 탈공업화의 과정이 일어난 것은, 많은 지방자치단체들이 경제 발전과 관련하여 더 많은 전략적 역할을 개발하고자 했을 때, 그리고 관광업에서 직접적으로 일자리를 창출할 수 있는 방법을 알게 되고 지역의 장소에 대한 더 전면적인 홍보를 통하는 방법을 알게 되었을 때였다.

그리고 세계화와 더불어 다양한 국가들이 휴가 시장의 다양한 분야에서 전문화를 꾀하기에 이르렀다. 영국은 해외에서 찾아오는 방문객을 상대로 그 역사와 예스러움을 강조하는 것에 어느 정도 특화되어 있다(북아메리카 사람들은 영국을 가리켜 주로 '예스러운 나라' 혹은 '오래된 나라'라고 부른다). 관광업의 국제적 분화 속에서 이러한 영국의 위치는 영국이 가진 문화유산의 특별한 강점을 더욱 강화했다. 그래서 문화유산은 영국 관광에서 특히 중요하고 다른 어떤 장소들보다도 영국에서 더 중요한 시선의 대상이 된다.

그러나 문화유산은 무엇을 의미하며, 특히 역사와 진정성이라는 개념과 관련하여 문화유산은 무엇을 의미하는가(Uzzell, 1989)? 지금까지 문화유산의 원인 및 결과를 해석하는 것과 관련된 활발한 논쟁이 벌어져 왔는데, 이 논쟁은 문화유산 산업에 대한 저술인 휴이슨(Hewison, 1987)으로 인해 촉발되었고 이 책의 부제는 **쇠락하는 분위기의 영국**이었다. 그는 서두에서 영국이 공산품이 아닌 문화유산을 더 많이 만들어내고 있다고 논평하였다. 이것은 영국이 일종의 더 이상 손을 쓸 수 없는 사양길에 들어서 있다고 하는 인식에서 비롯된 것이다. 그리고 문화유산의 개발은 반민주적인 가치를 다시 주장할 뿐만 아니라 현존하는 문화를 억압하면서 쇠락화의 추세를 강화한다. 지금 필요한 것은 역사의 이해에 기반한 비판적 문화이지, 문화유산의 환상 한 보따리가 아니라고, 휴이슨은 말하고 있다.

휴이슨은 향수가 만들어지는 조건을 분석하는 것에 관심이 있다. 그는 불만, 불안, 실망의 시대에 향수가 가장 강하게 느껴진다고 주장한다. 그러나 우리가 가장 큰 향수를 느끼는 시대는 그 자체로 상당한 혼란의 시기였다. 게다가 향수의 추억은 온전한 기억의 회복과는 꽤나 다른 것이어서, 바꿔 말하면 사회적으로 조직화된 구성이라고 말할 수 있다.

　휴이슨은 얼마나 많은 현대적 향수가 **산업적인** 과거에 놓여 있는지
에 주목한다. 영국의 산업 고고학 협회는 1973년에 설립되었고, 1980
년대까지 영국 북부의 거의 모든 곳에서 산업 박물관이 만들어졌다. 휴
이슨은 비미시(Beamish)에 있는 산업 박물관의 개발, 그리고 그곳으
로부터 불과 10마일 떨어진 콘셋(Consett)에 위치한 제철소가 거의 같
은 시기에 폐쇄됨으로써 초래된 지역의 황폐화를 다루면서 많은 부분
을 대조하였다. 과거의 보존은 현재의 파괴를 은폐한다. 진정한 역사(계
속 이어지기에 위험한 것)와 문화유산(과거의 것이면서, 기능이 정지되었기에 안
전한 것) 사이에는 구별이 존재한다. 간단히 말하자면, 후자는 사회적이
고 공간적인 불평등을 은폐하고, 얄팍한 상업주의와 소비주의를 가려
주며, 아마도 보존될 것으로 여겨지는 건물이나 인공물의 요소를 최소
한 부분적으로는 파괴하고 있을지도 모른다. 휴이슨(Hewison, 1987,
p.98)은 '만약 우리가 정말로 우리의 역사에 관심을 가진다면, 그 역사
를 보존주의자들로부터 보호해야 할 것이다'라고 주장한다. 소설가인
톰 울프Tom Wolfe는 영국 국민들이 외국인 관광객을 위해 나라 전체를
디즈니랜드로 서비스하고 있다고 말했다. 이런 종류의 환상은 줄리언
반스Julian Barnes의 소설 *England, England*에서도 찾아볼 수 있는데, 이
소설은 와이트 섬(Isle of Wight) 전체를 테마파크로 만든다는 내용을
담고 있다. 이 테마파크의 이름은 **잉글랜드랜드**England land이고, 영국의
거의 모든 유명한 역사적 건물의 축소판 복제품들이 가득하다(Barnes,
1999).

　그러나, 이러한 문화유산 산업에 대한 다양한 비판은 소위 대중 사

회에 대한 비판과 상당히 유사하다. 실제로, 사회과학자들은 모종의 향수, 즉 다수 대중이 새롭고도 왜곡된 문화 형태에 의해 속아 넘어가지 않았던 황금시대에 대한 향수에 경도되기가 쉽다(Stauth and Turner, 1988). 물론, 그런 시대는 존재하지 않았다. 또한, 휴이슨은 이러한 보존 운동에 관한 매우 큰 대중적 기반을 무시하고 있다. 예를 들어, 그는 [영국의] 내셔널 트러스트를, 예전의 상류 계급이 자신들의 대저택을 유지할 목적으로 추진하는 대대적인 대외 구제 제도라고 간주한다. 그러나 이것은 보존 운동에 대한 광범위한 지원 활동을 간과하고 있다. 내셔널 트러스트는 350만 명의 회원을 보유한 영국 최대의 대중 조직이다(스코틀랜드의 경우에 대해서는 McCrone et al., 1995를 보라). 게다가 초기 보존 운동의 대부분은 그 성격을 보았을 때, 예를 들어, 철도 보존, 산업 고고학, 증기기관차 대회, 그리고 1960년대의 이와 비슷한 사례들은, 영국에서 경제 하락의 지표들이 더 명백하게 구체화된 것보다 훨씬 이전부터 서민적인 것이었다. 앞서 언급했듯이, 런던 중심부의 코벤트 가든은 '문화유산 유원지'로 비판을 받을 수도 있는 곳이었는데, 지역 주민들에 의한 보존 캠페인 덕분에 관광지로 변모했다(Januszczak, 1987; Samuel, 1994). 마찬가지로 웨일즈에 있는 몇몇 폐탄광의 보존은 해당 지역의 광부와 그 가족의 집단적인 압력에 의해 가능했는데, 이들은 '자신의' 역사의 모습들을 붙잡아두고 싶어 했다. 실제로, 예를 들어 사우스웨일즈의 빅핏을 찾는 방문객들은 그곳이 방문객들을 위해 '말끔하게' 정비되지 않은 것을 반긴 것으로 알려졌다(Urry, 1996).

일반적으로, 문화유산 산업에 대한 비판에서는 보존에 대한 압력이 훨씬 더 광범위한 환경 정책 및 문화 정책의 개발과 관련되어 있다는 것을 놓치고 있다. 반면 스코틀랜드의 내셔널 트러스트의 회원에 대한 연구는 스코틀랜드의 문화유산이 문화적 민족주의의 발전에 중요한 요소라는 것을 보여준다(McCrone et al., 1995). 문화유산은 핏줄로 이어지고 조상으로부터 물려받은 것이라는 강력한 의식을 수반하는 것으로 간주된다. 즉, 이는 정체성을 부여하는 지위를 가짐을 뜻한다. 조사에서 다수의 응답자들은 스코틀랜드의 유산을 보존하는 것이 열정을 쏟는 가장 중요한 대상이라고 말한다. 이에 따라 맥크론McCrone, 모리스Morris, 킬리Kiely는 스코틀랜드의 내셔널 트러스트 회원에 대하여 다음과 같이 기술한다.

그곳에는 지역 활동 단체의 풍부한 네트워크가 있고, 여행 외출을 함께 하며, 자발적인 작업 참여를 통해 문화유산의 보존에 적극적으로 동참하는 모습이 확인된다. 평생회원이 이용할 수 있게 되는 것은 이 협회를 통해 얻을 수 있는 조직화된 생활양식이다 (…중략…) 이는 곧 '전통적인 가치를 유지해 가는 영속적인 조직'이라 할 수 있다(McCrone, Morris, Kiely, 1995, p.155).

그리고 휴이슨(Hewison, 1987)은 지나간 시간에 대한 향수와 같은 특정한 의미가 이들 문화유산의 현장에 의해서 방문객들에게 분명하게 전달된다고 하는 상당히 단순한 모델을 가정하고 있다. 이러한 입장에는 서로 다른 방문객들이 똑같은 일련의 대상에 시선을 향하고도 그것들에 대해 다른 방식으로 이해하고 공연할 수 있다는 복잡성에 대한 인식이 결여되어 있다(Urry, 1996; Franklin, 2003을 보라). 실제로, 방문객들

의 입장에서 현장은 획일적으로 이해되는 것이 아니며 수동적으로 수용되는 것도 아니다. 맥도널드(Macdonald, 1995, p.21)는 런던의 과학 박물관의 어떤 전시회에서 방문객들이 이곳의 기획자들이 예상하거나 계획하지 않은 방식으로 어떻게 그 전시에 대해 틀을 잡고 이해하는지를 보여주었다. 이러한 방문객들은 서로 무관한 전시물들을 함께 연결지어 보고, 본래 어떻게 의도되지 않은 것들인데도 마치 규정된 방식이 있는 것처럼 해석을 하며, 기획자가 이러저러하게 표현되도록 의도한 방식대로 전시를 평가해 주는 일이 거의 없다(Shaw et al., 2000, p.276을 보라).

리버풀의 앨버트 선창에 대한 연구에서도 사람들은 장소를 어떤 회상의 기반으로, 즉 '경제적 어려움과 착취당하던 노동이 공동체 의식, 이웃 의식, 그리고 상호관계에 관한 의식을 통해 상쇄되던 삶의 방식에 대한 자기 자신의 추억을 떠올리는 출발점으로' 적극적으로 활용한다는 것을 보여주었다(Mellor, 1991, p.100). '회상'은 정말로 그러한 장소에서의 주요한 '행위'가 될 수 있다. 그리고 회상하는 것에는 공연이 수반된다. 하나는 기억을 되살리기 위해 그곳에 있는 '진짜' 공연자들이 행하는 공연이고, 그리고 또 하나는 자신의 추억을 만들어내기 위하여 타자와 협력해야 하는 방문객들이 행하는 공연이다. 회상하는 것은 개인들의 시각적 소비라는 수동적인 과정이 분명 아니다. 어떻게 보면, 걷기, 말하기, 앉기, 사진 찍기 등 보통은 다른 사람들, 특히 가족 및 친구와 함께하게 되는 일들처럼 관광지에서 일어나는 다양한 여타의 공간적 행위와 비슷하다(Edensor, 1998; 공연에 대해 논의한 8장을 보라).

휴이슨의 견해에는 어떤 높은 곳에서 아래를 내려다보면서 평가하는 듯한 면이 있는데, 왜냐하면 그의 관점은 그렇게 제시된 문화유산이 다른 방식으로 해석될 수도 공연될 수도 없다는 것이고, 아니면 체험이 즐거울 수 있다는 사실은 체험이 또한 교육적일 수는 없다는 것을 의미한다는 것이기 때문이다. 이러한 관점은 1830년대에 에이브러햄 링컨이 살았던 뉴세일럼의 사례에서 볼 수 있다. 이 장소의 의미는 주어진 것도 아니고 고정된 것도 아니다(Bruner, 1994, pp.410~411). 관광객은 그 시대 설정을 즐기면서 대안적인 현실을 체험한다. 그들은 과거에 대한 감각을 재구성하게 되는데, 이는 이러한 장소가 강렬한 오락성과 유희적인 특성을 가지고 있기 때문이다. 브루너(Bruner, 1994, p.410)는 '많은 관광객들이 현장에서 보는 것과 자신의 개인적인 삶을 연관 짓는다'라고 결론 내린다(1장 및 공연에 대해 논의한 8장을 보라).

휴이슨은 역사를 문화유산으로 전환하는 상징적인 사례로서, 영국 북서부에 위치한 위건 부두 문화유산 센터(2007년 폐쇄)에 대해 집중적으로 논의하고 있다. 그러나 이 비판에는 일부 공정하지 못한 부분이 있다. 왜냐하면 이 센터는 학술적이기도 하고 교육적이기도 하기 때문이다. 이곳은 격렬한 대중 투쟁의 역사를 보여주고 있다. 그리고 탄광에서 일어난 재난에 대해 일정 부분 비난을 받아야 할 사람들이 경영자라는 것을 확인시켜준다. 또한 비엘리트적인 대중문화를 기념하며, 과거의 '영웅적 노동'을 기억할 목적으로 지역 의회가 조직한 것이기도 하다. 역사에 관한 대부분의 사람들이 가진 이해와 비교해 보면, 위건 센터는 비록 미래에 그 역사를 어떻게 쌓아 가게 될지는 알기 어렵기는 하지만, 그 역사에 관련된 사회적 과정에 관한 무언가를 전달한다. 실제로, 대다수의 사람들이 '역사'에 관해 이해하는 바가 어떠한 것인지는 전혀 명확하지 않다. 문화유산 산업이 부재한 상황에서, 과거가 사람들에게 어떻게 정상적으로 이해될 수 있을까(Lowenthal, 1985, p.411을 보라)? 수많은 사람들에게 역사는 기껏해야 위인전과 역사 소설을 읽고 TV에 나오는 역사 드라마를 보면서 알게 되는 정도일 것이다. 문화유산 산업의 근거가 더 그릇된 것인지는 분명하지 않다. 다만 중요한 것은 문화유산의 역사가 문제적이라는 점이고, 이것은 문화유산이 시각적이기 때문이다. 방문객은 건물(그것이 '진짜'이든 '만들어진 것'이든)을 포함한 일련의 인공물을 보고, 그리고 나서는 보이는 물체의 주변에서 나타나게 될 삶의 패턴을 상상해야 한다(Bruner, 1994를 보라). 이것은 하나의 '인위적' 역사로서, 그대로의 모습으로는 보이지 않는 전쟁, 착취, 기아, 질병, 법률 등의 관계와 같은 다양한 종류의 사회적 체험들이 사실상 무시되거나 사소한 것으로 치부된다.

앞서 우리는 건물을 그 장소의 표식으로서 보존하기 위한 상당한 정도의 지역적 지원이 흔히 있었다는 것을 지적한 바 있다. 그러나 보존 운동의 단체들도 장소마다 상당히 다양하다. 예를 들어, 1980년에 영국 전체에서 '어메니티 소사이어티Amenity Society'의 회원은 인구 천 명당 5.1명이었던 반면, 햄프셔에서는 천 명당 20명 이상, 그리고 런던 주변에 있는 여러 카운티, 데본, 노스 요크셔, 컴브리아에서는 천 명당 10명 이상이었다(Lowe and Goyder, 1983, pp.28~30). 분명히, 그러한 단체의 설립 근거의 한 요소는 소위 지역성의 '특질'을 훼손할 수 있는 새로운 개발 활동을 막는 것이었다. 그러한 단체에서 서비스 계급과 중산 계급의 역할은 매우 중요하고 또한 주된 재원이 되어 주는데, 이를 통해 좋은 마을에 있는 멋진 집과 같은 지위재를 소유한 사람들은 자신의 우위를 지키고자 한다. 그러나 보존운동은 대개 더 넓은 목표를 가질 수도 있다. 단순히 개발을 저지할 뿐만이 아니라, 기존의 공공건물을 보수하고 더 일반적으로는 마을 풍경이나 도시 풍경의 주요 특징을 보존하고 발전시킨다. 게다가 보존운동의 목적이 관광과는 아무런 관련이 없다고 하더라도, 그것은 관광객의 시선에 지역성의 매력을 높이게 되는 영향을 가지게 될 것이다.

영국에서의 보존운동을 번성하게 한 요인 중 하나로, 적어도 서비스 계급 남성들은 지리적으로 이동하는 비율이 낮았다는 것을 들 수 있다(Savage, 1988). 결과적으로, 이러한 사람들은 장소에 대한 좀 더 많은 애착을 가질 가능성이 있다. 따라서 혹자는 '서비스 계급의 현지화'를 말할 수 있고, 이것은 편의 단체의 형성을 통해 보존운동의 정도에 영향력을 미칠 수 있다(Bagguley et al., 1989, pp.151~152). 이러한 단체가 성공적으로 역할을 수행하는 한, 잠재적인 방문객에게는 시각적으로 더 매력적인 장소가 만들어질 수 있다. 따라서 중산 계급의 집단적 행동을 통한 고풍스러운 마을 풍경이나 도시 풍경의 보존은 관광객의 수를 늘리게 되고 그 결과 주민들이 경험하게 되는 혼잡이 발생할 것은 거의 확실하다.

앞서 우리는 모든 종류의 장소들이 점점 더 증가하는 선택적이고 분별력을 가진 포스트투어리스트를 끌어들이기 위해 경쟁하게 되면서 관광 시장이 얼마나 경쟁적인 것이 되어 왔는지 지적한 바 있다. 다른 많은 상품과 마찬가지로, 시장은 훨씬 더 차별화되었고 개별 장소들은 부득이 '관광 성찰'에 기반한 관광 전략을 발전시킬 수밖에 없었다. 이러한 성찰에는 지역의 시설에 대한 감사, 행동 계획의 개발, 확인된 틈새시장에 대한 적절한 홍보 목표의 설정 등이 포함된다. 브래드퍼드의 사례와 같이, 지방자치단체가 관여하여 아무런 사전 준비 없이 관광 산업을 거의 처음부터 시작한 경우도 있다(Williams, 1998). 지방 당국 또한 중요한 역할을 수행하는데, 이는 관광 도시의 소유권 구조 때문이다. 소유권은 세분화되어 있는 경우가 많아서, 지역 전체의 관점에서 적절한 조치를 시행하기 위한 지역의 자본을 획득하기는 어렵다. 지방 의회는 (해안 제방, 회의장, 항만 시설과 같은) 새로운 사회기반시설에 투자하거나, 또는 그러한 시설에 있어야 할 일종의 시설(오락시설, 박물관, 수영장)을 제공할 수 있는 능력을 가진 유일한 기관인 경우가 많다. 지방 의회는 관광의 진흥에 기꺼이 개입해 왔는데, 왜냐하면 중앙 정부가 재정을 긴축하는 기간 동안 지역 주민들에게 이익을 가져다 줄 수 있는 사업에 착수할 수 있는 자금원이 존재한 분야 중 하나가 관광이었기 때문이다 (특히 1990년대 후반 영국의 복권 기금을 통해서). 게다가 이러한 시설은 장래의 종업원과 고용주를 끌어들이고 만족을 유지할 수 있기 때문에 중요하다.

역사에 시선을 향하는 것과 관련되는 일부 요소는 체이셔의 스타이얼 마을에 있는 쿼리 뱅크 밀이라는 산업 박물관에서 볼 수 있다(Samuel Greg가 1784년에 건립). 이 방적공장의 주변은 전부 제조공장 공동체의 건물들, 두 개의 예배당, 학교, 상점, 공장 노동자를 위한 주택, 견습생 숙소 등이 있으며 이들 모두가 물리적으로 잘 보존되어 있다. 이 박물관은 1976년에 설립되었고, '제조공장의 시스템을 보여주는 박물관'으로 일컬어지는데, 노동자와 그렉Greg 가문의 역할 및 섬유 산업의 산업혁명이 시작되었던 상황을 되살리는 것을 목표로 하는 것이었다. 박물관에는 섬유 가공품과 수력 장치에 대한 다수의 물건이 전시되어 있다. 어울리는 옷을 차려입은 설명을 담당하는 직원은 방문객에게 다축방적기의 면사 제조법, 손으로 섬유를 짜는 법, 소면기梳綿機 조작과 뮬 정방기精紡機의 구동방식, 그리고 어린이 노동자를 위한 급식, 청소, 세탁과 관련된 공장 내의 일상생활 등을 보여준다. 전문 역사가들의 수많은 조사가 수행되었고, 이를 통해 방문객에게 제공되거나 판매되는 것으로서의 전시와 이를 뒷받침하는 많은 수의 기록이 갖추어졌다(Rose, 1978). 기술 담당자는 대부분 폐기 상태였던 기계류가 다시 작동할 수 있도록 박물관 개발에 중요하게 관여했다.

이 박물관은 '자료와 문서 꾸러미'를 포함하여 방문객에게 도움이 되는 다양한 자료를 만들었다. 100명 이상의 가이드가 채용되어 방문객에게 공장에서 노동하는 모습을 설명한다. 이밖에도 박물관에서 수행하는 다른 교육 활동도 많이 있다. 공장에서 운영하는 교육과정에는 기계 방직, 방사, 패치워크, 퀼트, 자수와 레이스, 시험용 직물, 패션과 의류, 섬유제품 디자인, 염색과 무늬찍기, 뜨개질 등이 있다. 이 박물관은 특히 전시장의 놀이 요소를 다수 배치하여 '평상시 박물관을 찾지 않는 일반인'을 유치하고자 열정적인 노력을 기울였다. 이는 사람을 활용하여 많은 순서와 과정을 자세히 보여주고 역할극의 방식으로 방문객들과 상호작용하는 것을 통해 어느 정도 성공을 거두었다. 또한 다양한 특별 행사를 편성한 것도 도움이 되었는데, 예를 들면 어머니 주일의 점심식사 모임, 교회의 자원봉사 활동, 성 조지의 날의 축제, 귀신의 집 방문, 견습생 성탄모임 등이 있었다.

공장은 진정성이라는 문제를 해결하기 위해 노력해야 했다. 건물은 옛날 그대로의 '진품'이고 특별히 깨끗하게 정비하지도 않은 것이었지만, 그곳에 전시된 기계류는 18세기의 것들이 아니었기 때문이다. 일부 품목은 19세기나 20세기 초부터 공장에 있었던 것이지만, 거대한 수차를 비롯한 상당수의 물건들은 다른 산업 현장들, 주로 폐공장에서 가져온 것들이었다. 기계의 작동에는 '전통적인' 기술의 사용이 필요한데, 이는 특별히 배워야 하는 것이었다. 공장은 진정한 것을 분명히 보여주기 위해 노력을 기울였는데, 그러나 이것이 그리 간단한 과정은 아니었다. 왜냐하면 어느 시기를 기준으로 하느냐에 따라서 진정한 것으로 여겨지는 것들이 달라지기 때문이다. 물론, 기존의 '진정한' 제조공장에는 다양한 시대의 기계들이 설치되어 있다. 결국 쿼리 뱅크 밀이 보여주는 것은 역사에는 단순하고 '진정한' 재구성은 존재하지 않으며, 모든 것에는 어떤 조정과 재해석이 수반된다.

마지막으로, 공장은 노동 계급의 삶에 관해 지나치게 낭만화된 시각을 제시하고 있지는 않다. 그곳에는 건강하지 못하고 불결한 산업 노동의 현장 드러나 있다. 그러나 공장에 관한 연구문헌들은 또한 스타이얼 마을과 같은 지방의 제조공장 공동체의 환경이 거대한 산업 도시들 예컨대 주변의 맨체스터와 솔퍼드의 환경보다 더 나았다고 전하는 당시 사람들의 견해에 주의를 기울이고 있다. 그러므로 산업적인 불안의 수준은 비교적 낮았던 것으로 보이는데, 하지만 이는 지역에서 이루어진 감시와 통제의 형태와 관련이 있을 수도 있다. 박물관의 큐레이터는 방문객들에게 제조공장의 생활에 대해 지나치게 우울한 해설을 하게 되면 그들이 더 이상 찾아오지 않을 수 있다는 것을 시사하기도 했다. 그러나 쿼리 뱅크 밀 산업 박물관은 공장 기술을 미화해 보여주는 어떤 성지가 아니다. 오히려 방문자들에게 섬유 기계가 시끄럽고 위험하며 지저분한 것으로 여겨지게 할 가능성이 높은 장소일 뿐이다.

우리는 이제 **국가**가 문화유산 관광을 어떻게 촉진하는지, 그리고 더 넓게는 민족적 성지 및 건물에 대한 문화유산 관광과 여행이 문화, 지역, 민족한테 얼마나 중요한 것인지에 관해 논의하고자 한다. 어떠한 문화에서도 그 한 부분에는 거의 항상 여행이 존재한다. 문화를 개발하고 지속하게 하는 여행은 여러 다양한 형태를 취할 수 있는데, 예를 들면 문화적 성지로 떠나는 여행, 어떤 글이나 사진에서 다루어진 중요한 장소의 현지로 떠나는 여행, 큰 행사가 열리는 장소로의 여행, 특히 어떤 유명한 사람이나 그 사람의 다큐멘터리 기록을 보러 가는 여행, 자기 자신의 문화적 애착을 강화하기 위해 다른 문화를 보러 가는 여행 등이 있다. 이는 그라운드 제로를 보러 가는 여행에서도 확인된다.

'충격적인' 9·11 테러 공격이 발생한 직후, 수백만 명의 미국인과 전 세계의 사람들이 **기록적**으로 많이 뉴욕을 찾아와 '그라운드 제로'에 시선을 향하였고, 그곳에서 사망한 사람에 대한 국가적인 그리고 세계적인 연대를 표명하였으며, 모든 이가 TV를 통해 지켜볼 수 있었던 트윈타워 붕괴의 '현실'을 확인하였다. 그라운드 제로는 사진을 찍는 관광객과 기념품들이 넘쳐나는 또 다른 관광지로 변모하게 되었다(Lisle, 2004).

사실, 국가가 자국민과 타국민에 대하여 그 본모습을 보여주는 한 가지 방법은 국내 및 국제 관광을 통하는 것이다. 에덴서는 다음과 같이 말한다.

관광이 세계 최대의 산업으로 성장함에 따라 국가의 관광 전략은 세계적

인 시장의 경쟁 가운데 자신의 고유한 매력을 선전함으로써, 대규모로 몰려들어와 돈을 뿌리는 관광객인 '황금 군단'을 끌어들일 수 있는 독자적인 틈새시장을 개척하는 것이다. 이것은 전체적인 풍경과 명소를 광고하는 것과 특정한 상징적인 장소와 행사를 홍보하는 것 두 가지에 달려 있다. 관광객을 불러 모으고 추억할 수 있는 체험이 있는 행선지를 선택하는 것에 대해 보상함에 필수적인 요소에는 국가를 무대화하는 것이 포함된다(Edensor, 2002, p.85).

중요한 것은 국가 그 자체의 서사라고 할 수 있다. 국가의 역사는 역사를 헤쳐 온 사람들에 관한 이야기를 들려주며, 대체로 오래전 과거의 흐릿한 시대에서부터 시작된 이야기를 들려준다(Bhabha, 1990). 그 전통과 우상에 관한 역사의 대부분은 '창작된' 것이다. 19세기 후반의 유럽은 그러한 국가적 문화유산이 무수히 만들어지던 시기였다. 프랑스에서 사람들의 망각 속에 있던 잔 다르크가 가톨릭교회에 의해 끌어올려진 것은 1870년대의 일이었다(McCrone, 1998, pp.45~46). 라 마르세예즈가 국가로 제정된 것은 1879년, 프랑스 혁명 기념일이 제정된 것은 1880년이며, 같은 해 7월 14일이 국경일로 지정되었다. 좀 더 일반화하자면, '프랑스'에 대한 관념은 '(도로, 철도, 그리고 무엇보다도 신문에 의한) 통신수단을 통한 식민지화와 유사한 과정에 통해 확대되었고, 다양한 이동성의 결과로서, 19세기 말에는 대중문화와 엘리트문화가 하나로 합쳐지게 되었다'(McCrone, 1998, p.46). 여기서 핵심이 되는 것은 국가의 공공 기념물, 특히 프랑스 파리의 재건 과정에서 그림, 사진, 영화 및 유럽 관광 산업을 통해 보여지고 이야기되고 공유되며 여행이 이루어

지게 된 기념물의 대규모 건설이었다.

여행에 대한 이러한 집단적 참여 및 보다 일반적인 국가 주도의 역할은 1851년 런던의 크리스털 팰리스Crystal Palace에서 개최된 만국박람회를 시초로 하는데, 이는 최초의 국가적 관광 행사였다. 당시 영국의 인구는 1800만 명에 불과하였지만 이 박람회에는 600만 명이 방문하였고, 많은 이들이 이때 신설된 철도를 이용하여 난생 처음으로 수도를 방문했다. 19세기 후반에는 이와 비슷한 대규모 행사가 유럽 전역에서 개최되었으며 대략 3000만 명에 달하는 사람들이 행사장을 찾았다 (Roche, 2000). 1888년에는 호주 멜버른에서 식민지 개척 100주년 기념 만국박람회가 개최되어 호주 인구의 2/3가 행사장을 찾은 것으로 추정된다(Spillman, 1997, p.51). 국내외에서 찾아온 방문객들이 호주의 성취와 특징을 확인했다.

보다 일반적으로는, 19세기 중반 이후로 주요 명소, 작품에서 묘사된 장소, 박람회, 건축물, 풍경, 식당 및 그 사회가 이룩해낸 것들을 보기 위한 여행이 국민성이라는 문화적 감각을 육성해 왔다. 여기서 특히 중요한 것은 국립 박물관의 설립, 국가적인 문화유산, 예술가, 건축가, 음악가, 극작가, 소설가, 역사가, 고고학자의 발굴이었다(McCrone, 1998, pp.53~55; Kirshenblatt-Giblett, 1998; 그리고 7장을 보라). 최근에는 거의 모든 국가들이 등장하여 경쟁하고 그들 자신을 볼거리로서 동원함으로써 다수의 방문객을 끌어들여야 하는 국제적이고 공개적인 무대가 만들어졌다. 이렇게 스스로를 내보이는 행위는 특히 올림픽, 월드컵, 엑스포와 같은 대규모 행사에서 두드러지게 발휘된다(Harvey, 1996). 최근 10년 동안의 (베이징 올림픽과 상하이 엑스포가 개최된) 중국, 그리고 그보다 10년

전의 (월드컵과 리우데자네이루 올림픽이 개최된) 브라질은 자신들이 진정으로 세계무대에 올라와 있다는 것을 알리기 위해 국제적인 관광 행사를 활용한 '국가들'이다. 대중 관광과 세계주의를 전제로 하는 이러한 국제적 행사는, 국가적 문화유산이 점점 더 이러한 무대 내에서의 위치설정과 관련하여 구상된다는 것을 의미한다. 세계 체제의 대규모 행사, 특히 '세계 문화의 성장을 대표하는 올림픽과 엑스포'로의 여행을 촉진하는 것은 바로 무대화라고 할 수 있다(Roche, 2000).

그러나 그러한 상징에는 지속적으로 비판이 제기된다. 예를 들면 국가 엘리트의 권력은 1988년 호주의 식민지 개척 200주년 기념행사를 둘러싼 격렬한 논쟁에서 강력한 이의제기를 받았다(Spillman, 1997, 4장). 호주 문화유산의 기념행사에 대해 호주 원주민들이 단호하게 반대 의견을 표명했기 때문이다. 원주민들은 대대적인 관광 행사인 호주의 날에 대해 '침략의 날'이라고 불렀다.

그리고 '그들의 개별적인 역사와 문화유산'을 수호하고자 하는, 다양하면서도 대부분 지역에 밀착된 토착의 사회단체들의 활동이 확산되었다. 영국에서는 새뮤얼이 다양한 사회단체가 보존하고 전시를 위해 배치해 둔 새로운 민주적, 가족적, 노동주의적, 페미니즘적, 소비주의적 문화유산 및 국내의 문화유산을 수집하여 문서로 기록하였고, 방문객들로 하여금 보고, 만지고, 듣고, 추억할 수 있도록 하는 노력을 기울였다(Samuel, 1994; 스코틀랜드 스카이 섬의 아로스 게일 문화유산 센터에 대해서는 Macdonald, 1997을 보라). 그리고 우리가 지금까지 살펴본 바와 같이, 웨일즈의 옛 탄광 공동체는 향토적인 문화유산을 '체험'하는 현장의 중요성을 보여준다. 다양한 '기존의 것과는 다른 문화유산'도 있는데, 대서양을 횡단하는 노예무역과 관계된 장소들을 방문하는 블랙 애틀랜틱 투어 같은 것을 예로 들 수 있다. 이와 같이 문화유산과 역사의 역할이라는 것이 중요한 문제로 떠올랐다. 문화유산에 관한 문제는 '역사'를 기존에 알려진 문화의 본질에 중심적인 것이 되도록 하고, 이와 더불어 관광지, 축제, 행사 등을 포함하는 다양한 '추억을 만드는 기법들'과 문화유산이 어떻게 해서 서로 분리될 수 없는지를 보여준다 (Arellano, 2004를 보라).

스페인 바르셀로나의 엘 라발이라는 이전에 황폐했던 지역은, 그곳에서 오랫동안 살아온 사람들에게는 일정 부분 달갑지 않게 여겨지는 방식으로 변모되었다. 극심하게 의견이 갈린 감각 풍경의 문제, 중요한 취향의 차이, 지역 간의 갈등이 생겨났다(Degen, 2008). 데겐Degen은 속물적인 바르셀로나에 반대하여 작동된 자유분방하고 방임적인 태도라는 부분에서 변화를 설명한다. 그녀는 만약 누군가 1980년대에 엘 라발에 방문했다면 그 사람은 대부분 사회의 주변부에서 살아가는 주민들, 즉 빈민, 노인, 매춘부, 마약 중독자들이 계속 쳐다보는 눈빛을 피했을 것이라고 설명한다. 퀴퀴한 냄새가 나는 공기를 마시면서, 사람들은 한 가족이 운영하는 식료품 상점과 작업장이 드문드문 흩어진 거리를 헤매었을 것이다. 엘 라발은 그 지역 인근에서 쇠락함이 묻어나는 감각풍경을 가진 곳으로 차츰 변화했다. 이곳은 상실의 장소이자, 좀 더 일반적으로는 카탈루냐 사람들의 도시인 바르셀로나가 프랑코 정권 시기 동안 어떻게 소외되었는지를 보여주는 일종의 제3세계의 도시였다. 그러나 1976년에 스페인이 민주화되면서 바르셀로나는 1989년에 카탈루냐의 수도로 복권되었다. 그리고 1986년에는 1992년에 개최될 하계 올림픽의 개최지로 선정되면서 변화가 일어났다. 데겐은 바르셀로나를 변화시키고 새로운 이미지를 부여한 1992년 올림픽의 중요성에 대해 다음과 같이 논하고 있다.

수많은 투지 넘치는 경기들이 있었지만, 올림픽의 최대 승자는 바르셀로나라는 도시 그 자체라고 하는 것에는 아무도 이견을 보이지 않았다. 올림픽은 세계의 시선 속에 탈바꿈한 도시 풍경(스포츠 행사의 배경으로 자주 등장함)을 비추어 주었을 뿐만 아니라, 카탈루냐의 자부심과 정체성을 다시 천명하는 기회였다. 1992년 올림픽은 바르셀로나를 세계적인 무대 위에, 그리고 세계의 도시 관광 네트워크의 한 가운데에다 올려놓았다. 황폐한 산업 도시였던 이곳은 5년도 채 되지 않는 사이에 유럽에서 가장 인기 있는 관광 명소 중 하나로 변모했다(Degen, 2004, p.131).

새로운 '박물관' New 'Museums'

장소의 문화유산화가 이루어진 곳의 대부분은, 거의 모든 곳에서 박물관의 수가 눈에 띄게 증가했다. 이는 현재 및 미래와 비교하여 과거가 더 높은 가치를 평가받게 되는 과정의 일부라고 할 수 있다. 사람은 나이를 먹을수록 박물관에 대한 관심이 늘어난다. 즉, 세계 인구의 '실버화'에 따라 박물관의 수와 다양성도 증가하게 된다.

일반에 공개되는 박물관이 확산하기 시작한 것은 19세기 초의 일인데, 파리의 루브르 박물관, 마드리드의 프라도 미술관, 베를린의 알테스 박물관 등이 그 시발점이었다. 특히 『미쉐린 가이드Michelin Guides』가 처음 출간된 이래로, 특히 고급의 '문화 자본'을 가진 관광객들에게 박물관은 관광 체험의 중심적인 장소가 되었다. 혼(Horne, 1984)은 현대의 관광객을, 가이드북을 마치 경전처럼 들고 다니는 근대의 순례자라고 묘사한다. 그의 말에 따르면, 중요한 것은 자기가 무언가를 보고 있다는 말을 사람들이 듣는 것이라고 한다. 대상의 유명세가 곧 그 의미가 된다. 이렇게 해서 의례 행위의 단계적 계획이 만들어지고, 무엇을 보아야 하는지, 심지어는 시선을 향해야 하는 순서까지도 정해진다. 박물관은 특별한 감각의 분위기에 기반해 있었다. 혼은 박물관이 국가의 권력, 학자의 박식함, 예술가의 천재성에 대한 은유로 기능하는, 전형적인 관광 체험을 다음과 같이 요약한다.

그림에 대한 지식이 거의 없거나 전혀 없는 관광객은 그 액자에서 멀찍이 떨어져서, 단지 이러한 신성한 대상의 명성과 높은 가격, 그리고 진품이라는 사실에 경의를 표하기만 하면 된다. 관광객이 거리를 두고 보아야만 하는 '예술 작품'으로서, 그림의 가치는 그 본질에 달려 있는 것이 아니라 진정한 것으로서 인정받은 희소성에 달려 있다. 그것 때문에 '예술'과 관광객 자신의 환경 사이의 간극이 유지된다(Horne, 1984, p.16).

이렇듯 박물관은 진정한 역사적 작품, 특히 미켈란젤로Michelangelo를 비롯한 독창적인 예술가들의 이른바 천재성 또는 문화(그리스 문화 등)에 말미암은 희소한 작품이 내뿜는 아우라를 기반으로 삼는다.

그러나 우리는 사람들이 박물관에서 시선을 향하는 방식이 크게 바뀌었다고 주장하는 바이다. 아우라의 의미는, 다양한 방식의 관찰과 사용이 수반되는 '포스트모던 박물관' 같은 곳에서는 그 기반이 약화되었다. 먼저, 보존할 가치가 있다고 간주되는 대상의 범위가 현저하게 확대되었다. 앞의 절에서 논의하였듯이, 국립 박물관이 예증하는, 주어져 있고 다툼의 여지가 없는 국가적 역사라는 것의 힘이 쇠퇴해 감에 따라 역사의 개념이 변화되고 있다. 대신에, 사회적, 경제적, 대중적, 여성주의적, 민족적, 산업적 등등의 역사와 같은, 수많은 대안적 역사 혹은 향토적 역사가 개발되었다. 역사의 다원화, 그리고 실제로 역사의 '현대화'가 이루어지고 있다. 영국 관광청에서는 1980년대에 이미 1만 2천 곳이 넘는 박물관 유형의 장소가 영국에 있었다고 수치를 밝힌 바 있다. 박물관은 역사의 '표상'과 관련이 있으므로, 이는 곧 표상의 가치가 있다고 여겨지는 역사의 범위가 매우 넓어진 것이다. 우리는 이미 이들 중 몇몇, 특히 지방 박물관과 산업 박물관에 대해서는 살펴보았다. 이전의 역사적 체험이 열악하면 열악할수록, 결과적인 볼거리는 더 진정한 것이 되고 또 매력적이게 되는 것 같다. 아주 먼 역사적 시대의 위대한 예술 작품이나 유물을 보는 것에만 흥미를 가지는 방문객은 더 이상 없다. 사람들은 '평범한 것들', 즉 대단할 것 없는 집과 일상적인 노동의 모습의 표상에 매력을 느끼는 것 같다. 유리병 불기, 동력 조작, 점원이 일하는 모습, 양초 만들기, 면방직, 소금 만들기, 구두 만들기, 화학품 제조, 휴일의 행락, 레이스 짜기, 가사 노동, 채탄 작업 등은 모두 현대 박물관에 표상되고 관람의 대상이 될 만한 가치가 있는 것들이다. 사람들은 '일상적인 것'과 대중적인 것에 매료되며, 그리고 모든 종류의 대상을,

그것이 모나리자이든 랭카셔의 면방적 노동자가 쓰던 케이크 굽는 낡은 통이든 가리지 않고, 거의 똑같이 흥미로운 것으로 취급하려는 경향이 존재한다. 혹자는 이러한 변화를, 포스트모더니즘의 반엘리트주의를 반영하는, '아우라에서 향수로'라는 것으로 요약하기도 한다(Edgar, 1987). 또한 지금은 온갖 종류의 물건들, 예를 들면 동영상, 라디오, 텔레비전, 사진, 영화, 환경 그 자체, 심지어는 TV 드라마의 촬영 세트도 박물관에 보존되어 있다(Lumley, 1988).

박물관 자체의 성격에도 현저한 변화가 일어났다. 더 이상 방문객들은 전시에서 감명을 받을 것이라고 예상하지 않는다. 오히려 방문객이 전시 자체에 참여할 수 있도록 하는 것이 강조되고 있다. '살아 있는' 박물관이 '죽은' 박물관을 대체하고, 실외 박물관이 실내 박물관을 대체하며, 시끌벅적한 소리가 고요한 침묵을 대체하고, 방문객은 유리를 통해 전시물과 구별되지 않으며, 전시물의 멀티미디어화가 이루어져 영상, 활자, 음악 등이 공존하고 있다. 전반적으로 보면, 박물관과 다양한 미디어는 점점 더 탈분화되고 있다. 한때 타인 앤 위어 박물관Tyne and Wear Museums이라고 불리던 것에 대한 홍보는 이러한 참여에 대한 경향을 잘 보여주었다. '우리 박물관은 활동, 참여, 재미에 중심을 두고 있습니다. 고요한 침묵 속에서 끝없이 늘어선 구식의 유리장을 가만히 쳐다보게 하지 않습니다. 전문적으로 기획된 전시, 가지고 놀 수도 있는 움직이는 모형, 여기저기 훑어볼 수 있도록 갖춰진 완전한 시대 재현 공간, 영상을 완전하게 하는 음향 효과가 있습니다'(White, 1987, p.10에서 인용). 또 다른 사례는 뉴욕의 쿠퍼즈타운에 있는 농민박물관이다. 이 재건된 문화유산 마을은 소박한 농촌 공동체의 생활을 무대화하고 있다. 여기서 '방문객은 사실과 도표를 부지런히 이해하도록 요구받기보다는, 그 시대의 전형적인 매일의 일상생활에 참가하도록 초대된다. (…중략…) 각각의 사람들은 무대화된 연극의 배우가 되어 자신이 생각하는 대로 역사적인 사건을 재현하는 것에 능동적으로 참여한다'(Klingmann, 2007, p.40).

또 다른 사례는 덴마크 로스킬레에 있는 바이킹 선박 박물관인데, 이곳은 미쉐린으로부터 별 3개(최고점)를 받은 명소이다. 배는 단순함, 공간적 질서, 가벼움으로 대표되는 상징적인 근대적 건축양식의 공간에 전시된 반면, 그에 인접한 공간에는 장관의 볼거리와 즐길 만한 '풍경 행동'을 제공한다. 새로이 건조된, 장비를 모두 갖춘 바이킹 선박의 복제품은 관광객을 초대하고, 그들은 바이킹들이 원래 입던 복장을 착용하고 배에 승선한다. 어린이들과 젊은 가족들을 위해 의도된 '별 것 아닌 모조품'으로 보이는 대상이지만, 꽤 많은 성인들이 이 바이킹 체험에 시간도 많이 보내고 사진도 많이 찍는다. 거의 모든 사람들이 목재와 돛을 조사하고, 보트에 앉거나 그 주변을 돌아다니며, 손에 물건을 집어들거나 각종 무기를 가지고 놀이를 즐긴다. 다수의 성인들도 바이킹 의상을 착용한다(Bærenholdt and Haldrup, 2004; Larsen, 2004b).

박물관은 또한 다양한 대중을 확보하고, 방문 시 해볼 수 있는 다채로운 체험을 '개량할' 수 있는 방법에 더욱 관심을 기울이고 있다. 방문객의 민족적 / 국가적 집단이 다양할 것이라는 인식이 존재하며, 박물관의 직원은 그들이 내보이는 전시 및 이질적인 역사와 방문객이 상호작용할 수 있는 다양한 방식에 대해 스스로 관심을 가져야 한다(Hooper-Greenhill, 1988, pp.228~230; Bærenholdt and Haldrup, 2004).

박물관의 전시는 또한 아우라가 덜한 것이 되어 가고 있다. 각각의 전시물이 전시를 위해 어떻게 준비되었는지, 그리고 어떤 경우에는 전시물이 어떻게 '진정한 것'처럼 보이도록 만들어졌는지 공개하는 것이 지금은 일반적이다. 다양한 박물관에서, 배우들은 역사적 인물의 배역을 연기하고 방문객들을 역사의 한 장면에 참여하게 하면서 상호작용한다. 예컨대 비미시 마을의 야외 박물관에서 사람들은 서로 다른 상점들에서 배역을 연기하고, 한편 위건 부두 문화유산 센터에서 방문객은 모의 학교 수업을 체험해 보도록 권유를 받는다. 또 다른 곳에서는 전직 광부가 방문객에게 채광 작업을 설명한다. 그리고 사람들은 실제로는 아무 것도 만들어내지 않고 기계라는 것을 보여주기만 하는 기계를 구동해 본다. 이는 곧 '작동은 하지만 노동하지 않는 산업'이라 할 수 있다 (White, 1987, p.11). 럼리(Lumley, 1988, p.15)는 박물관의 변화에는 학술목적의 수집기관이라는 개념을 의사소통의 수단이라는 발상으로 대체하는 것이 포함된다는 것을 주장함으로써 이러한 변화를 요약하고 있다. 바우만(Bauman, 1987)이 표현한 것처럼, 높으신 분들이 정해 놓고 일방적으로 공표하는 것을 뜻하는 '입법가'에서 두 주체 간의 상호 소통을 매개하는 것을 뜻하는 '통역가'로의 전환이 일어났다. 그리고 이것은 시각 장애인에게도 적용된다. 박물관은 여전히 시각적으로 보고 수집하는 장소이기는 하지만, 시각 장애인들도 특히 촉각을 사용하여 대상을 만져볼 수 있게 하는 등 비시각적으로 박물관과 조우할 수 있는 방법을 모색하고 있다(Hetherington, 2000a).

추가적으로, 박물관으로 간주되는 것과 여타의 사회 기관 사이의 관계에도 변화가 생겨났다. 몇몇 기관은 박물관과 꽤 비슷해졌다. 예를 들어 상점도 지금은 고급 상품을 공들여 진열한 박물관처럼 보일 수 있는데, 사람들은 그러한 상점에 이끌려 돌아다니면서 시선을 보낼 수 있다. 한 예로, 유명 건축가 렘 콜하스Rem Koolhaas가 설계한 뉴욕의 프라다 매장인 에피센터를 들 수 있다(Klingmann, 2007, pp.126~127). 테이트 갤러리 오브 노스Tate Gallery of North, 해양 박물관, 다수의 세련된 상점들이 즐비한 리버풀의 앨버트 독Albert Dock과 같은 장소에서는 이러한 상점들과 박물관의 차이점을 찾는 것이 상당히 어려운데, 왜냐하면 사람들이 상점의 내부를 '전시물'로 여기는 것처럼 보이기 때문이다. 런던 디자인 박물관의 스티븐 베일리Stephen Bayley는 다음과 같이 말했다.

옛 19세기 박물관은 약간 상점과 비슷했습니다 (…중략…) 그곳은 가서 가치와 사상을 보는 장소였어요. 나는 정말로 쇼핑이 20세기 후반의 거대한 문화적 체험 중 하나가 되고 있다고 생각해요. (…중략…) 그 두 가지는 서로 합쳐지고 있어요. 그래서 박물관은 더 상업적인 것이 되어 가고 있고, 상점은 더 지성적이고 더 문화적인 것이 되어 가고 있습니다.Hewison, 1987, p.139에서 인용).

박물관은 방문객이 자신의 체험을 '소비의 문제, 즉 쇼핑 및 관광과 유사한 것'으로 대하는 상업적인 회사와 더 비슷한 것으로 동시에 변해 가고 있다(Macdonald, 1995, p.25). 이는 '변화가의 기업과 감각이 박물관의 세계에 널리 퍼지게 되는 결과를 가져온다. (…중략…) 포장은 기업의 정체성을 확립하는 것을 의미한다. (…중략…) 쇼핑은 단순히 구매 행위를 하는 것이 아니라, 점포의 분위기, 직원의 태도 등을 포함하는

전체적인 체험에 대한 것이다'(Pemberton; Lumley, 1988, p.20에서 인용). 특히 이것은 상업적인 기업과는 다른 모습으로 박물관을 만들어 보고자 노력하는 박물관 직원들에게는 어려운 문제이다. 테마파크, 쇼핑몰, 문화유산 센터의 성장은 박물관으로 하여금 경쟁하고 더 시장 지향적인 곳이 될 뿐만 아니라, 분명하게도 유명한 박물관의 '상점'과 '카페'를 운영하고, 또한 캐나다 문명 박물관에서처럼 사람들의 눈길을 끄는 전시를 개최하도록 강요했다. 요크에 있는 조빅 바이킹 센터나 캔터베리에 있는 순례의 길과 같은 문화유산 센터는 기존의 박물관과 경쟁하며 당연하게 여겨지는 진정성이라는 개념에 도전하고 있다. 이러한 문화유산 센터에는 박물관과 극장이 흥미롭게 뒤섞인 모습이 보인다. 맥도널드(Macdonald, 1997)가 스카이 섬Isle of Skye의 아로스Aros 게일 문화유산 센터에서 설명한 것처럼, 모든 것이, 심지어는 냄새까지도 진정한 것으로 여겨지지만, 실제로 그 시대의 것들은 하나도 없다.

이러한 변화 과정의 한 부분으로는 '박물관 브랜드'의 출현이 포함된다. 솔로몬 R. 구겐하임 미술관(프랭크 로이드 라이트(Frank Lloyd Wright 설계)이 1937년 뉴욕에 설립된 후 수십 년 동안, 구겐하임은 베네치아, 뉴욕, 베를린, 빌바오, 아부다비에 화려한 프랜차이즈 분관을 가지고 있는 선도적이고 세계적인 박물관 브랜드가 되었다(Ostling, 2007). 빌바오와 아부다비의 분관은 유명 건축가인 프랭크 게리Frank Gehry가 설계하였는데, 이 사람은 그 자신이 세계적인 브랜드이다. 호화로운 구겐하임 미술관은 빌바오라는 도시의 이미지를 바꾸어 놓는 데에 결정적인 역할을 했다(Ockman, 2004; Klingmann, 2007; Ostling, 2007). 건축가이면서 비평가인 지오반니Giovannini는 빌바오 구겐하임의 중요성을 다음과 같이 강조하고 있다.

  스페인 빌바오의 역사는 중세 시대로 거슬러 올라간다. 그러나 이 대서양 연안에 위치한 바스크인들의 항구가 국제적으로 유명해지게 된 것은, 흘러내리는 듯한 티타늄 리본으로 장식된 외관을 가진, 프랭크 게리가 설계한 구겐하임 미술관 덕분이다. 그러나 이 도시의 명성은 놀랍도록 독창적인 설계의 우연한 부산물이 아니라, 빌바오를 세계무대에 올려놓고자 하는 도시의 유력자들이 의도적으로 활약한 결과이다. 사양세에 접어든 스페인의 피츠버그는, 통합된 유럽과 세계화된 경제의 경연장 위에서 하나의 참가자로서 등장한 자신을 상징하기 위해 에펠탑이나 시드니 오페라 하우스에 비견할 만한 그림엽서의 이미지를 필요로 했다. 즉, 기념비적인 건축물이 필요했던 것이다. 건물 하나에 1억 1천만 달러의 비용이 소요되었지만, 빌바오는 이제 세계적인 수준의 도시로서 경쟁력을 갖게 되었다. 그리고 세계의 수많은 2류, 3류 도시들이 빌바오와 비슷한 신데렐라 같은 변신을 기대하면서 게리의 건축사무소에 의뢰를 하고 있다(Klingmann, 2007, p.238에서 인용-).

  빌바오의 구겐하임 미술관은 곧바로 성공을 거두었다. 개장 첫해에 130만 명의 방문객이 찾아와 이 건물의 건축비만큼을 지불하였고 도시는 경제 성장과 새로운 사회적 가시성을 통해 활력을 얻게 되었다 (Ostling, 2007).

  이렇게 소비자의 주권의식과 대중적 취향의 경향은 박물관의 사회적 역할을 바꾸어놓고 있다. 박물관은 다수의 대중이 배제되는 단일한 고급문화의 구현이라는 의미를 점차 상실하고 있다. 1980년대와 1990

년대의 박물관은 특히 서비스 계급과 중산 계급이 더 다가가기 쉬운 것이 되었다(Merriman, 1989). 영국에서는 리버풀이 그 특정한 '대중적'인 문화유산을 기회로 삼은 방법에 있어서, 그리고 유럽의 문화 도시 중 하나로 지정된 것을 통해서 흥미로운 모습을 보여준다. 리버풀은 4인조 록 밴드 비틀즈의 고향으로, 도시의 '브랜드' 자체를 '비틀랜드'로 광고하고 있다(공항의 이름도 리버풀 존 레논 공항이다). 이 도시의 관광 소개 자료에서 가장 많이 알려진 것은 매일 운영되는 '비틀즈 매지컬 히스토리 투어'이다. 박물관을 찾아가는 일은 이전에는 고급문화를 연상시키던 것이었지만, 지금은 오히려 사람들이 여러 다양한 종류의 '박물관'을 '이해하고' 즐기는 것을 통해 만들어지는 문화 자본의 확보를 가능하게 한다.

결론

이렇듯 건물, 디자인된 테마, 다양한 문화유산은 관광객의 시선에서 중심이 되는 것들이다. 우리는 많은 관광지와 휴양지가 테마화된 것으로서 주로 시각적 감각을 자극하는 고립적인 공간으로 설계되었다는 것을 강조했다. 이렇게 테마화된 공간은 분석적으로 보면 에덴서(Edensor, 1998)가 '이질적인' 관광 공간이라고 부른, 관광객(특히 배낭여행객)과 현지인이 같은 공간을 공유하고 서로 어울려 만나며, 감각 풍경은 더 다감각적이고 예측할 수 없는 공간과 대조될 수 있다. 그러나 그러한 이질적인 관광지에서도 '테마화'와 '진부한 민족주의'가 만연한 상태인 경우는 자주 있다.

　본 장에서 우리는 관광 연구의 중심을 옮겨 '관광객'에서 벗어나고
자 했고, 특히 테마화되거나 문화유산화된 여러 장소들을 실현시키고
작동시키는 네트워크와 담론에 집중했다. 이렇듯 장소는 조직, 기계, 그
리고 특히 건물 사이의 네트워크화된 관계성을 통해 가능하게 된 공연
으로 (재)생산된다. 장소는 이러한 '순회'하는 과정의 가장 중심부에 있
으며, 그 한 부분에는 꼭 한번 보고 싶다는 기대를 받는, 디자인에 노력
을 기울인, 그리고 추억에 남게 될 건물이 자리하고 있다.

　우리는 다음 장에서 장소를 대표하는 건물에 대한 사진 촬영의 의
의를 분석함으로써 장소와 건물에 대해 더 탐구해 본다. 실제로, 현대의
재단장한 문화유산 건물의 대부분은 사진으로 포착되도록 설계되었고
또한 그렇게 포착된 사진의 시선이 주류 미디어, 뉴미디어, 그리고
Web 2.0 내에서 세계적으로 유통될 수 있도록 설계되었다.

제7장

시각과 사진Vision and Photography

도입

우리는 시각이 관광 체험에서 중심적인 것이라고 주장해 왔다. 그러나 이러한 시각의 구성력이 필연적이거나 당연한 것은 아니다. 정말로, 시각성은 그와 함께 뒤얽혀 있었던 여타의 감각들로부터 자유로워지기 위해 수세기에 걸쳐 고군분투해 왔다. 여기서 먼저 우리는 시각성의 역사와, 본다는 것 그리고 보여진다는 것의 관념이 무엇을 의미하는지, 그리고 어떻게 시각이 근대 사회에서 지배적인 감각이 되었는지를 검토할 것이다. 우리는 새로운 시각 기술과 도시 공간의 다양성에 각별한 관심을 기울이고자 한다.

둘째로, 우리는 사진을 매개체로 한 관광객의 시선과 시각을 연결지을 것인데, 사진은 관광객의 시선을 개발하고 확장시키는 가장 중요한 기술이다. 오스본(Osborne, 2000, p.70)은 '관광의 일반적인 문화와 경제, 그리고 그들이 구성하는 근대 문화의 다양성에서 떼려야 뗄 수 없는 [사진이라는] 매개체'라고 서술한 바 있다. 우리는 관광객의 시선이 카메라와 사진의 발전 및 대중화와 어떻게 불가분의 관계로 맺어지게 되었는지를 보일 것이다. 시선은 이미지와 사진의 성능을 통해 광범위하게 그리고 실질적으로 구축되고, 그 반대도 마찬가지이다. 우리는 관광 사진 속 중요한 **순간들**을 분석하고, 어떻게 사진이 복잡하고 우발적인 방식으로 물리적인 여행을 강화하고, 틀을 잡고, 대체하는지를 보일 것인데, 특히 사진은 다른 것들과 조우하게 되는 관광객의 입장에서는 신체적으로 중심되는 것이기 때문이다. 손택(Sontag, 1979)이 지적한 것처럼, 관광객들은 마주친 것들 중에 눈에 띄는 것과 그들 사이에 카메라를 들이대어야 할 것 같은 의무감을 느낀다.

연구에 의지하여, 우리는 어떻게 사진이 '상상의 이동성'과 '기억 여행' 둘 다를 활성화하고, 관광객들의 시선 그리고 카메라의 조작에 대해 틀을 잡게 되는지 보일 것이다. 사진은 단순한 표상 그 이상이고, 사진의 **이미지**는 순간을 포착하는 것인 반면, 사진의 **객체**는 시공간적 지속성을 가진다. 이들은 정서적인 느낌을 만들어내는 수행적인 객체이다. 사진은 그들이 가리키는 사람이나 장소, 사건을 뛰어넘어 영향을 미치는 '시공간의 블록'이다.

우리는 사진의 수행성 또는 행위에 대해, 어떻게 이들이 관광객이 소비하고 기억하는 장소들을 구축하고 결집시키는 시선을 구성하는지를 검토할 것이다. 우리는 사진에 대해, 무형적이고 영구적이며 고정되어 있고 수동적인 것으로서가 아니라 유형적이고 활동적이며 나이 들어가고 감정적인 것으로서 생각할 필요가 있다. 그리고 우리는 그러한 사진이 객관적이고도 순결한 것이 아니라 비대칭적인 권력 관계 속에서 그리고 '관광의 표상을 정치적으로 위치시키고자 하는, 사진에 포함되고 배제되는 것들에 대해 검토하고자 하는, 사진을 통해 제공하는 누군가의 관심을 드러내고자 하는' 욕구 속에서 만들어지는 것이라는 점을 강조한다(Mellinger, 1994, p.776). 관광 기구들과 관광객들은 모두 사진에 많은 에너지를 투입한다. 우리는 관광 기구가 관광객의 기대를 불러일으키고 시선을 구축하기 위해 어떻게 사진을 활용하고 배치하는지를 보일 것이다. 또한 관광객들은 여행 후에 소중히 간직되고 소비될, 만져 볼 수 있는 추억을 만들기 위해 사진을 찍는다. 사진을 통해서, 관광객들은 잠깐 동안의 시선이 더 오래 유지될 수 있도록 애를 쓴다.

　마지막으로, 우리는 사진의 디지털화가 적어도 이들 관계의 일부분을 어떻게 변화시켜 왔는지 살펴볼 것이다. 수많은 개인적인 사진 이미지들은 이제 카메라나 컴퓨터, 그리고 인터넷 공간에서 물질적인 실체 없이 가상적인 디지털의 삶을 살아갈 운명에 있다. 이메일, 블로그, 소셜 네트워크 사이트들이 사진의 기억들을 데스크톱, 폴더, 프린터, 인화지, 프레임 또는 휴지통으로 분포시키면서, 고정된 물리적 집과 물체성으로부터 분리한다. 그러한 수많은 사진들이 종잡을 수 없는 속도로 이동하고 복합적인 내러티브와 관행의 요소로 사용됨에 따라 다양한 형태를 취했다가 다시 취하고 또 서로 다른 실재물에 존재하면서, 물질화하고 탈물질화하고 재물질화하는 과정에서 복잡한 일대기를 갖게 된다.

시각성의 역사 History of Visuality

　관광객의 시선이라는 발상 자체는 과거 수 세기에 걸친 지적이고 통치적이며 종교적인 사유 내의 논쟁에 기인한다. 페브르Febvre는 16세기 유럽에서 '당시의 남성들은 예민한 청각과 날카로운 후각과 함께 의심할 여지없이 예리한 시각을 가졌다. 하지만 그게 전부였다. 그들은 아직 시각을 여타의 감각들과 구별하지 않고 있었다'고 주장했다(Febvre, 1982, p.437; Cooper, 1997). 결과적으로 사람들은 개체의 모양과 크기가 급하게 변화하고, 경계가 빠르게 뒤바뀌며, 사회적 혹은 물리적 세계의 체계적인 안정화가 거의 없는 유동적인 세계에서 살아가고 있다고 일컬어졌다. '상호작용'은 16세기의 삶을 특징짓는 유동적이고 변화하는 지각의 형태를 묘사한다(Cooper, 1997).

　그때와 1800년 사이에는 많은 변화가 있었다. 중세 우주론의 선험적 지식보다는 시각적 관찰이 과학적 정당성의 기초로 여겨지게 되었다. 이것은 이후 시각에 의해 주로 생성되고 보장되는 감각 데이터를 기반으로 하는 서양의 과학적 방법의 기초로 발전했다. 푸코는 『말과 사물The Order of Things』(1970)에서 감각으로는 볼 수 없는 기능과 관계가 아닌 가시적인 세계의 관찰 가능한 구조와 자연의 역사가 어떻게 관련되는지를 보여준다. 특히 린네Linnaeus를 포함하여, '눈에 보이는 자연'이라는 다양한 과학이 시각적 분류법을 중심으로 개발되고 조직되었다(Gregory, 1994, p.20). 이러한 분류는 개별적인 주제에 관한 근대적인 인식, 보는 눈, 그리고 눈이 만들어낼 수 있는 관찰, 구별, 분류에 기반해 있었다(Foucault, 1970).

여행에 관한 논문은 결과적으로 귀로 듣는 담화의 기회로서의 관광에 대한 현학적인 강조에서 **목격자**가 관찰하는 것으로서의 여행으로 바뀌었다. 그리고 (1735년에 처음 기록된) 과학 탐사의 발전과 함께(Pratt, 1992, p.1), 여행자들은 자신들의 관찰이 과학 자체의 일부가 되는 것을 더 이상 기대할 수 없었다. 여행은 과학을 통해서가 아니라 감정鑑定, 즉 '잘 훈련된 눈'(Adler, 1989, p.22)이라는 관념을 통해 정당화될 수 있었다. 건축물, 예술 작품, 풍경에 대한 감정은 특히 18세기 후반 영국과 유럽 전역에서 '아름다운 경치 관광'의 성장과 함께 발전했다. '관광은 더 야단스럽고 열정적인 활동이 됨과 동시에 더 사적인 활동이 되었다'(Adler, 1989, p.22). 그러한 감정에는 보기의 새로운 방식인 '안정된 간격에 걸쳐 어떤 초탈함과 해방감을 가질 수 있는 가시 범위에 대한 장시간의 사색적인 [관찰]'(Bryson, 1983, p.94; Taylor, 1994, p.13)도 포함되었다. 18세기 동안에는 **카메라 옵스큐라**Camera Obscura, 클로드 글래스 Claude Glass, 가이드북의 사용, 이동경로에 대한 폭넓은 지식, 스케치 기술 및 스케치북의 이용가능성, 발코니 등등에 기반한 더 전문화된 시각적 감각이 발달했다(Ousby, 1990). 이러한 변화는 스웨덴의 사례, 1730년대에 꽃과 광물을 수집하기 위한 린네의 과학 탐사와 1780년대에 경관과 분위기를 수집하기 위한 린네르힐름Linnerhielm의 여행 사이에서 볼 수 있다. 린네르힐름은 이러한 여행의 본질적 전환에 대해 '나는 공부하기 위해서가 아니라, 보기 위해서 여행한다'라고 표현한 바 있다 (Löfgren, 1999, p.17; Pratt, 1992).

클로드 글래스는 이러한 전환에서 중요한 것이었다. 개성적인 화가 클로드 로랭Claude Lorraine의 이름을 딴 이 제품은 (남성) 주머니에 꼭

들어맞는 가벼운 이동식 볼록거울로 유럽에서 사진이 없던 시절의 관광객들 사이에서 빠르게 표준 장비가 되었다(Andrews, 1989; Ousby, 1990, p.155; Löfgren, 1999, p.18). 보는 이는 현장을 등지고 서서, 반사된 풍경이 눈의 움직임에 따라 깔끔하게 다듬어지고 재구성되는 작은 거울을 통해 그 현장을 소비했다. 한 관광객은 '대상이 크고 가까이 있는 곳에서, 클로드 글래스는 대상들을 적절한 거리로 이동시켜 주고, 자연의 부드러운 색상, 그리고 눈이 지각할 수 있고 예술이 가르쳐줄 수 있고 과학이 실증할 수 있는 가장 표준적인 관점에서 대상들을 보여준다'(Ousby, 1990, p.155에서 인용)고 설명했다. 또 다른 이는 '내 볼록거울은 모든 장면을 그림의 둘레 속으로 가져왔다'(Batchen, 1999, p.73에서 인용)고 말했다. 자연은 길들여졌고, 단일한 시각의 질서인, 사람의 눈을 통한 그리고 눈에 의한 관점 속에 하나의 풍경화로서 놓이게 되었다.

특수 조명 효과인 아라 로랭à la Lorraine도 필터 사용을 통해 만들어졌다. 이러한 글래스는 자연을 완성시켰다. 카메라의 발명과 대중화 이전에도, 보는 것은 혼성적이고 보조적인 기술에 의해 매개되었다. 육안이 형성해 내고 소유하기 위해 애쓰던, 갈망해 온 그림처럼 아름다운, 즉 '회화적' 풍경을 실현하기 위해, 사진이 없던 시절의 관광객들은 카메라 옵스큐라, 그리고 특히 클로드 글래스를 사용했다(Andrews, 1989; Ousby, 1990).

(짐멜 Simmel이 주장한 것처럼) 이러한 시각은 사람들로 하여금, 때때로 멀리 떨어진 상태의 사물과 환경을 소유할 수 있도록 한다(Frisby and Featherstone, 1997, p.116). 이는 분리와 지배를 결합하면서 '타자'의 세계가 멀리에서 통제되도록 하는 것을 촉진한다. 바쁘고 부산스러운 일상의

경험을 벗어나, 독특한 '경관'이 얻어지는 것은 바로 거리두기에 의해서이다('제국의 눈'에 관한 Pratt의 설명을 보라: 1992). 그레고리Gregory가 보인 바와 같이, 매우 효과적인 동시 몰입의 관찰 위치와 떨어져 서 있기는 관광객들로 하여금 마치 그들이 『아라비안 나이트Arabian Nights』에 들어와 있는 것처럼 이집트를 바라볼 수 있게 한다. 한 관광객은 '멀리서 보면, 이 대도시는 『아라비안 나이트』에 진정한 동양적 온기와 함께 묘사된 매혹적인 그림을 (…중략…) 실제로 보여줄 수 있다. (…중략…) [이러한] 공상은 도시의 먼 풍경에 의해 사로잡힐 수 있고, 좀 더 가까이 알게 되는 것은 슬픈 반전을 초래한다. 한번 들어가게 되면 주문은 풀린다'(Gregory, 2001, p.9에서 인용)고 썼다. 기대를 받는 과장된 이집트는, 특히 **다하비아** Dahabya(십자형의 돛이 달린 대형 호화 선상가옥)에서 나일강을 따라 항해하면서 높은 장소와 탁 트인 전망을 찾는 관광객들에 의해 만들어졌다.

야생의 척박한 자연 지역, 한때 극단적인 공포와 두려움의 원천이었던 곳은 레이먼드 윌리엄스(Raymond Williams, 1972, p.160)가 '경치, 풍경, 이미지, 신선한 공기'라고 일컬은 곳으로 변모했고, 또한 '음흉하고 사악한 공장 소유자'로 가득한 도시에서 찾아온 사람들이 시각적 소비를 위해 밀려서 기다리는 장소로 변모했다(Macnaghten and Urry, 1998, pp.114~115). 심지어 엄청난 불친절함과 볼품없음, 두려움의 산으로 여겨지던 알프스 산맥은 18세기가 끝나기도 전에 '문명화'되었다. 링 (Ring, 2000, p.9)은 그것들이 '단순한 알프스 산맥이 아니며, 유럽의 역사와 떼어놓을 수 없게 맺어진 상태의 고유한 시각적, 문화적, 지리적, 자연적 현상이라고' 주장했다. 회화적인 풍경을 즐기는 관광은 알프스 산맥과 전 세계의 '산악풍경'을 시각적으로 매력적인 장소로 바꾸는 데에 중요한 역할을 했다. 뢰프그렌(Löfgren, 1999, p.34)은 노르웨이의 관광객들이 '스위스의 경관'에 대해 어떻게 말했고 미국의 산악 휴양지들이 '미국의 스위스'가 되기 위해 어떻게 경쟁했는지를 기록했다. 라슨(Larsen, 2006b)은 보른홀름이 어떻게 알프스 산맥을 연상시키는 '덴마크의 스위스'로 각인되었는지를 설명했다. 또한 18세기 말엽에는 '열대 자연'이 그것을 마치 하나의 '그림' 같은 경치로 보기 시작한 여행자들에 의해 낭만화되었다(Sheller, 2003).

그 다음 세기 동안에는, 부분적으로 '자연은 관광, 화려한 엔터테인먼트, 시각적 상쾌함 등의 여가 및 오락 활동과 큰 관련이 있다'(19세기 중반 프랑스에 대해서는 Green, 1990, p.6)고 여긴 낭만주의자들로 인해, 모든 종류의 자연이 경치, 경관, 지각적인 느낌으로 널리 받아들여지게 되었다. 1844년에 워즈워스는 풍경이라는 관념이 최근에야 개발되어 왔다는 것에 주목했다. 실제로 그는 알프스 산맥과 영국 북서부의 호수 지역인 레이크 디스트릭트를 풍경 명소로 선전했다. 그는 창문을 통해 다르게 내다볼 수 있었던 아름다운 풍경이 있었음에도 불구하고 과거의 창고와 별채가 어떻게 집의 앞쪽에 배치되었는지에 주목했다(Wordsworth, 1984, p.188). 19세기 중반이 되자 집은 마치 일종의 '카메라'인 것마냥 '전망'을 고려하여 지어졌다(Abercrombie and Longhurst, 1998, p.79).

라슨(Larsen, 2006b)은 보른홀름Bornholm의 호텔이 어떻게 '카메라로서' 지어졌는지를 보여준다. 이들은 침실에서 볼 수 있는 멋지게 틀잡힌 경관, 그리고 높은 현관과 발코니에서 볼 수 있는 한눈에 둘러보는 웅장한 전경을 제공했다. 호텔의 안락의자에 안전하고 편하게 앉아 있으면, 자연의 그림이 방문객을 위한 무대 위로 올려졌다. 작업 중인 채

석장은 경관을 망치지 않기 위해 울타리로 가려졌다. 덴마크의 소설가 드라크만Drachmann은 어촌 마을의 **구경거리화**에 대해 다음과 같이 설명한다.

이 스위스 판타지의 한 가운데에서는 누구나 항상 어부들의 오두막을 볼 수 있었다. (…중략…) 시골 저택은 그것들을 내려다보고 있었다. 그것들은 거기에 있어야만 했고 그렇지 않으면 그것은 어촌 마을일 수 없었으며 그 그림은 장식을 잃어버린 것이었다. 시골 저택에는 오두막집, 붉은 돛이 달린 배, 돼지우리, 또는 반쯤 벌거벗은 여러 명의 아이들이 빠져서는 안 되었고, 그것들 없이는 덜 근사한 것이 될 것이었다. 문화는 성공적으로 침투했다. 그러나 원래의 거주민들이 완전히 없어져서는 안 되었다. 그들은 바다 근처에서 사람들이 정말로 살고 있었다는 보장으로서 필요했다(Drachmann, 1881, p.62, 저자들의 번역).

휴식 중에 늘 그 자리에서 볼 수 있는 경관을 제공하는 벤치와 관람 장소, 그리고 여유롭게 걷는 동안에 느리게 움직이는 경관을 제공하는 보행로와 산책로가 각각 설치되었다. 이렇게 해서, 보는 것과 쓰는 것과 판타지의 상상으로 꾸며낸 지리로 시작된 것이 결국 여러 장소의 물질적인 조직을 재구성하고 또 그 일부가 되었다(Larsen, 2006b). 이처럼 경관에 관한 언어는 자연 체험에 대한 특정한 시각적 구조를 규정했다(Green, 1990, p.88).

부두, 산책로, 관리된 해변의 건설은 거칠고 길들여지지 않은 '자연' 바다의 시각적 소비를 가능하게 했다(Corbin, 1992). '관광'은 모든 곳에서 수동적으로 바라보거나 시선을 보내는 것이 아니다. 풍경과 도시는 그 자체로는 충분히 즐거운 것이 아니며, 틀 잡히고 먼 곳에 위치한 그림 처럼 시각적이고 공간적인 질서 속에 배치되어 있어야만 한다.

그러나 19세기에는 또 다른 측면이 있다. 이것은 새로운 도심, 특히 신흥의 저명한 대도시를 방문하는 근대적 체험의 일부가 되어 버린 상대적으로 새로운 시지각 방식의 출현과 관련이 있다. 이러한 새로운 시각 체험은 버만(Berman, 1983, section 3)에 그 특성이 설명되었는데, 그는 19세기 중반 제2제정 시기 동안 이루어진 파리의 재건에 대해 전형적으로 근대적인 체험을 위한 조건을 구축하는 것으로 보았다. 이것은 가장 유명한 관광객의 시선 중 하나이다.

가장 중요한 것은 새로운 보기와 보여짐의 방식을 가능하게 하는 도시 공간의 재구축이다. 이것은 오스만Haussmann에 의한 파리의 대대적인 재건을 통해 생겨났는데, 그는 낡은 중세 도시의 중심부를 폭파하여 새로운 대로들로 연결된 거대한 네트워크를 만들어냈다. 파리 재건은 35만 명의 사람들을 이주시켰고, 1870년까지 파리 중심부 거리의 1/5이 오스만이 만들어낸 것이었으며, 재건이 한창일 때에는 수도의 모든 노동자들 중 1/5이 건설에 고용되었다(Clark, 1984, p.37).

대로는 이러한 계획된 재건의 중심이었다. 이들은 거대한 순환계의 동맥과도 같은 것으로서, 어느 정도는 신속한 병력 이동을 촉진하기 위해 설계된 것이었다. 그러나 그들은 보여지거나 시선을 받을 수 있는 것들 또한 재구성했다. 오스만의 계획에는 시장, 다리, 공원, 오페라 공연장, 그리고 그밖에 문화의 전당 등의 건설이 포함되어 있었고, 대부분 여러 대로의 끝자락에 위치해 있었다. 이들 대로는 파리 사람들 그리고 이후에는 방문객들 모두의 시선을 구조화했다. 사람들은 대도시에서 처음으로 먼 거리를 잘 볼 수 있게 되었고 실제로 그들이 어디로 가고 있었는지 또 그들이 어디에서 왔는지를 알 수 있게 되었다. 한 걸음씩 걸을 때마다 극적인 절정으로 이어지도록 광범위하고 멋진 전경이 설계되었다. 버만(Berman, 1983, p.151)이 말한 것처럼, '이러한 모든 특성들은 파리를 특별하게 매력적인 볼거리이자 시각과 감각의 향연으로 만드는 데에 도움이 되었고, (…중략…) 수세기 동안 고립된 세포의 무리로서 살아온 파리는 하나의 통일된 물리적이고 인간적인 공간이 되었다.' 이러한 멋진 경관 중 일부는 (개별적인 지역이 아니라) '파리'라는 실체의 기표가 되었다.

이들 대로는 비교적 참신한 방법으로 엄청난 수의 사람들을 모았다. 지상층에는 수많은 작은 가게, 상점, 그리고 특히 카페가 줄지어 있었다. 이들은 전 세계에 **파리인의 삶**이라는 기호로서 알려지게 되었고, 1860년대 인상파를 시작으로 하는 여러 세대의 화가, 작가, 사진가들이 그들 삶 속의 그리고 삶 주변의 행동양식을 대표함에 따라서 특히 더 그러했다(Berman, 1983, p.151; Clark, 1984를 보라). 1860년대와 1870년대에 근대 파리의 비상한 움직임에 사로잡힌 연인들은 그들의 정서적인 애정을 강렬하게 체험할 수 있었다. 사람과 말의 통행은 이 근대적인 도시 환경의 사회적 체험을 변화시켰다. 도시 생활은 다채롭고 가능성으로 가득한 동시에 위험하고 무서운 것이었다.

그러한 위험과 혼돈 속에서 사생활을 지키는 것은 완벽하고 낭만적인 근대적 배경을 창조해 냈고, 수백만의 방문객들은 파리의 대로와 카페에서 그 특별한 자격을 다시 체험하려고 시도해 왔다. 이 낭만적인 체험은 대로를 오르락내리락하는 낯선 사람들의 끝없는 행렬 앞에서 특히 강렬하게 느껴질 수 있었다. 방문객들이 바라보고 또 차례로 그들을 바라보는 이들은 바로 그 낯선 사람들이었다. 그 당시 파리라는 새로운 근대 도시 속 시선의 일부는, 그들 스스로 연인들의 모습을 더하며 차례로 끝도 없이 흥미로운 호기심의 원천을 제공하는 수많은 행인들의 것이었다.

또한 오스만의 파리 재건은, 특히 새로운 대로를 따라 늘어선 호화 아파트 단지에 부과되었던 유난히 높은 임대료로 인해 다수의 노동 계급이 파리의 중심부 밖으로 내몰리게 되었다는 것을 의미했다. 따라서 재건은 주거지역 분리로 이어졌고, 부유한 파리인들의 시선에서는, 그리고 특히 방문객들에게는 보이지 않는 가장 나쁜 박탈의 흔적을 만들어냈다.

더욱이, 파리는 범죄와 음란의 도시이자, 호화로움이 아닌 과시, 패션이 아닌 겉치레, 거래가 아닌 소비의 전시가 이루어지는 도시로 알려졌다(Clark, 1984, pp.46~47을 보라). 그곳은 **플라뇌르**flânerie 혹은 산책자의 도시였다. 군중의 익명성은 남의 눈에 띄지 않게 돌아다니며, 관찰하고 관찰될 수 있었지만 마주치는 사람들과 소통은 하지 않는 사회의 주변부에 있는 그 사람들에게 도피처를 제공했다. **플라뇌르**는 여행하고, 도착하고, 바라보고, 움직이며, 익명인 채로, 경계적 공간에 있을 수 있는 근대적 영웅이었다(Benjamin, 1973; Wolff, 1985; Tester, 1994를 보라). **플라뇌르**는 언제나 남성이었고, 이는 여성이 사적인 영역으로 더 제한되도록 하는 동시에 19세기 중후반에 만들어지기 시작한 다른 공적 영역, 특히 백화점을 개척하게 되는 이 서로 다른 방식들을 보이지 않게 만들었다(Wolff, 1985, 1993을 보라). 한가로이 거니는 **플라뇌르**는 보여지고 기록되며, 또 다른 사람들을 보고 기록하는 20세기 관광객과 사진 촬영의 선구자였다. 수전 손택Susan Sontag은 **플라뇌르**와 사진 사이의 연결고리를 확고하게 만들어냈다. 다음을 보자.

사진가는 중산 계급인 **플라뇌르**의 안목의 확장으로서 처음 등장했다. (… 중략…) 사진가는 정찰하고, 몰래 접근하며, 지옥 같은 도심을 순찰하고, 관능적인 풍경의 극단으로서의 도시를 발견하는 관음증적인 산책자의 무장된 형태이다. 지켜보는 즐거움의 전문가이자 감정이입의 감정사인 **플라뇌르**는 '회화적인' 세계를 찾아낸다(Sontag, 1979, p.55).

중산 계급의 **플라뇌르**는 도시의 어둡고 보기 흉한 구석진 곳들에 매료되었지만, 20세기의 사진가들은 모든 곳, 모든 가능한 대상, 사건, 사람에 매료되었다. 그리고 동시에 그 사진가 또한 관찰되고 촬영된다. 누구나 보는 사람이면서 동시에 보이게 된다.

시각적인 소유 감각은 19세기 서유럽에서 발달했고 이후 미국의 도시 공간으로 확산되었다. 1880년대 시카고에서의 마천루 개발은 한층 더 감각의 분리를 야기하였고, 그 파노라마 창문은 내부의 사람들을 악취와 잠재적인 접촉으로부터 보호하고 군중들을 가로질러 내려다 볼 수 있도록 했다. 감각들, 특히 촉각, 후각, 청각으로부터 시각이 차츰 분리되었다. 엽서, 가이드북, 사진, 유용한 물품, 상점가, 카페, 디오라마, 거울, 판유리로 된 창문은 물론, '방해받지 않는 시선의 제국'에 기반한 유폐의 장소 등을 포함하는 새로운 시선의 기술들이 생산되고 유통되기 시작했다(Foucault, 1976, p.39; Urry, 1992).

플라뇌르가 근대성의 중심인물이기는 하지만, 열차 승객, 차량 운전자, 제트기 승객 또한 중요하다. 그들의 도착은 시각의 본질을 바꾼다. 발코니에서 보는 것과 같은 '정적인' 형태의 관광객의 시선은 그 사람 앞에 펼쳐진, 사람의 눈으로 돌아볼 수 있는 경관의 이차원적인 형상과 색상, 세부사항들에 초점이 놓인다(Pratt, 1992, p.222). 이러한 정적 시선은 스틸 카메라를 통해 전형적으로 포착된다. 반면에, 슈벨부시(Schivelbusch, 1986, p.66)가 '시각의 이동성'이라고 일컬은 것에는, 빠르게 지나가는 파노라마, 다차원적인 분주함의 감각, 그리고 장소, 사람, 가능성의 유동적인 상호연결이 존재한다(TV와 영화에서 마주하게 되는 돌진하는 이미지들과 비슷하다). 철도의 객차에서 지나치는 와중에, 또는 자동차 앞 유리나 증기선의 둥근 창, 캠코더의 뷰파인더를 통해서 보게 되는 모습을 포착하는 관광객의 일별도 다양하다(Larsen, 2001). 슈벨부시가 주장했듯이, '여행자는 자신을 세계 여기저기로 이동시키는 기구를 통해서 본다. 기계와 그것이 만들어내는 동작은 그의 시지각에 통합된다. 이에 그는 움직이는 것들을 볼 수만 있다'(Osborne, 2000, p.168에서 인용).

19세기 철도의 발전은 이러한 더 결집되는 시선의 발달에 주요했다. 철도 객차에서의 풍경은 시선이 오래 머물거나 스케치하거나 그림을 그리거나 혹은 어떤 방식으로든 포착하는 어떤 것이 되기보다는, 빠르게 지나가는 일련의 틀 잡힌 파노라마, 즉 '파노라마식의 지각'으로 보여지게 되었다(Schivelbusch, 1986). 니체Nietzsche는 '어떻게 해서 모든 사람이 철도 객차에서 어떤 지역과 그곳의 사람들을 알게 되는 여행자처럼 되는지'에 대해 주목했다(Thrift, 1996, p.286에서 인용). 철도는 특히 미국 국경 내의 아주 초기적인 관광의 개발에 중요한 영향을 미쳤다. 여행자들은 철도 객차의 편안함으로 인해 그 진가를 충분히 인정받지 못했던 탁월한 속도를 통해 철도가 어떻게 공간적 거리를 무색하게 만들었는지에 주목했다. 철도 여행은 기차가 훑고 지나가는 풍경의 규모, 크기, 장악, 그리고 그 광대함에 관한 거대한 감각을 만들어냈다(Retzinger, 1998, pp.221~224). 1888년에 당대의 신문에서는 철도선로가 '숲을 지나 바다로 가는 항공로'와 같다고 선언했다(Löfgren, 1999, p.3).

비슷하게, 자동차 앞 유리를 통해 보는 경관은 지나가면서 감상할 수 있는 도시나 풍경의 물질성을 부여하면서 시각적인 '일별'의 본질에 중요한 영향을 미쳤다(Larsen, 2001). 한편 어리(Urry, 2000, 3장)는 두 차례의 세계대전 사이의 기간 동안 유럽에서 자동차 운전이 일종의 '지역의 삶과 역사를 관통하는 항해'와 어떻게 관련되었는지를 포함하여, 자동차에 의한 이동성의 역사에서 몇 가지 순간들을 상세하게 설명한다. 점차 길들여진 중산 계급은 편안하고 안전한 그들의 모리스 마이너(영국산 소형차)에 자리를 잡고서 '영국을 여행하고 그 이전 어느 때보다도 많은 사진을 찍기 시작했다'(Taylor, 1994, p.122). 전후 미국에서는 특정한 풍경들이 여가의 풍경을 만들어내기 위해서 크게 바뀌었는데, 즉 '운전자의 눈을 즐겁게 할 수 있도록 (…중략…) "파크웨이에서 보면 눈길을 끄는 그림이 될" 수 있게 땅을 활용한 것이다'(Wilson, 1992, p.35, 강조는 필자). 국가는 자연을 '눈으로만 감상할 수 있는' 무언가로 바꾸었다(Wilson, 1992, p.37). 자동차 앞 유리를 통해 바라보는 풍경은 '빨리 달리면 달릴수록 대지는 더 평평하게 보인다'는 것을 의미한다(Wilson, 1992, p.33). 좀 더 일반화하여, 보드리야르(Baudrillard, 1988, p.6)는 미국의 사막이 끝없는 미래, 과거의 소멸, 순간적인 시간의 승리라는 은유를 구성한다고 말했다. 사막을 가로질러 운전하는 것은 사람의 과거를 뒤에 남겨두고 계속 운전하면서 앞 유리의 모양을 통해 틀이 잡힌, 사라지는 공허함을 보는 것을 수반한다(Kaplan, 1996, pp.68~85).

이제 우리는 사진 **그 자체**로 돌아가서, 위에서 논의한 회화적인 풍경을 즐기는 아름다운 시선과 밀접하게 관련되는 사진 이전의 역사부터 살펴볼 것이다.

욕망과 사진의 기원Desires and the Origins of Photography

우리는 1840년경 네거포지법과 다게레오타입(은판사진)을 거의 동시에 발표한 폭스 탤벗과 다게르에 의해 사진이 어떻게 발명되었는지 보았다. 그러나 이미지를 **투영**하고 **고정**하기 위한 화학과 물리학의 과학적 기초는 오랫동안 확립되어 왔다. 카메라의 광학적 원리는 적어도 2천 년 동안 알려져 있었고 특정 화학물질이 빛에 민감하다는 지식은 1727년에는 이미 확립되어 있었다(Batchen, 1999). 게른스하임(Gernsheim, 1982, p.6)은 '사진이 더 일찍 발명되지 않았다는 사실은 사진의 역사에서 가장 큰 미스터리로 남아 있다'고 말한다.

그러나 지식보다는 사회적 욕망이 기술적 혁신의 원동력으로 이해된다면 이것은 별로 미스터리한 일이 아니다. 푸코의 '고고학'의 방법을 채택하면서, 바첸(Batchen, 1999, p.36)은 우리가 '사진'이라고 소급하여 부를 수 있는 것에 대한 욕망이 과학자, 작가, 화가, 관광객 사이에서 '광범위하고 사회적인 명령'으로서 그 자신을 드러내고 분명해진 것은 18세기 후반과 19세기 초반이 처음이었다는 것을 보여주었다. 사진이 없던 시절의 관광객들은 카메라 옵스큐라와 클로드 글래스의 순간적이고 잡히지 않는 이미지를 고정할 수 있는 '무언가'를 열렬히 원했다. 길핀Gilpin은 1782년에 다음과 같이 말했다.

일련의 색깔이 뚜렷한 그림들이 눈앞에서 계속 미끄러지고 있다. 이들은 상상, 또는 꿈의 눈부신 풍경을 목격하는 것과 같다. 형태는, 가장 밝은 배열의 색상과 함께 우리 앞에 지나간다. 그리고 좋은 구도의 일시적인 시선이 이들과 결합할 수 있다면, 우리는 그 장면을 고정하고 전유하기 위해 어떤 대가든 치를 것이다(Batchen, 1999, pp.93~94에서 인용, 강조는 필자).

반세기가 지난 후, 이탈리아를 여행하면서 폭스 탤벗이 카메라 옵스큐라를 사용하면서 겪은 어려움은 자연의 아름다움을 종이에 손쉽게 고정시킬 수 있는 기계에 대한 욕망을 불러 일으켰다. 펠리차리(Pelizzari, 2003, p.55)는 '사진은 매력적이고 이국적인 장면에 직면했을 때 예술가로서 불충분함을 느낀 탤벗의 감각으로부터 탄생했다'고 주장했다. *The Pencil of Nature*(1844~1846)에서 탤벗은 다음과 같이 썼다.

1833년 10월 초의 어느날, 나는 이탈리아의 코모 호수의 아름다운 호반에서, 울러스턴(Wollaston)의 카메라 루시다로 스케치를 하면서, 아니 오히려 이렇게 말할 수 있겠는데, 아름다운 호반을 가져가기 위해 시도하면서, 그러나 최소한의 성공도 거두지 못한 채, 혼자 즐거운 시간을 보내고 있었다.

(⋯중략⋯) 이러한 자연스러운 이미지들을 종이에 튼튼하게 오래도록 새겨 넣을 수 있다면, 그것이 얼마나 멋진 일일까 (⋯중략⋯) 그 발상이 내게 떠오른 것은 바로 이러한 생각들을 하는 동안이었다(Talbot, 1844~1846, 페이지 표시 안 되어 있음).

이러한 욕망은 지금 우리가 사진이라고 아는 것의 발명에 활력을 불어넣었다. 탤벗이 *Some Account of the Art of Photographic Drawing*(1839, p.11)에서 쓴 것처럼, '불행히도 많은 사람들이 그러하듯이, 그림 그리기에 무지한 먼 고장의 여행자들에게, 이 작은 발명이 진정한 서비스를 보여줄 수 있을 것이다.' 여행자들은 그의 발명품을 간절히 기다렸다. 한 프랑스 잡지는 '모든 여행자들이 다게레오타입의 실물시연을 조바심을 내며 기다리고 있고, 우리는 이 때문에 먼 나라로의 여행을 미뤄놓은 사람을 둘 이상 알고 있다'고 보도했다(Schwartz, 1996, p.18에서 인용). 탤벗(Talbot, 1839)은 그의 사진 발명에 대해 다음과 같이 설명했다.

가장 일시적인 것들, 그림자, 순식간에 지나가는 찰나적인 모든 것들의 잘 알려진 표상은 우리의 '자연의 마법'이라는 주문에 의해 붙잡혀 있을 수 있고, 차지할 수 있는 단 한순간을 위해 예정된 것 같은 그 자리에 영원히 고정되어 있을 수 있다. (⋯중략⋯) 우리가 순식간에 지나가는 그림자를 종이에 받아들이고, 거기에 붙잡아 두며, 단 1분의 시간 안에 그것을 더 이상의 변화가 불가능하도록 매우 견고하게 고정할 수 있다는 것은 사실이다(Talbot, 1839, p.12).

그 '자연의 마법'은 1840년에 실현되었다. 1장에서 보았듯이, 1840년은 세상이 변화하는 것처럼 보이고 새로운 관계의 양식들이 확립되는 주목할 만한 순간들 중 하나이다. 이 시기에 단체 여행의 방법, 여행에 대한 욕구, 사진 복제 기술의 독특한 조합이 생겨났다. 1840년부터 계속 관광과 사진은 한데 모여 비가역적이고 중대한 이중 나선 구조를 다시 만들어 냈다. 그 이후로 우리는 '관광객의 시선'이 들어와 움직이는 근대 세계를 만들었다고 말할 수 있다(Macnaghten and Urry, 1998, pp.180~185; Löfgren, 1999).

1840년 이래 여행하는 사진가와 이동하는 사진은 결집되어 먼 장소들을 전시했다. 그들은 관광객의 호기심으로 세계를 바라보는 기술을 가르치는 구경거리가 될 만한 전시를 만들어냈다. 그들은 시골 지역, 고대의 시간, 이국정서 등을 근대의 대도시로 가져온 가상의 이동성 체험을 제공하였고, 그 결과 엄청난 '이미지의 증대'와 전례 없는 '시각적 영역의 지리적 확장'을 야기하였다.

19세기 후반은 일종의 광란의 시각 속에 살고 있다. 이것은 물론 삽화와 사진이 들어간 신문의 이전보다 더 넓은 배급, 인쇄의 물결, 캐리커처 등 이미지가 사회적으로 크게 증가한 결과이다. 그러나 또한, 여행, 탐험, 이주에 의해 세계가 볼 수 있는 것이 되는 동시에 전유할 수 있게 되는, 가시적이고 표상 가능한 영역이 지리적으로 확장된 모종의 결과이기도 하다(Comolli, 1980, pp.122~123).

미첼Mitchell이 주장했듯, 19세기 후반은 세계를 '전시회'로 여기고

배열했다. 이 시대는 '세계를 하나의 그림으로 놓고 (…중략…) 관객 앞에 전시의 대상으로서 보고 조사하고 체험할 수 있도록 [배치했다]'(Mitchell, 1989, p.220). 소위 '실제' 세계는 하나의 볼만한 전시회로 생각되었다. 여기서 미첼(Mitchell, 1993)은 근대성이 '세계 그림의 시대'라고 주장한 하이데거를 끌어왔다. 전시 / 그림으로서의 근대적 세계는 세계가 전시되는 것뿐만 아니라 그것이 마치 그림처럼 여겨지고 포착된다는 것을 의미한다. 시각적 감각의 빠르고 정교한 기술화는 전시로서의 세계를 가능하게 하였으며 그렇게 해서 보는 것은 가장 주된 감각으로 등장했다(Jay, 1993, pp.65~66).

세계를 전시로 대상화하고, 관광객의 시선을 위해 전체 지구를 배열하는 사진의 능력은 손택(Sontag, 1979, p.110)이 강조한 바 있는데, '[사진의] 주된 효과는, 모든 주체가 소비 품목으로 가치가 절하되고 심미적 감상을 위한 항목으로 승격되는 백화점 및 벽이 없는 박물관으로 세계를 전환시키는 것이다.' 일찍이 1859년에, 올리버 웬들Oliver Wendall 은 사진이 세상을 어떻게 '값싸게 얻어내고 옮겨놓을 수 있는' 표면들로 축소시켰는지를 한탄했다.

오직 콜로세움이나 판테온만 있다. 그러나 그것들이 건립된 이래 없애버린, 수십억 장의 그림의 표본들, 잠재적인 부정적인 측면들이 얼마나 많은가! 거대한 질량의 물질은 항상 고정되고 값비싼 것일 수밖에 없지만, 형식은 값싸게 얻어내고 옮겨놓을 수 있다. 우리는 지금 창조의 열매를 얻었으며 과심(果心)에 대해서는 우리 스스로 고민할 필요가 없다. 자연과 예술의 모든 가능한 대상이 우리를 위해 곧 그 표면의 크기를 조정할 것이다. 남아메리

카의 소를 사냥하여 그 가죽을 얻고 별 가치가 없는 사체는 버려두듯이, 우리는 진기하고 아름답고 웅장한 대상들을 모두 사냥할 것이다(Wells, 2001, p.20에서 인용).

사진이 있기 전에는, 여러 장소들을 잘 여행하지 않았다. 화가들은 항상 특정 장소를 그들의 '거주지' 밖으로 들어 올려 어딘가로 이동시켰지만, 그림은 제작에 시간이 많이 소요되고 운반하기가 상대적으로 어려우며 특별한 것이었다.

사진의 증가는 특히, 신문, 정기간행물, 책, 광고 등에서 기계적인 사진 복제가 가능하게 된 1880년대에 하프톤 플레이트(망판)의 도입과 함께 이루어졌다. 사진은 소비자본주의와 결합되었고, 이제 그 전에는 '전혀 활용되지 않았거나 그렇지 않으면 한 명의 고객을 위한 그림일 뿐이었던 인물, 풍경, 사건이 무한한 양으로' 전 세계에 제공되었다(Benjamin, 1973, p.163; Osborne, 2000, p.11). 자본주의가 세계를 '백화점'으로 배치함에 따라, '표상들의 확산과 순환은 (…중략…) 구경거리가 될 만한 사실상 무시할 수 없는 세계적인 규모를 이루었다'(Grenblatt, 1991, p.6). 점점 사진은 세계를 가시적이고 심미적이며 탐낼 만한 것으로 만드는 저렴한 대량 생산물이 되었다. 체험은 값싼 이미지로 대체되면서 '대중화'되었다(Sontag, 1977, p.7; Tagg, 1988, pp.65~66). 가볍고 작고 대량 생산된 사진은 장소들의 시공간적 순환을 위한 역동적인 매개체가 되었다(della Dora, 2007, p.293). 빠르게 이동하는 이미지로 인해, 장소들은 사실상 움직이고 있고, 다른 장소들과 연결되어 있으며, 멀리서도 소비할 수 있는 것이 되었다.

이러한 사진의 이동성은 장소를 파괴하는 것이 아니라 오히려 관계의 질서 속에서 시선과 장소를 구성한다(Crang, 2006, pp.54~55). 사진은 기존에 존재하는 세계의 반영 혹은 왜곡으로서 보는 것 대신, 세계를 만드는 기술로 이해될 수 있다. '이미지는 실재를 초월하여 혹은 그에 반하여 드러나는 어떤 것이 아니라, 실재를 확립하기 위한 사람들의 노력을 거치는 관행의 일부이다. 보는 기술은 어떤 근원적인 은유로서의 반영을 기대하기보다는 세상을 파악하는 방식을 형성한다'(Crang, 1997, p.362). 사진은 지리를 반영하거나 표상하기보다는 문화적, 사회적, 물질적으로 그것들을 어느 정도 창조해 낸다. 이들은 사이드(Said, 1995, pp.49~73)가 '상상의 지리'라고 일컬은 것을 만들어 낸다.

벤야민(Benjamin, 1973, p.225)에 따르면, '기계적으로 재현된' 이미지에 대한 열망은 '사물을 공간적으로 그리고 인간적으로 더 가까이 가져오려는 현대 대중의 욕망을 표상하는데, 이는 그 재현을 받아들임으로써 모든 실재의 독창성을 극복하고자 하는 그들의 성향만큼이나 열렬하다. 유사성과 재현의 방식을 통해 어떤 대상을 지근거리에 붙잡아두고자 하는 충동이 매일 더 커진다.' 여행 수단을 누리지 못하는 대다수를 위해, 사진은 힘들고 값비싼 물리적인 여행이 필요 없는 세계여행 티켓을 제공했다.

우리의 만족감과 지식을 위해, 무겁고 성가신 사진 가방을 메고서 땅과 바다를 횡단하고 강과 계곡을 건너고 바위와 산을 오르는, 대담하고 모험적인 예술가들이 겪게 되는 피로, 곤궁, 위험에 노출되지 않고, 난롯가에서 우리는 그것들을 자세히 살펴볼 수 있다(Claudet; Gernsheim 1989, pp.66~67에서 인용).

19세기의 한 여행 사진가는 '그러한 사진의 충실성은 표현되는 바로 그 장면 앞에 독자를 실제로 앉혀놓는 것에 가장 근접할 수 있는 방식을 제공한다'는 믿음을 밝혔다(Ryan, 1997, p.25에서 인용). 바르트(Barthes, 2000)는 사진의 '존재론적 사실주의'가, 말 그대로 사진에 찍혀 있는 장면의 '뒤로' 옮겨 놓는, 즉 '거기 있는' 느낌을 불러일으킨다고 주장했다. 따라서 사진은 상상의 여행을 활성화시킨다. 그러나 '거기 있는' 느낌을 환기하는 힘은 또한 그 매개체의 우수한 사실주의에 대한 신뢰를 통해 문화적으로 구성되고 생명력을 얻게 되었다. 사진은 현실을 베껴 놓는 수단처럼 **여겨진다**. 사진은 세계에 대한 진술이 아니라, 그 구성의 본질이나 이념적인 내용을 드러내지 않는 조각, 오히려 현실의 축소된 일부분인 것 같다. 카메라는 거짓말을 하지 않는 것처럼 보인다. 사진의 사실성은 그러한 여행을 현실적이고 매력적인 것으로 만들었다. 사진을 통해 장소를 방문하는 것은 때때로 거의 직접 가서 시선을 보내는 일만큼 좋았다. 사진은 여행자의 불완전한 관계로부터만 알려진 장면을 우리에게 소개하고 그것은 우리를 고대 건축물의 유적 앞으로 이끄는데, 이는 **마치 우리가 그곳들을 방문한 것처럼 친숙해지도록** 만들며 되는 과거 시대의 천재, 심미안, 그리고 권력 등 이전의 역사적 기록들과 사라진 사람들을 분명하게 보여준다(Schwartz, 1996, p.16에서 인용, 강조는 필자).

이 초기 단계에서, 상상의 여행은 '진실된' 것을 몸소 체험하기 위한 여행에 대한 욕망을 고취하기보다는 만족시켰다(Schwartz, 1996). 안락의자에 앉아서 몸을 수고롭게 하지 않고 눈으로 관광을 할 수 있었다. 드 보통(De Botton, 2002, p.23)에 따르면, 유형적인 관광의 문제는 신체에 있다. '우리가 그곳에 있어야만 한다는 추가적인 요구를 맞닥뜨리지

않을 때 우리는 어떤 장소에서든 가장 잘 살 수 있을 것 같다.'

좀 더 개괄적으로 말하면, 관광 장소는 멀리 떨어진 장소의 신화에 영향을 받는다. 크랑(Crang, 2006, pp.49·55)은, '관광은 움직임과 고정성, 부재와 존재의 상호작용으로서 작동한다. 말하자면, 관광객은 어떤 장소에 있기를 추구하지만 우리가 그 장소들을 살펴볼수록 우리는 그곳이 시공간 속에서 사라진 먼 곳의 타자들이 그 현장에 자주 드나드는 부재로 가득하다는 것을 알게 된다'고 주장했다. 관광은 관광객과 함께 여행하는 보기의 방식을 포함한다. 던컨Duncan은 19세기 영국의 관광객들이 고국의 풍경과 비슷한 곳을 찾아내어 스리랑카 캔디의 고지대를 끊임없이 보아 온 방식에 대해 논의했다. 한 관광객은 고향에 보내는 편지에서, '캔디에서는 누가 원하든 원하지 않든 그 마음은 영국의 호수 지역으로 되돌아 갈 것이다'라고 썼다(Duncan, 1999, p.156). 고향에서 7000마일이나 떨어진 지역을 횡단할 때에도 관광객들은 국내의 풍경을 기억하며 움직였다. 새로운 것을 보는 충격은 '국내' 필터를 통해 보는 것으로 억제되었다.

여행 사진은 '사라져가는' 진정한 문화, 원시 민족, 고대 전통을 구해낼 것을 자주 요청받았다(Albers and James, 1993; Taylor, 1994; Schwartz, 1996; Gregory, 2003; Cohen and Manspeizer, 2009; Whittaker, 2009). 사진은 시간을 정지시키고 순간을 영원하게 만들기 때문에, 즉 '그래 왔던 것'을 기록하기 때문에(Barthes, 2000), 시간을 멈추고 대상을 보존하려는 향수 어린 욕망을 제공한다. 사진은 '보기 위한 시계'이다(Taylor, 1994).

그러나 '객관적인' 카메라는 '사라져가는' 풍경과 '타자성'을 포착하기 위한 길잡이가 필요했다. 사진가는 어떤 특징들은 못 본 체하고 다른 것들에 아름다운 빛을 비추었다. 아이러니하게도 카메라의 눈은 현장에서 인간의 눈이 분명히 볼 수 있는 것은 간과하고 거의 볼 수 없는 것을 포착했다. 서양의 여행 사진은 현대의 기호, 근대적 인간, 다른 곳으로의 연결을 지워냄으로써 세월이 흘러도 변치 않는 고대 공간의 건축물과 기념물에 동양을 가두어 원했던 진정한 동양을 만들어냈다 (Schwartz, 1996; Osbourne, 2000). 한번 상상에 고정되고서, 사진가들은 서로 다른 현실을 마주하게 되었을 때에도 그 상상을 촬영하거나 아니면 이후에 원본 사진에서 원치 않는 근대의 기호들은 에어브러시로 수정했다(Jackson, 1992, p.95).

따라서 사진은 사진가가 촬영하고자 하는 대상과 방법을 선택하고 구성하고 형성하는, 의미를 전달하는 적극적인 행위의 결과이다. 특히 사진 찍히는 대상을 아름답게 하는 이상화된 이미지를 구성하려는 시도가 존재한다. 손택(Sontag, 1979, p.109)은 '사진의 미화하는 경향은 괴로움을 전달하는 매질이 그것을 중화함으로써 끝을 맺는 것과 같다'고 요약했다. 사진을 찍는 것은 촬영되는 대상을 어떤 방식으로든 전유하는 것이다. 그것은 권력 / 지식의 관계이다. 어떤 대상에 관한 시각적 지식을 갖는 것은 비록 순간적일 뿐이라 할지라도 그것에 대한 권력을 어느 정도나마 가짐을 뜻한다.

그러므로 사진은 시선의 대상을 길들이고, 가장 눈에 띄는 사례 중 일부는 이국적인 문화이다. 미국에서 철도 회사들은 특히 '개성적이고 아주 오래된' 생김새를 가진 부족들을 신중하게 선택하여, 사진 찍힐 '인디언'아메리카 원주민-역주의 명소를 만들기 위해 많은 노력을 기울였다 (Albers and James, 1988, p.151). 사진의 수사적인 힘은 순수한 것을 그

문화적 메시지와 함축으로 만들어 내는, 즉 **받아들여 오는** 능력에 기초해 있다. 전문적인 사진은 부분적이고 구성된 것이기는 하지만 그 스스로 자연스럽게 그려진 것처럼 보인다(Barthes, 2000).

그러한 여행 사진가들의 사진은 표현된 장소의 복잡한 삶의 현실을 반영한다는 뜻에서가 **아니라**, 이러한 세계에 관한 정형화된 서양의 상상을 반영하고 강화하기 때문에 '현실적'이고 '객관적'인 것으로 간주될 수 있다. 달리 말하면, 사진은 먼 곳의 사실이 서양적 상상의 지리로 변형된, 특정한 서양적 관점에서는 '정확했다.' 문화 제국주의의 기술로서, **사진가**는 객관적인 카메라를 사용하고 자기 민족 중심적인 필터를 통해 세계를 그려내고 바라본다(Albers and James, 1983; Schwartz, 1996, pp.30~31; McQuire, 1998, p.39).

코닥화 Kodakisation

관광객이 직접 촬영한 사진이 탄생한 것은, 코닥이 사용자 친화적인데다 가볍고 저렴한 브라우니 카메라를 출시한 1880년대 후반이 처음이었다. 그전까지 사진은 생산되는 것이기보다는 소비되는 것이었다. 일반적으로 토마스 쿡이 관광과 관계 맺은 것과 비슷하게, 코닥은 사진에는 기관 전문가에 의한 조직화가 필요하다는 것을 깨달았다(Slater, 1991, 1999). 이 회사는 '코닥'의 영향력 - 지식 관계가 '코닥의 순간'과 '코닥의 가족'을 **만들어낼** 수 있는 공간으로서 관광을, 그리고 그 행위자로서 새로운 중산 계급 가족을 겨냥했다. 미국과 그리고 유럽의 여러 지역에서 코닥은 여유로운 가족 중심적인 행위로서의 사진 촬영을 다시 만들어내고 다시 각색했다. 실제로 코닥은 물질적 사회적 관계의 참신한 조합을 맞추어 내는 새로운 시스템을 개발함으로써 **관광** 사진을 발명했다.

이미 1890년부터 코닥 카메라는 이집트를 여행하는 유럽 관광객들 사이에서 일반적이었다(Gregory, 2003, p.211). *Photographic News*는 1899년에 '수천 명의 버밍엄 소녀들이 이번 달 영국의 여러 휴양지에 흩어져 있는데, 그들 대다수가 카메라를 갖추고 있다'고 보도했다(Coe and Gates, 1977, p.28에서 인용). 1910년까지 미국 가구의 1/3이 코닥 카메라를 소유하고 있었다(West, 2000, p.75). 코닥은 카메라와 사진 제작을 '일상적인' 것으로, 그리고 사진 촬영을 최근 생겨난 '관광객 아비투스'의 일부로 만들었다.

이것의 한 단계는 사진을 **물질적으로** 유통시키고 단순화하는 것이었다. 사진 현상은 그 현장에서 실행되어야 했기 때문에, 초기의 사진 촬영에는 많은 지식과 '무거운 여행'이 필요했다. 코닥Kodak의 설립자인 이스트만Eastman은 1877년에 '그 당시에는 누구도 카메라를 "찍지" 않았다. 사람들은 카메라를 포함하는 장비 한 벌을 다 챙겼다. (…중략…) 야외 사진가가 되려고 나는 장비 한 벌을 샀고, 강인할 뿐만 아니라 용감한 사람이 필요하다는 것을 배웠다'고 말했다(Ford and Steinorth, 1988, p.14에서 인용). 이스트만은 사진을 찍는 사전 기술이 **없**는 사람들을 끌어들이기 위해서 대중적인 사진은 사진을 '가볍게' 만드는 것에 달려 있다고 예견했다. 코닥은 이것을 '패키징'을 통해 이루어냈다. 그들의 '코닥 시스템'은 코닥이 개발하고 재장착한 100프레임의 롤필름이 미리 장착된, 가볍고 들고 다니기 쉬운 휴대용 카메라로 구성되었다. 이전에는 번거롭고 기술적으로 까다로우며 골치 아팠던 사진 제작은 간단하고 사용자 친화적인 방식으로 재구성되었다. '코닥의 시스템은 사진을 찍는 행위에서 특별한 솜씨가 필요하지 않게 했기 때문에, 누구나 공부, 실험, 불편, 암실, 화학물질 없이, 손가락을 더럽히지도 않고 사진을 찍을 수 있으며, '작은 박스를 똑바로 향하게 해서 버튼을 누르는 것으로 족한 이해력만 있으면 된다'(West, 2000, pp.49·51에서 인용). '버튼만 누르면, 나머지는 우리가 합니다'라는 코닥의 슬로건처럼.'

마케팅을 통해 코닥은 이 새로운 사진 촬영의 행위자 네트워크의 문화적 의미와 사회적 관습을 각색해 냈다(Slater, 1991, 1999; West, 2000). '사랑하는 사람들'과 관광은, 특히 고통스럽고 불쾌한 체험을 피하면서 사람들과 가족에게 '그들의 체험과 기억을 향수의 대상으로 이해하도록' 길들이려는 코닥의 목표에 적합했다(West, 2000, p.1; Hammond, 2001). 그리하여 간과하고 망각하는 행위는, 향수가 그 문화적 관점을 규정하는 특징이 되는 동안 이 사진에, 이 사진의 '타자'에 통합된 것이 되었다(Taylor, 1994를 보라). 코닥은 그 새로운 간단함이 사진 촬영을 편리하고 즐거운 것으로 만들었다고 강조했다. 거의 80년 동안 코닥 광고의 아이콘이었고, 자동차를 운전하고 기차를 타고 다니며 색다른 풍경과 장소를 바라보던 '코닥 걸'은 '사진 촬영의 온전한 즐거움과 모험 (…중략…) 사진 인화에 대해 걱정하지 않고, 자연스러운 모습 그대로의 순간에 있는 피사체를 포착하며, 이국적인 장소로의 여행을 기록하는 소형 카메라 조작의 기쁨'을 홍보했다(West, 2000, p.13). '코닥을 함께 가져 가세요', '코닥, 당신이 가는 대로', '방학 기간은 코닥 데이입니다', '모든 야외 장소에서 코닥을 초대합니다' 등과 같은 설명문이 혼해진 동안, 코닥 걸은 카메라를 관광을 위한 표준 장비로, 사진 촬영을 관광하면서 해야 할 일로 홍보했다(West, 2000, pp.2·8·9·16번 삽화). 코닥의 모토 '단순함'은 자유, 끊임없는 여행, 간편한 사진 촬영을 의미했다.

코닥의 광고는 가정생활과 추억을 중심으로 다루면서 시작되었다(West, 2000, p.13). 새로운 슬로건 '코닥이 이야기를 계속하게 하세요'는 오래 못 가는 인간의 기억보다 훨씬 뛰어난 코닥의 기억을 광범위하게 구성했다.

영원히 지속되는 휴가는 코닥과 함께하는 휴가입니다. (…중략…) 휴가의 추억만큼 즐거운 추억은 거의 없어요. 그런데도 당신은 그 추억들이 사라지게 하고 있네요! 가장 행복한 시간들조차 얼마나 기억이 안 나는가요! 올해의 휴가가 그냥 잊혀지게 두지 말고, 코닥으로 행복을 저장하세요. 모든 행복한 장면들을 코닥 스냅사진으로 만드세요. 그 작은 사진이 당신의 휴가를 계속 살아 있게 하고, 당신을 햇살과 자유로 몇 번이고 다시 데려다 줄 것입니다(Holland, 2001, p.145에서 인용).

이 카메라는 가족으로 하여금 '햇살과 자유'로 돌아가도록 몇 번이고 옮겨 줄 수 있는 그들의 체험을 '이야기할' 수 있게 했기 때문에 없어서는 안 될 관광객의 물건으로 홍보되었다. 또 다른 광고는 어떻게 '여름날의 코닥 이야기가 몇 달이 지남에 따라 매력이 커져 가는지 알려주

었다. 그것은 항상 흥미롭다. 개인적이다. 당신의 관점에서, **당신이 본** 그대로, 장소들, 사람들, 일들에 관해 말해 준다'(West, 2000, p.179에서 인용). 코닥은 가족들에게 그들이 보는 다른 관광객의 이미지들과 아무리 비슷하더라도, '그들의' 이미지는 특별하며 독특한 분위기로 가득할 것이라고 장담했는데, 왜냐하면 코닥의 이미지는 **그들의** '사랑하는 사람들'과 **그들의** 눈을 통해 본 세상을 보여주기 때문이었다.

코닥은 사진을 근대적인 가정생활에 중심이 되는 '일상적인' 기술로 다시 만들고 다시 상상하는 데에 힘을 발휘했다. 코닥은 '근대 미국인들에게 보고 기억하고 사랑하는 방법을 가르쳤고'(West, 2000, p.xv), 찰펜(Chalfen, 1987)에 따르면, 개인 특유의 사진 촬영이라는 관행과 의미를 정의할 수 있게 된 특정한 '코닥 문화'를 만들었다. 이 사진 네트워크는 가족, 소비주의, 관광으로 구성되었다. '이들 주제를 한데 묶는 것은 가정적인 여가라는, 일상생활에 눈이 먼 (···중략···) 놀이 중인 근대 가족이라는 테마이다'(Slater, 1991, p.57~58). 부르디외(Bourdieu, 1990, p.14)는 사진과 '가정생활' 사이의 복잡한 관계에 대해 '사진 촬영의 관행은 대부분의 시간 동안 그 가족 기능 덕분에 오직 존재하고 존속한다'고 강조했다(Kuhn, 1995; Rose, 2003, 2004). 사진은 가정생활의 정서적인 최고의 순간을 영원하게 하고 기념한다. 수많은 관광 사진은 집과 밖 사이의 이동하는 공간에서, 특별한 장소 **그리고** 가족의 얼굴을 찍은 것이다. 따라서 관광 사진과 가족 사진은 별개의 두 세계가 아니라 관광의 공간들 내부와 그 사이를 끊임없이 횡단하는 다리이다(Haldrup and Larsen, 2003; Larsen, 2005).

마음을 끄는 상업적 이미지 Seductive Commercial Images

브로슈어로 인해 생겨난 동경은, 마음에 와닿으면서도 한편으로는 진부한 하나의 사례였다. 이것은 계획이 (그리고 심지어 모든 삶이) 행복이라는 가장 단순하고도 가장 분석되지 않은 이미지에 의해 영향을 받을 수 있는 방법이고, 달리 말하면 장시간의 감당할 수 없을 정도로 비싼 여행이 열대 바람에 부드럽게 기우는 야자나무 사진을 구경한 것 정도에 의해 진행될 수도 있는 방법인 것이다. 나는 바베이도스 섬을 여행하기로 결심했다(De Botton, 2002, pp.8~9).

본 절에서는 상업적 사진이 얼마나 욕망을 만들어내는 포스트포드주의적 소비 자본주의에 연루된 있는 권력─지식 기계인지를 검토한다. 상업적 사진의 지식─권력 기술은 사진이 촬영된 장소로 '몸소 이동해 가는 것'에 대한 욕망을 대체하는 것이 아니라 자극하는 이미지를 공들여 만드는 것을 포함한다. 상상의 이동은 관광 산업에서 분명 돈벌이가 안 되는 일이다. 푸코를 따라서 좀 더 넓게 보자면, 우리는 마음을 끄는 이미지와 목적지를 만들어내는 이러한 일을 볼거리와 감시가 교차하고 권력─지식 관계가 영향력을 다한 '전문가의 시선'에 따른 제도적인 중재로 볼 수 있다(Hollingshead, 1999; Cheong and Miller, 2000).

우리는 '열대 바람에 부드럽게 기우는 야자나무 사진'이 어떻게 '장시간의 감당할 수 없을 정도로 비싼 여행'을 유발할 수 있는지 탐구한다. 상업적 사진은 관광 산업에서 두 가지 역할을 맡는다. 이들은 몸소 하는 여행에 대한 욕망을 만들어내고, 특별한 상상의 지리를 가진 목적지의 대본을 쓰고 상연한다. 그러므로, 다시 말하면, '목적지 마케팅은 장소 형상화의 구축 및 특정한 방식으로 그 이미지를 체험하는 주체의 구성과 동시에 연루되어 있다'(Goss, 1993, p.663).

소비 자본주의는 변덕스러운 소비자의 요구와 욕망하는 신체를 가공하는 사진에 '투자하여', 우리가 말하는 신체는 소비하도록 훈련된다(Berger, 1972). 광고는 소비를 촉진한다. 광고는 즉각적인 탈출과 안도, 그리고 다른 장소에 관한 환상과 소비를 통한 개선의 길을 제공하기 전에 불안과 부족을 드러낸다. 그리고 소비가 사람들을 행복하고 아름답고 만족하도록 만들 수 있다는 것을 보여준다(Berger, 1972, p.133).

윤색, 삭제, 과장, 고정관념, 반복 등을 통해 상업적 사진은 실즈가 '장소의 신화'라고 부른 일종의 상상적 지리를 만들어 낸다. 실즈(Shields, 1990, p.60)는 '현실의 성격과 무관하게 장소나 지역과 연관된 다양한 별개적인 의미가 존재한다. 부분적이고 종종 과장되거나 축소되는 이미지는 정확할 수도 있고 부정확할 수도 있다. 그들은 고정관념에서 비롯된다'고 말했다. 체험 경제에서 사진은 체험을 위한 장면의 대본을 쓰고 상연한다. '브로슈어는 극장과 비슷하다. 소비자와 제품이 하나 되는 마음가짐을 통해, 소비자가 관광객의 상상적 경치로 들어가서 장소와 개인적으로 연결되는 무대 장면의 이미지를 만들어낸다'(Scarles, 2004, p.47; 2009). 상업적인 관광 사진은 눈을 흥분시키고 유혹하는 평면도를 '상연'함으로써 욕망을 불러일으킨다. 이들은 단순한 인간의 시각을 통해 보는 것보다 더 미적으로 강렬한 복제된 장소를 만들어낸다. 이들은 그대로 보는 것보다 더 과장되어 있고 더 밝고 선명하며 더 색채가 짙어서 인간의 시각을 압도한다. 사진은 장소를 눈에 띠고 수행할 수 있고 기억할 만한 것으로 만들 뿐만 아니라, 장소는 '엽서의 장소'처럼 가상의 이상화된 사진으로 물질적으로 조각된다. 오스본(Osborne, 2000)에 따르면,

---

모든 관광객은 그들이 사진을 찍든 안 찍든, 사진 같은 장소와 체험을 소비하는데, 그것들은 볼 수 있도록, 무엇보다도 사진을 찍을 수 있도록 만들어져 왔거나 서서히 변화해 왔기 때문이다. (…중략…) 그러한 장소들은 대개 3차원 형태로 구체화된 사진이다(Osborne, 2000, p.79).

크로쇼와 어리(Crawshaw and Urry, 1997) 그리고 스칼스(Scarles, 2004)는 전문 사진가가 '정원처럼 가꾸는 행위'와 선택적인 시각을 통해 장소의 외관을 개선하는 다양한 방법들을 조사했다(사진 아카이브에 관한 푸코식의 해석에 대해서는 Feighery, 2009를 보라). 잠재적인 관광객이 사진의 '장소의 신화'를 회석시키고 부적절하다고 여길 것을 예상하면서, 사진가들은 '운송수단, 자동차, 사진의 연대를 추정하게 하는 모든 것을 피하고자 한다. (…중략…) 그런 것들은 눈과 귀에 거슬린다. 밝은 옷을 입은 사람, 비닐봉지를 들고 다니는 사람, (…중략…) 죽은 나무, 가시철사, 버려진 건물, 공사장의 임시 발판. 도로 표지판, 쓰레기, 주차장, 인파, 교통 체증, 저공 비행기, 버뮤다 반바지 등등'(Crawshaw and Urry, 1997, p.187). 전문 사진가는 **적당한** 조명, 프레임, 구도로 풍경을 연출한다. 인내심이 중요하다. 사진가가 장면 속의 원치 않는 대상과 인물을 못 본 체하는 동안, 편집자의 '컴퓨터 손'이 이제 디지털화를 통해

장소의 현실성을 크게 향상시킨다. 단일한 이미지 내의 요소들은 균일하게 삭제되고 이동되고 강조되고 나란히 배치되고, 심지어 다른 사진의 조각들과 합쳐질 수도 있다. '수술'과 '메이크업'은 해변을 수정 같은 흰색으로, 바다와 하늘을 짙은 푸른색으로, 신체를 늘씬한 구릿빛으로 바꿔준다. 보기 흉한 것들이 낙원을 망칠 수는 없다. 이러한 사진의 관행은 환경이 어떻게 보여지고 사람에게 지배되고 그들의 소유적 지배력에 종속되는지를 보여준다(Taylor, 1994, p.38~39).

수많은 담론들이 전문적인 관광객의 시선에 대한 정보를 제공한다. 낭만적인 시선은 회화적이거나 숭고한 '시간을 초월한' 경치와 같은 여타의 수많은 풍경들뿐만 아니라 레이크 디스트릭트의 대표적인 성공 수단의 틀을 만들어낸다. 이것은 근대성의 기호들에 대해서는 눈감을 것을 필요로 한다. 역사적인 도시 풍경의 연출에서 동일한 과정을 볼 수 있다. 관광 산업과 사진의 '타임머신'은 시간이 정말로 천천히 흘러가며 목가적이고 손길이 닿지 않은, 초콜릿 상자 크기의 시야로 도시 풍경을 정지시킨다(Waitt and Head, 2002). 지워진 것은 근대적인 인공물 그리고 현대적으로 보이는 사람이다. 장소는 생명이 거의 보이지 않는 살아 있는 박물관으로서 제시된다. '현지인'이 그 장면에 들어올 때, 그들의 역할은 진실된 것을 보여주고 낭만적인 분위기를 유발하며 현장에 생명을 불어넣는 것이다. 회화적인 도시 풍경에 대한 추구는 추정컨대 낭만화된 도피주의의 황금기로 시간을 거슬러 여행하고자 하는 널리 퍼져 있는 욕망에 의해 부추겨진다(Taylor, 1994; Larsen, 2006a, 2006b).

이국적인 정취와 인류학적 시선은 상업적인 관광 이미지가 신화적인 '타자성'이라는 보기 드문 관광의 지리를 만들어내는 인기 있는 렌즈이기도 하다. 다양한 연구들에서는 어떻게 홍보 이미지가 인종적인 타자들을 전근대적이고 이국적이며 성적이고 시각적 소비가 가능한 것으로서 '고정하고' 연출하는지를 보여 주었다(Albers and James, 1983; Hollingshead, 1992; Goss, 1993; Selwyn, 1996; Dann, 1996a; Adams, 2004). 그러한 이국적인 타자들의 이미지는 전통적으로 부유한 백인들의 시선 그리고 상대적으로 빈곤한 흑인들의 신체에 대한 사진을 통해 생산되고 소비된다.

홍보 이미지는 또한 집단 및 가족의 시선을 통해 매혹적인 관광지를 연출해 낸다(Haldrup and Larsen, 2003). '영국의 대중을 겨냥한 11개의 대표적인 여름휴가 브로슈어' 중에서 '관광 브로슈어의 사람들'에 관한 댄Dann의 연구에서는 약 40%의 사진이, 대개 분명하게 경계 지어진 관광객의 게토, 즉 관광객이 붐비는 지역 내의 '관광객들만'을 묘사하고 있다는 것을 보여준다. 그런 사진들에서 강조되는 것은 함께 식사하고, 함께 해변에 있으며, 공용 수용장에서 함께 휴식을 취하고, 하나의 크고 행복한 가족으로서 즐거움을 누리는 관광객 그룹이다(Dann, 1996a, p.72). 대조적으로, 약 24%의 사진은 사람이 없는 장소(주로 풍경과 명소)를 보여주며, 현지인은 고작 7%에서만 나타난다(대개 관광객의 시선 아래 일하고 있거나 지역성의 문화적 표시로 축소된 채).

상업적 사진은 보통 보는 사람의 욕망과 즐거움이 완성되기를 기다리는, 보는 사람의 꿈을 그림으로 만들기 위해 구성된다. '전형적인' 예는 해안선이나 줄지어 늘어선 나무들, 혹은 부두가 대각선으로 이미지를 가로질러 지나가는 텅 빈 해변을 보여주는 것이다. 대각선은 관광객들의 흥분된 기대, 쾌락주의적인 돌진, 관광지와 그 즐거움 속으로 들어

가고자 하는, 혹은 들어가지는, 보는 사람의 욕망의 선을 이미지에 들여온다'(Osborne, 2000, p.85; Scarles, 2004). 다른 예로는 관광객이 있는 사진을 들 수 있다. 이것들은 독자들의 환상을 안내하고 그것들을 실현가능한 것으로 보이게 한다. 이것이 나일 수도 있어! 이것은 쓰여진 텍스트가 항상 '당신'에게 초점을 맞추는 방식을 통해 더욱 강조된다(Scarles, 2004, p.46). 이것은 신체가 서로에게 맞춰지고 매만져지고 이끌리는, 좋아서 어찌할 줄 모르고 애정 어린 관광객 커플의 이미지일 수 있다. 또는 햇볕이 따뜻한 곳에서의 휴가가 지쳐서 핼쑥한 몸을 구릿빛의 매력적인 몸으로 어떻게 바꿔주는지를 보여주기도 한다.

상업적인 관광객 이미지는 보는 사람의 무의식을 자극하여 효과를 얻어낸다. '사진은 보는 사람의 욕망, 기억, 연상에 의해 주관화되도록 하면서, 보는 사람으로 하여금, 이를테면, 꿈을 꾸게 한다'(Osborne, 2000, p.77). '사진은 우리를 환상 속으로, 그러나 존재하는 것처럼 보이는 장소로 이동시킨다'(Osborne, 2000, p.88). 상업적 사진의 힘은 '길들이기'를 통해서 작동하지만, 또한 욕망 그리고 상상적 지리의 유기적 조직을 통해서도 작동한다. 사람들은 매혹되기를 원하고 그러한 이미지는 유혹하기 위해 예술적으로 구성된다. 현대 소비자의 몸은 쉼 없이 새로운 감각, 체험, 정체성, 장소를 찾는, 매혹된 몸이면서 매혹되기를 원하는 몸이다(Bauman, 1999, p.83; Elliott and Urry, 2010). '욕망은 만족을 원하지 않는다. 반대로 욕망은 욕망을 원한다(Taylor and Saarinen; Bauman, 1999, p.83에서 인용). 광고 이미지는 '공간적 허구'를 통해 관객의 욕망과 환상을 결집시키고 촉발시키는 것을 중심으로 구성되고 그것을 통해 작동한다.' 상업적 사진은 허구이며, 관객에게 '마치' 실제인 것처럼 그것들과 관계를 맺도록, 불신을 유예하고 대신 극장이나 영화관에 있는 것처럼 그들의 상상된 천국으로 꿈을 꾸도록, 초대한다 (Osborne, 2000, p.77). 매혹하기 위해서 사진은 그들의 환상과 허구를 사들일, 그것을 '진실된 것으로' 받아들일, 사람들이 필요하다. 허구는 진실성과 실재성에 달려 있고, 허구의 즐거움은 환상을 현실로서 받아들이는 데 놓여 있다(Slater, 1995). 상상적 지리는 '실재하는 것들', 즉 경관, 국가 유형, 건물 등에 관한 신념에 기반해 있기 때문에, 관광객은 관광의 상상적 지리를 매우 현실적인 것으로 여길 수 있다. 관광의 욕망과 환상은 현실적으로 보이고 식별을 요청하는, 명료한 시각적 문법 안에 있다. 이것은 몽상과 현실과 허구의 매혹적인 혼합이자, 동시적인 '길들이기'와 '허구화'의 혼합이다.

사진과 관광객의 시선Photography and the Tourist Gaze

이와 같이, 사진은 그 발명 이래로 엄청나게 확산되어 왔다. 한 세기 반이 넘는 동안, 사진을 찍는 눈의 철저한 탐욕, 즉 세상을 보고 그려내며 가정생활을 연출하는 새로운 방법, 그리고 그렇게 하기 위한 새로운 형태의 권위를 깨닫게 하는 탐욕이 존재해 왔다. 19세기 북유럽에서는 '타자의' 장소를 고치려는 욕망과 능력이 극적으로 발전했다. 지금까지 보아 왔듯이, 장소는 '코닥화'되었다. 카메라, 삼각대, 사진이란 물건을 통하여 그러한 욕망과 고정의 장소에는 일반적으로 지중해(Pemble, 1987), 알프스산맥(Ring, 2000), 카리브해(Sheller, 2003; Thompson, 2006), 그랜드 캐년

(Newmann, 1992, 1999), 이국적인 나일강(Gregory, 1999), 냄새 나는 어촌 마을(Lübbren, 2001), 그리고 물(Anderson and Tabb, 2002)이 포함되었다.

그레고리는 19세기 이집트에서 '유럽인' 방문자의 교화, 오락 및 시각적 소비를 위해 준비된 틀 잡힌 다수의 과장된 장면들을 활용하여 이곳이 어떻게 구성된 가시성의 장소로서 각색될 수 있었는지 설명한다. 코닥을 구비한 **다하비아**의 한 승객은 다음과 같이 썼다. '반쯤 야만적인 삶의 시야가 하루 종일 당신 앞을 지나가고 당신은 프랑스 요리가 나오는 막간에 그것 모두를, 코닥의 범위 안에 있는 시골 이집트를 조사하고, 그리고 당신은 그것을 보기 위해 긴 의자에 앉아 있다'(Gregory, 1999, p.131). 이것은 시각적으로 소비하는 방문객이 이용할 수 있는 '새로운 이집트'를 만들어 냈다. 그러한 이집트는 수에즈 운하, '나일강 위의 파리', 토마스 쿡 앤 선, 정돈된 '고대 이집트', 이국적인 동양의 '타자', 그리고 관광객의 시선을 위한 편리하고 전망이 좋은 위치와 전망대로 구성되어 있다(Brendon, 1991, p.118을 보라).

'코닥화'의 또 다른 예는 '전통적인' 홀라 댄서가 출연하는 코닥 홀라 쇼이다. 코닥이 자금을 지원한 이 쇼는 1937년부터 하와이에서 열렸다. 이 쇼에 출연하는 무용수들은 사진발을 잘 받으면서, 또한 많이 찍힐 수 있도록 실질적으로 연출되며 그 육체를 대중 앞에 드러내어 보인다(Hammond, 2001). 쇼에 앞서 관광객은 연기자들을 가까이에서 촬영하거나 그들과 함께 사진을 찍을 수 있다. 쇼는 사진 촬영을 위한 최적의 조명 조건을 확보하기 위해, 햇빛이 ('카메라를 든 관광객'이 아니라) 댄서를 마주하고 관람석이 중앙의 무대를 향하는 야외 공연장에서 진행된다. 쇼 자체는 사진 촬영이 가능하도록 안무 연출이 되어 있다. 움직임은 너무 빠르지 않으며 댄서는 가끔 동작을 멈추고 잠시 동안 자세를 고정하여 관광객들이 그 순간을 포착할 수 있는 시간을 가질 수 있게 한다. 이 쇼는 춤, 의상, 댄서가 쉼 없이 바뀌는, 끊임없는 일련의 새로운 코닥의 순간으로서 설계되었다(Hammond, 2001).

따라서 사진은 시각적 환경에 과중한 부담을 준다. 이것은 우리가 아래에서 설명할, 특히 코닥 카메라와 지금의 디지털 카메라를 이용하여 모든 것을 사진 이미지로 바꾸고, 누구나 그것들을 촬영할 수 있게 하는 것에 의한, 다양한 형식의 인간 체험의 민주화와 관련이 있다. 그러므로 사진은 순환과 즉각적인 이미지가 실재를 압도하는 '구경거리의 사회'인 포스트모던화 과정의 일부이다. '실재'는 관광객의, 시각적 소비를 위해 준비된 것이 된다(Debord, 1983; 위의 6장을 보라). 이미지의 소비와 생산은 매우 중요해졌고, 이벤트에 참여하는 것은 구경거리가 될 만한 '이미지 풍경'으로서 그것을 보고 기록하는 것에 버금간다(Sontag, 1979). 때로는 촬영된 각각의 물체나 사람이 똑같이 흥미롭거나 흥미롭지 않은 여타의 것들과 동등해지는 것 같다.

바르트(Barthes, 2000, p.34)는 사진 촬영이 주목할 만한 사진으로부터 시작되었고, 주목할 만한 모든 것을 촬영되게 함으로써 끝이 났다고 지적한다(Sontag, 1979, p.111). 사진은 예술로서, 어떤 엘리트에 국한되지 않고 뒤죽박죽인 보기의 방식이다. 손택(Sontag, 1979, p.131)은 '과거 고급문화를 정체를 폭로하기 위한 사진가의 열의 (…중략…) 저속함에 관한 그들의 양심적인 구애 (…중략…) 아방가르드의 야심과 상업주의의 보상을 조화시키는 그들의 기술 (…중략…) 그들에 의한 예술에서 문화기록으로의 변형'에 대해 이야기한다. 사람들은 사진가가 되면서 아마추어 기호학자이자 유능한 '시선을 보내는 사람'이 된다. 그들은 문 주위에 장미가 달린 초가집이 '예전의 영국'을 표상하고, 또는 바위에 부딪히는 파도가 '야생의 길들여지지 않은 자연'을 의미하며, 또는 특히 목에 카메라를 걸친 사람이 '관광객'이라는 것을 알게 된다(Hutnyk, 1996).

실제로 대부분의 관광은 사진을 잘 받는 대상을 찾는 것이 되었다. 때때로 관광객의 여행은 사진의 축적을 위한 전략이며 따라서 개인의 기억과 특히 가족의 기억의 상품화와 사유화를 위한 전략인 것처럼 보인다. 따라서 사진은 엘리트가 지정해 온 것보다 사진으로 촬영되는 어떤 것이든 주목할 만한 것으로 만들면서, 다양한 종류의 이동성을 민주화하는 데 대단히 중요한 역할을 해 왔다. 그리고 사진은 여행에 모양을 부여하여, 여정이 하나의 '좋은 전망' 또는 사진으로 남겨 둘 가족의 '코닥의 순간', 그리고 그 밖의 여러 가지로 구성되도록 한다. 사진은 여행과 시선 보내기의 본질을 구성하는 데에 결정적인 역할을 해 왔는데, 장소가 명소로 바뀜에 따라 사진은 무엇이 '관광'할 가치가 있는지, 그리고 어떤 이미지와 기억이 되가져가야 할 것인지를 구성했다. 사진은 수많은 여행과 시선을 보내는 일에 모양을 부여한다. 사진은 멈춰 서서, (스냅) 사진을 찍고, 그리고 또 움직이는 이유이다. 사진에는 의무가 수반된다. 사람들은 그들이 특정 장면이나 '코닥의 순간'을 보는 것을 놓치지 않아야 한다고 느끼는데, 그렇지 않으면 사진 촬영 기회를 놓치고 잊게 될 것이기 때문이다.

체험 자체를 보는 방식으로 바꾸는, 사진에 대한 **충동**이 있는 사람들에 대해 말하는 것은 잘못된 것이 아니다. 궁극적으로, 체험하는 것은 사진을 찍는 것과 똑같아지고, 공개 이벤트에 참여하는 것은 촬영된 형식으로 그것을 보는 것과 점점 더 동등해져 간다. (…중략…) 오늘날 모든 것은 사진으로 끝나기 위해 존재한다(Sontag, 1979, p.24).

우리는 관광객의 시선이 기존의 미디어 풍경에 의해 그리고 그 속에서 대체로 **미리** 형성된다고 주장해 왔다. 허트닉Hutnyk은 1996년에 '포토제닉 캘커타'에 관한 그의 문화기술학적 논의에서, 관광객들은 '지역의 빈민'을 끊임없이 촬영하는데 왜냐하면 이 모티프가 캘커타에 관해 미디어가 만들어낸 지리와 부합하기 때문이라고 주장했다. 관광객은 틀을 잡고 탐험할 뿐만 아니라 또한 틀 잡히고 고정된다. 대부분의 시선 보내기와 촬영에 관여되는 것은 해석적인 순환이다. 사람들이 휴가철에 찾는 것은 브로슈어, TV 프로그램, 블로그, 소셜 네트워크 사이트에서 이미 보아 왔던 일련의 사진 이미지들이다. 대부분의 관광 사진에는 '인용'의 의례적 절차가 포함된다(Osborne, 2000, p.81을 보라; Selwyn, 1996도 보라; Jenkins, 2003). 관광객이 떠나 있는 동안에, 그때 사진은 스스로 그 이미지들을 추적하고 담아내기 위해 움직인다. 그리고 마침내 여행자들이 출발하기 전에 보았던, 그들이 직접 찍은 버전의 이미지를 친구와 가족에게 보여줌으로써 그들이 실제로 그곳에 있었다는 것을 보여주는 것으로 끝이 난다. 따라서 사진은 누군가가 실제로 거기에 있었거나 산이 그렇게 크거나 문화가 실제로 그림처럼 아름다웠거나 누군가 정말로 사랑스러운 가족의 시간을 보냈다는 증거를 제공한다. 코언 외(Cohen et al., 1992)는 다음과 같이 말했다.

반면에, 사람들은 자녀, 배우자, 친구, 친척뿐만 아니라 삶에서 가장 중요하거나 즐거운 사건과 같이 자신에게 가장 가까운 사진을 보관하는 경향이 있다. 반면에 그들은 또한 낯설고, 흥미롭고, 이국적인 광경을 간직하려고도 한다(Cohen et al. 1992, pp.213~214).

대부분의 관광 사진의 기술은 어떤 '명소' 안에 누군가의 '사랑하는 사람들'을 배치하는 것인데, 둘 다가 심미적으로 제시되는 그러한 방식을 취한다(다양한 문화기술학적 예시에 대해서는 Larsen, 2005를 보라). 관광지는 사람들이 사회적 정체성을 구축하고 유지하면서 만들어내는 이야기와 서사의 그물망으로 짜여 있다(Hsiu-yen Yeh, 2009). 가족의 시선은 많은 관광 사진이 중요한 장소에 중요한 다른 사람들을 어떻게 관련 짓는지를 강조하고, 사람들로 하여금 그들이 바랐던 연대감과 완전성과 친밀성을 규정하고 만들어 낼 수 있도록 하는 '극장'의 일부이다(Haldrup and Larsen, 2006, p.283).

다른 곳에서 우리는 덴마크를 배경으로 하는 '가족의 시선'을 조사한 바 있다(Bærenholdt et al., 2004, 6장). 볼른홀름(발트해의 섬) 방문객으로부터 수집된 1000개의 관광 사진 중 절반 이상이 전경에 한 명 이상의 가족 구성원이나 친구를 포함하는 반면, 다른 '관광객'이나 '현지인'을 포함하는 경우는 극히 드물었다. 휴가를 즐기는 사람들은 '개인적인' 사진을 원한다. 그러나 그들의 '개인적인' 사진은 명백하게 '사랑하는' 가정생활 혹은 우정에 관하여 사회적으로 그리고 미디어가 구성한 개념을 반영한다. 수많은 사진이 불행이나 마찰의 흔적이 보이지 않는, 즐거운 순간과 가족의 유대감을 묘사한다. 간절히 고대하던 가족의 행복을 즐길 수 있는 곳이 바로 사진 속의 공간이기 때문에, 사람들은 사진 찍는 것을 몹시 좋아한다. 사람들은 휴가의 이미지를 바라보고, 휴가를 즐기는 가족을 상상하거나 우정을 회고한다. 완벽한 사회적 관계와 완벽한 휴가는 대중적 상상의 소산일지도 모르지만, 그것은 존재해야 하는 무언가를 나타낸다. 관광 사진은 규범의 유예로써 특성화되는 것이 아니라, 일상과 마찬가지로, 사랑하는 사회생활을 구성하는 것에 대한 특정한 개념으로써 문화적으로 특징지어지는 것이다.

코닥은 기록되지 않은 시선과 추억은 사라질 것이라고 가르쳤고, 연구들에서는 이미지의 형식으로 추억을 붙잡아 두고자 하는 욕구가 어떻게 수많은 관광 사진에 생명을 불어넣었는지를 보여준다. 관광객은 카메라가 오래 못 가는 한 순간의 시선과 사건을, 영원한 '추억 여행'의 티켓을 제공하는 오래가는 인공물로 마술과도 같이 변형시킬 것이라고 예상한다(Haldrup and Larsen, 2003). 이런 의미에서 관광은 '그 자체로 체험되는 것이 아니라 미래의 추억을 위한 것이다'(Crang, 1997, p.366). 사진은 시간과 공간 속에서 관광객의 시선을 확장한다. 연구들에서는 관광객들이 그들의 사진을 오래 보존될 운명에 있는 귀중한 소지품으로 여긴다는 것을 보여준다. 사진은 삶과 감정으로 가득한 **물질적** 대상이며 쉽게 버려지지 않는다(Haldrup and Larsen, 2003; Rose, 2010).

(사진이 여성을 인쇄물이나 비디오상의 물질화된 대상으로 바꾸는 것처럼) 카메라는 풍경과 '시선'을 잡을 수 있는 것이자 긴 여생을 가질 수 있는 물건으로 바꾸어 이 모든 효과를 낸다. 장소와 인간은 사람에서 사람으로 전달되는 대상으로 변형된다. 사진은 집을 장식하고, 옛 생각을 구조화

하고, 장소의 이미지를 불러일으키기 위해 벽에 붙여진다(Spence and Holland, 1991; Taylor, 1994; 관광 사진의 여생에 대해서는 Haldrup and Larsen, 2010, 7장을 보라). 디지털화되기 전까지는 그랬다.

디지털화와 인터넷화 Digitisation and Internetisation

관광 사진의 역사에서 가장 최근의 순간은 최근의 디지털화와 인터넷화이다. 지난 세기 동안 디지털 사진이 보편화됨에 따라 아날로그 사진은 거의 사라졌다. 사진은 현재 컴퓨터와 휴대전화로, 인터넷을 거쳐서, 특히 소셜 네트워크 사이트를 통해서 매우 광범위하게 제작, 소비, 유통된다. 이미지의 디지털화, 미디어의 집중성, 사회성의 새로운 관습은 원거리의 실시간적이고 협업적이며 연결된 사회성으로의 폭넓은 전환을 반영한다. 요즘 아날로그 카메라로 사진을 찍는 사람은 거의 없다 (Haldrup and Larsen, 2010). 2004년에 코닥은 북아메리카와 서유럽에서 전통적인 카메라의 판매를 중단했다. 동시에 6800만 대의 디지털 카메라와 2억 4600만 대의 '카메라 폰'(디지털 카메라가 탑재된 휴대전화)가 전 세계에 판매되었다(Larsen, 2008a). 수많은 휴대기기들이 현재 우수한 품질의 사진을 만들어내며, (노키아와 같은) 휴대전화 사업자들은 카메라의 기능성을 점점 더 강조한다. 영국에서는 '2007년에 448,962,359건의 MMS 사진 메시지가 전송되었는데, 이는 (사진 24장을 찍을 수 있는 분량의) 기존 카메라 필름 1900만 롤에 상당한다'(www.themda.org/mda-press-releases/the-q1-2008-uk-mobiletrends-report.php, 접속일 : 2010.4.1.).

사진이 휴대기기 및 인터넷과 연결되어 집중성을 갖는 것은 사진의 기술적인 **행동유발성**이 극적으로 확대된다는 것을 의미한다. 디지털 사진은 사진 이미지를 순간적이고 이동이 자유로우며 화면에서 즉시 소비할 수 있는 것으로 만든다(Lister, 2007; Larsen, 2008a; Murray, 2008; Rubinstein and Sluis, 2008; 〈사진 7-1〉을 보라). 아날로그 사진의 '한물 간' 시간성과는 대조적으로, 디지털 카메라의 화면은 바로 여기서 진행 중인 사건을 사진 촬영과 자세 잡기와 소비가 집중되어 있는 공간과 함께 보여준다. '아날로그 사진'이 **미래의** 관객을 향했던 반면에, (Wi-Fi 기술이 적용된 디지털 카메라와) 카메라 폰의 사진은 '시간에 구애받지 않고' 이동하여 수신자는 거의 실시간으로 전개되는 사건을 볼 수 있다(Gye, 2007; Hjorth, 2007; Villi, 2007; Larsen, 2008a; 그리고 〈사진 7-2〉를 보라). 여기서 우리는 우연한 일들을 남기는 '살아 있는 엽서'에 대해 말할 수 있

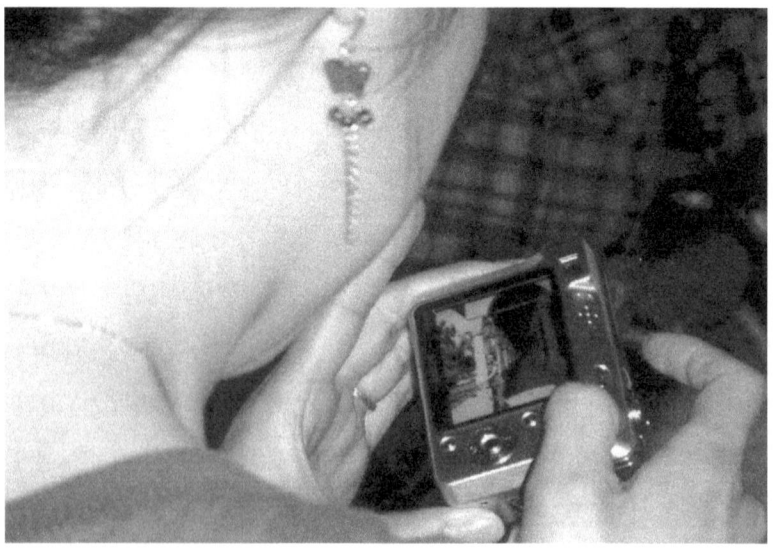

〈사진 7-1〉 화면 바라보기

〈사진 7-2〉 휴대전화 사진

다. 디지털 사진은 '순간적인 시간', '지금의 힘', 그리고 우리가 화면성이라고 부르는 것으로 대표된다. 디지털 사진에 관한 한 가지 문화기술학은 **화면**의 중요성을 보여준다. 카메라의 화면은 대부분의 사진이 ('업로드' 전의) 초창기뿐만 아니라 촬영된 후 **그 즉시** 점검되는 장소이다. 이미지가 제대로 보일 수 있도록 바로 그 현장에서 혹은 약간 그늘진 어딘가에서 한 장 혹은 더 긴 연속된 사진을 촬영한 후 디지털 카메라의 화면을 살펴보는 것은 의례적인 절차가 되었다. '당신은 여기서 딱 다섯 장[전체 사진]을 찍고, 그러고서 그늘진 곳에 앉아 "이건 지우고, 이것도 지우고"라고 말할 수 있다. 그러고 나면 두 개가 남는다 (…중략…) 이와 관련된 그만큼의 **자유**가 있다'(덴마크 여성, 20대 중반, 이스탄불에서 인터뷰). 짧은 시간에 관광객은 화면을 통해 곧바로 그리고 디지털로 사진을 소비하고 매력적이지 않은 것으로 여겨지는 것들을 지우는 것을 배웠다. 그들은 미래에 미적으로 매력적이지 않은 사진에는 사로잡히게 될 공산이 적다. 이러한 관행은 디지털 사진의 특징이다. 디지털 카메라의 '마법'은, 사진을 만드는데 그것을 매우 즉각적으로 하고, 그래서 사진이 화면에서 널리 소비되고 지워진다는 점이다(〈사진 7-1〉을 보라). 곧장 마음에 들지 않는 사진은 삭제되고 다시 촬영되는데, 이는 사람과 장소가 표현되는 방법에 관한 실험과 통제를 제공한다. 놀랍게도 사랑하는 사람의 사진을 삭제하는 것에 대해서도 감정적인 어려움을 표현하는 관광객은 거의 없다. 이러한 삭제성은 철저하게 새로운 어떤 것을 표상한다. 사진을 소비하고 삭제하는 것이 사진 제작의 일부가 되었기에, 이는 기대하는 이미지의 생산을(다시 찍는 것 때문에 시간은 더 걸리지만) 더 쉽게 만든다. 유연한 디지털 카메라는 '자신의 표현'이 새로운 중요성을 가지는 소비 사회에 한층 더한 왜곡을 표현한다(이 연구의 세부내용에 대해서는 Haldrup and Larsen, 2010을 보라).

이 단계의 삭제에서 살아남은 대부분의 이미지는 컴퓨터에 업로드되어 또 다른 화면인 컴퓨터 화면에서도 보여진다. 여기에서 소규모의 엄선된 것들이 모아져 배포되고, 이메일함으로 전송되거나 (바라건대) 전 세계의 더 많은 컴퓨터 화면에서 소비될 소셜 네트워크 사이트에 업로드된다. 관광 사진은 대개 책꽂이 내에 안전하고 안정된 자리를 가진 고정된 물질적 대상이었지만, 오늘날 대부분은 컴퓨터의 휴지통, 폴더, 이메일함, 블로그, 소셜 네트워크 사이트 등에서 예측할 수 없는 여생에 직면한 가변적인 디지털 물건이다. 컴퓨터 통신망에 연결된 사진은 삭제될 수 있고, 편집될 수 있으며, 이메일 첨부를 통해 자유롭고 시간 제약 없이 배포될 수 있고, 가족 홈페이지, 블로그, 마이스페이스와 페이스북 같은 사이트, 플리커 및 유튜브와 같은 사진 / 비디오 공유 서비스에 전시될 수도 있다. 이 모든 것들은 통신망에 연결된 디지털 사진이 어떻게 Web 2.0의 중요한 구성요소가 되었는지를 실증한다(3장을 보라). 수백만 개의 개인 사진이 www.virtualtourist, www.tripadvisor.co.uk, www.trekearth.com 및 www.flickr.com과 같은 사용자 생성 소셜 네트워크 사이트에 매일 업로드된다. 이들 중 플리커에는 2~3백만 장의 사진이 업로드된 것으로 추정되며, 4/5에 달하는 사람들이 공개 전시장(프로필)을 소유하고 있다(Cox et al., 2008; Larsen, 2008a).

실제로, 이 책에서 조사된 많은 관광객 사이트들이 플리커화되었다. 플리커에는 372,316개의 장소 태그가 붙은 에펠탑, 170,966개의 타지마할, 2,242,591개의 라스베이거스, 364,841개의 레이크 디스트릭트 및 105,716개의 빌바오 구겐하임의 사진이 올라와 있다(www. Flickr.com, 접속일 : 2010.4.27). 페이스북 사용자는 100억 장이 넘는 사진을 업로드하였고, 그 수는 놀랍게도 매달 7억 장씩 증가하고 있다. 디지털화와 인터넷화는 사진이 더 빠르고 더 저렴하게 전송된다는 것을 의미한다. 따라서 그들은 멀리 있는 중요한 다른 사람들에게 쉽게 (재)배포되거나 가상공간에 전시될 수 있다. 휴가 사진은 사진가와 동석하지 않고도 소비될 수 있다.

많은 개인 사진 이미지는 이제 카메라와 컴퓨터 그리고 인터넷에서 물질적 실체 없이 가상의 디지털 삶을, 더 짧거나 더 긴 기간 동안, 살게 될 운명에 놓여 있다. 이메일, 블로그, 소셜 네트워크 사이트는 고정된 물리적 집과 물체성으로부터 사진의 메모리를 분리해 내고, 이들을 데스크톱, 폴더, 프린터, 인화지, 프레임 또는 휴지통으로 전송될 수 있는 곳에서 선택된 이메일함으로 분배한다. 게다가 일부 사진은 물질화하고 탈물질화하고 재물질화하고, 다양한 형태를 취했다가 다시 취하고, 시간을 거치면서 서로 다른 물질성에 존재하기 때문에 복잡한 일대기를 갖는다. 그리고 '컴퓨터 손'은 사진의 내용에 접근할 수 있는 능력을 갖고 있기 때문에 신체와 얼굴의 모습도 잠재적으로 변형될 수 있다. 아날로그 사진은 이미지와 물건으로서 피할 수 없는 것이지만 디지털 사진에서는 그렇지 않다. 카메라 화면은 물질적 촉감을 가지지만, 표시되는 사진은 물리적 대상이 아닌 이미지이다. 그럼에도 불구하고 카메라 화면의 크기와 화질이 증가함에 따라 이들은 전통적인 앨범과 더 비슷해졌다. 한 가지 예는, 아마도 '새로운 프티부르주아' 사이의 핵심 도구인, 최신 유행하는 아이폰인데, 누구나 화면의 각 이미지를 터치하여 한 사진에서 다른 사진으로 화면 이동을 할 수 있는 폭이 넓은 화면이 딸려 있다.

전통적인 사진 앨범과는 다르게, 플리커와 페이스북에서의 사진 전시는 일상의 흐름과 결부되어 있고 '즉각적인 시간', '순간성의 문화'를 반영하는 경향이 있는데, 여기서 사람들은 '빠른 전달, 편재적인 이용가능성 및 순간적인 욕구에 대한 만족감'을 기대한다(Tomlinson, 2007, p.74). 사람들은 진행 중인 혹은 최근의 체험만큼 추억을 많이 공유하지는 않는다. 사진은 현재의 수행보다는 중요하지 않은 '보기 위한 시계'이다. 아직은 초기 단계이지만, 페이스북과 플리커에 있는 사진의 삶은 오래가지 못하는 경향이 있는데, 즉 '일시적인 하루살이 목숨의 "한 번 쓰고 버리는"' 이미지의 연속이다(Van House, 2007, p.4; Murray, 2008). 이들은 오늘 이야기되고 내일이면 잊혀진다(Murray, 2008). 그러나 이것이 그들을 무의미하고 주목되지 않는 것으로 만드는 것은 아니다. 평균적인 페이스북 사용자가 100명이 넘는 '친구'를 가지고 있는 점을 고려할 때, 페이스북하기는 사진을 많이 보고 거기에 댓글을 다는 일상적인 관행이다. 이러한 사진은 이제 ('약하고' '오래된' 유대관계를 포함한) 더 많은 관객들에게 닿고 컴퓨터 통신망에 연결된 가정의 일상생활 그리고 화면을 마주하는 사회성의 일부가 되었다. 그러나 이것은 사진가가 인터넷에서 사진을 한 번 풀어놓게 되면, 사진의 운명에 대한 통제를 상실하여 친구나 낯선 사람이 예상하지 못한 상황에서 그것을 사용하거나 더 멀리 배포하게 될 수 있다는 것 또한 의미한다. 복사 가능하고 시간에 구애받지 않고 전송되는 소량의 정보로서, 인터넷에 존재하는 사진은 다수의 가능한, 그 중 일부는 유해하고 불쾌한 경로를 통해 예측할 수 없는 삶에 직면한다(Dijck, 2008).

그들의 여생은 불확실하지만, 수많은 관광 사진들이 볼 수 있고, 이동하며, 컴퓨터 통신망에 연결된 다양한 화면에서 일상적인 사교활동으로 엮여 있다. 그리고, 한 번 이용하고 버릴 수 있다는 것을 추가할 수 있을 것이다. '사물성의 아우라'의 결여는 왜 그렇게 많은 디지털 사진이 오래가지 못하고, 또한 왜 그들이 빠르게 움직이는 의사소통 형식으로 평가되는지를 어느 정도 설명한다. 디지털 사진은 멀어진 유대관계와 가려진 사회성을 갖는 움직이는 네트워크 사회의 중요한 구성요소이다(Larsen et al., 2006). 많은 디지털 이미지가 가상으로 존재하지만, 디지털 사진은 물질적 실체가 없는 것이 아니며, 일부 디지털 이미지는 '사물성의 아우라'를 갖는 물건으로서 정말로 물질화된다(Edwards and Hart, 2004, p.9).

결론

이와 같이, 사진은 관광객의 시선과 관광을 더 일반적으로 발전시키는 데에 중요했다. 이들은 별개의 과정이 아니라 하나의 '앙상블'로서 각각이 다른 하나로부터 나오고 다른 하나를 강화한다. 만약 사진이 1840년경에 '발명되지' 않았고, 그 다음에 저렴한 코닥 카메라를 통해 엄청나게 발전되지 않았다면, 그러면 현대의 관광객의 시선은 완전히 달랐을 것이다. 사진은 분명 관광객의 시선과 더 일반적으로는 관광의 중심이 되는 것이다.

일부 학자들에게 이것은 '소외감을 느끼게 하는' 관광의 본질을 전형적으로 보여준다(Albers and James, 1988, p.136). 브루너(Bruner, 1995)는 의례 행사에 도착한 직후 빨리 진행하기를 원했던, 충분히 교육을 받은 단체 관광객의 여행 가이드로서의 경험을 회상하면서 그는 현대 관광의 시각적 본질에 대한 경멸을 표한 바 있다.

'그런데 우리는 그것을 보았어' 이런 말들은 여전히 나를 괴롭힌다. 관광객의 체험 방식은 주로 시각적이고, 그곳에 있었다는 것과 그것을 '보았다'는 것은 참석만을 필요로 한다. 관광객은 미디어에서 얻은 이전 이미지를 확인하기 위해서 빨리 사람들의 의례 행사를 충분히 '본다' (…중략…) 의례를 '보는' 것은 기념품을 모으는 것과 비슷하다. (…중략…) 관광객은 낯선 어떤 것, 이국적인 것의 징표를 '보았고', (…중략…) 사진 속의 그 의식을 (…중략…) 포착하는 것[보다] (…중략…) 좀 더 깊은 수준을 파악하기 위해 더 들어갈 필요는 없다(Bruner, 1995, pp.235~236, 강조는 필자).

사진은 체험을 거부하는 것으로 비난받는다. 이것은 너무 시각적이고 간단하며 이미지 중심적이고 기술적인데다, 너무 수동적이고 순수하지 못하다(Osborne, 2000). 카메라와 이미지는 관광객의 시각을 가속화하고 기계화해 왔다. 복잡한 장소는 미리 준비된 가벼운 사진 속 장면으로 소비되며, 체험은 보는 것과 같고, 보는 것은 흘끗 보는 것으로 그리고 사진 촬영은 찰칵하는 소리를 내는 것으로 축소된다. 부어스틴(Boorstin, 1964)을 시작으로 하여, 근대의 대중 관광에 대한 규범적인 비판의 대부분은 카메라 관광객과 '타자성'의 조우에 대해 경멸하는 것을 중심으로 다룬다. 따라서 사진을 둘러싸고 위치가 정해지는 비생산적인 관광객과 여행자의 이분법을 보는 것은 놀라운 일이 아니다. 이와 달리, 뜻밖에도 테일러(Taylor, 1994, p.14)는 통찰력 있게, 관광 사진가를 (숙고하여 시선을 보내는) '여행자', (피상적인 일별을 모으는) '관광객', 그리고 (모든 것을 눈을 깜빡이거나 흐릿하게, 혹은 '스냅으로' 보는) '트리퍼'로 구분한다.

우리는 전문적인 이미지가 관광객의 시선과 카메라를 각색할 때 중요하며 다수의 관광이 해석적인 순환을 형성한다고 주장해 왔다. 하지만 이를 일방향적인 것으로, 즉 관광 조직과 미디어 조직에서 관광객으로 전해지고, 관광객은 수신된 형상을 차례로 **재생산**한다고 하는, 사전에 계획된 이미지의 흐름으로 묘사하는 것은 너무 단순하다. 그보다도 관광 사진은 기존 장소의 신화를 거스르고 새로운 장소의 신화에 기여할 수 있는데, 상업적 사진이 관광 사진을 반영하고, 그 반대 방향이 아닌 한 그렇다(Garrod, 2009; Scarles, 2009; Haldrup and Larsen, 2010). 정말로, 마케팅 관리자는 끊임없이 변화하는 관광의 선호에 대한 시장 조사를 수행하여 관광객이 실제로 어떻게 장소를 바라보고 체험하는지, 그리고 그 장소의 긍정적이고 부정적인 장소의 신화가 무엇인지에 관한 지식을 얻는다(Scarles, 2004, p.49).

그리고 Web 2.0을 통해 관광객들은 '공개 전시'에 놓이는 일상적인 사진들을 점점 더 많이 제작하고 소비한다. '동료 관광객'이 촬영한 이 사진은 '전문적인' 이미지와 TV 프로그램만큼이나 카메라의 움직임을 연출하게 된다. 공연에 관한 다음 장에서 우리가 논의하겠듯이, 관광의 관행들은 상업적인 미디어 풍경에 의해 대본이 작성되고 '연출되지만' 그것들이 전적으로 미리 결정되고 예측 가능한 것은 분명 아니다. 푸코(Foucault, 1976)가 우리에게 상기시켜 주었듯이, 권력은 분산되고 편재해 있는 것이며 어떤 집단의 전유물은 아니다. 권력은 어디에나 있으며 네트워크의 관계 속에서 발휘된다. 그리고 이것은 관광의 경우에도 해당된다(Cheong and Miller, 2000). 현지인과 관광객 또한 때때로 권력을 발휘하여, 관광 조직과 더 넓은 담론들의 그들에 관한 '대본'에 대항하거나 굴복하면서 실행하고 사진을 찍는다. 관광객의 관행은 그들의 '틀을 짜 맞추는 것'에 의해 완전히 결정되는 것이 결코 아닌데, 왜냐하면 적어도 가끔은 예측불가능성, 창의성, 그리고 신체화된 공연이 존재하기 때문이다(Ek et al., 2008; Haldrup and Larsen, 2010).

제8장
공연Performances

도입

우리는 관광객의 시선이라는 렌즈를 통해 관광을 이해할 것을 주장해 왔다. 이전 장에서는 서비스 노동, '기호의 경제', 현대의 미디어화된 문화, 건설된 환경 및 시각과 사진의 역사와 관련하여 관광객의 시선을 조사했다. 본 장에서 우리는 시선을 보내는 것에 관한 몇 가지 현대적 관행을 탐구할 것인데, 관광객의 시선을 **공연**으로 간주함으로써 논의를 전개한다. 우리는 느슨하게 푸코로부터 영감을 받은 관광객의 시선에 관한 우리의 개념이 상호작용에 관한 고프만의 상향식 접근법을 통합함으로써 활기를 띠게 될 수 있고 더 구체적이면서 연극적인 것으로 만들어질 수 있다고 믿는다. 여기서 우리는 사회적 상호작용을 분석할 때 푸코의 하향식 접근법과 고프만의 상향식 접근법 둘 다 필요하다는 해킹(Hacking, 2004)의 입장을 따른다.

1장에서 우리는 '일련의 연출된 사건과 공간으로서의, 그리고 공연적인 기술과 경향의 배열로서의 관광의 생산'(Edensor, 2001a, p.61, 2001b)을 검토하는 '공연적 전환'이, 1990년대 후반부터 우리가 기여해 온 관광 이론의 움직임 내에서 추적될 수 있다는 점에 주목했다 (Bærenholdt et al., 2004; Haldrup and Larsen, 2010). 고프만의 연출기법적인 은유는 이 전환에 영감을 주었다. 프랭클린과 크랭(Franklin and Crang, 2001, pp.17~18)은 '관광객의 문화 자체를 구성하는 문화적 역량과 습득된 기술은 전 세계가 정말로 하나의 무대가 되는 고프만풍의 세계를 연상시킨다'고 말했다. 본 장에서는 이 공연적 전환 및 더 넓은 고프만식의 연출기법적인 사회학에 비추어 관광객의 시선을 다시 생각해 본다. 시선과 공연의 패러다임 사이에는 많은 유사점이 있고 이들은 멀리 떨어져서 서로를 쳐다보고 있기보다는 '함께 춤을 추어야' 한다. 우리는 시선을 보내는 일의 구체적이고 다감각적인 본질 외에도 시선 보내기라는 공연을 구성하는 복잡한 사회적 관계와 유동적인 권력의 기하학을 검토함으로써 이것을 더욱 발전시킨다. 그리고 관광 사진이라는 '행위'를 통해 공연적이고 신체화된 그리고 관계적인 시선에 대해 예를 들어 설명하는 것으로 끝맺는다.

이런 의미에서, 우리는 '관광의 시선'의 논지를 비판했던 다양한 저자들에게 응답하고자 한다. 대부분의 휴가 체험은 물리적이거나 육체적인 것이지, 단순히 시각적인 것이 아니라는 것을 무시한다고들 말한다 (Veijola and Jokinen, 1994). 여성 관광학 저술가들은 여성에 대한 남성의 시각적 그리고 관음증적 지배력을 의미하는, 시선과 **플라니어**에 동반되는 **남성적** 기반이 존재한다고 주장한다(Veijola and Jokinen, 1994; Wearing and Wearing, 1996; Pritchard and Morgan, 2000a, 2000b; Johnston, 2001). 몇몇은 여성 관광객이 사회적 **상호작용과 접촉**에서 즐거움을 얻는다고 주장하기도 한다(Wearing and Wearing, 1996). 이와 관련하여, 시선이라는 개념이 너무 정적이고 수동적이며 공연과 모험을 간과한다는 것이 주장되었다(Perkins and Thorns, 2001). 게다가, 특히 관광의 호스트 측에 의한, 시선 보내기의 복잡한 사회적 관계들 중 일부가 무시되었다고 말한다(Maoz, 2006). 맥카넬(MacCannell, 2001)은 또한 『관광의 시선』이 일종의 '두 번째 시선', 즉 속이는 것처럼 보이는 것을 알고, 보이지 않고 말하지 않는 것들이 존재한다는 것을 알며, 각각의 시선이 그 자신을 '넘어선' 것을 생성한다는 것을 아는 이 두 번째 시선을 식별하는 데 실패한다고 주장한다.

우리는 먼저 '공연적 전환' 및 고프만의 사회학이 시선에 영향을 미치고 공통점을 공유하는 방식의 개요를 먼저 서술하고, 그런 다음에 '시선'이라는 발상이 달성하고자 하는 몇몇 요소를 분명히 설명하고자 한다(더 자세한 내용에 대해서는 Larsen, 2009을 보라).

공연적 전환 Performance Turn

첫째, 공연적 전환은 '관광이 단순히 "보는 것"이 아니라 존재하고 행위하고 만치고 보는 등 더 많은 것들에 기반한 새로운 은유를 요구한다'는 것을 주장한다(Perkins and Thorns, 2001, p.189; Edensor, 2006). 공연적 전환은 관광객이 신체적 느낌과 감정을 포함하는 다감각적인 방식으로 장소를 체험하는 방법에 대해 강조한다. 관광객은 단순한 구경꾼이 되는 것에 지루함을 느끼게 되었고 수많은 관광 활동, 즉 모험적인 관광이 활동적이고 다감각적이며 신체적인 느낌과 감정과 활동을 분명히 제공한다는 것이 설명된 바 있다(Cloke and Perkins, 1998; Franklin and Crang, 2001, p.12; Bell and Lyall, 2002; Franklin, 2003). 몇몇 관광 공간은 사람, 물건, 장소와 적극적으로 어울림으로써, 훈련된 '일하는 몸'을 활기차고 놀이하며 어린아이와 같은 것으로 바꿔 놓는 '놀이터'이다. 예를 들어 폰스(Pons, 2007)는 나체 수영에 관한 논의, 그리고 조각하는 손, 고운 모래, 물, 삽, 양동이 등등을 가지고 모래성을 쌓는 여럿이 함께 하는 과정적이고 공연적인 작업에 관한 문화기술학적 논의에서, 해변 생활의 손으로 만지면서 노는 지리에 관해 논의했다('모래성'의 건축에 대해서는 Bærenholdt et al., 2004, 1장을 보라).

둘째, 공연적 전환은 고프만식의 공연의 은유를 이용하여 관광지의 테마 및 연출의 본질뿐만 아니라 관광객의 몸에 관하여 각색된, 연극적인 육체성과 신체화된 행위를 개념화한다. 그것은 즉흥적인 연기자, 배우, 출연진, 무대로서의 현장, 감독으로서의 가이드, 무대 관리 등을 말한다(Edensor, 1998, 2000, 2001a). 이것은 상황, 과정, 공연이 모든 것이 되는 관점이며, 행위 없는 공연은 존재하지 않는다. 공연적 전환이라는 렌즈를 통해, 관광은 하나의 행위로서 공연을 **통해** 완수되는 어떤 것이 되었다. 행위와 활동에 관한 존재론으로의 전환을 통해(Franklin and Crang, 2001), 고프만은 배경 속에 숨는다. 고프만은 연기하고 표현하며 감정적이고 반응하는 몸에 관한 그의 미시사회학에서, 일반적인 사회적 삶 및 상호작용의 신체화된 그리고 공연된 본질에 관하여 공을 들인 상세 설명을 제공한다. 이들 몸은 자세를 잡고 몸짓을 하며 대화를 나누고 용서를 구하며 얼굴을 붉히고 시선이 마주치는 것을 피하는 등등의 행위를 한다. 관광객의 신체를 심리생물학적이고 표현적이며 사회화된 것으로 묘사하는 점에서, 공연적 전환은 고프만식의 것이다.

셋째, 단체가 기본 단위라고 보는 고프만의 관찰에 따라, 공연적 전환은 특정한 관광의 무대를 구성하는 수많은 행위자들에 관해 논의한다. 장소가 어떻게 물질적이면서 상징적으로 연출되는지 그리고 주요 인력이 어떻게 관광 상품을 공연하고 대본을 유지하는지를 조사하는, (4장에서의 분석과 유사하게) '생산 측면'을 탐구하는 다수의 연구문헌들이 있다. 에덴서(Edensor, 2001)는 여행 가이드가 어떻게 관광객의 공간적 움직임과 장소에 대한 해석과 적절한 행동을 연출하는지 보여주었다. 그는 '관광 공간의 무대 관리, 관광객의 감독, 그들의 움직임에 관한 연출이 공연을 보조하고 조정하는 공간적이고 사회적인 통제를 드러낼 수 있다'고 말했다(Edensor, 2001, p.69). 그럼에도 이 전환은 권력과 관련하여 '상호작용 순서'를 다루는 데 있어서 고프만을 넘어선다. 위버 Weaver가 크루즈 여행 산업의 '상호작용적 서비스 업무'에 관해 다룬 그의 문화기술학적 논의에서 말했듯이, '권력, 통제, 갈등의 중요성은 고프만의 연구에서 과소평가되었다'(Weaver, 2005, p.8).

일부 연구문헌에서는 관광객이 어떻게 관객일 뿐만 아니라 연기자이기도 한가에 대해 조사한다. 에덴서(Edensor, 1998)는 타지마할의 관광객이 어떻게 걷고 시선을 보내며 사진을 찍고 기억하는지에 대해 탐구하였으며, 베렌홀트 외(Bærenholdt et al., 2004)는 산책, 해변 생활, 사진 촬영의 수행에 관해 검토하였다. 공연적 전환은 아들러의 '공연된 예술로서의 여행'을 구축하는데, 여기서 그녀는 '여행 예술의 기본적인 수단으로서, 여행자의 신체는 역사적인 건축술과 양식적 제약의 지배를 받아왔다. 여행자가 문화적으로 가치 있는 체험을 받는 바로 그 감각은 다양한 정도의 교화 그리고 실제로 훈련에 의해 형성되었다'고 주장한다(Adler, 1989, p.8). 관광객은 가이드 및 눈에 띄는 표지판에 의해서뿐만 아니라, 관광 대상을 지각하고 평가하는 방법에 대한 부재하거나 보이지 않는 문화적인 관례, 규범, 에티켓에 의해서도 동작이 연출된다(Edensor, 2001a, p.71). 신체적인 표현 형식과 자기표현의 양식이 어떻게 '문화적 멤버십'에 특유하고, 그것을 통해 학습되고, 그것에 의해 규정되는지를 강조했던 고프만과 마찬가지로, 공연적 전환은 관광객의 공연이 부분적으로 **미리** 형성되는 사례를 만들어낸다. 공연은 리허설, 다른 공연의 모방, 그리고 자연스러워 보이고 당연한 의례적 행위가 될 그런 정도의 규범과 기대에 대한 조정을 필요로 하기 때문에, 결코 처음인 것이 아니다. 공연은 대부분 습관적이며 비계획적인 것이다. 고프만은 다음과 같이 말한다.

일상생활의 정규적인 공연은 연기자가 자신이 무엇을 할 것이며 이것을 하는 것이 무엇인지에 대해 오로지 그것이 가질 수 있는 효과 때문에 사전에 알고 있다는 의미에서 '행위되거나' '상연되는' 것이 아니다. 그가 발산하고 있다고 느끼는 표현들은 특히 그에게는 '접근할 수 없는' 것일 것이다. (…중략…) 보통의 개인이 자신의 눈과 몸의 움직임을 미리 공식화할 능력이 없는 것이 그가 자신의 행위 레퍼토리에서 각색되고 미리 형성된 방식으로 이들

장치를 통해 그 자신을 표현하지 않을 것이라는 것을 의미하는 것은 아니다. 요컨대, 우리 모두는 우리가 아는 것보다 더 잘 행동한다(Goffman, 1959, pp.79~80; 이것은 스리프트가 2008년에 한 주장의 관점을 앞서 보여준 것이라 할 수 있다).

같은 맥락에서 에덴서는 관광이 일상으로부터의 휴식을 표상한다는 생각에 반대한다. '평범한 것을 초월하기보다, 대부분의 관광 형태는 문화적으로 관례화된 탈출 시도에 의해 만들어진다. 게다가, 규범성에서 벗어나는 개념들로 가득 채워졌음에도 불구하고, 관광객들은 그 개념들과 더불어 매일의 습관과 반응을 가지고 있다. 그들은 자신이 가진 짐의 일부가 된다'(Edensor, 2001a, p.61). 관광객은 절대 단순히 장소로 여행하지 않는다. 그들의 사고방식, 습관적 관행, 사회적 관계가 그들과 함께 반사되지 않게 여행한다(Larsen, 2008b; Haldrup and Larsen, 2010). 문화적으로 관례화된 관광객의 행동양식은 계급, 성별, 민족성 및 성적 특질을 중심으로 다루며, 무엇을 보아야 하고 어떤 행위가 적절한지에 대한 공유된 관습을 생성한다(Edensor, 2001a, p.60).

넷째, 공연은 가르쳐지고 학습되고 규정되는 동안에, 완전히 미리 결정되는 것이 결코 아니다. 고프만(Goffman, 1963, p.42)은 '상호작용하는 사람들에게, 규칙은 따라야 할 것이든 아니면 조심스럽게 피해 갈 것이든 간에 고려해야 할 문제이다'라고 주장한다. 관광객이 지시된 경로와 대본을 수동적으로 따르는 과잉결정 상태의 무대로서 관광을 묘사하는 연구들과는 대조적으로, 공연적 전환은 또한 창조성, 우회로, 생산적인 관행을 발견한다. 뢰프그렌(Löfgren, 1999, p.8)은 우리에게 '표준화된 마케팅은 관광객을 표준화하지 않아야 한다. 대중 관광에서 관광객의 체험을 연출하는 것에 관한 연구들은 흔히 모든 개인적인 여행 체험의 독창성을 줄이거나 간과한다는 것'을 상기시킨다. 관광객은 단순히 쓰여지는 것이 아니라, 그들 스스로의 이야기로 장소를 상연하고 새기며 그들 스스로의 길을 따라갈 수 있다. 공연은 그들의 연출에 의해 단순히 결정되는 것이 결코 아니다(Larsen, 2005). 관광객의 공연은 신체화된 관행이고, 그러므로 '모든 공연들(정말로 모든 수행적 활동)과 마찬가지로, 본질적으로는 하나의 우발적인 과정이다'(Schieffelin, 1998, p.197). 공연의 은유는 완전한 표준화 및 통제라고 하는 관념에 도전하고 인간 활동의 유동성과 유연성뿐만 아니라 공연될 수 있는 가지각색의 역할을 강조한다(Weaver, 2005, p.6). 에덴서(Edensor, 2000, p.341)에서는 '공연으로서의 관광의 개념은, 훈련된 의례적 행위에서부터 부분적으로 즉흥적인 공연 및 한정되지 않은 공간에서의 완전히 즉흥적인 공연에까지, 다양한 역할들이 체험을 통해 선택되고 상연될 수 있다는 것을 시사한다. 따라서, 같은 관광객이 단일한 여행이나 휴가 기간 동안에 여러 가지가 뒤섞인 역할을 연기할 수도 있다'고 말한다. 이는 여행사를 위한 공간에 투쟁과 저항을 허용한다.

다섯째, 관광지는 흔히 상대적으로 고정되고 주어지며 수동적이고 그곳을 돌아다니는 사람들과는 분리된 것으로 가정된다. 공연적 전환은 장소와 현장에 관한 이러한 정적이고 고정된 개념을 불안정하게 만든다. 장소와 공연은 불안정하고 우발적인 상연으로 여겨진다. 에덴서는 다음과 같이 주장한다.

무대의 성격은 그 위에서 상연되는 공연의 종류에 의존적이다. 신중하게 무대가 관리되는 공간조차도 서로 다른 규범에 충실한 관광객의 존재에 의해 변형될 수 있다. 따라서, 무대는 지속적으로 변화하고 확장되고 축소될 수 있다. 대부분의 무대는 분명하게 규정되지 않은, 서로 다른 공연을 위한 현장이다(Edensor, 2001a, p.64).

관광지는 지속적으로 재생산되며 사용되고 공연됨으로써 경쟁한다. 장소는 관광지와 관광의 무대로서, 그리고 그들이 공연될 때만 모습을 드러낸다(Bærenholdt et al., 2004).

여섯째, 공연적 전환은 카메라, 관광버스, 자동차와 같은 사물과 기술이 관광 공연의 **발생**에 얼마나 중요한지를 강조한다. 그들은 신체의 육체적 능력을 그 역량보다 더 넘어설 수 있도록 향상시켜 신체가 **새로운** 일을 하고 **다른** 현실을 감지할 수 있도록 한다. 그리고 크로켓, 바비큐, 태닝, 비치발리볼, 춤, 그리고 기타 수많은 공연을 할 수 있는 잔디구장, 모래사장 및 댄스 플로어와 같은 물질적 표면이 없다면, 관광은 '생명이 없는' 것이 될 것이다(Haldrup and Larsen, 2006, 2010, 4장). 공연을 분석할 때 중요한 것은 '행동유발성'의 개념이다(Gibson, 1986). 특정한 인간 유기체와 그 기술과 관련하여, 서로 다른 표면과 서로 다른 사물은 행동유발성을 제공한다. 이들은 객관적**이면서** 주관적인데, 둘 다 환경과 유기체의 일부이다. 행동유발성은 특정한 세계 내에서 사람들의 운동감각적인 움직임을 통한 상호성에서 비롯된다. 행동유발성은 어떤 가능성에 따라 행동을 제약한다. '물리적 환경 내에 함축된 (…중략…) 다양한 옵션이 존재하고, 이 함축성은 [인간] 유기체의 신체적인 능력 및 한계와 직접적으로 연결된다'(Michael, 1996, p.149). 그러므로, 어떤 과거와 현재의 사회적 관계를 고려하면, 그리고 인간이 감각적이고 유형적이며 기술적으로 확장되고 **움직이는** 존재라는 것을 고려하면, 환경 내의 특정한 '대상'은 가능성과 저항을 제공한다.

일곱째, 공연적 전환은 관광을 외딴섬으로 보지 않고, 관광, 일상, 그리고 가족 구성원과 친구와 같은 중요한 타자들 사이의 관계를 탐구한다. *Performing Tourist Places*(Bærenholdt et al., 2004)는 모래성 정면의 해변에서 삽과 양동이를 들고 자세를 취한 두 가족의 **사적인** 사진으로 시작한다. 모래성을 짓고 사진을 찍는 공동의 공연은 사람들이 타자의 몸과 어떻게 함께 공연하는지 보여준다. 대부분의 관광 공연은 팀 내에서 수행되고, 이러한 사회성은 부분적으로 그들을 즐겁게도 **하고** 귀찮게도 한다. 관광은 (새로운) 장소를 소비하는 방식일 뿐만 아니라 집을 떠나 온 친한 친구 및 가족 구성원과 함께하는, 사교성이 드러나는 정서적 지리이기도 하다(Haldrup and Larsen, 2010, 2장).

마지막으로, 공연적 전환은 인간과 기관이 관광과 공연이 발생하도록 연출하고 상연하는 것에 관한 **문화기술학**을 만듦으로써 관광의 표상적이고 텍스트적인 해석에 이의를 제기한다. 이것은 '몇몇 이미 결정된 관계의 '영향'으로서 특정한 장소의 느낌이나 스타일, 분위기에 대해 쓰거나 읽어내는 것을 거부하고'(Degen et al., 2008, p.1909), 관광객이 공식적으로 새겨진 표지판, 물건, 장소와 조화를 이루지 않고 공연하는 '전략'(De Certeau, 1984)을 조사한다(Edensor, 1998; Cloke and Perkins, 2005).

공연적 전환의 주요 구성요소를 개관하였으므로, 이제는 관광객의 시선 그 자체와 관련하여 공연적 전환에 대해 논의한다. 우리는 감각과 시선 사이의 관련성을 명확히 하는 것으로부터 시작하여, 다음으로 시선 보내기에 대한 신체화된 그리고 다감각적인 접근법을 발전시킨다.

신체화된 시선 보내기|Embodied Gazing

우리는 결정적으로 시각적인 관광 체험의 본질을 이끌어 냈다. 그러나 관광객이 장소를 만나는 유일한 감각이 시각이라고, 그리고 관광객의 시선이 관광에서 발생하는 마주침의 모든 양상을 설명할 수 있다고 주장하려는 의도는 전혀 아니다. 그것은 분명 일방적이고 실제로도 왜곡된 주장이다(Urry, 1992를 보라). 관광객은 다양한 감각을 통해 장소를 만난다. 살다나(Saldanha, 2002, p.9)는 '관광객들은 수영하거나 등산하거나 산책하거나 스키를 타거나 휴식하거나 지루해 하지 마세요. 맛보고 냄새맡고 듣고 춤추고 술에 취하고 성관계를 하려고 다른 장소로 가잖아요?'라고 묻는다. 그렇다. 관광객들을 그렇게 한다. 관광객은 이국적인 음식을 먹고, 새로운 냄새를 맡고, 서로를 만지고, 햇빛에 태닝을 하고, 고동치는 '청각 풍경'에 맞춰 춤을 추고, 친구들과 이야기를 나누며 가끔 술에 취한다. 풍미, 촉감, 냄새와 소리, 그리고 행위와 연기는 또한 차이와 특별한 것을 만들어낼 수 있다(Franklin and Crang, 2001, p.14). 운동감각적인 즐거움은 산을 걷고, 자연 속에서 자전거를 타고, 바다에서 다이빙을 하고, 해변에서 놀고, 알프스 산맥에서 스키로 활강을 하고, 밤새도록 야단법석을 떠는 등, 관광의 어느 곳에나 있다. 그리고 관광객은 고정되어 있지 않고 서로 다른 역할을 번갈아 한다. 뢰프그렌(Löfgren, 1999, p.267)이 보다 일반적으로 말했듯, '휴가에 존재하는 주된 매력은 관광, 쇼핑, 해변에서의 낮잠, 산책, 소설 읽기, 테킬라 선라이즈 왕창 마시기 등 굉장히 다양한 활동 혹은 심적 상태 사이에 선택의 가능성이 존재한 다는 것이다.'

그러나 이전 장에서 카메라, 사진, 광고 및 테마 공간과 관련하여 논의한 것처럼, (관광객의 동기와 반대되는) 수많은 관광객의 건축물, 물건, 기술 및 관행은 시각주의를 중심으로 구조화된다. 시각적 감각은 유일 한 감각은 아니지만 조직하는 감각이다. 시각은 장소, 역할, 다른 감각 의 영향을 조직한다. 시각적 감각작용의 예외성은 이것을 다른 틀 속에 배치한다(Rodaway, 1994). 시각의 특수성은 해변의 야자나무, 멋진 레 스토랑, 테마 휴양지, 전망이 있는 침실, 열대 조류의 광경, 이국적인 식 물의 색채 등등, 모든 종류의 관행과 공연에 어떤 특별하거나 고유한 특 성을 부여하는 데에 결정적이다. 쇼핑, 산책, 음료 섭취, 수영, 강에서 급류타기 등과 같은 가장 일상적인 활동은 눈에 띄거나 유별난 시각적 배경막을 뒤에 두고 하게 되면 특별하게 보이고 '관광객의' 것이 된다. 벨과 리올(Bell and Lyall, 2002, p.27)이 모험 관광에 관해 말했듯이, '노 를 젓고, 뛰어 들고, 가로질러 가는 운동감각적인 체험으로서의 자연 관 광은 여전히 눈부시게 아름다운 풍경에 의존하고 있다.'

많은 관광지가 시각주의의 논리에 따라 설계되고, 그 과정에서 다 른 감각들을 억제하거나 통제하며, 시각적 감각이 보통 관광객의 체험 내에서 조직하는 감각이기는 하지만, 우리는 이제 사람과 장소가 만날 때의 감각의 복합한 교차를 인정하는 **관계적** 접근법을 제안한다. 우리는 관광에 관한 감각적 분석을 주장하며, 일반적으로 지배적인 시각주의와 다양한 종류의 움직임을 포함하는 다른 감각 사이의 관계를 살펴본다. 시선을 보내는 것은 '움직이고 다감각적인 신체와 관련하여 조사될 필요가 있는데, 왜냐하면 이것은 우리에게 감각하는, 즉, 보고, 만지고, 냄새 맡고, 듣고, 맛보는 신체를 살펴보는 범위를 제공하고, 그리고 이 모든 감각들이 어떻게 살아 있는 몸이 움직이는 방식에 의해 통합되는지를 살펴보는 범위를 제공하기 때문이다'(Lund, 2006, p.41).

거의 모든 상황에서, 서로 다른 감각들은 서로 연결되어 시공간에 걸쳐 분산된 사람과 사물의 감각된 환경을 만들어낸다. 특히 영화 〈부에나 비스타 소셜 클럽Buena Vista Social Club〉 이후의 쿠바 관광 그리고 인도 고아 지역의 고함지르는 광란의 파티에서처럼, 풍경(그리고 시각적인 도시 풍경)뿐만 아니라 관련된 청각 풍경 또한 존재하며(Saldanha, 2002를 보라), 특정한 숲속을 걸으면서(Macnaghten and Urry, 2000a를 보라) 혹은 제3세계의 이질적인 관광지들에서(Edensor, 1998; Dann and Jacobsen, 2003을 보라) 체험되는 것으로서의 '후각 풍경'도 있고, 특히 18세기 후반 레스토랑의 발명 이후의(Spang, 2000을 보라) 소위 음식 관광(Boniface, 2003; Everett, 2008을 보라)인 '미각 풍경'도 있으며, 등반가의 손으로 느끼고(Lewis, 2000을 보라), 등산객의 발로 느끼며(Lund, 2006), '하얀' 피부를 갈색으로 만들고(Ahmed, 2000), 모래성을 지으면서(Pons, 2009) 느끼는 촉각의 지리도 있다. 룬드Lund가 스코틀랜드의 언덕을 걷는 것에 관한 그녀의 연구에서 말했듯이, '시각과 등산객의 시선은 움직이면서 땅에 닿는 신체를 시험하는 것과 분리될 수 없다'(Lund, 2006, p.40).

신체는 '타자'의 직접적인 감각과 다양한 감각 풍경 사이에서 자기 자신을 공연한다(Rodaway, 1994). 신체는 그들이 몸소 움직이면서 그것을 통해 외부 세계를 직접적으로 감각하는 것(혹은 피부가 갈색이 되기를 누워서 타성적으로 기다리는 것)과, 사회적인 취향과 특색, 이념과 의미를 나타내는 광범위하게 매개되는 감각 풍경 사이를 앞뒤로 왔다 갔다 하면서 길을 찾는다. 이렇게 감각되고 감각하는 신체는 다양한 공연성과 관계된다. 신체는 고정되지 않고 주어지지 않지만, 특히 움직임, 자연, 맛, 욕망의 개념을 신체 안팎으로 포개는 공연을 수반한다. 따라서 담론과 언어가 매개하는 신체적 감각작용과 사회문화적 '감각 풍경' 사이에는 복잡한 연결이 존재한다(신체화된 여가 풍경에 대해서는 Crouch, 2000, 그리고 Macnaghten and Urry, 2000b을 보라). 이것은 초기 방문객들이 새로운 과일을 맛보고, 꽃의 향기를 맡고, 태양의 열기를 느끼고, 열대우림의 습기를 머금은 푸른 잎 속에 자신의 몸을 담그고, 이뿐만 아니라 놀랍고 새로운 광경을 볼 수 있었던 카리브해 지역과 같은 열대 지역 대부분의 여행 사례에서 볼 수 있다(Sheller, 2003).

또한 신체의 감각작용과 감각과 다양한 기술 사이에도 복잡한 연결이 존재한다(Ingold and Kurttila, 2000; Michael, 2000; Sheller and Urry, 2004). 마이클(Michael, 2000)은 여유로운 시골 산책과 시선 보내기를 제공하는 워킹화 '대리점'을 등장시켰다. 워킹화는 더 쾌적한 보행을 제공하며 그리고 맨발이나 일반 신발을 신고 돌아다니는 것이 불가능하지는 않지만 고통을 줄 수 있는 어떤 표면들을 걸을 수 있게 만들어준다. 다양한 기술은 신체의 능력을 증가시키고 그렇게 함으로써 자연이 그 외의 '순수한' 몸을 허용하는 행동유발성을 확대시킨다. 만져 보아서는 알기 어렵게 설계되었어도, 때때로 그것들은 고통스럽고 그렇기 때문에 분명히 실재한다. 관광버스를 타 보라. 이동하는 동안 눈은 자극되고 몸은 좌석의 '편안함'에 긴장이 풀린다. 그러나 적절한 혈액 순환을 방해하는 비좁고 움직일 수 없는 관찰 위치 때문에, 버스 의자는 잠재적으로 '골칫거리'이다. 워킹화가 아프면 경외심을 불러일으키는 자연을 체험하기 어려운 것처럼, 다리나 허리가 아프면 버스의 '영화 같은 쇼'는 망치게 된다. 장소와 날씨는 신체화되지 않는 방식으로 체험되는 반면, 버스에 있는 체험은 신체화된다. 좋아하든 그렇지 않든, 사람들은 오래도록 고통받는 자신의 몸을 어쩔 수 없이 버스에 싣는다.

게다가, 가끔은 시각적 감각이나 시각주의 사이에는 충돌이 있는데, 이들은 특정 장소에 관한 조직하는 감각일 수 있고, 관광객이 그 특정 장소를 공연하는 구체적인 방식일 수도 있다. 관광객은 장소에 저항할 수 있고, 표지판이 말하는 것과는 반대로 걸을 수 있고, 시각적인 아름다움이 있는 장소에 가서 소란을 피우거나 온갖 종류의 시위를 벌일 수도 있다. 한 가지 사례는 스톤헨지이다. 그 '고고학적인' 돌에 대한 신속한 시각 박물관 같은 참여를 특별히 허가하는 것은 바로 '보존 정신'을 통해 연출되고 표상되는 것이다. 그러나 일부 관광객은 그 돌과 그것의 '분위기'에 물리적, 정신적으로 연결하기 위해 그것들을 만지고 더긴 방문에 착수한다(Letcher et al., 2009). 관광객의 시선과 관련된 담론, 대본, 계획의 체계는 저항의 방식을 만들어낸다(아래에서 논의할 것이다). 우리는 관광객의 시선에 다양성이 존재한다고 주장하며, 이러한 다양성에 접근하는 한 방법은 시선의 공연과 관련되는 미각 풍경, 후각 풍경, 청각 풍경, 촉각 풍경을 조사하는 것이다.

데겐 외(Degen et al., 2008)는 영국의 밀턴 케인즈의 쇼핑몰과 같은

'설계된 도시 환경'이 시각적으로 소비되는 방식을 다룬 문화기술학적 논의에서 흥미롭게도 시각에 대한 다감각적이고 공연적인 접근법을 발전시켰다. 그들의 접근법은 세 가지 구성요소를 포함한다.

첫째는 체험이 **공연적인** 것으로서 이론화된다는 것이다. 즉, 시각적 체험은 구체적인 시간과 장소에서, 객체에 대해 그리고 관련된 주체에 대한 구성적인 중요성을 가지는 특정한 관행을 통해 생성된다. (…중략…) 둘째, 그러한 체험은 **관계적**이다. 관객과 대상 사이의 상호작용은 대상의 특성을 만들어내고 그 반대도 마찬가지이다. 셋째, 시각성은 언제나 **복합적**이다. 즉, 시각적 체험은 그리고 설계된 도시 환경의 경우에서는 형태, 경로, 부피와 같은 특정한 공간성에 따라서, 거의 항상 청각적, 촉각적, 구술적 체험을 동반한다(Degen et al., 2008, p.1909, 강조는 필자).

데겐 외(Degen et al., 2008)는 쇼핑센터 내에서 '시선을 보내는' 독특한 방식에 관한 문화기술학적 소품문을 통해 시각적 체험의 '공연적이고', '관계적이며', '복합적인' 본질을 밝혀냈다. 여기에는 '능숙하고 조심스러운 움직임', '쇼핑의 눈길', 그리고 '부모의 눈길'이 포함된다. 모든 것이 시각 외의 다른 감각적 개입과 사람과 대상 사이의 복잡한 상호주관적인 관계를 수반한다.

따라서 '능숙하고 조심스러운 움직임'은 걷기와 시선 보내기 사이의 교차점을 강조한다. 이는 사람들로 하여금 '쇼핑몰 사이로 능숙하고 조심스럽게 움직이며 길을 찾아갈 수 있도록 한다. 이것은 대상의 주위를 돌아다니는 데 사용되는 폭넓은 측량적 시선이며, 대상을 인식하기는 하지만 그것에 깊이 개입하지는 않는다'(Degen et al., 2008, p.1919). 접촉, 냄새, 비이동성은 '쇼핑의 눈길'에 중심축이 된다. '쇼핑할 때, 모두의 시각은 더 집중되고 원하는 제품을 적극적으로 찾는다. 제품을 찾아볼 때, 우리는 서로 다른 물질을 만진다. 우리는 우리가 가게를 돌아다닐 수 있도록 돕는 "더 얇고" 집중되지 않은 시선에서, 특히 한 벌의 옷이나 향수가 독특한 질감을 가지고 있는 경우에 만져 보고 냄새 맡는 것을 포함하는 "더 두텁고" 집중된 시선으로 흔들린다'(Degen et al., 2008, p.1919). '부모의 눈길'은 **관계적**이고 공동체적인 시선 보내기의 본질을 강조한다. 대부분의 사람들은 중요한 타자와 함께 시선을 보내는 일을 수행하고, 자신의 '팀'의 사회적 구성은 다른 사람보다 더 많이 볼 수 있는 몇몇 방법을 제공한다. 특히, 아이들은 그 부모의 눈길에 영향을 미친다.

누군가 아이들을 돌보는 사람으로서 쇼핑몰에 있을 때, 눈과 몸은 아이들의 몸과 움직임에 반응하여 맞춰진다. 아이들의 몸을 따라가고 쇼핑몰의 지리가 (때로는 위험하고 다른 때는 재미 있는) 놀이터로 변함에 따라서 쇼핑몰과 그 감각적 자극(창문, 음악, 가로의 시설물)은 배경으로 떨어진다. (…중략…) 두 명의 움직이는 아이들과 함께 있는 것을 즐기면서, 나의 눈과 귀와 손은 아이들에게 맞춰졌고 아이들에게 집중되었지만 주위의 더 넓은 공간에는 그렇게 많이 집중되지 않았다. 아이들이 어디에 있었고, 무엇을 말하고, 무엇을 하고 있었나. 이것은 물론 수많은 물질적 대상과, 또한 다른 사람과 관련되어 있다. 때로는 아이들의 눈을 통해 대부분 보고 감각하는 것이 가능하다. 우리는 우리의 지각을 아이들의 지각에 맞추고, 공공 조형

물이 등반을 위한 뼈대가 되고 분수의 가장자리가 육상 트랙이 된다는 것을 알게 되면서 어떤 장소의 행동유발성을 새롭게 이해한다(Degen et al., 2008, p.1911).

이러한 시각의 재구성은 관광객의 시선에 중요한 함의를 가진다. 이 책을 통해서 우리는 시선 보내기의 서로 다른 방식을 강조했고, 같은 시야가 관광객의 습관과 성향에 따라 서로 다른 방식으로 소비될 수 있다. '공연된' 관광객의 시선에는 다른 감각 풍경이 포함된다. 시선을 보내는 일는 복합적이다. 사람들은 결코 육체에서 분리된 움직이는 눈이 아니다. 박물관의 어떤 특정한 광경이나 대상을 바라보는 것은 사람들의 신체적인 안녕에 달려 있다. 만약 방문객이 숙취에 시달리고 있거나 배가 고프거나 목이 마르거나 설사에 시달리고 있거나 혹은 신발이 근질거리거나 햇빛이 너무 뜨겁거나 냉방이 너무 차갑게 되어 있으면, 그들은 감동을 받지 못할 지도 모른다. 비슷하게, 인상적인 광경이 부적절한 냄새나 소음으로 인해 부인될 수도 있다. 관광 여행은 명소와 구경을 중심으로 진행되지만, 여행 가이드는 지나가는 경치와 구경거리에 '사운드 트랙'을 제공한다. 대부분의 관광은 몇몇 방식의 듣기를 포함하고 때로는 오디오 기술도 포함한다(〈사진 8-1〉을 보라).

게다가, 시선을 보내는 이들은 종종 만지고, 쓰다듬고, 걷거나 등반하고, 심지어 그들이 관심을 두는 동물, 식물, 폐허, 건물 및 예술품을 수집하고자 하는 불타는 욕망을 가지고 있다. 대부분의 박물관은 시선을 보내는 사람과 시선을 받는 대상 사이에 그러한 물리적인 근접을 허용하거나 허락하지 않지만, 다른 대부분의 장소에서 시선을 보내는 것은 보는 것과 만지는 것으로 구성된다. 마지막으로 관광객은 장소와 사물에 그저 시선을 향하기만 하는 것이 결코 아니다. 그들은 알려진 그리고 / 또는 알려지지 않은 다른 사람들과 함께 그것들에 시선을 보낸다. 그리고 우리가 함께 바라보는 사람은 시선의 대상만큼이나 체험의 질적 측면에서 중요하다. 다음 절에서 우리는 시선 보내기의 다면적인 사회적 관계들에 대해서, 그리고 이들이 한편으로는 시선을 보내는 사람들 사이의 관계와, 다른 한편으로는 호스트와 게스트 사이의 관계와 어떻게 관련되는지 논의한다.

〈사진 8-1〉 관광과 청각 풍경

시선 보내기의 사회적 관계 Social Relations of Gazing

'부모의 눈길'은 아이들이 그 부모의 리듬과 시선에 영향을 미치는 방식을 명시한다. 부모의 시선은 아이들에게서 떠나지 않고 대체로 머물러 있으며, 지속적이고 관조적인 시선 보내기를 위한 시간은 거의 없이, 아이들의 눈을 통해 명소를 부분적으로 보게 된다. 그러나, 때때로 아이들은 부모의 발걸음을 따르고 '어른의' 것들을 보도록 강요받는다. 우리의 주장은 시선을 보내는 것이 '팀원들' 사이의 미묘한 신체적이고 언어적인 협상과 상호작용을 포함하는 **관계적** 관행이라는 것이다. 대부분의 관광객은 혼자 지내는 **플라뇌르**로서가 아니라 동료, 친구, 가족 구성원 및 파트너로 구성된 '팀'에서 세상을 체험한다. 시선을 보내는 것은 거의 항상 중요한 타자를 포함한다. 시선을 보내는 것은 개인의 시선이 다른 사람의 존재와 시선에 의해 중개되고 영향 받는 상호작용적이고 공동체적인 게임이다. 이러한 시선 보내기의 사회적 관계는 가능하게 **하고** 제약한다. 크라우치(Crouch, 2005, p.29)가 더 일반적으로 말했듯이, '우리 자신의 존재에 의해서 우리는 다른 사람들, 그들의 공간, 그 공간에 관한 그들의 관행에 영향을 미치고, 그 반대의 경우는 종종 부정적인 것으로, 갈등의 원인으로 간주되지만, 그러한 입장은 긍정적인 잠재력을 간과하는 일이다.'

애정이 넘치는 파트너와 함께 여행하면 '낭만적인 파리'에 쉽게 반하게 된다. 그러나 '낭만적인 파리'가 혼자서 여행하는 사람에게는 외로움이나 잃어버린 사랑을 느끼게 하면서, 뿐만 아니라 갈등을 겪는 커플에게는 이 장소조차도 서로에 대한 감정을 회복시켜 줄 수는 없다는 것을 깨닫게 하면서 조롱할 수 있다. 아마도 그들은 다음에 다른 누군가 와 함께 '낭만적인 파리'를 바라보는 꿈을 비밀스럽게 꾸는지도 모른다. 어떤 장소에 대한 관광객의 정서적이고 감정적인 체험은 장소 그 자체 만큼이나 함께 여행하는 사회적 관계의 질에 의존적이다.

다른 관광객들 또한 관광객의 시선에 영향을 미치고 관광객의 시선 을 훈련한다. 관광객은 동료 관광객에게 시선을 보내는 데에 많은 시간 을 들인다. 뢰프그렌(Löfgren, 2008)은 좀 더 일반적으로 말한다.

관광객은 줄을 서거나 카페 안 혹은 수영장 옆에 앉아서 다른 관광객과 동료 여행자를 관찰할 수 있는 충분한 시간을 가진다. 이러한 상황은 우리를 다른 관광객의 행동을 지속적으로 관찰하고 판단하는 아마추어 사회학자가 되게 할 수 있지만, 또한 당신 주변의 낯선 사람들의 삶에 대해 공상하고 환 상을 가질 수 있는 풍부한 기회를 만들어 낸다. 저기 있는 커플, 수영장 옆에 있는 가족, 광장을 지나가는 단체 일본인 관광객은 어떤가? 우리는 우리 자 신의 상황을 다른 사람의 상황과 비교하면서 비밀스러운 삶을 발명한다 (Löfgren, 2008, p.94).

그리고 우리는 관광객들이 '비판적 사회학자'로 변하여 다른 관광객 들에 대해 그들의 피상적이거나 속물적이거나 지루한 행동들을 불평하 고 조롱한다고 말할 수도 있다. 이러한 지위 게임 및 취향 게임은 모든 사람을 사로잡는다. 관광객은 그들을 함께 있는 다른 사람들과 분리함 으로써 동질감을 표시한다. 디오니소스적인 관광객은 재미를 놓쳤다면 서 문화 관광객을 조롱하고, 반면에 후자는 '일광욕을 하는 게으른 사

람'을 문화 자본이 부족하다고 경멸한다. 그들은 서로를 피하려고 노력하지만, 호텔, 공항, 명소, 해변에서 가까이 어울리면서 다른 사람을 위한 체험을 망칠 수도 있다(Edensor, 1998).

패키지여행과 가이드가 동반하는 여행에서 '집단적 시선을 보내는 사람'은 공동참가자들이 준수해야 하는 규율적 시선의 지배를 받는다. **타자들**은 가능한 공연을 제한하고 관광객이 되는 '적절한' 방식에 대한 관습을 보여준다. 이 집단적 시선의 사회적 관계 네트워크의 또 다른 주요 중개인은 관광 명소에서 시선을 지도하고 틀 지어주는 가이드와 여행 담당자이다. 그들은 사진 촬영의 기회를 제안하고, 작성된 대본으로 해설을 제공하고, 미리 정해진 경로를 따라 이동을 연출하고, 표준대로 하는 행동을 정의한다(Edensor, 1998; Cheong and Miller, 2000). 부분적으로, 이러한 엄격한 안내는 고립된 지역의 관광지를, 고프만의 '전체 제도'와 비슷하게 만드는데, 이 전체 제도는 한 무리의 사람들이 '상당한 기간 동안 더 넓은 사회에서 단절되어 폐쇄되고 공식적으로 관리되는 삶의 과정을 함께 이끌어가는' 곳이다(Ritzer and Liska, 1997, p.106에서 인용). 근대 관광의 '전체 제도' 또는 '고립된 지역 공간'은 '팀 공연'으로 대표되는데, 이는 '가이드와 여행 관리자가 연출자이자 감독으로서 역할을 하는 고도로 지시에 따르는 작업이며, 공연은 반복적이고 움직임은 특정적이며 시간에 매우 제약된다. 진부한 전례에 따라 **무리지어** 촬영하고 시선을 보내고 움직임으로써 극 중 그들 자신의 배역을 그곳에서 실연하는 것 외에도, 단체 관광객은 공연 때마다 같은 대본을 상연하는 주요한 배우인 가이드의 독백을 또한 받아들인다'(Edensor, 1998, p.65).

라슨(Larsen, 2004a)은, 덴마크의 코펜하겐 및 로스킬레와 그 주변에서 열리는 '바이킹 랜드 투어'의 사례를 통해서, 관광 여행에서 가이드가 집단적 시선을 어떻게 사회적, 물질적으로 조직화하는지 문화기술학적으로 탐구하였다. 버스가 코펜하겐에서 나오는 가장 빠른 길을 타는 동안에, 가이드는 배경지식을 제공한다.

'바이킹 랜드 투어'입니다! 이것은 끔찍한 여행이에요. 무시무시한 여행입니다. 돌무덤과 묘지 등을 빼고는 아무 것도 볼 수 없을 겁니다. 하지만 걱정 마세요. 결국 여러분은 그것을 좋아하게 될 거예요. (…중략…) 저희는 여러분을 아름다운 덴마크 시골로 데려가서 그 주변을 둘러보게 해 드릴 겁니다. 그 다음 그 유명한 바이킹 선박 박물관으로 이동합니다. 여러분들은 거기서 바이킹 전문가가 될 겁니다. 5000년이나 된 어둑어둑하고 오래된 통로 무덤으로 가는 길에 우리는 다시 시골을 지나 그림 같은 풍경을 구경할 수 있도록 횡단 여행을 시켜드릴 것입니다. (…중략…) 오래되고 멋진 여관에서 전형적인 덴마크식 뷔페를 이용하기 전에 우리는 굉장히 멋진 로스킬레 대성당을 방문합니다(Larsen, 2004a, pp.148~149)

숭고, 아름다움, 진정성의 담론은 여행과 그 풍경과 명소에 관한 틀을 만들어낸다. 20분이 지나면, 가이드가 '이제 우리는 잠시 고속도로에 있을 것입니다. 오늘 하루 남은 시간 동안은 경치 좋은 작은 길을 따라서 드라이브를 할 것이고요'라고 방송으로 안내한다. 그리고 나서, 안도감을 주는 목소리로, 가이드는 우리가 이제 목적지에 도착했다고 알려준다. 첫 번째 마을로 운전해 가면서, 버스는 속도를 낮추고 가이드의 설명하는 목소리는 높아진다.

이제 우리는 셍겔레스 마을에 있습니다. 왼쪽을 보세요! 오래된 집을 보세요. 마을 연못도 있습니다. 슈퍼마켓은 잊으세요. 이제 앞쪽을 봐주세요! 다시 전형적인 시골 교회입니다. 거의 800년이나 되었어요. 오른쪽도 보세요! 마을 사람들이 집에 새 지붕을 얹고 있네요. 오른쪽에 저기도 보세요! 저것이 전통적인 방식입니다. 오래된 공예 기술이에요. 이제 왼쪽을 보세요. 깔끔한 교회마당입니다. 각각의 무덤은 작은 정원과 같습니다. 잘 관리되고 보살핌을 받습니다(Larsen, 2004a, p.149).

언어 표현과 몸짓으로, 가이드는 정중하게(부탁합니다!) 그러나 단호하게 마을에서 무엇을 보고 어떻게 그것을 보고 무엇을 보지 않을지에 대한 소비를 연출한다. 모든 사람이 그의 조직화를 따른다. 상체와 머리는 하나의 사회적 신체로서 좌우로 움직인다. 개별적으로 앉아 있는 30~40명의 시각이 하나의 '집단적 시선'으로 동기화되고 연출된다.

여행 내내, 특히 가이드가 알려줄 때에는 참가자들이 적극적으로 바라보는데, 즉 집중되고 고정된 시선 보내기로 창밖을 쳐다본다. 사진 촬영 경쟁이 치열하거나 촬영 기회가 눈앞에 닥치면 버스는 속도를 낮추어 사람들이 초점을 맞추고 흔들리지 않은 이미지를 만들 수 있는 시간을 제공한다. 사진 촬영은 안내의 강도에 거의 비례하여 증가한다. 사람들로 하여금 한쪽이나 다른 쪽을 보도록 알려줄 때, 그 반응은 대개 한번 보고 나서 '찰칵'하고 사진을 찍는 것이다. 책을 읽고 음악을 듣는 것과 같은 전형적인 '심심파적하는' 여행 활동은 거의 일어나지 않으며 심지어 여행 수다도 드물다. 버스에 탄 사람들은 이야기를 전해주는 가이드와 천천히 지나가는 멋진 풍경에 마음을 사로잡힌 것처럼 보인다.

집단적 시선을 통해 소비되는 동안, 가이드는 그 마을을 '낭만적 시선'의 대상으로 대본을 작성한다. 사람들은 '오래된 집', '전형적인 교회 마을', '오래된 공예 기술', '깔끔한 교회마당'을 보도록 안내 받는다. 장소와 사물은 '전형적이고', '덴마트식이며', '아주 오래된' 것으로서 대본이 쓰여지는데, 이들은 '관광의 수사법이 관광객과 그들이 보는 관계의 진정성의 중요성에 관한 표명으로 어떻게 가득 차 있는지'를 반영한다(MacCannell, 1999, p.14). 가이드는 가끔 '포스트투어리스트의' 방식으로 공연하기도 한다. 농담으로, 사람들은 가이드가 그들을 이끌 것이니까 어둑어둑한 무덤에 들어가는 것에 대해 걱정하지 말라고, 방문객들은 '슈퍼마켓을 잊어야' 한다는 당부를 듣는다.

가이드는 지나가는 풍경에 거의 끝없는 '사운드트랙'을 제공한다. 그것은 적어도 버스 안에 있는 동안에는 빠져나갈 수 없는 (대부분) 일방향의 의사소통이다. 가이드가 무엇을 보고 그것을 어떻게 이해하고 가치를 평가할지에 대해서 끊임없이 알려주기 때문에, 사람들은 자신의 해석을 이끌어 낼 수 있게 되는 일이 거의 없다. 버스 밖에서도 그들은 '너그러운 통제'의 지배를 받는다. 그들은 개인적인 탐험에 대비하여 암시적으로 조언을 듣고 가이드의 발걸음을 따르도록 명시적으로 요청받는다. 그리고 한 팀으로 여행하면서 그들은 공동참가자에 의해 '감시' 받는다. 따라서, 이 여행의 리듬과 안무 연출은 동시적인 자율성, 공동체성, 사회적 통제라는 특정한 사회성으로 특성화된다.

시선을 보내는 사람의 무리와 가이드 및 시선을 보내는 사람 사이의 몇몇 관계에 대해 논의하고서, 이제 우리는 시선을 **보내는 사람**과 시선을 **받는 사람**, 혹은 게스트와 호스트 사이의 관련성으로 넘어간다. 이전 글에서 우리는 호스트가 관광 공연과 무대를 구성하는 장소의 무용극에도 기여한다고 주장했지만, 후자보다는 전자를 강조했다(Bære-nholdt et al., 2004; Sheller and Urry, 2004를 보라). 이것은 보통 무력한 호스트로부터의 저항을 거의 받지 않고 시선을 **보내는 사람**과 시선을 **받는 사람**을 강력하게 구성하고 소비하는 비대칭적 권력 관계로 기술된다. 관광객 사이의 저항과 창조성을 분석해야 한다고 주장하는 공연적 전환과 비슷하게, 이제 우리는 시선을 받는 사람이 어떻게 완전히 수동적이지도 않고 무력하지도 않은지를 드러내는 몇몇 연구문헌에 대해 논의한다. 퀸(Quinn, 2007, p.461)은 '현지인은 관광객이라는 존재와 마주치고, 협상하고, 단속하고, 경쟁하는 복잡한 방식에 연루되어 있다. 이는 관광객의 역할을 이해하는 것만큼이나 중요하다'고 주장한다.

마오즈(Maoz, 2006)의 '상호적 시선'이라는 개념은 관광객과 면대면으로 상호작용할 때의 호스트의 저항과 권력을 드러낸다. 이 개념은 '호스트'의 능동적이고 조작적이며 저항적인 공연에 거의 관심을 기울이지 않으면서 관광 산업과 관광객 사이의 관계를 주로 검토한 관광객의 시선에 관한 초기적인 공식화와 관련하여 명시적으로 개발된 것이다. 사실, 관광객이 장소에 대해 많은 권력을 행사하고 현지인은 철창속에 갇혀 가차 없이 시선을 받고 사진 찍히면서 '미친 사람'이 된다는 것이 강조되었었다(Urry, 1992). '대조적으로', 마오즈(Maoz, 2006, p.222)는 '현지인의 시선은 관광객과 현지인의 시선 둘 모두가 공존하는, 그리고 서로에게 영향을 미치고 즐거움을 주며, "상호적 시선"으로 일컬어지는 것을 야기하는, 더 복잡한 양면적인 그림에 기반해 있다'고 말한다. 마오즈에 따르면, **모든 사람**은 관광의 공간 내에서 서로에게 시선을 보낸다. 현지인은 관광객의 시선을 돌려주고, 결과적으로 관광객 또한 철창 속에 갇힌 미친 사람으로 변할 수 있다. 그러나 '대부분의 관광객은 이 시선을 거의 인식하지 못하는데, 주로 그들이 오만하게 그 존재를 무시하기 때문이다. 관광객은 그들이 관찰되고 있다고 거의 느끼지 못하고, 따라서 완전히 자유롭고 방임하는 환경으로 인식하는 것 내에서 행동한다'(Maoz, 2006, p.229).

그러므로 마오즈는 권력이 어디에나 있고 유동적인, 호스트와 게스트 사이의 더 복잡하고 상호적인 권력 관계, 즉 위치가 정해진 공연적인 상호작용을 고려한 결론을 제안하는 것이다(Ateljevic and Doorne, 2005도 보라). 푸코의 권력 / 저항의 이중성의 선상에서, '상호적 시선은 양쪽 모두를 줄에 매달린 꼭두각시처럼 보이게 하는데, 왜냐하면 이것이 그들의 행동을 규제하기 때문이다. 이것은 상호적 회피, 동떨어짐, 그리고 부정적인 태도와 행동을 야기한다. 두 그룹이 동시적으로 권력을 체험하고 행사하기 때문에, 규정된 "지배자"와 "피지배자"가 존재하지 않는다'(Maoz, 2006, p.225).

이스라엘에서 온 배낭여행자와 인도의 현지인 사이의 상호작용에 관한 문화기술학적 연구에 기반하여, 마오즈(Maoz, 2006, p.235)는 현지인들이 주로 '잘못 교육을 받았고 쉽게 속일 수 있는, 천박하고 쾌락주의적이며 무례한 사람들'로 간주하는 관광객에 대한 세 가지 반응 방식을 개괄한다. 하나의 방식은 현지인들이 항상 그리고 무조건적으로 관광객의 요구에 부응하는 '무력한' 존재가 되고, 관광객의 '욕망'을 만족시키는 것을 따라 그들의 생활양식과 사업을 변화시키는 '협력'이다.

일부는 관광객의 시선을 그들 자신의 것이 될 정도로 내면화한다. 그러나 그녀는 또한 두 가지 형태의 저항을 확인한다. 현지인들이 관광객을 비웃고 험담할 뿐만 아니라 방문객을 쉽게 유혹할 수 있는 상품, 서비스, 영성靈性 등의 '연출된 진정성'을 이용해 먹는 절제된 형태의 '감춰진 저항'이 있다. 진정성을 추구하는 사람들은 현지인의 시선을 인식하지 못하고 연출을 눈치 챌 개연성이 낮다. 마지막으로, 현지인들이 언어적 대결, 예의바른 행동에 관한 서면 지시, 무례한 고객에 대한 나쁜 서비스, 그리고 '이스라엘인 사절'이라고 적힌 표시로 관광객을 금지하는 일 등을 통해 무지하거나 몹시 불쾌한 관광객의 행동을 되받아 치는 '공개된 저항'이 있다(Maoz, 2006, p.231). 마오즈는 상호적 시선이 관광객의 시선의 개념과 **상호보완적**인데, 이 관광객의 시선은 언제나 게스트와 게스트 사이, 관광객과 '중개인' 사이, 그리고 관광객들 사이에 교차하고 반응하는 수많은 시선들로 이루어진 '상호적 시선'이라는 것을 인식함으로써, 이것이 더 복잡하고 공연적이며 상호작용적으로 만들어질 수 있다고 주장한다.

시선과 장소Gazes and Places

공연적 전환은 관광객이 관광지의 공동제작자가 되는 방법, 그리고 관광객이 서로 다른 여러 스타일, 감각, 관행을 통해 주어진 장소를 체험할 수 있는 방법을 제시한다. 우리는 시선을 보내는 것이 순환하는 표상과 건축적인 테마 연출을 통해 고도로 중개되고 **미리** 형성되는 것이라고 제안해 왔지만, 시선은 결코 미리 결정되지 않으며 완전히 예측 가능한 것이 아니라는 것 또한 지적되었다. 1장에서 우리는 서로 다른 담론과 관행을 통해 정당화된 몇 가지 구별된 시선 보내기의 방식을 열거하였는데, 어느 관광 명소이든 대부분이 특정한 역사적 담론이나 논리에 따라 설계되고 규제되었음에도 불구하고 서로 다른 방식으로 시각적으로 소비될 수 있다는 것을 어느 정도 예를 들어 보이기 위해 그렇게 한 것이다. 어떤 광경에 대한 서로 다른 '시선'의 존재는 갈등을 유발하고, 그 광경을 **다른** 관광객들에게 시달리는 경쟁의 공간으로 바꾼다. 에덴서(Edensor, 1998, 4장)는 타지마할의 서양인 관광객이 어떻게 인도인을 '더러운 관광객'으로 여기는지 보여주었고, 그 반면에 배낭여행자들은 안내를 받는 관광객이 이 상징적인 광경과의 오래 계속되고 낭만적인 시각적 만남을 망친다며 불평할 수 있다는 것을 보여주었다.

문화유산과 쇼핑몰의 방문객은 그런 장소들에 단순히 속아 넘어가지 않으며 구경하는 관광객들은 안내된 내러티브와 여행의 수동적인 소비자가 아니다. 관광객은 문화적인 멍청이가 아니다. 공연적 전환에 이어, 우리는 생산(연출)과 소비(연기) 사이의 구분을 흐릿하게 하고 대신에 그것들을 복잡한 방식으로 상호 연관되고 중첩되는 것으로 바라보는 공연적 모델의 회로가 필요하다. '신체는 끊임없는 다시 만들기의 계속적인 과정에서 공간에 기록될 뿐만 아니라, 자신의 의미와 느낌을 공간에 기록한다'(Edensor, 2001a, p.100). '소비' 행위는 현재에 부호화된 것의 해호화, 재해석, 재구성, 재실행이며 동시에 생산의 하나이다(Du Gay et al., 1997). 게다가, 관광객은 과거의 텍스트를 해독할 뿐만 아니라, 여타의 관광객, 가이드, 담론, 건축물 및 대상과의 지속적인 상호작용과 공연을 통해 새로운 텍스트를 만드는 데에 관여한다.

휴이슨의 *The Heritage Industry*(1987)에 대한 논쟁의 핵심적인 부분은 강제된 '문화유산화'에 대한 다양한 이해, 반응, 저항을 보여주는 것이었다(6장을 보라). 크로니스(Chronis, 2005)는 미국 남북 전쟁의 게티즈버그 이야기 풍경을 함께 구성하는 것에 대한 설명에서 다음과 같이 결론을 내린다.

남북 전쟁의 내러티브는 그 의미를 사회에 소개하는 한 개인 제작자의 결과가 아니다. 게티즈버그 이야기 풍경은 관광 공간에서의 공연을 통해 남북 전쟁의 전투가 의미 있는 이야기가 되는 상호작용적인 과정을 실제로 보여준다. 과거의 사건으로서, 게티즈버그 전투는 하나의 역사적 사실이다. 그러나 문화적 산물로서, 게티즈버그는 판매자에 의해 연출되고 다양한 이질적인 형태로 제시되는 하나의 유동적인 내러티브 텍스트이다. 결과로 만들어진 내러티브는 관광객들에 의해 이의제기가 이루어지고 협상의 대상이 된다. 이야기의 공연이 진행되는 동안, 관광객은 그 텍스트의 수동적인 독자가 아니다. 오히려 그들은 그들의 이전 배경지식을 이용하고, 협상하고, 공백을 메우고, 상상함으로써 능동적으로 참여한다. 따라서 서비스 제공자는 역사를 단순히 가르치는 것이 아니며 관광객은 과거에 대해서 배우기만 하는 것이 아니다. 오히려 그들의 상호작용을 통해, 판매자와 관광객은 협상, 내러티브의 완성 및 구현을 통해 역사를 공연한다(Chronis, 2005, p.400).

수많은 관광이 연출되고 관광객은 그 주문에 따라야 할 필요가 있지만, 이것이 저항의 순간과 포스트투어리스트의 아이러니를 배제하지

는 않는다. 심지어 쇼핑몰에서는 강박관념을 가지고 남의 시선을 의식하는 흉내 내기로 소비자가 되려고 연기하는 사람들인 '포스트쇼핑객'의 몫을 끌어들인다. 사용자는 단순히 소비주의의 피해자, '신용카드 중독자'로 간주될 것이 아니라, 쇼핑몰의 개발자로부터 그 독립성을 주장할 수 있는 존재로 간주되어야 한다. 이것은 일종의 관광객인 **플라뇌르**에 의해 달성되는데, 계속해서 산책하고 시선을 보내고 또 시선을 받음으로써, '여기저기 거니는 그들의 발걸음과 그들 무리의 관행의 방식은, 시장의 권리와 자유에 관한 지속적인 재주장, 축제의 **커뮤니타스** Communitas 등 특정한 도시 분위기를 구성한다'(Shields, 1989, p.161). 피스크(Fiske, 1989, p.17)는 이윤을 창출하지 않는 일종의 감각적 소비에 대해 이야기한다. 이리저리 걸어 다니고, '진짜' 소비자들 및 법과 질서의 신사들을 불쾌하게 하고, 소비주의의 대성당 안에서 그들의 차이를 주장하고, 그리고 그곳의 다른 용법을 주장하는 긍정적인 즐거움은 반대되는 문화적 관행이 되었다.

게다가, 에덴서(Edensor, 2000, p.330)는 여행과 고립된 지역 공간과 관련하여 '이러한 은유를 너무 문자 그대로 취하는 것은 관광객이 체제 순응적인 특정한 공연을 실연하도록 완전히 강요받는다는 잘못된 연상을 유발하는 공간 결정론을 만들어낸다'고 주장한다. 터커Tucker의 문화기술학적 논의에서는 젊은 참가자들이 호주의 '자연적 원더랜드'를 돌아다니는 동안 길게 이어지는 가이드 동반 여행에 대해 저항하는 것을 드러내 보였다. 많은 사람들이 여행에 대해 새로운 사람들(친구, 파트너, 성적 파트너)을 만나서 즐기는 기회로 여긴다는 점을 고려해 볼 때, 그들은 지나가는 풍경이나 가이드의 내러티브보다는 관심 있는 다른 사람에게 시선을 시선을 보내면서 더 많은 관심을 기울였고, 가이드가 지나치게 열광하면 얼굴을 찌푸렸으며, 이른바 여행의 하이라이트를 방문할 때는 서로의 우스꽝스러운 사진을 찍었다(Tucker, 2007).

신체화된 것으로서의 관광객의 시선, 시선의 사회적 관계, '저항'의 형태에 대한 논의를 마치고, 이제 우리는 사진으로 돌아가 그 다양한 공연에 대해 논의한다.

관광 사진의 공연 Performing Tourist Photography

관광 사진은 대개 수동적이고 피상적이며 실체가 없는 것으로 간주되는, 다방면에 걸쳐 미리 구성된 '인용'의 활동이다. 그 '해석적 순환'에 관한 몇몇 공식화는 **관광객의** 사진 공연을, 관광객이 그들 자신을 틀 짓고 탐험하는 것이라기보다는 그들이 상업적 이미지에 의해 틀 지어지고 고정되는 인용이라는 의례적 행위로 바꾼다(Osborne, 2000, p.81). 그것은 **공연**되기보다는 **미리** 형성된다. 이것은 '관행을 찾지 않고 사진을 분석하는 것이 어떻게 이들 장소에서 살아가는 실제의 삶이 고갈된 죽음의 지리를 만들어내기만 할 수 있는지'를 분명히 보여준다(Crang, 1999, p.249). 관광 사진에 대한 글쓰기는 대부분 생명 없는 관광객, 사건 없는 사건, 그리고 죽은 지리를 만들어냈다. 이제 우리는 공연적 전환이 어떻게 관광 사진의 분석에 '생기를 불어 넣는지' 논의한다.

공연 이론가들은 공연이 의례적 행위 외에도 놀이를 포함한다고 말한다(Haldrup and Larsen, 2010, 7장을 보라). 7장에서 우리는 사진이 사람들이 파트너, 가족, 친구에 대해 자신이 원하고 기대하는 자아상과 유대감, 완전성과 친밀감을 만들기 위해 상연하는 의례화된 '극장'이 되는 방법에 대해 논의했다. 사진에는 중요한 **놀이** 요소도 있지만, 이것은 사진의 의례화된 본질과 그것이 표상하는 것을 강조하는 글에서는 상당히 자주 **빠져있다**. 보통 사진 촬영은 어떤 목적(사진)을 위한 수단으로 간주되지만, 놀이의 측면은 그것들을 근본적으로 뒤집는다. 사진은 이제 그 자체로 목적이 될 수 있다. 사진의 가치를 무시하지 않으면서, 놀이의 측면은 사진 촬영이 어떻게 그 자체로 즐거움과 창조성과 사교성의 원천이 될 수 있는지를 보여주고, 이것은 그 공연을 설명한다. 디지털 카메라가 있기 전의 상황을 기록하면서 뢰프그렌은 다음과 같이 말했다.

기록하고자 하는 충동에 관한 비판은 중요한 점을 놓친다. 즐거움은 다음 겨울에 보여줄 순간들을 모으는 것에 있는 것이 아니라 바로 그것들을 만드는, 비디오가 돌아가게 하고 (…중략…) 코다크롬의 롤을 클릭해 가는 것에 있을 수 있다. 그러나 많은 에너지가 이들 내러티브의 생산에 투입되고 그들의 운명이 무엇이든 그것들을 만들어내는 것은 그 자체로 하나의 체험이었다. (…중략…) 여기에 비예술가도 (…중략…) 어떤 사진 내러티브 (…중략…) [또는] 비디오 다큐멘터리의 제작에 손을 대어 보는 데에 주저하지 않는 무대가 있다. 여기서 당신은 당신 스스로 감독, 각본가, 장면연출자가 될 수 있다(Löfgren, 1999, p.74).

이에 따라 우리는 왜에서 **어떻게**로, 사진 촬영의 기능을 연구하는 것에서 (사랑하는 가족의 삶에 관한 의례적 행위와 담론을 재생산할 수 있는) 사진 촬영의 행위와 동작으로 전환한다. 그리고 그러한 공연적 행위는 표상적이면서(자세 잡기, 자기 표상 및 문화적 담론에 의지하기) 그리고 비표상적이다(상호작용, 작업, 사교성 등을 포함). 사진의 공연은 언제나 단순한 표상적인 것 그 **이상**이다.

　여기서 우리는 '표상이라는 관념 자체가 연극적인 것'이라는 사이드(Said, 1995, p.63)의 진술로 시작한다. 관광 사진을 공연으로 파악하는 것은 신체화된 관행과 사회적 관계와 그것의 드라마를 강조할 수 있다. 사진 찍기는 한쪽 눈의 연기가 아니라 맞물려 있는 다감각적인 몸의 연기이다. 사진을 찍는 관행은 대개 신속하고 '찰칵 소리를 내는 것' 이상을 더 필요로 하지 않는 시각적인 관행으로 간주되지만, 공연적 접근법은 바쁘고 능동적이며 놀기 좋아하는 '사진의 몸'을 강조할 수 있다. 우리가 사진을 공연으로 이해할 때, 그것은 시간의 경과를 따르는 과정이 된다. 새더 와그스태프(Sather-Wagstaff, 2008, p.77)는 과거의 세계무역센터를 촬영하는 것과 관련하여, 'WTC의 관광객들은 단순히 모두 같은 방식으로 그 현장을 "사진"으로 남기지 않는다. 그들은 각자의 개인적인 주관성의 렌즈를 통해, 자신에게 공감되는 장소에서 사물과 활동에 대한 개입 여부를 선별하여 골라내고, 그러한 개입을 통해 인공적인 기억을 만들어내고, 이러한 다양한 체험을 사진으로 포착하면서 그 현장을 보고 체험한다'고 말한다. 또는 수온패(Suonpää, 2008, p.79)를 인용하자면, '수백 명의 관광객이 등 뒤를 떠미는 노르카프에서 당신이 한밤의 태양을 보고 있다는 사실을 알게 되었을 때, 낭만적인 체험을 전달하기 위해서는 카메라의 능숙하게 사용할 줄 알아야 한다.'

　다른 곳에서 우리는 사진가의 몸이 어떻게 바로 서 있거나, 무릎을 꿇거나, 옆쪽으로, 아니면 앞뒤로 구부리거나, 폐허에 기대거나, 바닥에 드러눕는지 등등을 설명한 바 있다. 사진에 찍힌 관광객들은 팀끼리 서로 몸을 붙이면서 그들의 얼굴과 몸의 구도를 잡고 자세를 취한다. 몸과 몸의, 또는 고프만(Goffman, 1976, pp.55~56)이 '어깨잡기'와 '손 잡기'라고 일컬은 접촉은 가족의 시선을 통해 연기되는 관광 사진과 관련하여 필수적이다(〈사진 8-2〉를 보라). 카메라가 등장하면, 사람들은 손을 잡고, 끌어안고, 껴안는 것과 같은 부드럽고 성적 매력을 드러내지 않는 자세를 보인다. '어깨를 감싸는 팔' 또는 '어깨 잡기'는 친구와 가족 구성원을 하나의 사회적인 몸으로 결합하는 일반적인 방법이다. 관광 사진은 동시에 신체적 친밀감을 만들어내는 동시에 드러낸다. 이 근접성

〈사진 8-2〉 가족의 시선을 공연하는 것

은 카메라를 찍는 행사가 사람들을 한데 모으기 때문에 생겨난다. 서로 사랑하고 친밀한 가정생활의 몸짓을 남기기 위해 가족은 물리적으로 연기를 하고 서로 접촉해야 할 필요가 있다. 사진 촬영을 통한 이러한 '단체 결속'은 가이드 동반 여행의 집단적 시선을 또한 특징 짓는다(〈사진 8-3〉을 보라). 그러한 연출된 친밀감은 촬영을 마칠 때 종료되는 경향이 있다(심지어 친한 친구라도 사진을 찍고 나서 계속 껴안고 있는 것은 부적절하다!). 이것은 '인상 관리를 관찰하는 가장 흥미로운 시간 중 하나는 연기자가 무대 뒤의 공간을 떠나 관객이 보이는 장소로 들어가거나 연기자가 거기서 되돌아오는 순간인데, 이러한 순간 동안에 사람들은 연기자가 배역에 몰입하고 거기서 빠져나오는 것을 감지할 수 있다'고 하는 고프만(1959, p.123)의 주요한 발상과 연결된다.

〈사진 8-3〉 가이드 동반 여행에서 공연되는 집단적 시선

카메라 렌즈를 마주할 때 사람들은 자신의 심리생물학적이고 문화적인 몸, 그 외관과 태도, 그리고 그들이 속한 환경을 비상하게 의식하게 되고, 그들은 적절한 '개인의 겉모습'을 '내놓기' 위해 반사적으로 자세를 취한다. 사진 찍히는 것은 연출기법적인 인식이 항상 생겨나는 것처럼 보이는 하나의 사회적 상황인데, 이는 표현과 관련된 신체적 의사소통의 한 형태이다. 바르트(Barthes, 2000, p.10)는 '나는 사진을 찍었고 그것을 알고 있었다. 이제 내가 렌즈를 통해 관찰되는 나 자신을 느끼면 모든 것이 바뀐다. 나는 "자세를 잡는" 과정에서 자신을 구성하고, 즉시 자신을 위한 또 다른 몸을 만들고, 먼저 자신을 이미지로 변형시킨다'고 말한다. 인상 관리의 한 형태로서의 자세는 사진 촬영에 필수적이다. 카메라의 정면이 사람에게 시선을 보낼 때, 사람들이 자세를 잡는 것은 '법'인 것 같다. 사진 찍힐 때 정보를 '발산하는 것'은 누구도 피할 수 없지만, 자세 잡기를 통해서 누구나 미래에 대한 어떤 구체적인 이미지를 전달하고자 노력할 수 있다(Larsen, 2005). 그러나 이 자세 잡기는 고프만(Goffman, 1963, p.14)이 말한 것처럼, '표현적인 메시지는 계산되지 않고 자발적이며 무의식적인 것이라는 허구를 흔히 보존해야만 하기' 때문에 보통 눈에 띄지 않고 넘어간다.

*Performing Tourist Places*에서 우리는 두 여성이 자신의 아이들을 연출하고 사진으로 포착하려는 지속적인 노력에 대해 논의한 바 있다(Bærenholdt et al., 2004, 7장). 첫째, 이벤트의 연출이 존재한다. 마치 카메라 작업에 옷차림이 좋지 못한 듯, 아마도 너무 덥고 답답하다고 느끼는 것처럼, 카메라를 소지한 여성은 재킷을 벗는다. 그리고서, 꼼꼼하게 차례로 소년들의 자리를 잡아준다. 그 다음 촬영이 시작된다. 그녀는

'카메라의 눈'이 아이들의 눈과 더 수평이 되도록 쪼그려 앉는다. 직접적인 시선의 마주침이 갖춰진다. 이제 다른 여성이 그 행동에 가담한다. 무릎을 꿇은 사진가의 바로 뒤에 서서 소년들에게 눈을 고정한 채로 그녀는 허공에다 팔을 힘차게 흔들어댄다. 그런 다음 짧은 휴식시간이 생기고 사진가는 그녀의 몸을 조금씩 바로잡으면서 촬영 위치를 바꾼다. 이제 이 사진 촬영 행사는 더 심화된다. 이후 약 1분 정도 동안 사진가는 계속해서 구도를 잡고 촬영하는 반면, 다른 여성은 팔로 온갖 종류의 디스코 에어로빅 같은 움직임과 흔들기를 보여주는데, 모두가 얼굴에 큰 미소를 띠면서 공연했다. 비록 소년들의 팔은 가담하지 않지만, 그들의 얼굴은 아마도 웃고 있는 것 같고 즐거운 휴가 사진이 다행스럽게도 만들어지게 된다.

이 문화기술학적 소품문은 사진 촬영의 **사회적 관계**를 예증한다. 관광객은 (누군가의 가족, 파트너, 친구, 함께 여행하는 관광객 등) 중요한 타자로 구성된 팀을 이루어 그리고 가까이 있거나 마음속에 있는 (미래의) 관객과 더불어 창조적이고 다감각적으로, 그리고 몸소 사진 촬영을 연기한다. 관광 사진의 공연되는 측면은 사진을 찍는 것, 카메라를 앞에 두고 자세 잡는 것, 자세를 취하는 몸을 연출하는 것, 사진을 찍는 관광객을 지켜보는 것, 사진을 소비하는 것 등에 대한 관행들과 관련이 있다. 그런 사진 촬영은 보통 '팀워크'를 수반하고 '관객'은 또한 그것을 공연으로서 잘 살펴보는 것의 유용함을 표시한다. 사진 촬영은 사진가, 자세를 취하는 사람, 그리고 현재의 관객과 상상된 미래의 관객 사이의 복잡한 사회적 관계로 전형화된다. 자세를 취하는 사람은, 어떤 어울리는 겉모습을 끌어내기 위해서(가장 흔한 '미소' 짓기!) 혹은 어울리지 않는 움직임을 끊어내기 위해서 사진가나 그 팀의 다른 구성원에 의해서 지시를 받는 것이 보통이다.

이것은 또한 관광객의 카메라 작업이 어떻게 '소비하는 장소'(Urry, 1995a) 혹은 지배적인 '장소의 신화'(Shields, 1990)뿐만 아니라, '가족의 시선'을 통해 친구, 커플, 특히 가족들로 구성된 팀이 연기하는 자기표현 및 '전략적 인상 관리'와 관련이 있는지를 분명히 보여준다(Haldrup and Larsen, 2003; Larsen, 2005). 대부분의 관광객은 목적지의 사진을 찍고자 하는, 그리고 목적지에서 사진을 찍고자 하는 동시적인 욕망을 표현한다. 그들은 팀의 구성원을 한 장면에 넣을 수 있는 기념물, 전망대, 아름다운 장소 및 전망과 같은 '물리적인 배경'을 찾는다.

자아는 공개되는 공연에서 지속적으로 만들어지는 '극적인 효과'이다. 이상화는 흔한 연출기법적인 관행이다(Goffman, 1959, p.47). 많은 사진 찍기는 부호화되고 상연되는 인상 관리의 첫 단계에 해당한다. 카메라가 나타나면, 불화는 거의 자동적으로 보류되고 지루한 모임조차 생기로 가득 차게 된다. 카메라에 대한 모든 사랑이 '진실한' 것은 아니다(Goffman, 1959, p.28). 심지어 애정이 거의 보이지 않는 가족도 카메라 앞에서 애정 어린 가정생활을 연기하는 것처럼 보일 수 있다(Kuhn, 1995).

고프만(Goffman, 1963, p.28)은 '우리는 파티용 얼굴, 장례식용 얼굴, 그리고 다양한 종류의 규격화된 얼굴을 가지고 있다'고 말한 바 있다. 이 얼굴의 목록에 우리는 **관광객의 얼굴**을 추가할 수 있다. 관광 사진은 '다정한 얼굴'과 밀접하게 관련된다. 스트레스를 받은 부모, 지루한 10대의 청소년, 울고 있는 아이들은 카메라가 찰칵 소리를 내기 전에 행복한 얼굴을 하고 서로 포옹하도록 지시받는다. 세심한 인상 관리는 겉보기에 '다정한' 가정생활이나 친구 사이의 추억 사진을 가지고 집으로 돌아갈 수 있도록 보장해 준다. 많은 관광객 팀들이 격식을 갖추어 전시되는 **하나의** 사회적 몸을 공동 제작한다. 모든 사람이 부드러운 미소를 짓고, 몸을 곧게 펴고, 손을 양옆에 붙이는 등 위엄 있는 방식으로 자세를 취하여 사진을 촬영하는 사건에 대한 경의를 표현한다. 누구도 장난을 치거나 튀지 않는다(이에 관한 문화기술학적 논의에 대해서는 Bære-nholdt, et al., 2004, 6장을 보라). 이것은 사회적 관계와 볼거리를 모두 기념하는 **엄숙한 시선**이다. 그렇게 이상화된 가족사진에 대해서는 가벼운 논쟁 그리고 고프만이 '역할 거리'라고 부른 것이 있을 수 있다. 모든 사람이 항상 기꺼이 '어울리는' 것은 아니다. 어떤 자세가 적합한지를 놓고 팀원들 사이의 갈등도 존재한다. 예를 들면 10대들은 멋져 보이거나 싫증이 난 것처럼 보이고 싶어서 귀엽게 보이라고 하는 부모의 지시에 저항하기도 한다. 가족 구성원, 특히 아버지는 붐비는 관광 명소에서 사랑하는 가족을 연출하는 것에 대해 기분이 언짢아 보일 수 있다.

관광객이 카메라 앞에서 공연하면서, 장난을 치고 재미있는 표정을 지으며 음란한 몸짓을 하는 '까부는 자세'도 있다. 이러한 반대 자세는 특히 젊은 사람들 사이에 널리 퍼져 있고 디지털 카메라에 의해 대중화되었다. 터커(Tucker, 2007, p.151)는 가이드가 여행에서 전달하고 새겨 넣고자 노력했던 '진지함'에 반항하기 위하여 젊은 참가자들이 그들 자신 및 그들이 방문한 장소의 우스꽝스러운 사진을 찍는 가이드 동반 여행에서 이러한 '자세'의 중요성을 보여준 바 있다. 그리고 어느 정도 비슷하게, 관광 사진의 관습적인 대본을 관광객이 농담조로 놀리는, 반사적이고 약간은 파괴적인 '포스트투어리스트의 자세'도 존재한다. 에덴서는 타지마할에서 사진을 찍으며 자세를 취하는 미국인 단체 관광객의 대화를 엿들었는데, 그 내용은 다음과 같다.

관광객 1 : 좋아요 여러분, 줄 서서 놀란 표정 지으세요.

관광객 2 : 네, 그런데 (…중략…) 그거 좋은 것 같네요. 그런데 뭐 하러 해요?

관광객 3 : 밥(Bob)이 최고의 대사를 쳤어. '타지마할은 굉장하지만 지루하다.'

관광객 1 : 어서요, 여기서 나갈 수 있게 사진 찍읍시다.

(Edensor, 1998, p.133.)

마지막으로, 우리는 게스트와 호스트 사이의 복잡한 권력 관계로 돌아간다. 이 관계는 권력의 측면에서 비대칭적이지만, 마오즈의 '상호적 시선'의 개념에 영감을 받은 길레스피Gillespie의 '역전된 시선'이라는 개념은, 사진 찍히는 사람이 사진 찍는 사람에게 주의를 기울이고 시선을 되돌려 줄 때 관광 사진을 찍는 사람이 체험하는 창피함과 불편함을 흥미롭게 드러낸다. 길레스피의 주장은, 자신만의 인류학적 시선을 가진 자칭 여행자들은 역전된 시선이 그들을 단순한 관광객 그리고 관음증적 시선 보내기의 연기자로 바꿔 놓는다는 것을 느끼기 때문에, 정확히는 사진 촬영이 놀림을 받고 의심스러운 관광객의 활동이기 때문에, 이 '역전된 시선'이 상처를 입힐 수 있다는 것이다. 심지어 사진 찍히는 사람이 '찍히는' 것에 신경을 쓰지 않는 경우에도, 역전된 시선에 사로잡힘으로써 사진가는 '표정을 잃는다.' 길레스피(Gillespie, 2006)는 다음과 같이 말한다.

사진을 찍히는 사람은 오래 지속되는 시선 보내기, 미심쩍은 눈초리, 심지어는 그저 눈살을 찌푸리는 것으로써 사진 찍는 사람과 찍히는 사람 사이의 관계를 순간적으로 역전시킬 수 있다. 사진 찍히는 사람은 한 눈에 (…중략…) 관광 사진가를 특정한 유형의 관광객으로 포착하고 객관화할 수 있다. 말하자면, 역전된 시선은 다양한 형태로, 생겨나는 관광객의 자아를 중개할 수 있다(Gillespie, 2006, p.347).

결론

지금까지 우리는 공연이 관광의 중심이 되는 다양한 방식을 보았다. 우리는 고프만이 공연적 특성을 갖는 대부분의 관광에 대한 통찰력을 풍부하게 제공하는 원천이라는 것을 확인했다. 또한 일반적으로 사회적 상호작용이 공연으로 가득 차 있으며 이러한 상호작용이 쉽게 사라지거나 덜 중요해지지 않을 것임을 지적했다. 이것은 현대 세계에서의, 적어도 부유한 북반구에서 살아가는 사람들을 위한 산업으로서의 그리고 핵심적인 활동의 집합으로서의 관광에 관한 몇몇 리스크를 검토하는 맨 마지막 장과 큰 관련이 있다. 그 부유한 북반구에서는 관광객의 시선이라는 체제 아래에서 여유롭게 여행하는 규모와 범위가 증가하는 것이 실제로 인류의 역사에서는 어느 정도 제한된 기간 동안이라고 판명될 수도 있다. 우리는 그 여유로운 여행의 리스크를 고려하고, 그것은 사람들이 방문하는 환경의 파괴, 장기적인 기후의 파괴, 그리고 유동적인 20세기를 지나오는 동안 관광객의 시선에 '연료를 때어 온' 석유 공급의 파괴라는 점에 주목한다.

그러나 그러한 근대의 유동적인 세계를 위한 대체재를 찾는 것은 여러 가지 이유로 달성하기 어려운데, 부분적으로는 이 공연적인 특성 때문이다. 우리가 기대할 수 있는 어떤 종류의 공연이 현대의 세계화된 관광의 공연을 대체할 수 있을까? 공연이 다시 지역화되는 것은 가능한가? 아주 지역적이고 평범한 쪽으로 향하는 관광의 시선을 어떻게 상상할 수 있는가? 수많은 관광이 거의 매일 붙어 지내는 사람들과의 가정생활과 우정을 연기하는 정서적 지리를 중심으로 돌아가는 것을 보면서, 먼 거리를 그리고 새로운 장소를 여행할 필요가 있을까? 사진에 찍힌 대상이 전부 지역의 인근에서 찾을 수 있는 것이라면 디지털 사진 촬영은 실제로 어떨 것인가? 실제로는 방문해 본 적 없는 화면에 비친 '가상의 광경'에 전적으로 기반한 관광객의 시선이라는 공연을 상상하는 것이 가능한가? 시선을 보내는 사람과 시선을 보내는 것의 상호작용이 가상적일 뿐이며 신체화되지 않을 수 있는가? 그리고 그러한 것이 이 장에서 자세히 설명된, 고프만이 도출한 주장의 전체적인 취지와 배치될 수 있는가? 아니면, 미래의 관광객의 시선은 더 '지역적'인 것이 되고, 장거리 여행과 멀리 떨어진 장소를 찾아다니는 것보다 사회적인 관계와 더 관련이 있을 것인가?

제9장

리스크와 미래Risks and Futures

도입

이 장에서 우리는 관광 분야 내의 몇 가지 현대와 미래의 발전을 살펴본다. 특히 중요한 것은 관광과 리스크 간의 상호연결이다. 1990년에 이 책의 초판이 나왔을 때는, 토마스 쿡이 1840년대 이래로 계속 개발한 전문가 시스템을 고려하는 것을 제외하고서 리스크에 관한 조사는 거의 없었다. 이것들은 각 개인에 대한 몇 가지 명백한 여행의 리스크를 보충하기 위해 고안되었다. 그러나 1990년경부터 '리스크'에 관한 여러 새로운 분석이 제출되어 왔고, 대부분은 벡Beck의 *The Risk Society*(2002, 초판은 영국에서 1992년에 발행)에 자극을 받은 것이었다. 이 책에서 벡은 '자연적인' 재해가 아닌, 산업 사회의 '사람이 만들어낸' 리스크에 관심을 두고 있다. 1985년 체르노빌 원자력 발전소의 폭발 이후 유럽 전역에 유출된 핵 방사능은 산업 사회에서 위험 사회로의 전환의 징후로 여겨진다. 위험 사회에는 좋은 점들뿐만 아니라 '사람이 만들어낸' 나쁜 점들도 많이 있다. 이러한 위험 사회의 개념과 다양한 나쁜 점들의 확산은 수많은 현대 사회의 환경적 위험, 지역 오염, 에너지 및 자원의 제약과 기후 변화에 적용된다. 특히 9·11 테러 공격 이후부터 계속해서, 현대의 위험 사회의 일부는 나쁜 점이 되었는데, 특히 도시, 휴양지, 공항에서 이동하는 몸들에 대한 시각적인 감시와 통제를 만들어낸 테러리즘의 공포가 있다.

우리는 특히 관광 자체가 자기 파괴적인지의 여부와 방법, 그리고 관광이 강력한 지역적인 또는 세계적인 위험이나 나쁜 점들을 만들어냄으로써 자체적인 활동의 전제조건을 모두 없애버리거나 파괴하는지를 조사한다. 이러한 나쁜 점들은 19세기 초부터 계속된 관광과 여행의 이례적인 발전에서 생겨난 것 같다. 워즈워스의 시 「The Brother」는 다음과 같이 시작한다.

이들 여행자들, 꼭 살아야 합니다. 하늘이여 우리를 지켜주소서!

얻는 것이 있는 삶, 약간의 흘끗 보는 시선으로

빠르면서도 즐겁게 움직이는, 마치 땅이 공기인 것처럼.

그들은 빙빙 날아다니는 나비들이었다.

그들의 여름이 계속되는 한, 몇몇은, 현자처럼,

튀어나온 바위 덩어리의 이마 위에

걸터앉은 채, 공책과 연필을 무릎에 올려놓고

보고 갈겨쓰고, 갈겨쓰고 보고,

These Tourists, Heaven preserve us! needs must live

A profitable life : some glance along

Rapid and gay, as if the earth were air,

And they were butterflies to wheel about

Long as their summer lasted; some, as wise,

Upon the forehead of a jutting crag

Sit perch'd with book and pencil on their knee,

And look and scribble, scribble on and look,

부자드(Buzard, 1993, p.27)는 이 1800년대의 시가 '사람들이 어떤 문화에 속하지 않고서 여행만 할 수 있는 시간인 (…중략…) 근대성의 시작을 뜻한다'고 주장한다. 그래서 지난 두 세기 동안 그렇게 눈에 띄는 장소를 찾고 비교하고 대조하고 수집하는 과정들이 시작되었다. 수많은 장소들이 이제는, 그곳을 여행하면서 직접 볼 가치가 있는, 세계적인 아이콘이자 세계의 경이로운 것들이 되었다. 세계 여행은 지난 2세기 동안, 그리고 특히 유럽에서 1840년 무렵 재화의 유통이 시작된 이래로 세계가 두드러지게 체험된 방식이다. 슐츠Schultz는 972쪽에 달하는 책 *1000 Places To See Before You Die*(2003)에서, 직접 보아야 할 천 곳의 장소에 대해 설명한다.

우리는 현대의 관광객들이 직접 보고 싶어 하는 다양한 종류의 장소를 이 책에서 검토했다. 그리고 관광객들은 그것들을 수집하여 다른 장소들과 비교할 수 있고, 그곳에 있어 왔던 문화적 자본을 얻고, 그리고 Web 2.0을 통해 더 많이 전시되는 정보로부터 문화적 자본을 얻을 수 있다. 우리는 하늘이 이 모든 관광객들에게서 우리를 지켜준다고 말할 수 있을지도 모른다. 실제로, 관광객의 시선이 세계로 확산되면서 현대 세계에는 몇몇 강력하고 새로운 형태의 리스크가 생성되었다. 이들 리스크 또는 나쁜 점들은, 방문하는 바로 그 장소에 대한 영향과, 사람들을 장소의 안팎으로 움직이게 하는 석유의 공급에 대한 영향, 그리고 지구상의 미래 삶의 조건에 대한 영향을 포함한다. 이러한 리스크를 조사하기 전에, 우리는 관광객의 시선의 확산과 그것이 만들어내는 수많은 '소비 충동'에 기인하는 리스크와 위험 요인들의 몇 가지 이상한 교차지점들을 고려해 본다.

리스크와 위험 요인Risk and Danger

관광은 모두 즐거움에 관한 것으로 여겨지지만, 이 즐거움, 즉 세계의 곳곳의 장소를 소비하는 것은 때때로 질병, 위험, 죽음을 수반하기도 한다(Urry, 2004를 보라). 여기에는 보통 즐거움과 고통, 리스크와 위험 요인이라는 이상한 조합이 존재한다. 첫째, 이것은 관광지가 때때로 병든 사람과 죽어가는 사람으로 가득하기 때문이다. 우리는 2장에서, 온천으로서의 휴양지의 초기 역사에 주목했다. 많은 휴양지는 병든 사람이 물과 공기를 마시고 치료를 받고 요양하는 장소로 남아 있다. 특히 의료 관광과 건강 관광이 광범위하게 발달함에 따라, 퇴직한 사람과 병약한 사람들을 위한 요양 시설의 집중도가 높은 경우가 많다. 현대의 쿠바는 양질의 공산주의 의료 서비스라는 유산 덕분에 현대의 의료 관광에서 관심을 끄는 비교 우위를 가지고 있다.

둘째, 다른 장소를 소비하는 것에는 폭력적인 죽음의 장소에 시선을 보내고 수집하는 것이 종종 포함된다. 우리는 비극적인 관광지에 어떻게 감옥, 전쟁 기념관, 성곽, 강제 수용소, 혈전이 벌어진 장소, 재난의 현장, 요새가 있던 부지 등이 포함되는지 논의했다. 그 예시로 싱가포르의 창이 감옥Changi Prison, 서아프리카의 노예 교역소, 채널 제도의 나치 점령지, 글렌코Glencoe, 벨파스트의 폴스 로드Falls Road, 그라운드 제로, 이집트 피라미드, 다하우Dachau, 히로시마, 진주만, 허리케인 카트리나가 휩쓸고 간 뉴올리언스, 사라예보의 '대학살의 흔적' 등을 들었다. 또한 상징적인 개인의 죽음을 기념하는 장소도 있다. 여기에는 JFK가 암살된 댈러스의 잔디 언덕, 그레이스랜드, 파리에 있는 짐 모리슨의 무덤, 다이애나 비가 사망한 지하도 등이 포함된다(Lennon and Foley, 2000). 게다가, 피에 굶주렸던 문화가 종종 바이킹, 잉카, 줄루의 전사처럼 재미거리로 활용하여 소비할 수 있는 문화로 전환되기도 한다(바이킹에 대해서는 Bærenholdt and Haldrup, 2004를 보라).

이들 죽음, 재난, 고통의 장소는 대체로 입장료를 받고 통역을 제공하며 다양한 서비스와 기념품을 판매하면서 여가의 장소로 공연된다. 잘 조직된 애호가와 팬들로 인해 이러한 장소들 중 다수가 개발되고 존속된다(Bærenholdt and Haldrup, 2004; Hui, 2008). 이 애호가들은 상호주의와 상호 원조를 포함하는 '노동'을 공연한다. 네트워크를 통해 그 장소나 사람에 대한 비밀스러운 형태의 지식을 얻는 데에 주안점이 놓인다. 애호가들은 자신의 특정한 인종, 종교, 스타, 문화 또는 민족의 기억들을 계속 '살아있게' 하려고 노력한다. 조직화된 팬이나 애호가들은 이 죽음과 재난의 체험을 세간의 주목을 받도록 가져 와서, 이 공개적인 기념행사의 중요 인물인 방문객들에 의해 시선을 받는 공개 추모식을 통해서 전 세계가 목격하게 한다. 또한, 페줄로(Pezzullo, 2009)가 카트리나 이후의 뉴올리언스의 사례에서 잘 보여주었듯이, 그러한 관광객의 공연은 세간의 주목 속에 이들 기억을 유지시키고 그러므로 '재난 피로'의 가능성을 줄인다.

더 일반적으로, 사람들의 이동성과 질병 사이에는 많은 연관성이 있다. 파머(Farmer, 1999)에 따르면, 높은 비율의 국제적 이동은 여행객과 관광객의 이동성 질병이자 근대적 전염병인 매독, 에이즈, 사스와 같은 새로운 리스크를 만들어냈다. 3장에서 논의한 '섹스 관광' 그리고 '게스트'와 '호스트' 사이의 성적인 만남은 에이즈와 같은 성병의 지리적 확산에 일조한 반면, 사스SARS는 중국인의 디아스포라에서 특정한 여행의 패턴으로부터 비롯되었다. 장소는 질병의 이동에, 그리고 특히 하룻밤 사이에 관광지를 죽음을 두려워해야 하는 장소로 바꿀 수 있는 질병에 대한 공포에 대단히 취약하다. 구제역의 확산을 늦추기 위해 도살된 소들의 불타는 사체가 전원적인 시골 지역에 가득했던 2001년, 영국의 레이크 디스트릭트에서 일부 발생했던 것처럼, 공황 상태는 방문객들을 그 장소에서 피하게 만들 수 있다.

셋째, 관광지는 때때로 개인의 안전을 둘러싼 범죄와 공포가 중심이 되는 위험한 장소로 존재하고 상상되어 왔다. 브라질의 리우는 빈민가의 범죄자들이 관광객을 털어 먹을 꿀단지로 생각하는, 관광과 범죄의 과도한 집중을 보여준다. 여기에는 강도, 매춘, 소매치기 및 방문객의 마약중독과 관련되는 불법적인 사업 등의 범죄를 위해 관광객을 유인하는 사례들이 많이 있다. 카리브해의 매력 중 일부는 모퉁이를 돌면 바로, 베니어판 바로 아래에 '위험'이 있다는 것이다. 해적, 라스타, 마약, 야디의 이야기는 모두 카리브해의 이들 파라다이스 아일랜드에서 '위험한 관광'의 공연에 기여한다(Sheller, 2003). '위험한 여행'(Schroeder, 2002, p.73)을 위한 다양한 가이드북뿐만 아니라 〈Holidays in the Danger Zone〉이라는 BBC TV 시리즈도 있다. 그러나 6장에서 논의했듯이, 관광 휴양지, 국제적인 호텔, 쇼핑몰 및 테마파크처럼 고립된 관광객 공간은 소비자를 위험과 공포의 장소로부터 분리하도록 분명하게 설계된 **보안**의 건축술을 대표한다. 수많은 실제적이거나 상상된 나쁜 점들이 있는 리스키한 환경에서, 관광객들은 대부분 독립된 '수용소'의 안전을 선호한다.

넷째, 세넷(Sennett, 1994, p.310)이 '어려움을 대처하면서 몸은 살아난다'고 말한 것처럼, 관광의 공연은 몸을 다른 종류의 개인적 위험에 빠뜨리는 경우가 흔히 있다(Macnaghten and Urry, 2000b). 이전 장에서 지적했듯이 모험 관광은 분명히 위험하면서도 사람을 움직이게 하는 관광의 공연을 포함하는 새로운 버전의 관광객의 시선으로서 발전했다. 이러한 신체적인 극한의 공연에는 번지점프, 활강 코스 밖에서 타는 스키, 패러글라이딩, 스카이다이빙, 급류 래프팅, 높은 고도에서의 걷기 등이 포함된다. 토마스 만Thomas Mann은 근대성, 그리고 특히 이 세계를 '여행하는' 것들은 심연과 사랑에 빠져 있다고 쓴 적이 있다(Bell and Lyall, 2002, p.23에서 인용). 뉴질랜드는 특히 새로운 심연의 공연을 개발했다. 다음과 같이 언급되는 부분에는 가속화하는 장엄미가 존재한다. '자연은 관광객들이 지구를 지배하는 꿈, 즉 죽음을 속이면서 그들 스스로의 영화에 출연하는 모험의 영웅이 되는 꿈을 채울 수 있는 장소를 제공한다'(Bell and Lyall, 2002, p.22). 뉴질랜드는 '눈부시게 아름다운 풍경'이 '가속화된 장엄미'의 역동적인 소비를 위한 적절한 장소를 제공하는 곳이다. 이것이 '뉴질랜드가 소비를 위해 풍경을 포장하는' 방법이다(Bell and Lyall, 2002, p.36). 다른 '젊은' 관광객들은 (인도의 고아와 스페인의 이비자에서처럼) 밤과 이른 아침까지 마약에 취해 광란의 파티를 벌이거나 (먹고 마시며 노는 젊은이들을 대상으로 하는 많은 패키지여행에서처럼) 과음을 하면서 그들의 몸을 '유희적인 리스크'에 빠뜨린다.

  마지막으로, 이 새로운 세기에는 테러리즘이라는 (상상된) 리스크와 유형적인 공포, 그리고 이러한 리스크와 공포가 건축된 환경 속에서 만들어지는 광범위한 감시의 시선이 있다. 바스크 지역의 ETA 테러범들은 빌바오의 구겐하임 박물관에 대한 폭파 계획과 같이, 특히 관광 지역을 표적으로 삼았다. 그들은 관광객을 겨냥한 폭탄을 바스크 독립을 얻어내기 위한 캠페인의 핵심으로 활용했다. 그런데 테러리즘은 점점 세계적인 것이 되고 있다. 세계적인 테러리즘은 미국과 그 동맹국, 특히 중동 동맹국들의 세계적인 권력에 도전하려고 한다. 이 새로운 세계의 혼란 속에서, 서양인 관광객을 유치하는 장소들이 새로운 표적이 된다. 카이로, 룩소르, 뉴욕, 발리, 몸바사, 자카르타, 카슈미르의 사건들이 예시하는 바와 같이, 관광객은 이 세계적인 전쟁의 최전선에 있다. 관광지는 다른 사람들의 희생적인 대규모의 죽음을 노리는 사람들의 죽음의 방문을 유인한다. 한 논설가는 이렇게 썼다. '스페인의 폭탄은 주로 관광객을 노린다'(http://slate.msn.com/id/112743/, 접속일 : 2010.12.2). 잠재적인 죽음, 그리고 죽음에 대한 공포는 이제 수많은 관광지에 널리 퍼져 있다.

이와 같이 관광지는 관광객과 테러범을 끌어들일 수 있다. 몇몇의 경우에, 테러범은 간헐적으로 테러범으로 변모하는 관광객이다. 약자의 대항 수단은 공포인데, 자신이 하고자 하는 것을 하면서 노는 '무고한 관광객'에게 공황 상태를 초래하는 것이다. '새로운 공포는 근본적인 불확실성과 결부되어 있고. 테러는 무작위로 벌어지고 (…중략…) 새로운 테러는 맹목적이며 널리 퍼져 있다'(Diken and Laustsen, 2005, p.2). 그럼에도 테러는 종종 여행자와 관광객의 공간을 덮친다. 새로운 공포는 공항, 비행기, 호텔, 나이트클럽, 해변, 주유소, 관광버스, 지하 등을 잠재적으로 공격할 수 있는 전염병과도 같다. 관광객이 된다는 것은 어쩌면 사망할 수도 있는, 테러리즘과의 전쟁의 최전선에 있음을 뜻한다. 적어도 어떤 의미에서는, '빈 라덴이 이미 이겼다. 그의 승리는 모든 것을 태워 버릴 정도의 공포를 조성하는 것으로 이루어져 있다'(Diken and Laustsen, 2005, p.14). 이러한 모든 것을 태워 버릴 정도의 공포는 국제 관광의 관문인 공항에서 특히 분명히 나타난다.

눈에 보이지 않는 이 새로운 적은 새로운 형태의 정교한 '팬옵틱 소팅panoptic sorting'을 만들어낸다. 국제 관광객이 계속해서 움직일 수 있게 하려면 특별히 정교한 감시 체계가 필요하다. 미국에서 이러한 요구 사항은, 공항 보안의 국영화 및 **매년 미국에 입국하는 5억 5천만 명이** 넘는 사람들에 대한 전면적인 통제 시스템의 개발이라는 전례 없는 사건을 불러 왔다(Diken and Laustsen, 2005, p.3). 내부와 외부라는 개념은 약화되고, 모든 것이 내부이면서 동시에 외부가 된다. 권력, 시선, 공포는 어디에나 있다. 실제로, 관광객은 이제 가장 개입적인 추적과 감시, 규제를 받고 있다. 세계 시장에서 소비자가 되기 위해 관광객은 강력하고 광범위한 시스템, 그리고 기업과 국가의 제도화된 시선에 의한 감시와 규제의 시선의 지배를 받는다. 그러므로 관광지에서 '노는' 사람들이라는 '취약 목표'는 테러에 대한 전쟁의 최전선에 있다. 테러범과 관광객은 모두 '옮겨 다니는' 존재이지만 서로 '분리'되어야 하기에, 출입구, 수용소, 폭발물 탐지견, 카메라, 안면 인식 생체측정 카메라, 스마트 카드, 홍채 인식 시스템, 위성, 도청기 및 통합 정보 인식은 모두 현대의 여행과 관광 공연의 일부이다. 사람들이 일주일 동안 지상낙원에 들어갈 수 있게 하기 위해서 개인 보안 시스템은 새로운 빅브라더로 변모하고 있는데, 여기서 시선을 보내는 관광객들은 편재하는 감시의 대상이 된다.

도시와 휴양지는 점점 더 많은 특성을 공항과 공유하고 있다. '뛰어노는 사회'라고 불리는 것 내에서 새로운 형태의 감시, 추적, 규제가 세계적인 '테러와의 전쟁'의 일환으로 구현되고 있다. 공항 안에서 시험되던 기술이 옮겨 나와 새로운 세계 질서 안에서 공포의 장소이자 우발적인 배치의 장소인 도시와 관광 휴양지의 일상적인 특성이 되었다. 따라서 마티노티(Martinotti, 1999, p.170)에 따르면 공항 등이 '오늘날 우리가 생활하는 도시의 장소이다. 비(非)장소는 그야말로 우리 시대 도시의 전형적인 장소이다'(Cwerner et al., 2009). 영공은 세계적인 질서가 주도하는 그러한 '장소'의 전형으로 전 세계 도시들과의 수많은 중첩과 유사성을 보여준다. 공항과 다른 장소들 사이를 구별하는 것은 점점 더 어려워지고 있다. 영공이라는 예외적인 수용소가 통례가 된 것이다. 늘어나는 승객은 세계를 날아다닐 뿐만 아니라 그러한 여행을 가능하게 하는 이동과 보안 시스템 모두가 날아다니며 여러 도시에 착륙한다. 풀

러와 할리(Fuller and Harley, 2005, p.48)가 말했듯이, '공항은 미래의 도시이다.' 특히 그러한 도시들이 방문객들, 즉 감시될 필요가 있는 '단순한 관광객'일 수도 있고 아닐 수도 있는 어딘가 다른 곳에서 온 사람들로 가득할 때 그렇다. 영국의 사람들은 평균적으로 하루에 300회 이상 CCTV 카메라에 녹화되는 것으로 추정된다(Morgan and Pritchard, 2005). 7장에서 우리는 **플라뇌르**가 관광객의 선구자이며, '그'는 익명적일 수 있고 경계적 공간에 있을 수 있다고 주장했다. 그러나 도시의 익명성과 경계성은 이제 지속적으로 작동하는 디지털 기반의 감시 카메라의 광범위한 시선 앞에서는 대체로 환상에 지나지 않는다.

모든 것을 보는, 카메라의 광범위한 시선은 공적 공간이 전통적으로 제공하고자 했던 익명성의 기회를 위험에 처하게 한다. 데이터베이스 그리고 / 또는 자동 식별 소프트웨어와 결합된 (…중략…) 정교한 CCTV 시스템은 눈에 띄지 않게 개인과 그들의 움직임을 기록한다. 심지어 사람들이 익명의 식별되지 않는 대중의 일원이 될 것으로 합법적으로 기대할 수 있는 공간과 상황에서도 마찬가지이다(Dubbeld, 2003, p.158).

관광객은 이제 범죄, 폭력, 테러리즘 등 감지된 리스크에 의해 정당화된 강력한 디지털 팬옵틱 기계에 일상적으로 포착되고 지배를 받는다.

동시에 테러의 장소는 시선을 보낼 새로운 장소가 된다. 그래서 그라운드 제로나 벨파스트의 폴스 로드Falls Road와 샨킬 로드Shankill Road는 이제 관광 지도에 표시되어 방문객들이 오기를 기다리고 있다(벨파스트에는 '분쟁 관광'이 존재한다). 죽음의 장소는 비극 관광이라는 소비 관행의 일부인 전연 새로운 관광객의 여정에 등장하게 되면서 방문객을 위한 장소로 바뀐다. 9 · 11의 여파로, 미국인들 사이에는 '애국 관광'에 대한 요구가 있었는데, 이는 미국인들이 그 비행기를 타고 놀 곳으로 가고 있었다는 것을 분명히 하고, 적들에게 그들이 이길 수 없다는 것과 죽음의 공포를 물리칠 수 있다는 것을 보여주기 위한 것이었다. 앞서 지적했듯이, 기록적인 수의 관광객이 9 · 11의 여파로 뉴욕에 몰려 들었다.

지위 경쟁Positional Competition

우리는 이제 세계화된 관광객의 시선이 만들어낸 또 다른 나쁜 점들로 넘어간다. 우리는 먼저 1960년대 이후 대부분의 '서양' 국가들에서 논쟁된 주제인 혼잡, 과밀, 지역 환경 저하의 발생을 고려한다. 미샨(Mishan, 1969, p.140)은 '한편으로는 관광객, 여행사, 교통 산업 및 부수적인 서비스와 (…중략…) 다른 한편으로는 자연의 아름다움을 보존하는 데에 관심이 있는 모든 사람들 사이의 (…중략…) 이해 충돌'에 관해 썼다. 그는 호수의 제방을 따라 지어진 호텔에서 배출되는 하수로 인해 동식물의 생태가 파괴된 미국 네바다의 타호Tahoe 호수를 예로 든다. 특히 투어리즘 컨선과 같은 NGO에 의해 기록된, 관광 개발로 인한 국부적인 환경 피해의 또 다른 사례는 무수히 많다(http://tourismconcern.org.uk/, 접속일 : 2010.6.11).

미샨은 여행과 관광의 비용이 어떻게 산출되는지에 따라 현재 세대와 미래 세대 사이에 이해 충돌이 존재한다고 주장한다. 주변적인 관광객들에 관한 비용에는 그들이 떠맡기는 추가적인 혼잡 비용이 고려되지 않는다. 이러한 혼잡 비용에는 너무 붐비는 해변에 대한 바람직하지 않은 영향, 평온함과 고요함의 결여, 비행의 소음, 풍경의 파괴, 동식물 생태의 피해 등이 포함된다(Verbeek, 2009). 게다가 많은 관광객들은 문제의 그 장소에 대한 방문을 지연시켜서 얻을 것이 아무 것도 없다는 것을 알게 된다. 실제로 가능한 한 빨리 가야 하는 강력한 유인이 존재하는데, 그것은 사람들이 그곳에 몰려들기 전에 훼손되지 않은 시선을 즐기는 것이다. 그리하여 '관광업은 돈이 많은 사람들에게 한때의 조용한 휴식의 장소이자 경이로움과 아름다움, 역사적 중요성을 보여주는 모든 장소를 드러내기 위한 경쟁적인 쟁탈전 속에서, 사실상 완전히 그리고 돌이킬 수 없게 그것들을 파괴하고 있다'(Mishan, 1969, p.141). 특히 미샨은 '젊고 남을 잘 믿는 사람'은 관광 산업이 지어낸 환상에 속아 넘어간다고 말한다(누군가는 현대의 이비자나 고아에 대한 그의 견해가 무엇인지 궁금해한다; D'Andrea, 2007).

대중 관광의 확산은 여행을 민주화하지 않는다. 관광은 방문하는 바로 그 장소를 파괴하는 환상이다. 이는 지리적 공간이 제한되어 있기 때문이다. 미샨(Mishan, 1969, p.142)은 '소수가 자유롭게 즐길 수 있는 것은 필연적으로 군중들 스스로 파괴하게 되어 있다'라고 말한다. 국제적인 합의가 이루어지지 않는 한, 다음 세대는 '누구도 손대지 않은 자연적인 아름다움'의 장소를 거의 상실한 세계를 물려받게 될 것이다(Mishan, 1969, p.142). 미샨은 국제 항공 여행의 금지를 통찰력 있게 옹호했다! 시장이 규제 없이 발전하도록 허용하는 것은 관광객의 시선의 대상이 되는 바로 그 장소를 파괴한다.

베커만(Beckerman, 1974, pp.50~52)은 두 가지 지점을 분명하게 했다. 첫째, 대중 관광의 영향에 대한 우려는 (여타의 수많은 환경과 관련된 염려와 마찬가지로) 기본적으로 '중산 계급'의 불안이다. 그리고 둘째, 대중 관광의 영향을 받는 대부분의 단체들은 몇몇 측면에서 실제로 이익을 얻는데, 여기에는 얻을 수는 없었을 이용 가능한 서비스를 찾는 초창기의 방문객들도 포함된다.

그러나 여기서 핵심은 성장의 사회적 한계와 지위 경제에 대한 허쉬(Hirsch, 1978)의 논의이다. 그는 소비자 선택의 행사를 통한 개인의 해방이, 지위 경제로 인해 모두에 대해 그러한 선택을 자유롭게 하는 것은 아니라고 지적한다. 상품, 서비스, 업무, 직책 및 여타의 사회적 관계 등 모든 측면들이 부족하거나 혼잡하거나 과밀하기 쉽다. 그러므로 경쟁은 제로섬이다. 어떤 한 사람이 문제의 그 상품을 더 소비할수록 다른 사람은 덜 소비하거나 더 적은 만족을 얻게 된다. 경제적 성장이 더 많은 것을 만들어낼 수 있는 물질적인 상품과는 달리, 공급은 더 늘어날 수 없다. 사람들의 지위재 소비는 **관계적**이다. 각 개인이 얻는 만족감은 무한히 확장 가능한 것이 아니라 다른 사람의 것과 비교되는 자신의 소비에 달려 있다. 여기에는 사람들이 실제로 선택권을 갖지 못하는 '강제된 경쟁'이 존재한다. 소비 과정이 끝났을 때 어느 누구도 형편이 더 좋은 것이 아니더라도 사람들은 참여하고 더 많이 소비해야 한다. 말하자면, '가만히 있으려면 더 빨리 뛰어야 한다'(Schwartz, 2004를 보라).

많은 관광은 이러한 지위 경쟁을 증명한다. 지중해의 해안선은 절대적으로 부족하고 한 사람의 소비는 다른 사람의 것을 희생시킨다. 또한 본질적으로 우월해서가 아니라 취향이나 우월한 지위를 전달하기 때문에 소비되는 휴양지도 많이 있다. 유럽인들에게는 극동 지역이 현재의 예시가 될 수 있지만, 이들은 대중 관광의 패턴 자체가 달라지면서 변화될 것이다. 게다가 사람들의 만족도가 혼잡의 정도에 따라 달라지는 관광지도 많이 있다. 허쉬(Hirsch, 1978, p.167)는 예전의 그런 '이국적인' 나라로 가는 저렴한 전세기의 개발이 다음과 같은 의미를 가진다고 언급한 중산 계급 전문가의 말을 인용하였다. '이제 내가 여기에 올 여유가 생겼으니 이곳은 망가질 거란 걸 안다.'

그러나 이 책에서 우리는 대부분의 관광에서 소비가 의미하는 바가 무엇인지 명확하지 않다는 것을 보였다. 다른 많은 동료들과 함께 필요한 때에 특정한 대상에 시선을 보낼 수 있는 능력인가? 아니면 함께 있는 다른 사람들 없이 시선을 보낼 수 있는 것인가? 아니면 그 대상을 가까이 두고 볼 수 있는 숙소를 단기간 동안 빌릴 수 있는 것인가? 그 대상을 근처에서 볼 수 있는 부동산을 소유할 수 있는 능력인가? 문제는 관광 내의 '시선'의 중심성으로 인해 발생한다. 관광과 관련되는 희소성은 복잡하다. 관광 산업의 한 전략은 호텔의 모든 침실이 '바다 전망'을 가지거나 아니면 유람선의 모든 객실이 바깥쪽을 보도록 재설계되는 경우와 같이, 같은 대상에 시선을 보내는 수를 크게 늘릴 수 있는 새로운 발전을 구축하는 것이었다.

여기에 희소성과 관련되는 더 중요한 차이점이 있다. 우리는 관광지의 물리적인 수용력과 장소의 시각적 수용력을 구별할 수 있다(Walter, 1982). 물리적 수용력의 경우, 산길은 침식되고 사라지기 때문에 문자 그대로 산길에 사람들이 더 걸어 다닐 수 없을 때는 분명하다. 그럼에도 불구하고, 걸을 수 있는 수천 개의 다른 산길이 있기 때문에 물리적 희소성은 이 전망으로 이어지는 이 길에만 적용되고, 모든 산을 따라 가는 모든 길에 적용되는 것은 아니다.

시각적 수용력의 개념은 이 점을 변화시킨다. 월터(Walter, 1982, p.296)는 관광 체험의 주관적 특성에 관심을 둔다. 그 길은 여전히 물리적으로 통행할 수는 있지만, 더 이상은 방문객들이 시선을 보낼 것으로 예상했던 자연 그대로의 황무지를 의미하는 것이 아니다. 따라서 그것의 시각적 수용력은 달성했지만 물리적 수용력은 아니다. 월터는 알프스 산의 예를 인용한다. 그 산은 웅장함, 아름다움, 이상화된 알프스 산 봉우리와의 일치 때문에 물질재로 간주될 수 있다. 이 상품에는 거의 제한이 없다. 그러나 같은 산이 다른 관광객이 없는 상태에서 사람들이 혼자서나 소규모의 팀으로 즐기고 싶어 하는 자연의 성지로서, 지위재로 간주될 수도 있다. 그러한 고독한 '소비'는 생각건대 고상한 취향을 보여준다(Bourdieu, 1984를 보라). 이것은 사람들이 스스로 즐기는 고독, 사생활, 그리고 시선의 대상에 대한 개인적이고 반쯤 영적인 관계를 기대하는 '낭만적인' 관광객의 시선이다(2장과 8장을 보라).

이것에 대해 바르트는 *Guide Bleu*(1972, p.74)에서, '이 속물적인 산에 대한 홍보, 이 오래된 알프스의 신화 (…중략…) 오직 산, 협곡, 좁은 산길과 급류만이 (…중략…) 노력과 고독의 도덕성을 북돋우는 것 같다' 고 특징을 묘사한 바 있다. 월터(Walter, 1982)는 낭만적 시선의 좋은 예를 논의하면서, 윌트셔Wiltshire에 있는 스타우어헤드Stourhead 공원에 대해 설명한다.

자아는 사회에서가 아니라 자연에 대한 고독한 사색에서 발견된다는 낭
만적인 생각. 스타우어헤드의 정원은 나무, 철쭉, 작은 동굴, 사원, 중세적인
오두막집 사이로 굽이진 좁은 길이 있는, 이 모든 것들이 들쭉날쭉한 호수
주변에 있는, 완벽한 낭만적 풍경이다. (…중략…) 정원은 자연의 경이로움
에 감탄하며 걸어 다닐 수 있게 설계되었고, 다른 사람들의 존재는 즉시 이것
을 해치기 시작한다(Walter, 1982, p.298).

반면에 '집단적인' 관광객의 시선은 이렇지 않다. 월터(Walter, 1982)
는 또 다른 윌트셔에 있는 집과 정원인 롱릿에 대해 다음과 같이 기술하
고 있다.

캐퍼빌리티 브라운 공원에 세워진, 커다랗고 위엄 있는 집. 집에서 공원
을 보고, 공원에서 집을 볼 수 있도록 (…중략…) 나무는 의도적으로 드문드
문 심어져 있다. 실제로 집은 공원의 중심이 되고 (…중략…) 브로슈어에는
28개의 활동과 시설이 열거되어 있다. (…중략…) 이 모든 활동과 그것이 끌
어모은 군중들은 위엄 있는 그 집의 전통과 교감하며 어울린다. 본질적으로
귀족적인 생활은 사적인 것이라기보다는 공적인 것이었다(Walter, 1982,
p.198).

이 집은 공공장소로 설계되었고, 다른 사람들이 그런 장소를 만든
다. 따라서 집단적 시선은 2장에서 논의된 영국의 해변 휴양지에서 한
때 발견되었던 것처럼 많은 수의 다른 사람들을 필요로 한다. 다른 사람

들은 이곳이 있어야 할 그 장소라는 것을 보여주면서 분위기를 제공한다. 우리는 국제적인 특성을 그 고유성으로 하는 주요 도시의 경우에도 마찬가지라는 것을 또한 지적했다. 수도에 독특한 흥분을 제공하는 것은 전 세계에서 온 사람들(달리 말하면 관광객)의 존재이다. 지위재 논의가 시사하는 것처럼, 많은 수의 다른 관광객이 혼잡만 유발하는 것은 아니다(8장을 보라).

따라서 지위 경쟁에 대한 허쉬의 주장은 인류학적 시선과 낭만적 시선으로 특성화되는 관광에 주로 적용된다. 미디어화된 시선과 집단적 시선을 찾고 공연하는 장소는 혼잡과 과밀의 문제가 덜하다. 그리고 실제로 허쉬의 주장은 관광객이 볼 수 있는 대상의 수가 제한적이라는 생각에 기초해 있다. 그러나 최근 몇 년 동안, 이 책에서 기술한 바와 같이, 미샨의 '누구도 손대지 않은 자연적인 아름다움'을 훨씬 뛰어넘어서, 관광객의 시선이 되는 대상이 엄청나게 증가해 왔다. 이러한 증가의 이유 중 일부는 현대의 관광객이 대체로 시선의 **수집가**라는 것, 그리고 같은 장소를 반복적으로 방문하는 것에는 관심이 적어 보인다는 것이다.

우리는 현대 관광객의 시선이, 사람들의 시선을 받을 만한 것과 장소를 확인해 주면서, 어떻게 점점 더 많이 세워지는지를 논의했다. 이러한 방향 표시는 상대적으로 적은 수의 관광의 중심점들을 확인해 주기 때문에 대부분의 관광객이 제한된 지역 내에 집중되도록 한다. 월터(Walter, 1982, p.302)는 '신성한 중심점은 민주화에 의해 파괴되는 지위재를 제공한다'고 말한다. 그는 '모든 장소에서 그리고 모든 것에서 찾아낼 수 있는 보석이 있고 (…중략…) 당신이 찾을 수 있는 것에는 제한이 없다'는 관점을 지지한다(Walter, 1982, p.302). 그는 우리가 소수의 선택된 신성한 장소에서 관광객의 시선을 구축하려는 경향으로부터 벗어나야 하고, 그리고 우리가 시선을 보내는 대상들에 대해 더 관대해져야 한다고 말한다. 이는 최근 몇 년 동안, 특히 위에서 검토한 바와 같이 산업 관광, 농촌 관광, 유적 관광, 영화로 인한 관광 및 모험 관광의 발전과 함께 어느 정도 생겨났다. 그러나 낭만적 시선의 계급적 성격에 대한 월터(Walter, 1982)의 분석은 설득력이 있다.

전문적인 의견형성자(브로슈어 작가, 교사, 지방 위원회 직원 등)는 대체로 중산 계급이며 지위재에 대한 낭만적 욕망이 주로 기반을 둔 것은 바로 중산 계급 내부이다. 따라서 낭만적 고독은 영향력 있는 후원자들을 지니고 있고 좋은 광고를 얻는다. 반면에 주로 노동 계급이 즐기는 술잔치와 사교 행사 및 군중의 일원이 되는 일은 그 환경을 보전하는 데 관심 있는 사람들에 의해 대체로 무시된다. 이것은 불행한 일인데, 왜냐하면 그것은 (…중략…) 특권층만이 이용할 수 있는 활동을 추켜세우기 때문이다(Walter, 1982, p.303; Butcher, 2003도 보라).

그래서 혼잡, 취향, 장소 사이에는 복잡한 연결이 존재한다. 고독과 낭만적 시선을 중요시하는 사람들은 이것을 단지 자연을 다루는 **하나의** 방법으로만 보지 않는다. 오히려 모든 사람들이 같은 방식으로 자연을 신성시하게 만들려고 시도한다('좋은 관광객'에 대해서는 Wood and House, 1991을 보라, 그리고 대조적으로 '새로운 도덕적 관광'에 관한 비판에 대해서는 Butcher, 2003을 보라). 대중 관광의 초기 발생과 관련되는 낭만주의는 널리 퍼져 일반화되었다. 지지자들이 다른 사람들에게 그 미덕을 더 많이

전파하면 할수록, 이것은 사실상 낭만적 시선의 기초를 위태롭게 한다. '낭만적인 관광객이 자신의 신앙을 다른 사람에게 전도하려고 할 때, 그는 스스로 무덤을 파고 있는 것이다'(Walter, 1982, p.301). 그러므로 낭만적 시선은 세계적인 규모로 관광을 확산시키는 데 기여하는 중요한 기제로서, 낭만적인 사람들이 그 고독하고 외로운 시선의 전연 새로운 대상을 찾으려 할수록 거의 모든 나라를 그 범위 안으로 끌어들인다. 여기에는 원시의 열대우림이나 그레이트 배리어 리프Great Barrier Reef의 섬에 있는 자연친화적 숙박시설과 같은, '환경적인 고상한 취향'을 보여주는 최근의 생태 관광의 개발이 포함된다. 따라서 지위 경쟁은 전 세계적으로 관광을 확산시키는 강력한 기제이다.

다음 절에서 우리는 관광에 대한 서로 다른 비판과 일군의 리스크에 대해 살펴본다. 지위 경쟁과 낭만적 시선은 또 다른 위험이 발생하게 되는 과정의 일부이며, 그 영향 속에서 매우 강력한 것으로 드러날 수도 있는 리스크이다. 이것은 세계의 관광이 '자연의 아름다움'이 아닌 중대한 자원, 즉 전 세계를 돌아다니는 수십억 명의 방문객들을 이동하게 하고, 만들어내고, 따뜻하게 하고, 시원하게 하고, 즐겁게 해 주는 데 쓰이는 에너지를 사용하는 것과 중심적으로 관계되어 있다는 것이다. 이들 방문객은 특히 석유의 전체 비용, 혹은 실제로 세상을 돌아가게 하는 것으로 보이는 탄소 배출에 따른 비용을 지불하지 않는다(Elliott and Urry, 2010).

석유Oil

오늘날의 세계 경제와 사회는 풍부하고 값싼 석유에 깊이 의존하고 있으며, 그 속에 파묻혀 있다. 대부분의 산업, 농업, 상업, 가내공업 및 소비자 시스템은, 굉장히 다양한 용도에 쓰이고 편리하며 20세기 동안에는 저렴했던 석유의 풍부한 공급을 중심으로 구축되었다. 석유 없이는 세계 관광과 유형적인 관광객의 시선이 존재할 수 없었을 것이다. '석유는 사실상 각국 내부와 전 세계에서 사람, 재료, 식품, 공산품의 이동에 동력을 제공한다'(Homer-Dixon, 2006, p.81). 지구상에서 **움직인다**는 것은 사실상 모든 것에게 필수적인 것이 되었다(Kunstler, 2006). 전 세계의 운송 부문은 최소 95%를 석유에 의존하고 있다. 석유 생산은 연평균 2% 이상의 증가율을 보여 왔다(Leggett, 2005, p.21). '저렴한' 석유는 사회적, 산업적, 군사적 및 상업적 생활의 대부분의 영역에 윤활제역할을 한다. 게다가 석유는 더러운 정치와 결부되어 있다(Bower, 2009). 석유 개발의 핵심에는 그 기득권의 권력이 있었다. 레깃(Leggett, 2005, pp.12·15)은 '석유 제국'이 대부분의 국가들보다 더 강력하다고 설명했다(Bower, 2009). 우리는 자동차 시스템, 멀리에서 방문해 오는 동떨어져 있고 전문화된 여가 및 관광 장소의 개발, 여러 영공을 지나다니는 비행기에 의한 이동성과 같은, 탄소 기반의 주요 시스템을 개발하고 확장하려는 '탄소 군사-산업 복합체'에 관해 이야기할 수 있다. 이들 복합체의 이해관계자들은 기후 변화에 관한 회의론과 에너지 시장의 규지와 개입에 반대하는 로비 활동에 직간접적으로 자금을 지원한다(Urry, 2011). 노르웨이를 제외한 대부분의 산유국들은 독재적이고 부패했으며 매우 불평등하다. 그러한 국가들은 전 세계와 특히 중동에서의 수많은 테러리즘의 간접적인 원천이다.

석유는 20세기의 중심이었지만 이제는 고갈되고 있으며 탄소 배출의 증가와 그에 따른 기후 변화의 중대한 원인이 되고 있다. 피크 오일 가설은 석유 자원의 추출에는 시작, 중간, 끝이 있다고 말한다. 그리고 어느 시점에, 잠재 석유의 절반 정도가 채취되었을 때 피크가 발생하는 최대치에 도달한다. 이러한 피크 이후에는 석유 채취는 더 어려워지고 비싸지게 된다. 석유 생산은 전형적으로 종 모양의 곡선을 따른다. 이는 석유가 갑자기 고갈된다는 것을 의미하는 것이 아니라, 석유 공급이 떨어지고 가격은 간혹 2000년대 중반에서와 같이 못처럼 뾰족한 형태로 극적으로 상승한다는 것을 의미한다. 피크 오일 이후, 개별 유전에서의 채취 공정은 수익성이 훨씬 낮아지게 된다. 일각에서는 1990년대 후반에 이미 세계적인 피크 오일이 발생했다고 제안한다. 다른 이들은 2004년 또는 2005년에 피크에 도달했다고 추정한다(Deffeyes, 2005; Strahan, 2007). 국제에너지기구IEA의 예측과 같은 보다 낙관적인 입장에서는 피크 오일을 2020년대로 보고 있다.

석유 **발견**의 정점은 1965년이었고, 가장 큰 유전은 반세기 이전에 발견되었다. 1970년대 이후로는 정말로 거대한 발견은 없었다. 이제는 새로운 유전이 발견될 때마다 3~4배럴의 석유가 소비된다. 석유 기반의 자동차와 항공 운송에 대한 세계적인 중독이 처음으로 발생한 미국에서 석유 사용이 정점에 달한 것은 1970년이었다. 그러므로 장기적으로 석유는 점점 더 비싸질 것이고 **1인당** 가용성의 감소로 인해 빈번한 부족 현상이 생길 것이다. '평상시와 같은 업무'에 더하여 2050년까지 두 배로 늘어나게 될 전 세계적인 여행과 소비 시스템에 연료를 공급할 석유는 충분하지 않다(Homer-Dixon, 2006, p.174). 따라서 '산업 문명은 본질적으로 양이 제한되어 있고 곧 희소해지게 될 에너지 자원의 소비에 기반을 두고 있으며 (…중략…) 결국에는 단 한 국가도 우리가 20세기 동안에 알고 있었던 산업주의를 유지하는 것이 불가능할 수 있다'(Heinberg, 2005, p.1).

그러므로 인류 역사에서 '석유의 기간'은 이지 오일이라는 고작 100년 정도(20세기)의 짧은 시간인 것으로 드러날 수 있다. 석유 공급은 소수의 국가에 집중되어 있으며 이것은 공급이 균일하지 않고 문제가 발생할 가능성을 높인다. 그리고 석유의 이해관계자인 기업과 국가는 모두 매장량의 규모를 지속적으로 과장하고 있는데, 공식적인 세계 수치는 이들의 추정치에 의존하고 있다. 그리고 세계에서 가장 빠르게 성장하는 경제가 있다. 1999년부터 2004년까지 중국의 석유 수입은 두 배로 증가했다. 피크 오일 연구자인 쿤슬러Kunstler는 현재 수요 증가율로 보면 중국이 10년 이내에 현재 이용 가능한 세계 석유 수출량의 100%를 소비할 것이라고 추정한다. 그리고 이것은 세계 다른 곳에서는 수요의 증가가 없고 세계 생산의 감소도 없다는 것을 가정한 것이다(Kunstler, 2006, p.84).

세계적인 경제 성장, 여행과 소비의 상승 수준을 유지할 수 있을 충분한 석유가 없다면 상당한 경제 침체와 자원 전쟁, 그리고 더 낮은 인구 수준이 초래될 것이다. 거의 확실한 석유 사용의 정점은 이미 미래의 전조라고 할 수 있을 중요한 경제적 사회적 결과를 초래했다. 2008년의 전 세계적인 경제 및 금융 붕괴는 미국 내 광범위한 넓이의 '변두리'

교외 지역, 그와 관련된 쇼핑 및 여가 시설 개발을 위한 투기적인 건설과 위험한 자금 조달에 의해 일정 정도 활성화된 것이었다. 1980년대 후반과 1990년대 초반의 석유 과잉 기간으로 인해 (1998년에는) 배럴당 불과 10달러에 석유 거래가 이루어졌다. 그러나 2008년 중반까지 배럴당 석유 가격은 135달러 이상으로 상승했다. 이로 인해 지역 주민들인 더 이상 그곳에서 살 수 없게 되었고 수많은 교외 지역 및 관련된 여가 시설들은 더 이상 살아남을 수 없게 되었다. 교외 지역으로부터의 탈출은 전 세계 금융 시스템에 가장 심각한 연쇄적인 영향을 미쳤다.

석유 가격이 정점을 찍으면서 은행은 붕괴되었고 긴급구제를 받아야 했다. 여행에 대해서는 다음과 같은 결과가 초래되었다. 항공사들이 파산 신청을 하기 시작했다. 자동차 제조업체들의 경우, 특히 대형 모델의 판매 감소가 현저했다(2009년에 13% 감소). 상징적인 기업들이 파산 신청을 했기 때문에, 미국은 더 이상 세계 최대의 자동차 시장이 아니었다. 전 세계적으로 주행 속도는 더욱 느려졌다. 디트로이트는 점점 더 폭격으로 파괴된 도시처럼 보였다. 수많은 투기적인 여가와 관광 개발이 중단되었고, 국제 여행과 관광은 급감했다(Dennis and Urry, 2009; Urry, 2011를 보라).

이에 대한 주된 예외는, 국내 관광객 그리고 특히 국제 관광객의 목적지이자 원천으로서의 중국이다. 2006년에, 중국일보China Daily의 사설에서는 중국인들에게 '소비를 해방시키라'고 촉구했고, 이는 세계 최대의 자동차 시장을 만들어냈을 뿐만 아니라 전 세계에 중국인 방문객의 수를 크게 증가시켰다. 중국은 마오쩌둥 시기 동안인 1970년대 중반까지는 이동성이 자본주의적인 악습으로 간주되었지만, 30년 만에 세계 관광의 중심이 되었다. 세계 곳곳의 수많은 여행 목적지들이 중국인 방문객의 요구에 부응하기 위해 재설계 중이라고 보고하였으며, 그 수는 새로운 세기가 시작된 이래로 5배가 증가했다. 이러한 개발은 여러 곳에서 볼 수 있다. 발리에서는 이제 힌두교의 신보다는 부처를 조각상으로 깎아 만든다. 프랑스는 방문객 중에서 중국인 관광객이 가장 많다. 미국의 메리어트 호텔에서는 중국식 아침식사를 내놓고 있다. 특히 홍콩과 마카오에서는 포스트사회주의자라 할 수 있을 중국인 관광객들이 호텔, 카지노, 쇼핑센터, 대형 상가 등에서 소비하는 몸의 개발을 배워가고 있다(중국인 이동성의 새로운 문화에 대해서는 Simpson, 2009; Anderlini, 2010; Nyiri, 2010을 보라).

그래서 관광은 많은 석유를 사용하고, 이 석유는 불평등하고 부패한 정권을 떠받치고, 그러한 정권은 테러리즘을 발생시키고, 그래서 관광객들은 테러범들이 간헐적으로 방문하는 관광지에서 폭격을 당할 리스크가 있다. 석유는 세상을 돌아가게 만들지만 이것은 관광과 테러리즘의 세계이다. 그리고 석유를 통한 세계의 윤활은 상당히 둔화될 수 있다. 여행은 점점 더 비싸질 수 있고, 이는 국제 관광의 장기적인 성장 가능성을 낮게 만든다.

기후 변화 Climate Change

석유 사용이 정점에 달하는 것 외에, 기후 변화로 인한 그럴듯한 미래의 결과도 존재한다. 20세기 자본주의는 지구의 기온을 최소 0.8°C

상승시킨 것으로 보인다. 이는 지구의 대기 중에 있는 더 높은 수준의 온실가스에서 비롯되는 것 같다(IPCC, 2007; Stern, 2007). 온실가스는 태양광선을 가둔다. 이 '온실' 효과 때문에 지구가 데워진다. 게다가 이러한 온실가스의 수준과 세계의 기온은 향후 수십 년 동안 훨씬 더 증가할 것이다. '평상시와 같은 업무'를 하고, 고탄소 시스템 특히 여행의 상당한 감소가 없다면 온실가스의 누적량은 이번 세기가 끝날 때는 3배가 될 수 있다. 스턴 보고서에 따르면 평균 기온은 수십 년 내에 3℃부터 (대부분의 분석가들이 제안한 6℃가 아니라) 충격적인 10℃까지도 상승할 수 있다. 세계의 소비 수준은 5~20% 감소할 수 있다(Stern, 2007, p.3). 전 세계의 기온이 전체적으로 3℃ 상승하는 것조차 인류의 경험을 넘어서는 것이며, 전 세계적으로 기후의 패턴, 강우량, 농작물, 동물 및 생명체를 변화시킬 수 있다.

기후 변화에 대한 과학적 증거는 기후 변화에 관한 정부 간 협의체 IPCC 보고서가 1990년에 처음 발표되었을 때보다 덜 불확실하다. 2007년 보고서에 따르면, IPCC는 지구의 평균 기온과 해수 온도의 상승, 눈과 얼음의 광범위한 융해, 지구의 평균 해수면의 상승이라는 폭넓은 관찰을 바탕으로 하여 세계 기후의 온난화가 이제 '명백하다'고 선언했다. 보고서는 또한 사람이 만들어냈거나 인위적으로 생성된 온실가스 중에서 가장 중요한 것은 이산화탄소라는 것을 보여준다. 그 농도의 수준은 지난 65만년 동안 확인된 자연적 범위를 훨씬 초과한다. 따라서 이산화탄소의 높은 그리고 상승하는 수준은 '비자연적인' 원인에서 비롯된다. 지구 온난화에는 수많은 요소들이 있는데, 북극 기온의 증가, 빙산 크기의 감소, 만년설과 빙하의 융해, 영구동토층의 감소, 강우량의 변화, 생물 다양성의 감소, 새로운 바람 패턴, 가뭄, 폭염, 열대성 사이클론, 그리고 여타의 기상 이변 등이 포함된다(Lovelock, 2006; Pearce, 2006; Lynas, 2007; Monbiot, 2007).

IPCC를 통해 전 세계 수천 명의 과학자들의 조직화된 행동이 공개 토론회를 바꿔 놓았으며 이는 〈투모로우The Day after Tomorrow〉(2004), 〈불편한 진실An Inconvenient Truth〉(2006), 〈어리석은 자들의 세기The Age of Stupid〉(2009)를 포함한 다양한 영화들에도 반영되었다. 미국 국방부에서는 기후 변화가 전쟁과 자연재해로 수백만 명의 목숨을 앗아가는 전 지구적인 재앙을 초래할 것이며, 테러리즘보다 더욱 크게 세계의 안정을 위협할 것이라고 발표했다.

그러나 다음 세기 동안의 미래 기후 변화의 규모, 영향, 속도에 대해서는 여전히 상당한 불확실성이 존재한다. 온실가스의 비율과 기온 상승을 예측하는 데 사용되는 세계 기후 모델에는 '알려지지 않은 것들'이 많이 포함되어 있다. IPCC 보고서는 복잡한 과학적, 정치적 합의에 도달하는 것을 기반으로 하므로, 모든 잠재적이고 불확실한 되먹임 효과를 고려하지는 않는다. 이들 되먹임 효과는 결국, 사람들이 하늘을 날아다니거나, 차를 운전하거나, 고속열차를 타고 여행하거나, 월드컵 같은 대규모 행사에 가거나, 자신의 집이나 호텔의 냉난방기를 작동시키거나, 물에 염분을 제거하거나, 우주 관광을 개발하는 등의 여부에 달려 있다(Berners Lee, 2010에서 이 모든 것들에 대한 최근의 탄소 발자국 계산을 보라). 사람들이 이렇게 하면, 온도는 올라간다. 그리고 온도가 향후 수십 년 동안 올라갈수록, 이것은 아마도 **추가적인** 온도 상승을 촉발할 것인데 이는 지구의 환경 시스템이 원래의 증가를 흡수할 수 없기 때문이다.

이들 양의 되먹임 중 가장 극적인 것은 그린란드 만년설이 전체적으로 혹은 부분적으로 녹은 것을 포함한다. 따라서 기후 변화는 더 많은 기후 변화를 만들어낸다. 최근의 얼음 핵 연구에 따르면 이전의 빙하기와 간 빙기 기간에 지구 온도에 갑작스럽고 급격한 변화가 발생했었다. 지구 는 점진적인 변화에는 관여하지 않는다(Pearce, 2007). 급격한 변화는 일반적인 것이었지 예외가 아니다. 게다가 마지막 빙하기 당시의 온도 는 지금보다 단 5℃가 더 낮았다. 그리고 북극에서는 지난 30년 동안 3 ~5℃의 지역 온난화를 일으키는 되먹임과 함께 최근 기온 상승이 정말 로 두드러졌다.

따라서 지구의 환경 시스템 내의 다양하지만 서로 연결된 다양한 변화는 누적되는 붕괴의 악순환을 일으킬 수 있다. 세계보건기구WHO는 2000년에 이미 기후 변화로 인한 사망자가 매년 15만 명을 넘는 것으 로 추산한 바 있다. 이 지구는 견뎌내겠지만, 다양한 형식의 인간 거주 지, 특히 규칙적으로 그리고 광범위하게 '움직이는' 것을 수반하는 거 주지는 그렇지 못할 수 있다. 그리고 사라지게 될 첫 번째 장소는, 주민 들을 섬에서 이주시킬 계획이 이미 진전된 몰디브를 포함하여, 해변에 지어진 관광 휴양지가 될 수 있다(Amelung, Nicholls and Viner, 2007; Becken and Hay, 2007).

다음 절에서 우리는, 석유(및 가스) 가용성의 감소, 기후 변화, 그리고 인 구의 지속적이고 막대한 증가 사이의 상호의존성을 고려하면서 2050년의 세계와 관광이 어떠한 모습일 것인지 간단히 살펴볼 것이다. 강력한 관광객 의 시선이 이번 세기의 중반까지 여전히 존재할 수 있을까?(Smart, 2010; Urry, 2011, 9장) 우리는 2050년에 대한 세 가지 시나리오를 고려해 본다.

2050년의 첫 번째 가능성은 초이동성과 초-관광객 소비의 미래이다. 자원 부족과 기후 변화의 영향이, 식품, 물건, 장소 및 서비스의 이동과 소비 패턴이 훨씬 더 광범위해지고 빈번해지며 완전히 사람들의 '페르소나'의 일부가 되는, 최소한 부유한 북반구에 사는 사람들에게는 실제로 덜 중요한 것으로 드러난다.

이것은 메시지와 개별적인 미디어가, 특히 '움직이고 있을 때', 사람들의 하루 대부분을 차지하는 소형 지능형 기기를 통해 지속적으로 재생되는 '초'세계이며, 사람들은 '항상 접속해' 있다. 시민들은 평균적으로 하루에 4~5시간을 여행하는데, 그래서 일정하고 제한된 여행 시간이라는 개념을 극복한다. 새로운 종류의 연료와 차량은 시공간의 한계를 극복한다. 3세대 바이오 연료 또는 수소 사용을 통해 개인화된 항공 여행이 흔해질 것이다. 버진 갤럭틱Virgin Galactic을 타고 우주로 향하는 정기 항공편을 포함하여, 코르뷔지에Corbusier로부터 영감을 받은 미래가 모든 사람들을 하늘로 향하도록 손짓을 하기 때문에, 자동차는 유행에 뒤쳐져 땅바닥에 붙어 있게 될 것이다. 적어도 대기권 안으로의 정기적인 여행은 흔해질 것이다. 우주 관광이 민영화되고 우주 여행이라는 발상의 오랜 쇠퇴가 반전됨에 따라 최종적인 미개척 영역은 정말로 극복될 것이다(Dickens and Ormrod, 2007, 5장).

이 시나리오에서 대부분의 사람들은 다른 곳에서 공부하고, 자주 이주하고, 가족과 정기적으로 만나고 다시 또 만나고, 오랜 시간 만나지 못한 친구를 자주 보고, 지구 반대편에 쇼핑을 하러 가고, 몇몇은 달로 휴가를 떠날 수 있다. 사람들은 지리적으로 멀리 떨어져 있고 스스로 계속해서 움직이는 다른 사람들과 이러한 것들을 하려고 하기 때문에, 매우 빈번하게 그리고 매우 먼 거리를 넘어서 여행하고 의사소통한다. 동료, 친구, 가족을 따라가기 위해서는 빠른 여행과 끊임없는 의사소통이라는 엄청난 부담을 져야 한다. 이 시나리오의 밑바탕에는 사회적 지위가 높은 수준의 비상한 소비주의로부터 도출되는, 특히 장거리의 기계 기반의 이동 및 새로운 관광지의 발견으로부터 도출되는 방식이 존재한다. 여기서는 빠른 여행과 관광객의 시선이 강력한 '지위재'로 남아 있을 것을 가정한다. 여기서 소비는 눈에 잘 띄는 것이기 때문에 빠른 자동차, 전용기의 이용, 휴가용 아파트의 소유 등은 남들이 보고 논평하며 지위를 만들어내는 것으로 여겨진다. 먼 거리를 여행하며 다른 사회의 사람들과 폭넓은 인맥을 갖는 것은, 물론 어쩔 수 없이 이주하거나 망명할 수밖에 없는 사람들을 제외하고, 지위의 주요한 기반이 된다.

전자 통신은 물리적인 여행을 대체하는 것이 아니라 강화하며, 소비를 눈에 잘 띄게 하고 지위를 높이는 추가적인 방식을 제공한다. 고도로 연결된 이러한 세계에서 사회생활과 업무는 치열하고 이들 사이의 경계는 흐려진다. 심지어 저임금 서비스 노동자도 '항상 이용 가능한' 상태로 있는 것에 너무 익숙해져서 휴일은 더 이상 휴식시간이 아니게 된다. 이것이 '휴일'의 많은 시간에 많은 사람들과 함께하는 미래의 '스타트렉'의 전망이다.

두 번째 시나리오는 많은 환경 운동가들이 주장하는 것, 즉 '지역의 지속가능성'이라는 발상을 중심으로 하는 경제와 사회의 세계적인 재구성이다. 이 슈마허Schumacher 모델은 대부분의 사람들이 살아가고 일하고 대부분 다시 만들어내는 자립적인 (그리고 아마도 반 정도는 고립된) 공동체 네트워크를 포함한다. 이것은 보다 지역적이고 규모가 작은 생활양식으로의 극적이고 세계적인 전환을 수반한다. 친구는 인근에 있는 거리에서 찾아야 한다. 가족은 새로운 가정을 꾸리는 시간에도 움직이지 않을 것이다. 일자리는 근처에서 구하게 된다. 걷기, 자전거 타기, 그리고 공적인 이동 수단이 자동차와 비행기를 대신한다. 교육은 지역의 학교와 대학에서만 이루어진다. 계절은 식료품을 생산하고 소비하는 시기를 결정할 것이다. 대부분의 상품과 서비스는 더 간소해지고 근처에서 생산될 것이다. 그리고 보통 말하는 '관광'은 아주 적어지면서 거의 모든 여행은 지역화될 것이다.

이러한 '압축 도시'가 아닌 다른 곳에 살면서 아이들을 키우거나, 특히 관광객으로서의 즐거움을 위해 멀리 떨어진 장소로 여행을 떠나는 것은 유행에 어울리지 않는 일이 될 것이다. 지위의 속성은 재지역화되고, 장거리 이동성은 지위적으로 좋은 것이 아니라 나쁜 것이 될 것이다. 이 시나리오는 가까이에 살고 있거나 걷거나 자전거를 타고 가서 만날 수 있는 사람들을 대부분 알아 가기 위해 선택하는, 새로운 종류의 '우정'에 의존한다. 사람들은 장거리 여행 및 친척 관계의 결핍으로 동요하지 않을 것이다. 장거리 여행, 그리고 '선택'과 '편의성', 자동차와 비행기에 기반한 대중 관광의 형태는 흔치 않고 낮은 지위의 원천이 될 것이다.

쿤슬러(Kunstler, 2006)는 21세기는 다른 장소로 가는 일에 대한 것보다 있는 자리에 머무는 일에 대한 것이 훨씬 더 많을 것이라고 예측한다. 피크 오일 이후의 극단적인 시나리오에서는, 자동차가 운전할 수 없는 사람들에게 분노를 불러일으키는 사치품이 된다. 이로 인해 차량이 훼손되거나 운전자가 욕설을 듣게 될 수도 있다. 쿤슬러는 미래에는 포괄적인 규모의 감축, 인원의 축소, 재지역화 및 생활양식의 급진적인 재편이 포함될 것이라고 주장한다. 그는 다음과 같이 말한다.

어쨌든 누구나 상상할 수 있겠듯이, 21세기 중반의 이동 수단의 상황은 지난 50년 동안 우리가 누려 왔던 이동성의 축제와는 아주 다를 것이다. 여행, 관광, 이동 수단의 거의 모든 측면에서 더 작은 규모의 운용으로의 회귀 및 긴축이 그 특징이 될 것이다. 이를 통해 우리는 우리와 인접한 환경을 최대한 활용할 수 있을 것이다(Kunstler 2006, p.270).

수많은 생활의 형태가 지역적으로 중심에 있고 집중된다. 대부분의 이동이 지역적이기 때문에, 두 발과 자전거, 그리고 새로운 저탄소 형태의 이동 수단이 일부 엔진이 달려 있는 형태와 함께 발견된다.

이 시나리오는 값이 싼 에너지의 가용성이 극적으로 감소하고 세계적 경쟁이 증가함에 따라 전개될 수 있다. 극심한 경제적 위기는 인터넷에서의 가상 여행을 통한 것을 제외하고 관광객의 시선의 현저한 탈세계화와 함께 지역의 지속가능성과 지역적인 장소 감각을 향한 세계적인 압력을 만들어낼 수 있다. 공동체의 가치와 환경에 대한 책임은, 소비주의 및 억제되지 않은 관광의 이동성이라는 가치보다 훨씬 더 가치 있는 것으로 간주될 수 있다. 결과적으로, 장소와 이동 수단에 관한 수많은 국제 관광 시스템이 차차 사라질 것이다.

세 번째 시나리오에서는, 기후 변화, 석유, 가스, 물의 부족, 그리고 간헐적인 전쟁이, 현재 세계를 아우르고 있고 20세기의 양가적인 유산이라 할 수 있는 수많은 이동성, 에너지, 의사소통의 연결을 실질적인 붕괴에 이르도록 할 것이다. 이러한 탈문명화하는 미래에는 생활수준의 급락, 이동성 패턴의 재지역화, 지역 '군벌'에 대한 강조의 증가, 상대적으로 약한 국가적 혹은 세계적 지배권의 형태, 그리고 리스크와 환경적 문화적 나쁜 점들로 인해 줄어든 관광객의 여행 등이 남게 될 것이다. 합법적인 국가의 관리 하에 있는 독점된 물리적 강제력은 존재하지 않을 것이다. 국가 내의 서로 다른 부족 간의 전쟁이 점점 더 흔해지면서 여행과 관광을 위험하게 만들 것이다.

수많은 사회기반시설의 시스템이 붕괴되기 시작하고 서로 다른 지역 사이의 생산과 소비의 분리가 늘어나게 될 가능성이 높다. 지역의 '군벌'은 자전거, 자동차, 트럭, 전화 시스템의 지역화된 재순환이 점점 늘어나면서, 재순환된 형태의 이동성과 무기류를 통제할 것이다. 대부분 그것들은 운용되고 있지는 않을 것이다. 자동차와 트럭은 사막에서 녹슬게 되거나 홍수에 떠내려가게 될 것이다. 석유와 기타 자원의 사용이 줄어들고 전 세계의 인구가 급감할 경우 기후 변화의 어떤 결과가 일정 정도 개선될 수는 있다(최근 석유 이후 시대의 '군벌' 디스토피아에 대해서는 사라 홀Sarah Hall의 *The Carhullan Army*(2007), 그리고 마르셀 서루Marcel Theroux의 *Far North*(2009)를 보라).

안전한 장거리 이동 및 관광 시스템은 '치안이 유지되는' 고립된 장소나 임시 거주지에 모여들 엄청난 부자들을 위한 것을 제외하고는 사라질 것이다. 중세 시대 때와 같이, 장거리 여행은 위험하고, 무장을 하지 않는 한 아마도 시도되지 않을 것이다. 대중 관광은 사라진다. 부자들은 주로 무장된 헬리콥터나 경비행기를 타고 공중으로 여행할 것이다. 군벌이 지배하는 각 지역은 특히 물, 석유, 가스의 통제 때문에, 어쩌면 그들의 이웃들과 전쟁을 벌이게 될 수 있다. 광범위한 홍수, 특히 20세기의 해변 지역의 과잉, 기상 이변, 그리고 장거리인 석유 및 가스 수송 관로의 파괴로 인해, 무장한 폭력집단들은 이들 자원을 두고서 다투고 방어할 것이다. 몇몇 자동차와 트럭은 남아있겠지만 대부분 이전 수십 년 동안 녹슬어 있는 버전일 것이다. 이 만신창이가 된 것들을 계속 움직이게 하고 징발되는 것을 막는 데에는 막대한 노력과 기술이 효율적으로 활용되어야 한다. 현재의 개발도상국들에서 자동차를 사용하고 재사용하는 것은, 즉흥적이면서도 어설프게 고치는 성장 가능성이 있는 자동차 문화의 종류를 시사한다.

영화 〈매드맥스2Mad Max 2〉에서는 석유 부족으로 인해 시민 질서의 붕괴에 직면한, 그리고 권력이 단기간의 비행을 포함하여 새로운 이동성을 즉흥적으로 이용할 수 있는 사람들에게 가 있는 황량하고 디스토피아적이며 빈곤한 사회의 미래를 묘사하고 있다. 이 시나리오 하에서, 세계의 가난한 남반구 지역에서 이미 예상된 바와 같이, 생활은 덜 움직이고 불결하고 잔인하며 '더 부족한' 것이 된다.

이들 시나리오 중 어떤 것도 전혀 바람직하지 않으며 관광 산업과 그리고 특히 더 넓은 사회를 위한 비용을 들이지는 않는다. 영구적인 움직임은 미래 에너지원의 부족과 탄소 배출의 다양하고도 끔찍한 결과 때문에, 그 미래가 불확실하다. 두 번째 미래는 전 세계적으로 훨씬 적은 인구만을 지원할 수 있는 반면, 세 번째 미래는 불결하고 잔인하고 부족한 생활을 수반할 것이다. 이러한 개별 시나리오의 결함을 극복하기 위해 개발되어야 할 여러 가지 전략이 있다(관련된 주장에 대해서는 Smart, 2010을 보라).

첫째, 우리는 너무 많은 현대의 관광을 몰아가는 '이국적 시선'을 없애고, 대신에 사람들이 전 세계를 돌아다니기보다는 장소에 머물게 하는, 우리가 '지역적 시선'이라고 부를 수 있는 것을 개발하는 담론, 계획, 자금 조달을 지지할 필요가 있다. 그리고 사람들이 더 먼 거리를 여행할 때, 이것은 공동으로 그리고 가능한 한 지속가능한 고속 열차에 의해 수행되어야 한다. 이와 관련하여, 우리는 사람들이 이국적이고 먼 곳이 반드시 더 낫다고 생각하지 않고, 대신에 자신의 '뒷마당'에 있는 '보물'을 검색하고 찾을 수 있도록 표지판의 규모를 줄여야 한다. 어떻게든 인터넷의 효과는 주변의 즐거움을 드러내는 데에, 그러면서도 또한 유형적 여행을 가상적 여행으로 대체할 수 있는 소프트웨어와 체험을 개발하는 데에 초점을 맞출 필요가 있다. 전반적으로, 지역화된 방문과 만남의 패턴이 재발견되어야 하고, 이것은 관광객의 시선이라는 발상 또는 하이데거가 '보는 사람에게 바로 건네줄 수 있는' 대상이라고 가리킨 것에 대한 좀 더 보편적인 거부를 통해 촉진될 것이다(Smith, 2009, p.627). 또한 개발이 필요한 것은 다른 사람들과 얼굴을 맞대고 몸을 맞대고 있거나 또는 다른 장소나 사건 속에 있는 정서적 즐거움을 전부 아니면 적어도 대부분을 효과적으로 대체하는 가상적인 만남의 형태이다. 인터넷과 Web 2.0은 지역성을 더 강화해야 하고 더 이상 세계적인 선택과 유형적인 여행은 강화할 필요가 없다. 게다가 탄소 이해관계자들의 권력은 세금과 규제를 통해 근본적으로 상쇄되어야 하는 반면, '공적인' 이동 수단과 새로운 지속 가능한 형태의 '개인적' 이동 수단은 많은 자금과 보조금을 필요로 한다. 이것은 아마도 지속되는 신자유주의적 자본주의의 세계에서 가장 도전적인 요구사항일 것이다. 그리고 이와 평행한 것으로서, 계획 및 건축 지침에서, 장소 상실, (6장에서 논의된) 탈지역화된 포스트모던 테마, 그리고 현대적 설계와 계획 내의 '자동차에 의한 이동성에 지배되는 도시'보다는, 장소의 특수성과 저탄소, 자전거와 보행자에 친화적인 도시를 선호한다는 점을 들 수 있다(이러한 종류의 혁신을 상세히 전개한 사례는 Dennis and Urry, 2009를 보라).

그런데, 계속되는 움직임의 미래가 이미 다른 무언가로 미끄러져 가는 경사로 위에 있을 수도 있다. 20세기에 특히 한 장소가 그러한 움직임과 과도한 소비의 장소를 상징하는데, (2장에서 논의된 바와 같이, 비록 그것이 관광 휴양지의 평범한 흥망성쇠와 꼭 같을 수도 있지만) 그곳의 상승과 잠재적인 하락은 관광지의 미래와 전 세계의 관광객의 시선에 대해 중요한 무언가의 지표가 될 수 있다.

두바이|Dubai

1980년대 이후의 소위 신자유주의라고 불리는 시대에는, 수많은 새로운 디자인과 테마의 관광 및 소비 과잉의 장소가 개발되었는데, 그 중 일부는 6장에서 검토하였다. 데이비스와 몽크(Davis and Monk, 2007)는 이들 장소에 대해 '악마의 낙원'이라고 도발적으로 지칭했는데, 그 예시에는 이란 사막의 캘리포니아식 오아시스인 아르게 자디드Are E Jadid, 400억 달러짜리 2008년 베이징 올림픽, 홍콩의 팜스프링스加州花

圍 외화부인 출입 통제구역, 요하네스버그의 샌튼Sandton, 두바이, 라스베이거스, 그리고 마카오 등이 포함된다. 이 중 마카오에는 13억 중국인들에게 여가 도박을 제공하기 위해 250억 달러가 투자되었다(Simpson, 2010).

이곳은 고탄소 '소비'의 장소이다. 그들의 투기적인 개발은 대체로 유명 건축가가 참여하는 대규모의 사회기반시설 사업에 의해서만 가능하다. 관련된 새로운 교통 시스템에는 보통 공적 자금이 투입된다. 이러한 장소를 건설하는 데에는, 매립지(마카오, 두바이)나 사막(라스베이거스, 그란 스칼라, 아부다비)에 건물을 짓기 위해 물, 석유, 전력 및 건축 자재의 낭비적인 소비가 수반된다. 이들 장소는 복제되는 원본보다 더 '진짜 같은', 모방해서 만들어진 수많은 환경과 더불어 고도로 상업화된다. 주로 디지털화된 문을 통해서는 현지 주민과 신용이 좋지 못한 방문객의 출입을 막는다. 신체가 수많은 형태의 상품화 체험에 종속됨에 따라 행동의 규범은 가족 / 이웃에 의해 규제되지 않는다. 이러한 테마 장소는 규제되지 않는 방식의 소비와 더불어, 불충분한 소비가 발생하지 않는 한 죄책감이 아닌 즐거움만 있기 때문에 이웃에 의한 통제를 넘어서 있다. 실제로, 이 장소들은 특히 도박, 술, 과식, 그리고 관련된 범죄의 형태들에 대한 잠재적인 집단 중독의 현장이다. 이러한 지역들은 그 과도한 소비 때문에, 그리고 방문객과 많은 경우 노동자들의 거대한 흐름 때문에 세계적으로 알려지게 된다.

지난 세기의 마지막 해와 이번 세기의 초반에 두바이는 그러한 과잉의 대표적인 사례였다. 이곳의 석유 시추는 1966년에 시작되었지만 상대적으로 빨리 석유는 고갈되기 시작했고, 대규모의 관광객, 여가, 스포츠, 부동산과 소비 경제가 이를 대체했다. 석유 생산자가 되는 것 대신, 이제는 두바이가 얻는 수익의 90% 이상이 석유와 무관하다(David-son, 2008, p.1). 두바이는 거대한 석유 소비자이다. 석유는 세계에서 가장 큰 건축 부지인 곳에 섬, 호텔, 명소를 짓고, 매우 많은 수의 방문자와 노동자를 안팎으로 수송하고, 평균 기온이 40°C가 넘는 곳을 찾아온 방문객을 위해 극적이고 시원한 환경을 제공하는 데에 사용된다. 이와 같이 두바이는 에너지를 소비하는데, 여기에는 에어컨 바람을 최대한도로 야외로 향하게 하여 정원을 더 시원하게 만들고, 심지어 여름에도 사막 한 가운데 위치한 실내 스키장에 영하의 기온이 유지되도록 하는 것이 포함된다. 놀랄 것도 없이, 두바이는 1인당 탄소 배출량의 세계 순위에서 2위를 차지했고, 오직 이웃 국가인 카타르에만 밀렸다(이에 대한 더 많은 세부사항은 Schmid, 2009를 보라).

두바이의 스카이라인은 이동 중에 수십 개의 거대 사업들을 드러내 보여준다. 여기에는 해안선을 120km까지 확장하는 두 개의 팜아일랜드 개발, 세계지도를 닮은 모양의 일련의 새로운 섬들, 어마어마한 쇼핑 단지, 돔형 스키 리조트와 그 밖의 주요 스포츠 경기장, 세계에서 가장 높은 건물인 부르즈 할리파Burj Khalifa, 6500개의 객실을 보유한 세계에서 가장 큰 호텔인 아시아-아시아, 그리고 100마일의 전망을 가진 세계 최초의 7성급 호텔인 부르즈 알 아랍Burj Al Arab 등이 포함된다(Davis and Monk, 2007; Davidson, 2008; Schmid, 2009). 이곳은 엄청난 양의 석유를 필요로 하는 기념비적인 과잉의 장소이다. 특히 중동과 남아시아의 방문객들을 위한 최고의 사치품 소비자의 천국이 되는 것이 두바이의 야망이었다. 이와 같이, '시각적이고 환경적인 과잉을 위해 끊임없이 힘

써야 한다'(Davis, 2007, p.52). 두바이는 놀이를 위한 수많은 거대한 복제품, 바빌론의 행잉 가든, 타지마할, 피라미드, 설산 등 어떤 원본보다도 더 완벽한 복제품이 있는 건축적인 거대주의와 완전성을 통해 이를 이루어냈다. 이곳은 과소비, 쇼핑, 식사, 음주, 매춘 및 도박의 장소이기도 하다. 명목상 이슬람 국가인 이곳에서의 범죄 행위라고 한다면 '한계' 까지 소비하지 않는 것이다. 그리고 소비의 천국에 걸맞게, 두바이의 공식적인 명절은 한 달 동안 계속되는 호화로운 그 유명한 쇼핑 축제이다. 이곳은 방문객과 부유한 현지인들에게는 과도한 소비의 상징적인 장소이다. 이곳은 자연이 방해가 되는 것을 용납할 수 없는 장소였다. 해변이 없으면 해변을 만들어 내는데, 신들이 야자나무의 모양이나 세계 지도를 볼 수 있도록 만들었다. 너무 많은 돈이 있고, 너무 **빠르고**, 사람이 살기에 가장 열악한 환경에서 자연의 한계를 극복하는 두바이를 따라잡는 것은 불가능했다.

그러나 석유 사용이 정점에 이르는 것과 해수면이 상승하고 날씨가 격변하는 기후 변화의 영향은 아랍의 라스베이거스가 생겨났던 모래 속으로 다시 미끄러져 돌아갈 것이라는 것을 의미할지도 모른다. 이곳은 엄청난 에너지 사용에 의존하면서도 해수면 상승과 홍수에 쓸려 갈 수 있는 여타의 수많은 해변 장소 및 휴양지와 비슷하다(Amelung, Nicholls and Viner, 2007). 이곳은 2005년 9월, 상당히 성공적인 조건의 불평등한 관광 도시인 뉴올리언스에서 발생한 일에 근접해 있다. 여기도 바다에, 그리고 일정 정도는 해수면 아래에 지어져서 기상 이변으로 위협을 받았다. 허리케인 카트리나는 바다 근처에서 살 수밖에 없었던 사람들의 수많은 자산들이 한 극단적인 사태로 인해 쓸려가 버리는 동안, 부유한 대도시에 살고 있는 사람들에게는 무슨 일이 일어나는지를 보여주었다. TV 영상은 전체 주민들이 어떻게 '처분 가능한지' 보여주었는데, 전 세계에 10억 개 정도 되는 TV 화면에는 부풀어 오른 흑인 빈민들의 시체가 전시되고 있었다. 카트리나는 또한 국지적인 홍수에 대한 석유 공급의 취약성을 보여주었다. 세계의 정유 공장은 이미 최대한의 용량을 작업하고 있었기 때문에 미시시피의 정유 공장이 폐쇄되었을 때 생산을 늘릴 수가 없었고, 이에 석유 부족이 흔해지면서 가격은 급등했다. 이는 차례로 2008년 동안 수많은 서브프라임 모기지 및 관련 금융 상품을 하락시킨 2000년대 중반의 유가 급등에 일조하였고, 이는 전 세계의 수많은 부동산 관광 개발이 10년 가까이 멈췄다는 것을 의미했다. 그러나 금융 붕괴와 관련된 몇몇 장소들이, 월스트리트 여기저기서 '스캔들과 악당 투어'를 운영하는 한 회사와 함께 새로운 관광객의 시선의 명소가 되는 것이 바로 관광 산업의 전형이다(Clark, 2010).

그 금융 붕괴 속에서 두바이라는 자만심은 길을 선도하는 것처럼 보일 것이다. 그 놀라운 성장은 역전되어 가고 있다. 두바이는 실제로는 아무 것도 만들지 않았다. 그 모든 건물을 짓는 돈은 빌려온 것이다. 그 사치품은 관광객의 시선으로부터 감춰진 근대적 노예 신세의 모습으로 피땀 흘려 일한 외국인 노동자들의 등 위에 세워졌다. 아시아 곳곳에서 온 백만 명 이상의 남녀들은 두바이를 잠을 자는 듯 조용한 마을에서 희미하게 빛나는 아랍의 라스베이거스로 바꾸어 놓았다. 외국인들은 현재 외상으로 구매한 자동차를 공항에다 둔 채 도망치고 있고, 수천 명의 건설 노동자들은 해고되었으며, 부동산의 가치는 60% 하락할 것으로 예상되고, 건설 사업의 절반이 보류되거나 취소되고 있으며, 인구는 감소하는 추세인데, 두바이는 아부다비로부터 100억 달러의 대출을 통해 긴급 구제를 받아야 했다(www.cnn.com/2009/BUSINESS/12/14/dubai.10.billion.bailout/index.html, 접속일 : 2010.3.5). 폴 루이스Paul Lewis 기자는 2009년에 '너무 높고 너무 빠르다. 두바이를 위한 파티는 끝났다'고 선언했다(Schmid, 2009).

두바이의 흥망성쇠의 역사가, 앞으로의 수십 년 동안 관광객의 시선의 확산이 몸서리치며 중단되거나 아니면 오히려 아랍의 사막에서 반전의 시작이 됨에 따라서 현재 세계 역사의 선구자가 될 수 있을까? 대규모의 관광객의 시선은 석유가 고갈되기 시작하고 해수면이 더 상승하면 점차 사라지게 될 20세기의 자만심의 한 특징이었는가? 이렇듯 두바이의 쇠퇴와 몰락은 관광객의 시선의 중요성이 훨씬 더 전체적으로 줄어드는 출발점이 될 수도 있다. 2050년에도 비교적 광범위하고 흔한 '관광객의 시선'이 여전히 작동하고 있을까?

참고문헌

Abercrombie, N. and Longhurst, B., *Audiences*, London : Sage, 1998.

Adams, M. K., "The genesis of touristic imagery : politics and poetics in the creation of a remote Indonesian island destination", *Tourist Studies*, 4 : 115~35, 2004.

Adey, P., "Airports and air−mindednesss : spacing, timing and using Liverpool airport, 1918‒39", *Social and Cultural Geography*, 7 : 343~63, 2006.

_____, *Aerial Life : Spaces, Mobilities, Affects*, London : Wiley-Blackwell, 2010.

Adkins, L., *Gendered Work*, Buckingham : Open University Press, 1995.

Adler, J., "Origins of sightseeing", *Annals of Tourism Research*, 16 : 7~29, 1989.

Ahmed, S., *Strange Encounters*, London : Routledge, 2000.

Albers, P. and James, W., "Tourism and the changing photographic image of the Great Lakes Indians", *Annals of Tourism Research*, 10 : 123~48, 1983.

_____, "Travel photography : a methodological approach", *Annals of Tourism Research*, 15 : 134~58, 1988.

Amelung, B., Nicholls, S. and Viner, D., "Implications of global climate change for tourism flows and seasonality", *Journal of Travel Research*, 45 : 285~96, 2007.

Anderlini, J., "Chinese travellers change the face of tourism", *Financial Times* 8 June, 2010.

Anderson, S. and Tabb, B. (eds), *Water, Leisure and Culture : European Historical Perspectives*, Oxford : Berg, 2002.

Andrews, H., "Feeling at home : embodying Britishness in a Spanish charter tourist resort", *Tourist Studies*, 5 : 247~66, 2005.

Andrews, M., *The Search for the Picturesque : Landscape, Aesthetics and Tourism in Britain, 1760‒1800*, Aldershot : Scolar Press, 1989.

Arellano, A,, "Bodies, spirits and Incas : performing Machu Picchu", in M, Sheller and J, Urry (eds), *Tourism Mobilities*, London : Routledge, 2004, pp.67~77.

Ateljevic, I, and Doorne, S,, "Dialectics of authentication : performing "exotic otherness" in a back-packer enclave of Dali, China", *Journal of Tourism and Cultural Change*, 3 : 1~17, 2005.

Atkinson, J., "Manpower strategies for flexible organisations", *Personnel Management*, August : 28~31, 1984.

Augé, M., *Non-Places*, London : Verso, 1995.

Bærenholdt, J. O., and Haldrup, M., "On the track of the Vikings", in M, Sheller and J, Urry (eds), *Tourism Mobilities*, London : Routledge, 2004, pp.78~89.

Bærenholdt, J. O., Haldrup, M., Larsen, J. and Urry, J., *Performing Tourist Places*, Aldershot : Ashgate, 2004.

Bagguley, P., "Gender and labour flexibility in hotel and catering", *Services Industries Journal*, 10 : 737 ~47, 1991.

Bagguley, P., Mark-Lawson, J., Shapiro, D., Urry, J., Walby, S. and Warde, A., "Restructuring Lancaster", in P. Cooke (ed.), *Localities*, London : Unwin Hyman, 1989, pp.129~65.

_____, *Restructuring Place, Class and Gender*, London : Sage, 1990.

Ball, R., "Seasonality : a problem for workers in the tourism labour market", *Service Industries Journal*, 8 : 501~13, 1988.

Barnes, J., *England, England*, London : Picador, 1999.

Barrett, F., *The Independent Guide to Real Holidays Abroad*, London : Independent, 1989a.

_____, "Why the tour operators may face their last supper", *Independent* 7 November, 1989b.

Barthes, R., *Mythologies*, London : Jonathan Cape, 1972.

_____, *Camera Lucida*, London : Vintage, 2000.

Batchen, G., *Burning with Desire : The Conceptions of Photography*, London : MIT Press, 1999.

Bate, J., *Romantic Ecology : Wordsworth and the Environmental Tradition*, London : Routledge, 1991.

Baudrillard, J., *Simulations*, New York : Semiotext(e), 1983.

_____, "The ecstacy of communication", in H. Foster (ed.), *Postmodern Culture*, London : Pluto Press, 1985, pp.126~34.

_____, *America*, London : Verso, 1988.

Baum, T., "Human resource in tourism : still waiting for change", *Progress in Tourism Management*, 28 : 1383~99, 2007.

Bauman, Z., *Legislators and Interpreters*, Cambridge : Polity, 1987.

_____, *Postmodern Ethics*, London : Routledge, 1993.

_____, *Globalization : The Human Consequences*, Cambridge : Polity, 1999.

_____, *Liquid Modernity*, Cambridge : Polity, 2000.

_____, *Liquid Love*, Cambridge : Polity, 2003.

Beardsworth, A. and Bryman, A., "The wild animal in late modernity : the case of the Disneyization of zoos", *Tourist Studies*, 1 : 83~104, 2001.

Beaverstock, J., Derudder, B., Falconbridge, J. and Witlox, F. (eds), *International Business Travel in the Global Economy*, Aldershot : Ashgate, 2010.

Beck, U., *Risk Society*, London : Sage, 2002.

Beck, U. and Beck-Gernsheim, E., *The Normal Chaos of Love*, Cambridge : Polity, 1995.

Becken, S. and Hay, J., *Tourism and Climate Change*, London : Channel View, 2007.

Beckerman, W., *In Defence of Economic Growth*, London : Jonathan Cape, 1974.

Beer, D. and Burrows, R., "Sociology and, of and in Web 2.0 : some initial considerations", *Sociological Research Online* 12(5), www.socresonline.org.uk/12/5/17.html(accessed 22.11.10), 2007.

Beeton, S., *Film-induced Tourism*, Chichester : Channel View, 2005.

Bell, C. and Lyall, J., "The accelerated sublime : thrill-seeking adventure heroes in the commodified landscape", in S. Coleman and M. Crang (eds), *Tourism : Between Place and Performance*, New York : Berghahn, 2002, pp.21~37.

Bell, D., "The hospitable city : social relations in commercial spaces", *Progress in Human Geography*, 31 : 7~22, 2007.

Benjamin, W., "The work of art in the age of mechanical reproduction", in T. Bennett (ed.), *Illuminations*, London : Fontana, 1973, pp.219~54.

Berger, J., *Ways of Seeing*, Harmondsworth : Penguin, 1972.

Berman, M., *All that is Solid Melts into Air*, London : Verso, 1983.

Berners Lee, M., *How Bad are Bananas?*, London : Profile Books, 2010.

Bhabha, H. (ed.), *Nation and Narration*, London : Routledge, 1990.

Bianchi, V. R., "Migrant tourist—workers : exploring the 'contact zones' of post-industrial tourism", *Current Issues in Tourism*, 33 : 107~37, 2000.

Billig, M., *Banal Nationalism*, London : Sage, 1997.

Blackbourn, D., "Fashionable spa towns in nineteenth century Europe", in S. Anderson and B. Tabb (eds), *Water, Leisure and Culture*, Oxford : Berg, 2002, pp.9~22.

Blau, J., "Where architects work : a change analysis 1970 – 80", in P. Knox (ed.), *The Design Professions and the Built Environment*, London : Croom Helm, 1988, pp.127~46.

Boden, D. and Molotch, H., "The compulsion to proximity", in R. Friedland and D. Boden (eds), *Now / Here : Time, Space and Modernity*, Berkeley, CA : University of California Press, 1994, pp.257~86.

Boniface, P., *Tasting Tourism : Travelling for Food and Drink*, Aldershot : Ashgate, 2003.

Boon, B., "Working with the front-of-house / back-of-house boundary : room attendants in the hotel guest room space", *Journal of Management and Organization*, 13 : 160~74, 2007.

Boorstin, D., *The Image : A Guide to Pseudo-Events in America*, New York : Harper, 1964.

Boswell, D. and Evans, J. (eds), *Representing the Nation : A Reader*, London : Routledge, 1999.

Bourdieu, P., *Distinction*, London : Routledge and Kegan Paul, 1984.

_____, *Photography : A Middle—brow Art*, London : Polity, 1990.

Bower, T., *The Squeeze : Oil, Money and Greed in the Twenty First Century*, London : Harper Press, 2009.

Brendon, P., *Thomas Cook : 150 Years of Popular Tourism*, London : Secker & Warburg, 1991.

Brunner, E., *Holiday Making and the Holiday Trades*, Oxford : Oxford University Press, 1945.

Bruner, E., "Abraham Lincoln as authentic reproduction : a critique of postmodernism", *American Anthropologist*, 96 : 397~415, 1994.

_____, "The ethnographer / tourist in Indonesia", in M.-F. Lanfant, J. Allcock and E. Bruner (eds), *International Tourism*, London : Sage, 1995, pp.224~41.

Bryman, A., *Disney and His Worlds*, London : Routledge, 1995.

_____, *The Disneyization of Society*, London : Sage, 2004.

Bryson, N., *Vision and Painting*, London : Macmillan, 1983.

Buhalis, D. and Law, R., "Progress in information technology and tourism management : 20 years on and 10 years after the Internet : the state of eTourism research", *Tourism Management*, 29 : 609 ~23, 2008.

Butcher, J., *The Moralisation of Tourism*, London : Routledge, 2003.

Butler, T. and Savage, M. (eds), *Social Change and the Middle Classes*, London : UCL Press, 1995.

Buzard, J., *The Beaten Track*, Oxford : Clarendon Press, 1993.

Callan, R., "Small country hotels and hotel award schemes as a measurement of service quality", *Service Industries Journal*, 9 : 223~46, 1989.

Campbell, C., *The Romantic Ethic and the Spirit of Modern Consumerism*, Oxford : Basil Blackwell, 1987.

Campbell, M., "Fishing lore : the construction of the 'Sportsman'", *Annals of Tourism Research*, 16 : 76 ~88, 1989.

Carlzon, J., *Moments of Truth*, Cambridge, MA : Ballinger, 1987.

Casey, M., "Tourist gay(ze) or transnational sex : Australian gay men's holiday desires", *Leisure Studies*, 28 : 157~72, 2009.

Cass, J., "Egypt on steroids : Luxor Las Vegas and postmodern orientalism", in D. Medina Lasanky and B. McLaren (eds), *Architecture and Tourism : Perception, Performance and Place*, Oxford : Berg, 2004, pp.241~64.

Castells, M., *The Rise of the Network Society*, London : Blackwell, 1996.

Chalfen, R., *Snapshot Versions of Life : Bowling Green*, OH : Bowling Green State University Popular Press, 1987.

Chan, W. Y., "Coming of age of the Chinese tourists : the emergence of non-Western tourism and host −guest interactions in Vietnam's border tourism", *Tourist Studies*, 6 : 187~213, 2006.

Chandler, P., "The UK outbound tour operating market : changing patterns of distribution", *ETC Insights*, London : English Tourism Council, 2000.

Cheong, S. M. and Miller, L. M., "Power and tourism : a Foucauldian observation", *Annals of Tourism Research*, 27 : 371~90, 2000.

Chhabra, D., "How they see us : perceived effects of tourist gaze on the Old Order Amish", *Journal of Travel Research*, 49 : 93~105, 2010.

Chronis, A., "Coconstructing heritage at the Gettysburg storyscape", *Annals of Tourism Research*, 32(2) : 386~406, 2005.

Clark, A., "Financial crisis : walk this way", *Guardian*, 29 May, 2010.

Clark, P., *The English Alehouse : A Social History, 1200-1830*, London : Longman, 1983.

Clark, T. J., *The Painting of Modern Life*, London : Thames & Hudson, 1984.

Clarke, J. and Critcher, C., *The Devil Makes Work*, London : Macmillan, 1985.

Clifford, J., *Routes*, Cambridge, MA : Harvard University Press, 1997.

Clift, S. and Carter, S. (eds), *Tourism, Travel and Sex*, London : Cassell, 1999.

Clift, S. and Carter, S., *Tourism and Sex : Culture, Commerce and Coercion*, London : Cassell, 2000.

Cloke, P. and Perkins, H., "Cracking the canyon with the awesome foursome : representations of adventure tourism in New Zealand", *Environment and Planning D : Society and Space*, 16 : 185~218, 1998.

Cloke, P. and Perkins, H. C., "Cetacean performance and tourism in Kaikoura, New Zealand", *Environment and Planning D : Society and Space*, 23 : 903~24, 2005.

Cloke, P., Phillips, M. and Thrift, N., "The new middle classes and the social constructs of rural living", in T. Butler and M. Savage (eds), *Social Change and the Middle Classes*, London : UCL Press, 1995, pp.220~38.

Coe, B. and Gates, P., *The Snapshot Photograph : The Rise of Popular Photography, 1888–1939*, London : Ash and Grant, 1977.

Cohen, B. and Manspeizer, I., "The accidental tourist : NGOs, photography, and the idea of Africa", in M. Robinson and D. Picard (eds), *The Framed World : Tourism, Tourists and Photography*, Aldershot : Ashgate, 2009, pp.79~94.

Cohen, C., "Marketing paradise, making nation", *Annals of Tourism Research*, 22 : 404~21, 1995.

Cohen, E., "Towards a sociology of international tourism", *Social Research*, 39 : 164~82, 1972.

_____, "A phenomenology of tourist types", *Sociology*, 13 : 179~201, 1979.

_____, "Traditions in the qualitative sociology of tourism", *Annals of Tourism Research*, 15 : 29~46, 1988.

Cohen, E., Nir, Y. and Almagor, U., "Stranger-local interaction in photography", *Annals of Tourism Research*, 19 : 213~33, 1992.

Coleman, S. and Crang, M. (eds), *Tourism : Between Place and Performance*, Oxford : Berghahn Books, 2002a.

Coleman, S. and Crang, M., "Grounded tourists, travelling theory", in S. Coleman and M. Crang (eds), *Tourism : Between Place and Performance*, Oxford : Berghahn Books, 2002b, pp.1~17.

Comolli, J.-L., "Machines of the visible", in D. T. Lauretis and S. Heath (eds), *The Cinematic Apparatus*, London : Palgrave Macmillan, 1980, pp.121~42.

Cooper, R., "The visibility of social systems", in K. Hetherington and R. Munro (eds), *Ideas of Difference : Social Spaces and the Labour of Division*, Oxford : Blackwell and Sociological Review, 1997, pp.32~41.

Corbin, A., *The Lure of the Sea : The Discovery of the Seaside in the Modern World, 1750–1840*. Cambridge : Polity, 1992.

Cosgrove, D., *Social Formation and Symbolic Landscape*, London : Croom Helm, 1984.

Couldry, N., "On the actual street", in D. Crouch, R. Jackson and F. Thompson (eds), *The Media and the Tourist Imagination : Converging Cultures*, London : Routledge, 2005, pp.60~75.

Cox, A. M., Clough, P. D. and Marlow, J., "Flickr : a first look at user behaviour in the context of photography as serious leisure", *Information Research*, 13(1) : paper 336, http : //informationr.net/ir/13-1/paper336.html(accessed 22.11.10), 2008.

Crang, M., "Picturing practices : research through the tourist gaze", *Progress in Human Geography*, 21 : 359~73, 1997.

_____, "Knowing, tourism and practices of vision", in D. Crouch (ed.), *Leisure / Tourism Geographies*, London : Routledge, 1999, pp.238~56.

_____, "Circulation and emplacement : the hollowed out performance of tourism", in C. Minca and T. Oakes (eds), *Travels in Paradox : Remapping Tourism*, Lanham, MD : Rowman & Littlefield, 2006, pp.47~64.

Crang, M. and Travlou, P., "The island that was not there : producing Corelli's island, staging Kefalonia", in P. Obrador, M. Crang and P. Travlou (eds), *Cultures of Mass Tourism : Doing the Mediterranean in the Age of Banal Mobilities*, Aldershot : Ashgate, 2009, pp.75~90.

Crang, P., "It's showtime : on the workplace geographies of display in a restaurant in Southeast England", *Environment and Planning D : Society and Space*, 12 : 675~704, 1994.

_____, "Performing the tourist product", in C. Rojek and J. Urry (eds), *Touring Cultures*, London : Routledge, 1997, pp.137~54.

Crawshaw, C. and Urry, J., "Tourism and the photographic eye", in C. Rojek and J. Urry (eds), *Touring Cultures*, London : Routledge, 1997, pp.176~95.

Cresswell, T., *On the Move : Mobility in the Modern Western World*, London : Routledge, 2006.

Crick, M., "Sun, sex, sights, savings and servility", *Criticism, Heresy and Interpretation*, 1 : 37~76, 1988.

Crouch, D. (ed.), *Leisure / Tourism Geographies*, London : Routledge, 2000.

Crouch, D., "Flirting with space : tourism geographies as sensuous / expressive practice", in C. Cartier and A. Lew (eds), *Seductions of Place*, London : Routledge, 2005, pp.23~35.

Culler, J., "Semiotics of tourism", *American Journal of Semiotics*, 1 : 127~40, 1981.

Cunningham, H., *Leisure in the Industrial Revolution*, London : Croom Helm, 1980.

Cuthill, V., "Consuming Harrogate : performing Betty's Café and Revolution Vodka Bar", *Space and Culture*, 10 : 64~76, 2007.

Cwerner, S., "The times of migration", *Journal of Ethnic and Migration Studies*, 27 : 7~36, 2001.

_____, Kesselring, S. and Urry, J. (eds), *Aeromobilities*, London : Routledge, 2009.

D'Andrea, A., *Global Nomads : Techno and New Age as Transnational Countercultures in Ibiza and Goa*, London : Routledge, 2007.

Daniels, S. and Cosgrove, D., "Introduction : iconography and landscape", in D. Cosgrove and S.

Daniels (eds), *The Iconography of Landscape*, Cambridge : Cambridge University Press, 1988, pp.1~10.

Dann, G., "The people of tourist brochures", in T. Selwyn (ed.), *The Tourist Image : Myths and Myth Making in Tourism*, Chichester : John Wiley & Sons, 1996a, pp.61~81.

_____, *The Language of Tourism : A Social Linguistic Perspective*, Wallingford : CAB International, 1996b.

Dann, G. and Jacobsen, J. K. S., "Tourism smellscapes", *Tourism Geographies*, 5 : 3~25, 2003.

Davidson, C., *Dubai : The Vulnerability of Success*, London : Hurst and Company, 2008.

Davis, M., "Sand, fear, and money in Dubai", in M. Davis and D. Monk (eds), *Evil Paradises*, New York : The New Press, 2007, pp.48~68.

Davis, M. and Monk, D. (eds), *Evil Paradises*, New York : The New Press, 2007.

De Botton, A., *The Art of Travel*, New York : Pantheon Books, 2002.

De Certeau, M., *The Practice of Everyday Life*, Berkeley, CA : University of California Press, 1984.

Deane, P. and Cole, W. A., *British Economic Growth, 1688 – 1959*, Cambridge : Cambridge University Press, 1962.

Debord, G., *Society of the Spectacle*, Detroit, IL : Black & Red, 1983.

Deffeyes, K., *Beyond Oil : The View from Hubbert's Peak*, New York : Hill & Wang, 2005.

Degen, M., "Barcelona's games : the Olympics, urban design, and global tourism", in M. Sheller and J. Urry (eds), *Tourism Mobilities*, London : Routledge, 2004, pp.131~42.

_____, *Sensing Cities*, London : Routledge, 2008.

Degen, M., DeSilvey, C. and Rose, G., "Experiencing visualities in designed urban environments : learning from Milton Keynes", *Environment and Planning A*, 40 : 1901~20, 2008.

della Dora, V., "Putting the world into a box : a geography of nineteenth century 'travelling landscapes'", *Geografiska Annaler*, 89B : 287~306, 2007.

_____, "Travelling landscape-objects", *Progress in Human Geography*, 33 : 334~54, 2009.

Denison-Edson, P. W., "Some aspects of a historical geography of Morecambe", BA dissertation, University of Cambridge, Cambridge, 1967.

Dennis, K. and Urry, J., *After the Car*, Cambridge : Polity, 2009.

Dent, K., "Travel as education : the English landed classes in the eighteenth century", *Educational Studies*, 1 : 171~80, 1975.

Derrida, J., *Of Hospitality*, Stanford, CA : Stanford University Press, 2000.

Desforges, L., "'Checking out the planet' : global representations / local identities and youth travel", in T. Skelton and G. Valentine (eds), *Cool Places*, London : Routledge, 1998, pp.175~92.

Desmond, J., *Staging Tourism*, Chicago, IL : University of Chicago Press, 1999.

Devine, F., Savage, M., Crompton, R. and Scott, J. (eds), *Rethinking Class : Identities, Cultures and Lifestyles*, London : Palgrave, 2005.

Dickens, P. and Ormrod, J., *Cosmic Society*, London : Routledge, 2007.

Dicks, B., *Heritage, Place and Community*, Cardiff : University of Wales Press, 2000.

Dijck, V. J., "Digital photography : communication, identity, memory", *Visual Communication*, 7 : 57 ~76, 2008.

Diken, B. and Laustsen, C., *The Culture of Exception : Sociology Facing the Camp*, London : Routledge, 2005.

Dillard, C., Browning, L., Sitkin, S. and Sutcliffe, K., "Impression management and the use of procedures at the Ritz-Carlton : moral standards and dramaturgical discipline", *Communication Studies*, 51 : 404~14, 2000.

Drachman, H., *Skraaplaner : Vildt og Tæmmet : Fortællinger og Naturstudier*, Copenhagen : Gyldendahl, 1881.

Du Gay, P., Hall, S., James, L., Mackey, H. and Negus, K., *Doing Cultural Studies : The Story of the Sony Walkman*, London : Sage, 1997.

Dubbeld, L., "Observing bodies : camera surveillance and the significance of the body", *Ethics and Information Technology*, 5 : 151~62, 2003.

Duncan, J., "Dis-orientation : on the shock of the familiar in a far-away place", in J. Duncan and D. Gregory (eds), *Writes of Passage : Reading Travel Writing*, London : Routledge, 1999, pp.151~63.

Duncan, T., Scott, D. G. and Baum, T., "Mobilities and hospitality work", in *27th International Labour Process Conference*, Edinburgh, April 2009, 2009.

Eade, J. and Sallnow, M. (eds), *Contesting the Sacred : The Anthropology of Christian Pilgrimage*, London : Routledge, 1991.

Eco, U., *Travels in Hyper-Reality*, London : Picador, 1986.

Edensor, T., *Tourists at the Taj*, London : Routledge, 1998.

_____, "Staging tourism : tourists as performers", *Annals of Tourism Research*, 27 : 322~44, 2000.

_____, "Performing tourism, staging tourism : (re)producing tourist space and practice", *Tourist Studies*, 1 : 59~81, 2001a.

_____, "Walking in the British countryside : reflexivity, embodied practices and ways to escape", in P. Macnaghten and J. Urry (eds), *Bodies of Nature*, London : Sage, 2001b, pp.81~106.

_____, *National Identity, Popular Culture and Everyday Life*, Oxford and New York : Berg, 2002.

_____, "Sensing tourist places", in C. Minca and T. Oaks (eds), *Travels in Paradox : Remapping Tourism*, Lanham, MD : Rowman & Littlefield, 2006, pp.23~46.

Edensor, T. and Kothari, U., "Sweetening colonialism : a Mauritian themed resort", in D. Medina Lasanky and B. McLaren (eds), *Architecture and Tourism : Perception, Performance and Place*, Oxford : Berg, 2004, pp.189~206.

Edgar, D., "The new nostalgia", *Marxism Today*, March : 30~5, 1987.

Edwards, E. and Hart, J., "Introduction : photographs as objects", in E. Edwards (ed.), *Photographs*

Objects Histories : On the Materiality of Images, London : Routledge, 2004, pp.1～15.

Ehrenreich, B., *The Hearts of Men*, London : Pluto Press, 1983.

_____, *Fear of Falling*, New York : Pantheon, 1989.

Ek, R., Larsen, J., Hornskov, B. S. and Mansfeldt, O., "A dynamic framework of tourist experiences : space-time and performances in the experience economy", *Scandinavian Journal of Hospitality and Tourism*, 8 : 122～40, 2008.

Elliott, A. and Urry, J., *Mobile Lives*, London : Routledge, 2010.

English Tourism Council, *ETC Insights*, London : ETC, 2000 · 2001.

Enloe, C., *Bananas, Beaches and Bases*, London : Pandora, 1989.

Everett, S., "Beyond the visual gaze? The pursuit of an embodied experience through food tourism", *Tourist Studies*, 8 : 337～58, 2008.

Fainstein, S. and Judd, D. (eds), *The Tourist City*. New Haven, CT : Yale University Press, 1999.

Farmer, P., *Infections and Inequalities : The Modern Plagues*, Berkeley, CA : University of California Press, 1999.

Farrant, S., "London by the sea : resort development on the south coast of England, 1880～1939", *Journal of Contemporary History*, 22 : 137～62, 1987.

Faulks, S., "Disney comes to Chaucerland", *Independent*, 11 June, 1988.

Featherstone, M., "Consumer culture, symbolic power and universalism", in G. Stauth and S. Zubaida (eds) *Mass Culture, Popular Culture, and Social Life in the Middle East*, Frankfurt : Campus, 1987, pp.17～46.

Febvre, R., *Problems of Unbelief in the Sixteenth Century*, Cambridge, MA : Harvard University Press, 1982.

Feifer, M., *Going Places*, London : Macmillan, 1985.

Feighery, W., "Tourism, stock photography and surveillance : a Foucauldian interpretation", *Journal of Tourism and Cultural Change*, 7 : 161～78, 2009.

Finkelstein, J., *Dining Out : A Sociology of Modern Manners*, Cambridge : Polity, 1989.

Fiske, J., *Reading the Popular*, Boston, MA : Unwin Hyman, 1989.

Fjellman, S., *Vinyl Leaves : Walt Disney World and America*, Boulder, CO : Westview Press, 1992.

Ford, C. and Steinorth, K. (eds) *You Press the Button, We Do the Rest : The Birth of Snapshot Photography*, Bradford : Dirk Nissen Publishing / National Museum of Photography, Film and Television, 1988.

Forster, E. M., *A Room with a View*, Harmondsworth : Penguin (orig. 1908), 1955.

Foster, H., "Postmodernism : a preface", in H. Foster (ed.), *Postmodern Culture*, London : Pluto Press, 1985a, pp.ix～xvi.

Foster, H. (ed.), *Postmodern Culture*, London : Pluto Press, 1985b.

_____, *Vision and Visuality*, Seattle, WA : Bay Press Seattle, 1988.

Foucault, M., *The Order of Things*, London : Tavistock, 1970.

_____, *The Birth of the Clinic*, London : Tavistock, 1976.

_____, *Discipline and Punish : The Birth of the Prison*, Harmondsworth : Penguin, 1979.

Frampton, K., "Place-form and cultural identity", in J. Thackara (ed.), *Design After Postmodernism*, London : Thames & Hudson, 1988, pp.51~66.

Franklin, A., "Zoological gaze", in A. Franklin (ed.), *Animals and Modern Cultures : A Sociology of Human —Animal Relations in Modernity*, London : Sage, 1999, pp.62~83.

_____, *Tourism : An Introduction*, London : Sage, 2003.

Franklin, A. and Crang, M., "The trouble with tourism and travel theory", *Tourist Studies*, 1 : 5~22, 2001.

Franklin, S., Lury, C. and Stacey, J., *Global Nature, Global Culture*, London : Sage, 2000.

Freire-Medeiros, B., *Touring Poverty*, London : Routledge, 2011.

Frieden, B. and Sagalyn, L., *Downtown, Inc. : How America Rebuilds Cities*, Cambridge, MA : MIT Press, 1989.

Frisby, D. and Featherstone, M. (eds), *Simmel on Culture*, London : Sage, 1997.

Fuller, G. and Harley, R., *Aviopolis : A Book about Airports*, London : Black Dog Publishing, 2005.

Gabriel, Y., *Working Lives in Catering*, London : Routledge, 1988.

Garrod, B., "Understanding the relationship between tourism destination imagery and tourist photography", *Journal of Travel Research*, 47 : 346~58, 2009.

Germann Molz, J. and Gibson, S., "Introduction : mobilizing and mooring hospitality", in J. Germann Molz and S. Gibson (eds), *Mobilizing Hospitality*, Aldershot : Ashgate, 2007a, pp.1~25.

Germann Molz, J. and Gibson, S. (eds), *Mobilizing Hospitality*, Aldershot : Ashgate, 2007b.

Gernsheim, H., *The Origins of Photography*, London : Thames & Hudson, 1982.

_____, *The Rise of Photography 1850 – 1880 : The Age of Collodion* Volume 2, London : Thames & Hudson, 1989.

Gibson, C. and Kong, L., "Cultural economy : a critical review", *Progress in Human Geography*, 29 : 541 ~61, 2005.

Gibson, J., *The Ecological Approach to Visual Perception*, Hillsdale, NJ : Lawrence Erlbaum Associates, 1986.

Giddens, A., *The Transformation of Intimacy*, Cambridge : Polity, 1992.

Gil, J., *Metamorphoses of the Body*, Minneapolis, MN : University of Minneapolis Press, 1998.

Gillespie, A., "Tourist photography and the reverse gaze", *Ethos*, 34 : 343~66, 2006.

Goffman, E., *The Presentation of Self in Everyday Life*, Garden City, NY : Doubleday Anchor, 1959.

_____, *Behavior in Public Places : Notes on the Social Organization of Gatherings*, New York : Free Press, 1963.

_____, *Gender Advertisements*, London : Harper, 1976.

Goodwin, A., "Nothing like the real thing", *New Statesman and Society*, 12 August, 1989.

Goss, J., "Placing the market and marketing place : tourist advertising of the Hawaiian Islands, 1972 – 92", *Environment and Planning D : Society and Space*, 11 : 663~88, 1993.

Gottdiener, M., *Life in the Air : Surviving the New Culture of Air Travel*, Lanham, MD : Rowman & Littlefield, 2001.

Gottlieb, A., "Americans' vacations", *Annals of Tourism Research*, 9 : 165~87, 1982.

Goulborne, H., "The transnational character of Caribbean kinship in Britain", in S. McRae (ed.), *Changing Britain : Families and Households in the 1990s*, Oxford : Oxford University Press, 1999, pp.176~97.

Grass, J., "Morecambe : the people's pleasure. The development of a holiday resort, 1880 – 1902", MA dissertation, University of Lancaster, Lancaster, 1972.

Graves, R., *Majorca Observed*, London : Cassell, 1965.

Green, N., *The Spectacle of Nature*, Manchester : Manchester University Press, 1990.

Greene, M., *Marketing Hotels into the 1990s*, London : Heinemann, 1982.

Gregory, D., *Geographical Imaginations*, Cambridge, MA : Blackwell, 1994.

_____, "Scripting Egypt : Orientalism and the cultures of travel", in J. Duncan and D. Gregory (eds), *Writes of Passage*, London : Routledge, 1999, pp.114~50.

_____, "Performing Cairo : Orientalism and the City of the Arabian Nights", Paper presented at the 'Space Odyssey' Conference, Roskilde University, 2001.

_____, "Emperors of the gaze : photographic practices and productions of space in Egypt, 1839 – 1914", in J. Schwartz and J. Ryan (eds), *Picturing Place : Photography and the Geographical Imagination*, London : I.B. Tauris, 2003, pp.195~225.

Grenblatt, S., *Marvellous Possessions : The Wonder of the New World*, Oxford : Clarendon Press, 1991.

Guerrier, Y. and Adib, A., "Work at leisure and leisure at work : a study of the emotional labour of tour reps", *Human Relations*, 56 : 1399~417, 2003.

Gye, L., "Picture this : the impact of mobile camera phones on personal photographic practices", *Continuum*, 21 : 279~88, 2007.

Hacking, I., "Between Michel Foucault and Erving Goffman : between discourse in the abstract and face-to-face interaction", *Economy and Society*, 3 : 277~302, 2004.

Haldrup, M. and Larsen, J., "The family gaze", *Tourist Studies*, 3 : 23~46, 2003.

_____, "Material cultures of tourism", *Leisure Studies*, 25 : 275~89, 2006.

_____, *Tourism, Performance and the Everyday : Consuming the Orient*, London : Routledge, 2010.

Hall, M., "Gender and economic interests in tourism prostitution : the nature, development and implications of sex tourism in south-east Asia", in V. Kinnaird and D. Hall (eds), *Tourism : A Gender Analysis*, Chichester : John Wiley, 1994, pp.142~63.

Hall, S., *The Carhullan Army*, London : Faber & Faber, 2007.

Halsall, M., "Through the valley of the shadow", *Guardian*, 27 December, 1986.

Hammond, D. J., "Photography, tourism and the Kodak Hula Show", *Visual Anthropology*, 14 : 1～32, 2001.

Hannam, K. and Knox, D., *Understanding Tourism*, London : Sage, 2010.

Harris, H. and Lipman, A., "Viewpoint : a culture and despair : reflections on 'post-modern' architecture", *Sociological Review*, 34 : 837～54, 1986.

Harrison, B., *Drink and the Victorians*, London : Faber & Faber, 1971.

Harvey, D., *The Condition of Postmodernity*, Oxford : Blackwell, 1989.

Harvey, P., *Hybrids of Modernity*, London : Routledge, 1996.

Hawken, P., Lovins, A. and Lovins, L. H., *Natural Capitalism*, London : Earthscan, 1999.

Hayes, D. and MacLeod, N., "Packaging places : designing heritage trails using an experience economy perspective to maximize visitor engagement", *Journal of Vacation Marketing*, 13 : 45～58, 2007.

Hebdige, D., "A report from the Western Front", *Block*, 12 : 4～26, 1986～7.

_____, *Hiding in the Light*, London : Routledge, 1988.

Heidegger, M., "Building dwelling thinking", in *Basic Writings*, London : Routledge. 1993, pp.347～63.

_____, *Sojourns*, Albany, NY : State University of New York Press, 2005.

Heinberg, R., *The Party's Over : Oil, War and the Fate of Industrial Society*, New York : Clearview Books, 2005.

Hendry, J., *The Orient Strikes Back : A Global View of Cultural Display*, Oxford : Berg, 2000.

Hern, A., *The Seaside Holiday*, London : Cresset Press, 1967.

Hetherington, K., "Museums and the visually impaired : the spatial politics of access", *Sociological Review*, 48 : 444～63, 2000a.

_____, *New Age Travellers : Vanloads of Uproarious Humanity*, London : Cassell, 2000b.

Hewison, R., *The Heritage Industry : Britain in a Climate of Decline*, London : Methuen, 1987.

Hirsch, F., *Social Limits to Growth*, London : Routledge and Kegan Paul, 1978.

Hjorth, L., "Snapshots of almost contact : the rise of camera phone practices and a case study in Seoul, Korea", *Continuum*, 2 : 227～38, 2007.

Hochschild, A., *The Managed Heart : Commercialization of Human Feeling*, Berkeley, CA : University of California Press, 1983.

Hoffman, M. L. and Musil, J., "Culture meets commerce : tourism in postcommunist Prague", in D.R. Judd and S. Fainstein (eds) *The Tourist City*, New Haven and London : Yale University Press, 1999, pp.179～97.

Holderness, G., "Bardolatry : or, the cultural materialist's guide to Stratford-upon-Avon", in G. Holderness (ed.), *The Shakespeare Myth*, Manchester : Manchester University Press, 1988, pp.1～15.

Holland, P., "Personal photography and popular photography", in L. Wells (ed.), *Photography : A Critical Introduction*, London : Routledge, 2001, pp.117~62.

Hollingshead, K., "'White' gaze, 'red' people-shadow visions : the disidentification of 'Indians' in cultural tourism", *Leisure Studies*, 11 : 43~64, 1992.

_____, "Surveillance of the worlds of tourism : Foucault and the eye-of-power", *Tourism Management*, 20 : 7~23, 1999.

_____, "Theme parks and the representation of culture and nature : The consumer aesthetics of presentation and performance", in T. Jamal and M. Robinson (eds), *The Sage Handbook of Tourism Studies*, London : Sage, 2009.

Homer-Dixon, T., *The Upside of Down : Catastrophe, Creativity, and the Renewal of Civilization*, London : Souvenir, 2006.

Hooper-Greenhill, E., "Counting visitors or visitors who count", in R. Lumley (ed.), *The Museum Time-Machine*, London : Routledge, 1988, pp.213~32.

Horne, D., *The Great Museum*, London : Pluto Press, 1984.

Hsiu-yen Yeh, J., "The embodiment of sociability through the tourist camera", in M. Robinson and D. Picard (eds), *The Framed World : Tourism, Tourists and Photography*, Aldershot : Ashgate, 2009, pp.199~216.

Hui, A., "Many homes for tourism : re-considering spatializations of home and away in tourism mobilities", *Tourist Studies*, 8 : 291~311, 2008.

Hutnyk, J., *The Rumour of Calcutta*, London : Zed Books, 1996.

Ibelings, H., *Supermodernism : Architecture in the Age of Globalisation*, Rotterdam : NAI Publishers, 1998.

Ingold, T. and Kurttila, T., "Perceiving the environment in Finnish Lapland", *Body and Society*, 6 : 183 ~96, 2000.

IPCC, *Climate Change 2007 : Synthesis Report*, Geneva : IPCC, 2007.

Jackson, P., "Constructions of culture, representations of race : Edward Curtis's 'way of seeing'", in K. Anderson and F. Gale (eds), *Inventing Places : Studies in Cultural Geography*, London : John Wiley & Sons, 1992, pp.89~106.

Jacobsen, S. K. J., "The tourist bubble and the Europeanization of holiday travel", *Tourism and Cultural Change*, 1 : 71~87, 2003.

Jakle, J., *The Tourist*, Lincoln, NB : University of Nebraska Press, 1985.

Jamal, J. and Robinson, M. (eds), *The Sage Handbook of Tourism Studies*, London : Sage, 2009.

James, N., "Emotional labour : skill and work in the social regulation of feelings", *Sociological Review*, 37 : 15~42, 1989.

Jameson, F., "Postmodernism and consumer culture", in H. Foster (ed.), *Postmodern Culture*, London : Pluto Press, 1985, pp.111~25.

Januszczak, W., "Romancing the grime", *Guardian*, 2 September, 1987.

Jarvis, R., *Romantic Writing and Pedestrian Travel*, London : Macmillan, 1997.

Jay, M., *Downcast Eyes*, Berkeley, CA : University of California Press, 1993.

Jeffreys, S., "Globalizing sexual exploitation : sex tourism and the traffic in women", *Leisure Studies*, 18 : 179~96, 1999.

Jencks, C., *The Language of Post-Modern Architecture*, New York : Academy, 1977.

Jenkins, O. H., "Photography and travel brochures : the circle of representation", *Tourism Geographies*, 5 : 305~28, 2003.

Jenkins, S., "Art makes a return to architecture", *Sunday Times*, 15 November, 1987.

Jenks, C., "The centrality of the eye in western culture : an introduction", in C. Jenks (ed.), *Visual Culture*, London : Routledge, 1995, pp.1~25.

Johnson, J. and Pooley, C. (eds), *The Structure of Nineteenth Century Cities*, London : Croom Helm, 1982.

Johnson, K. and Mignot, K., "Marketing trade unionism to service industries : an historical analysis of the hotel industry", *Service Industries Journal*, 2 : 5~23, 1982.

Johnston, L., "(Other) bodies and tourism studies", *Annals of Tourism Research*, 28 : 180~201, 2001.

Jokinen, E. and Veijola, S., "The disoriented tourist : the figuration of the tourist in contemporary cultural critique", in C. Rojek and J. Urry (eds), *Touring Cultures*, London : Routledge, 1997, pp.23~51.

Jones, A., "Green tourism", *Tourism Management*, December : 354~6, 1987.

Jordan, F. and Aitchison, C., "Tourism and the sexualisation of the gaze : solo female tourists' experiences of gendered power, surveillance and embodiment", *Leisure Studies*, 27 : 329~49, 2008.

Kaplan, C., *Questions of Travel*, Durham, NC : Duke University Press, 1996.

King, A., *The Bungalow*, London : Routledge, 1984.

Kinnaird, V. and Hall, D. (eds), *Tourism : A Gender Analysis*, Chichester : John Wiley, 1994.

Kirshenblatt-Gimblett, B., *Destination Culture : Tourism, Museums and Heritage*, Berkeley, CA : University of California Press, 1998.

Klein, N., *No Logo*, London : Flamingo, 2000.

Klingmann, A., *Brandscapes*, Cambridge, MA : MIT Press, 2007.

Knox, P., "The social production of the built environment", *Progress in Human Geography*, 11 : 354~77, 1987.

_____, "The design professions and the built environment in a postmodern epoch", in P. Knox (ed.), *The Design Professions and the Built Environment*, London : Croom Helm, 1988, pp.1~11.

Krier, L., "'Berlin-Tagel' and 'building and architecture'", *Architectural Design*, 54 : 87~119, 1984.

Kroker, A. and Cook, D., *The Postmodern Scene*, New York : St. Martin's Press, 1986.

Kuhn, A., *Family Secrets : Acts of Memory and Imagination*, London : Verso, 1995.

Kunstler, J., *The Long Emergency : Surviving the Converging Catastrophes of the 21st Century*, London : Atlantic Books, 2006.

Landry, C., *The Art of City Making*, London : Earthscan, 2006.

_____, Montgomery, J., Worpole, K., Gratton, C. and Murray, R., *The Last Resort*, London : Comedia Consultancy / SEEDS (South East Economic Development Strategy), 1989.

Larkham, P., *The Agents of Urban Change*, University of Birmingham, Department of Geography, Occasional Publication No.21, 1986.

Larsen, J., "The Trafford Centre : a modern machine for consumption and postmodern spectacle", *Travel and Destination*, Proceedings of a conference held at Roskilde University, 17 February, Department of Geography, Roskilde University, 2000, pp.39~61.

_____, "Tourism mobilities and the travel glance : experiences of being on the move", *Scandinavian Journal of Hospitality and Tourism*, 1 : 80~98, 2001.

_____, "Performing tourist photography", PhD, Roskilde University, Department of Geography, 2004a.

_____, "(Dis)connecting tourism and photography : corporeal travel and imaginative travel", *Journeys : International Journal of Travel and Travel Writing*, 5 : 19~42, 2004b.

_____, "Families seen photographing : the performativity of tourist photography", *Space and Culture*, 8 : 416~34, 2005.

_____, "Geographies of tourism photography : choreographies and performances", in J. Falkheimer and A. Jansson (eds), *Geographies of Communication : The Spatial Turn in Media Studies*, Gøteborg : Nordicom, 2006a, pp.241~57.

_____, "Picturing Bornholm : the production and consumption of a tourist island through picturing practices", *Scandinavian Journal of Hospitality and Tourism*, 6 : 75~94, 2006b.

_____, "Practices and flows of digital photography : an ethnographic framework", *Mobilities*, 3 : 141~60, 2008a.

_____, "De-exoticizing tourist travel : everyday life and sociality on the move", *Leisure Studies*, 27 : 21~34, 2008b.

_____, "Goffman and the tourist gaze : a performativity approach to tourism mobilities", in M. H. Jacobsen (ed.), *Contemporary Goffman*, London : Routledge, 2009, pp.313~32.

Larsen, J., Urry, J. and Axhausen, K., *Mobilities, Networks, Geographies*, Aldershot : Ashgate, 2006.

_____, "Networks and tourism : mobile social life", *Annals of Tourism Research*, 34 : 244~62, 2007.

Lasanky, M., "'Tourist geographies' : remapping old Havana", in D. Medina Lasanky and B. McLaren (eds), *Architecture and Tourism : Perception, Performance and Place*, Oxford : Berg, 2004, pp.165~88.

Lash, S., *Sociology of Postmodernism*, London : Routledge, 1990.

Lash, S. and Urry, J., *The End of Organized Capitalism*, Cambridge : Polity, 1987.

_____, *Economies of Signs and Space*, London : Sage, 1994.

Latour, B., "Technology is society made durable", in J. Law (ed.), *A Sociology of Monsters : Essays on Power, Technology and Domination*, London : Routledge, 1991.

Lawson, A. and Samson, C., "Age, gender and adultery", *British Journal of Sociology*, 39 : 409~40, 1988.

Lea, J., *Tourism and Development in the Third World*, London : Routledge, 1988.

Leadbetter, C., "Power to the person", *Marxism Today*, October : 14~19, 1988.

Leggett, J., *Half Gone : Oil, Gas, Hot Air and Global Energy Crisis*, London : Portobello Books, 2005.

Leheny, D., "A political economy of Asian sex tourism", *Annals of Tourism Research*, 22 : 367~84, 1995.

Lencek, L. and Bosler, G., *The Beach : The History of Paradise on Earth*, London : Secker & Warburg, 1998.

Lennon, J. and Foley, M., *Dark Tourism*, London : Continuum, 2000.

Letcher, A., Blain, J. and Wallis, J. R., "Re-viewing the past : discourse and power in images of pre-history", in M. Robinson and D. Picard (eds), *The Framed World : Tourism, Tourists and Photography*, Aldershot : Ashgate, 2009, pp.169~84.

Lett, J., "Ludic and liminoid aspects of charter yacht tourism in the Caribbean", *Annals of Tourism Research*, 10 : 35~56, 1983.

Levitt, T., "Marketing intangible products and product intangibles", *Cornell HRA Quarterly*, August : 37~44, 1981.

Lewis, N., "The climbing body : nature and the experience of modernity", *Body and Society*, 6 : 58~80, 2000.

Lewis, P., "Too high, too fast : the party's over for Dubai", *Guardian*, 14 February : 28~9, 2009.

Ley, D. and Olds, K., "Landscape as spectacle : world's fairs and the culture of heroic consumption", *Environment and Planning D : Society and Space*, 6 : 191~212, 1988.

Lickorish, L. J. and Kershaw, A. G., "Tourism between 1840 and 1940", in A. J. Burkart and S. Medlik (eds), *The Management of Tourism*, London : Heinemann, 1975, pp.11~26.

Light, A., *Forever England : Femininity, Literature and Conservatism between the Wars*, London : Routledge, 1991.

Light, D., "Gazing on communism : heritage tourism and post-communist identities in Germany, Hungary and Romania", *Tourism Geographies*, 2 : 157~76, 2001.

Lisle, D., "Gazing at Ground Zero : tourism, voyeurism and spectacle", *Journal for Cultural Research*, 88 : 3~21, 2004.

Lister, M., "A sack in the sand : photography in the age of information", *Convergence*, 13 : 251~74, 2007.

Littlewood, I., *Sultry Climates : Travel and Sex since the Grand Tour*, London : John Murray, 2001.

Litvin, W. S., Goldsmith, E. R. and Pan, B., "Electronic word-of-mouth in hospitality and tourism management", *Tourism Management*, 29 : 458~68, 2008.

Lodge, D., *Paradise News*, London : Secker & Warburg, 1991.

Löfgren, O., *On Holiday : A History of Vacationing*, Berkeley, CA : University of California Press, 1999.

_____, "The new economy : a cultural history", *Global Networks*, 3 : 239~54, 2003.

_____, "The secret lives of tourists : delays, disappointments and daydreams", *Scandinavian Journal of Hospitality and Tourism*, 8 : 85~101, 2008.

Lovelock, J., *The Revenge of Gaia*, London : Allen Lane, 2006.

Lowe, P. and Goyder, J., *Environmental Groups in Politics*, London : Allen & Unwin, 1983.

Lowenthal, D., *The Past is a Foreign Country*, Cambridge : Cambridge University Press, 1985.

Lübbren, N., *Rural Artists' Colonies in Europe, 1870–1910*, Manchester : Manchester University Press, 2001.

Lukas, S., *The Themed Space*, Lanham, MD : Lexington Books, 2007.

_____, *Theme Park*, London : Reaktion Books, 2008.

Lumley, R. (ed.), *The Museum Time-Machine*, London : Routledge, 1988.

Lund, K., "Seeing in motion and the touching eye : walking over Scotland's mountains", *Etnofoor : Antropological Journal*, 18 : 27~42, 2006.

Lunn, T., "How to swing unused talent into action", *Sunday Times*, 20 August, 1989.

Lynas, M., *Six Degrees*, London : Fourth Estate, 2007.

Lynch, K., *The Image of the City*, Cambridge, MA : MIT Press, 1960.

_____, *What Time is This Place?* Cambridge, MA : MIT Press, 1973.

MacCannell, D., "Staged authenticity : arrangements of social space in tourist settings", *American Sociological Review*, 79 : 589~603, 1973.

_____, *The Tourist*, New York : Schocken (orig. 1976), 1999.

_____, "Tourist agency", *Tourism Studies*, 1 : 23~38, 2001.

Macdonald, S., "Consuming science : public knowledge and the dispersed politics of reception among museum visitors", *Media, Culture and Society*, 17 : 13~29, 1995.

_____, "A people's story : heritage, identity and authenticity", in C. Rojek and J. Urry (eds), *Touring Cultures*, London : Routledge, 1997, pp.155~75.

Macnaghten, P. and Urry, J., *Contested Natures*, London : Sage, 1998.

_____, "Bodies in the woods", *Body and Society*, 6 : 166~82, 2000a.

Macnaghten, P. and Urry, J. (eds), *Bodies of Nature*, double issue of *Body and Society*, 6 : 1~202, 2000b.

Macnaghten, P. and Urry, J., "Introduction", *Body and Society*, 6 : 1~11, 2000c.

Maoz, D., "The mutual gaze", *Annals of Tourism Research*, 33 : 221~39, 2006.

Markwick, M., "Postcards from Malta : image, consumption, context", *Annals of Tourism Research*, 28 : 417~38, 2001.

Mars, G. and Nicod, M., *The World of Waiters*, London : Allen & Unwin, 1984.

Marshall, G., "The workplace culture of a licensed restaurant", *Theory, Culture and Society*, 3 : 33~48, 1986.

Martin, B., *A Sociology of Contemporary Popular Culture*, Oxford : Blackwell, 1982.

Martin, B. and Mason, S., "Current trends in leisure", *Leisure Studies*, 6 : 93 ~7, 1987.

Martinotti, G., "A city for whom? Transients and public life in the secondgeneration metropolis", in R. Beauregard and S. Body-Gendrot (eds), *The Urban Moment : Cosmopolitan Essays on the Late-20th-century City*, London : Sage, 1999, pp.155 ~84.

Mason, J., "Managing kinship over long distances : the significance of 'the visit'", *Social Policy & Society*, 3 : 421 ~9, 2004.

Massey, D., *Space, Place and Gender*, Cambridge : Polity, 1994.

Mazierska, E. and Walton, K. J., "Tourism and the moving image", *Tourist Studies*, 6 : 5 ~11, 2006.

McClintock, A., *Imperial Leather*, New York : Routledge, 1995.

McCrone, D., *The Sociology of Nationalism*, London : Routledge, 1998.

_____, Morris, A. and Kiely, R., *Scotland-the Brand*, Edinburgh : Edinburgh University Press, 1995.

McKay, I., "Twilight at Peggy's Cove : towards a genealogy of 'maritimicity' in Nova Scotia", *Borderlines*, Summer : 29~37, 1988.

McQuire, S., *Visions of Modernity : Representation, Memory, Time and Space in the Age of the Camera*, London : Sage, 1998.

Mellinger, W. M., "Toward a critical analysis of tourism representations", *Annals of Tourism Research*, 21 : 756~79, 1994.

Mellor, A., "Enterprise and heritage in the dock", in J. Corner and S. Harvey (eds), *Enterprise and Heritage*, London : Routledge, 1991, pp.93 ~115.

Mennell, S., *All Manners of Food*, Oxford : Blackwell, 1985.

Mercer, C., "A poverty of desire : pleasure and popular politics", in T. Bennett (ed.), *Formations of Pleasure*, London : Routledge and Kegan Paul, 1983, pp.84 ~101.

Merriman, N., "Museum visiting as a cultural phenomenon", in P. Vergo (ed.), *The New Museology*, London : Reaktion, 1989, pp.149 ~71.

Metcalf, H., "Careers and training in tourism and leisure", *Employment Gazette*, February : 84 ~93, 1988.

Meyrowitz, J., *No Sense of Place : The Impact of Electronic Media on Social Behaviour*, New York : Oxford University Press, 1985.

Michael, M., *Constructing Identities*, London : Sage, 1996.

_____, *Reconnecting, Culture, Technology and Nature*, London : Routledge, 2000.

Miller, D. and Slater, D., *The Internet*, London : Berg, 2000.

Mills, C. A., "'Life on the upslope' : the postmodern landscape of gentrification", *Environment and Planning D : Society and Space*, 6 : 169~89, 1988.

Milton, K., "Land or landscape : rural planning policy and the symbolic construction of the country-side", in M. Murray and J. Greer (eds), *Rural Development in Ireland*, Aldershot : Avebury,

1993, pp.120~50.

Mishan, E., *The Costs of Economic Growth*, Harmondsworth : Penguin, 1969.

Mitchell, T., "The world as exhibition", *Comparative Studies in Society and History*, 31 : 217~36, 1989.

Mitter, S., *Common Fate, Common Road*, London : Pluto Press, 1986.

Monbiot, G., *Heat*, London : Allen Lane, 2006.

Mordue, T., "Performing and directing resident / tourist cultures in Heartbeat country", *Tourist Studies*, 1 : 233~52, 2001.

_____, "Television, tourism and rural life", *Journal of Travel Research*, 47 : 332~45, 2009.

Morgan, N. and Pritchard, A., "Security and social 'sorting' : traversing the surveillance−tourism", *Tourist Studies*, 5 : 115~32, 2005.

Morris, M., "At Henry Parkes Motel", *Cultural Studies*, 2 : 1~47, 1988.

Munt, I., "The other postmodern tourist : culture, travel and the new middle classes", *Theory, Culture and Society*, 11 : 101~24, 1994.

Murray, S., "Digital images, photo-sharing, and our shifting notions of everyday aesthetics", *Journal of Visual Culture*, 7 : 147~63, 2008.

Myerscough, J., "The recent history of the use of leisure time", in I. Appleton (ed.), *Leisure Research and Policy*, Edinburgh : Scottish Academic Press, 1974, pp.3~16.

Neumann, M., "The travelling eye : photography, tourism and ethnography", *Visual Sociology*, 7 : 22~38, 1992.

_____, *On the Rim : Looking for the Grand Canyon*, Minneapolis, MN : University of Minnesota Press, 1999.

Norman, P., "Faking the present", *Guardian*, 10~11 December, 1988.

Nyri, P., *Mobility and Cultural Authority in Contemporary China*, Seattle, WA : University of Washington Press, 2010.

O'Dell, T., "Hospitality, kinesthesis, and health : Swedish spas and the market for well-being", in J. Germann Molz and S. Gibson (eds), *Mobilizing Hospitality*, London : Ashgate, 2007, pp.103~20.

O'Dell, T. and Billing, P. (eds), *Experiencescapes : Tourism, Culture and Economy*, Copenhagen : Copenhagen Business School, 2005.

O'Rourke, P. J., *Holidays in Hell*, New York : Atlantic Monthly Review, 1988.

Obrador, P., Crang, M. and Travlou, P. (eds), *Cultures of Mass Tourism*, Aldershot : Ashgate, 2009.

Ockman, J., "New politics of the spectacle : 'Bilbao' and the global imagination", in D. Medina Lasanky and B. McLaren (eds), *Architecture and Tourism : Perception, Performance and Place*, Oxford : Berg, 2004, pp.189~206.

Ong, A. and Nonini, D. (eds), *Ungrounded Empires*, London : Routledge, 1997.

Oppermann, M., "Sex tourism", *Annals of Tourism Research*, 26 : 251~66, 1999.

Osborne, P., *Travelling Light : Photography, Travel and Visual Culture*, Manchester : Manchester

University Press, 2000.

Ostling, S., "The global museum and the orbit of the Solomon R. Guggenheim Museum New York", *Internatiomal Journal of Humanities*, 5 : 87~94, 2007.

Ousby, I., *The Englishman's England*, Cambridge : Cambridge University Press, 1990.

Pan, B. and Fesenmaier, R. D., "Online information search : vacation planning process", *Annals of Tourism Research*, 33 : 809~32, 2006.

Pan, B., MacLaurin, T. and Crotts, C. J., "Travel blogs and the implications for destination marketing" , *Journal of Travel Research*, 46 : 35~45, 2007.

Papastergiadis, N., *The Turbulence of Migration*, Cambridge : Polity, 2000.

Parr, M., *Small World*, Stockport : Dewi Lewis Publishing, 1995.

_____, *Boring Postcards*, London : Phaidon Press, 1999.

Pearce, F., *With Speed and Violence : Why Scientists Fear Tipping Points in Climate Change*, Boston, MA : Beacon Press, 2007.

Pearce, P. and Moscardo, G., "The concept of authenticity in tourist experiences", *Australian and New Zealand Journal of Sociology*, 22 : 121~32, 1986.

Pelizzari, A. M., "Retracing the outlines of Rome : intertextuality and imaginative geographies in nine-teenth-century photographs", in J. Schwartz and J. Ryan (eds), *Picturing Place : Photography and the Geographical Imagination*, London : I.B. Tauris, 2003, pp.55~73.

Pemble, J., *The Mediterranean Passion*, Oxford : Clarendon Press, 1987.

Perkin, H., "The 'social tone' of Victorian seaside resorts in the north-west", *Northern History*, II : 180~94, 1976.

Perkins, H. and Thorns, D., "Reflections on Urry's tourist gaze in the context of contemporary experi-ence in the antipodes", *International Sociology*, 16 : 185~204, 2001.

Pezzullo, P., "Tourists and / as disasters : rebuilding, remembering, and responsibility in New Orleans", *Tourist Studies*, 9 : 23~41, 2009.

Pfeil, F., "Makin' flippy-floppy : postmodernism and the baby-boom PMC", in M. Davis, F. Pfeil and M. Spinker (eds), *The Year Left : An American Socialist Yearbook 1985*, London : Verso, 1985, pp.263~95.

Phelps-Brown, E. H., *A Century of Pay*, London : Macmillan, 1968.

Pillsbury, R., *From Boarding House to Bistro*, Boston, MA : Unwin Hyman, 1990.

Pimlott, J., *The Englishman's Holiday*, London : Faber & Faber, 1947.

Pine, B. J. and Gilmore, H. J., *The Experience Economy*, Boston, MA : Harvard Business School Press, 1999.

Pine, R., *Management of Technological Change in the Catering Industry*, Aldershot : Avebury, 1987.

Piore, M. and Sabel, C., *The Second Industrial Divide*, New York : Basic Books, 1984.

Pollard, S., *The Genesis of Modern Management*, London : Edward Arnold, 1965.

Pons, O. P., "A haptic geography of the beach : naked bodies, vision and touch", *Social and Cultural Geography*, 8 : 123~41, 2007.

_____, "Building castles in the sand : re-positioning touch on the beach", *Senses and Society*, 4 : 195~210, 2009.

_____, Crang, M. and Travlou, P. and (eds), *Doing Tourism : Cultures of Mediterranean Mass Tourism*, Aldershot : Ashgate, 2008.

Poon, A., "Competitive strategies for a 'new tourism'", in C. Cooper (ed.), *Progress in Tourism, Recreation and Hospitality Management* Vol.1, London : Belhaven Press, 1989, pp.91~102.

_____, *Tourism, Technology and Competitive Strategies*, Wallingford : CAB International, 1993.

Pratt, M., *Imperial Eyes*, London : Routledge, 1992.

Pritchard, A. and Morgan, N., "Privileging the male gaze : gendered tourism landscapes", *Annals of Tourism Research*, 27 : 884~905, 2000a.

_____, "Constructing tourism landscape : gender, sexuality and space", *Tourism Geographies*, 2 : 115~39, 2000b.

_____, *Advertising in Tourism and Leisure*, London : Butterworth-Heinemann, 2000c.

_____, "Hotel Babylon? Exploring hotels as liminal sites of transition and transgression", *Tourism Management*, 27 : 762~72, 2006.

Quick, R. C., *The History of Morecambe and Heysham*, Morecambe : Morecambe Times, 1962.

Quinn, B., "Performing tourism : Venetian residents in focus", *Annals of Tourism Research*, 34 : 458~76, 2007.

Raban, J., *Coasting*, London : Picador, 1986.

Raento, P. and Flusty, S., "Three trips to Italy : deconstructing the New Las Vegas", in C. Minca and T. Oakes (eds), *Travels in Paradox : Remapping Tourism*, Oxford : Rowman & Littlefield, 2006, pp.97~124.

Retzinger, J., "Framing the tourist gaze : railway journeys across Nebraska, 1866 – 1906", *Great Plains Quarterly*, 18 : 213~26, 1998.

Richards, J. and MacKenzie, J., *The Railway Station*, Oxford : Oxford University Press, 1986.

Richards, J., Wilson, S. and Woodhead, L. (eds), *Diana : The Making of a Media Saint*, London : I.B. Tauris, 1999.

Riley, R., Baker, B. and Van Doren, S., "Movie-induced tourism", *Annals of Tourism Research*, 25 : 919~35, 1998.

Ring, J., *How the English Made the Alps*, London : John Murray, 2000.

Ritzer, G., *The McDonaldization of Society*, Thousand Oaks, CA : Pine Forge Press, 2008.

Ritzer, G. and Liska, A., "McDisneyization and post-tourism : complementary perspectives on contemporary tourism", in C. Rojek and J. Urry (eds), *Touring Cultures*, London : Routledge, 1997, pp.96~112.

Roche, M., *Mega-Events and Modernity*, London : Routledge, 2000.

Rodaway, P., *Sensuous Geographies*, London : Routledge, 1994.

Rojek, C., *Ways of Escape*, London : Sage, 1993.

_____, "Indexing, dragging and the social construction of tourist sights", in C. Rojek and J. Urry (eds), *Touring Cultures*, London : Routledge, 1997, pp.52~74.

_____, *Celebrity*, London : Reaktion Books, 2004.

Rojek, C. and Urry, J. (eds), *Touring Cultures*, London : Routledge, 1997.

Rose, G., "Family photographs and domestic spacings : a case study", *Transactions of the Institute of British Geographers*, 28 : 5~18, 2003.

_____, "Everyone's cuddled up and it just looks really nice : an emotional geography of some mums and their family photos", *Social & Cultural Geography*, 5 : 549~64, 2004.

_____, *Doing Family Photography*, Aldershot : Ashgate, 2010.

Rose, M., *The Gregs of Styal*, Cheshire : Quarry Bank Mill Development Trust, 1978.

Rubinstein, D. and Sluis, K., "A life more photographic", *Photographies*, 1 : 9~28, 2008.

Ryan, C. and Hall, M., *Sex Tourism*. London : Routledge, 2001.

Ryan, J., *Picturing Empire : Photography and the Visualisation of the British Empire*, London : Reaktion Books, 1997.

Said, E., *Orientalism : Western Conceptions of the Orient*, Harmondsworth : Penguin, 1995.

Saldanha, A., "Music tourism and factions of bodies in Goa", *Tourist Studies*, 2(1) : 43~63, 2002.

Samuel, R., *Theatres of Memory*, London : Verso, 1994.

_____, *Island Stories*, London : Verso, 1998.

Sasser, W. and Arbeit, S., "Selling jobs in the service sector", *Business Horizons*, 19 : 61~5, 1976.

Sather-Wagstaff, J., "Picturing experience : a tourist-centred perspective on commemorative historical sites", *Tourist Studies*, 8 : 77~103, 2008.

Savage, M., "The missing link? The relationship between spatial mobility and social mobility", *British Journal of Sociology*, 39 : 554~77, 1988.

_____, Barlow, J., Dickens, P. and Fielding, T., *Bureaucracy, Property and Culture : Middle-Class Formation in Contemporary Britain*, London : Routledge, 1992.

Scarles, C., "Mediating landscapes : the processes and practices of image construction in tourist brochures of Scotland", *Tourist Studies*, 4 : 43~67, 2004.

_____, "Becoming tourist : renegotiating the visual in the tourist experience", *Environment and Planning D : Society and Space*, 27 : 465~88, 2009.

Schama, S., *Landscape and Memory*, London : HarperCollins, 1995.

Schieffelin, E., "Problematizing performance", in F. Hughes-Freeland (ed.) *Ritual, Performance, Media*, ASA Monograph 35, London : Routledge, 1998, pp.194~208.

Schivelbusch, W., *The Railway Journey : Trains and Travel in the Nineteenth Century*, Oxford : Blackwell, 1986.

Schmallegger, D. and Carson, D., "Blogs in tourism : changing approaches to information exchange", *Journal of Vacation Marketing*, 14 : 99~110, 2008.

Schmid, H., *Economy of Fascination*, Berlin : Gebrüder Borntraeger, 2009.

Schroeder, J., *Visual Consumption*, London : Routledge, 2002.

Schultz, P., *1000 Places To See Before You Die*, New York : Workman Publishing, 2003.

Schwartz, B., *The Paradox of Choice*, New York : HarperCollins, 2004.

Schwartz, J., "The geography lesson : photographs and the construction of imaginative geographies", *Journal of Historical Geography*, 22 : 16~45, 1996.

Schwartz, J. and Ryan, J. (eds), *Picturing Place : Photography and the Geographical Imagination*, London : I.B. Tauris, 2003a.

Schwartz, J. and Ryan, J., "Introduction : photography and the geographical imagination", in J. Schwartz and J. Ryan (eds), *Picturing Place : Photography and the Geographical Imagination*, London : I.B. Tauris, 2003b, pp.1~18.

Scruton, R., *The Aesthetics of Architecture*, Princeton, NJ : Princeton University Press, 1979.

Selwyn, T. (ed.), *The Tourist Image*, Chichester : John Wiley, 1996.

Sennett, R., *Flesh and Stone*, London : Faber & Faber, 1994.

Shaw, G., Agarwal, S. and Bull, P., "Tourism consumption and tourist behaviour : a British perspective", *Tourism Geographies*, 2 : 264~89, 2000.

Sheller, M., *Consuming the Caribbean*, London : Routledge, 2003.

Sheller, M. and Urry, J. (eds), *Tourism Mobilities*, London : Routledge, 2004.

Shields, R., "Social spatialization and the built environment : the West Edmonton Mall", *Environment and Planning D : Society and Space*, 7 : 147~64, 1989.

_____, *Places on the Margin*, London : Routledge, 1990.

Shoard, M., *The Land is Our Land*, London : Paladin, 1987.

Simpson, T., "Materialist pedagogy : the function of themed environments in post-socialist consumption in Macao", *Tourist Studies*, 9 : 60~80, 2010.

Slater, D., "Consuming Kodak", in J. Spence and P. Holland (eds), *Family Snaps : The Meanings of Domestic Photography*, London : Virago, 1991, pp.45~59.

_____, "Photography and modern vision : the spectacle of natural magic", in C. Jenks (ed.), *Visual Culture*, London : Routledge, 1995, pp.218~37.

_____, "Marketing mass photography", in J. Evans and S. Hall (eds), *Visual Culture : The Reader*. London : Sage, 1999, pp.289~306.

Smart, B., *Consumer Society*, London : Sage, 2010.

Smith, M., "Ethical perspectives exploring the ethical landscape of tourism", in J. Jamal and M.

Robinson (eds), *The Sage Handbook of Tourism Studies*, London : Sage, 2009, pp.613~30.

Smith, V., *Hosts and Guests : The Anthropology of Tourism*, Philadelphia, PA : University of Pennsylvania Press (orig. 1978), 1989.

Sontag, S., *On Photography*, Harmondsworth : Penguin, 1979.

Spang, L., *The Invention of the Restaurant*, Cambridge, MA : Harvard University Press, 2000.

Special Projects Group, Lancaster City Council, *Lancaster-Heritage City : Position Statement*. Lancaster : Lancaster City Council, 1987.

Spence, J. and Holland, P., *Family Snaps : The Meanings of Domestic Photography*, London : Virago, 1991.

Spillman, L., *Nation and Commemoration*, Cambridge : Cambridge University Press, 1997.

Sprawson, C., *The Black Masseur*, London : Jonathan Cape, 1992.

Stallinbrass, C., "Seaside resorts and the hotel accommodation industry", *Progress in Planning*, 13 : 103 ~74, 1980.

Stamp, G., "A right old Roman carry-on", *Daily Telegraph*, 28 December, 1987.

Stanley, J., "Wanted : adventurous girls, ships' stewardesses, 1919 – 1939", PhD Lancaster University, Lancaster, 2005.

Stauth, G. and Turner, B., "Nostalgia, postmodernism and the critique of mass culture", *Theory, Culture and Society*, 2/3 : 509~26, 1988.

Stern, N., *The Economics of Climate Change : The Stern Review*, Cambridge : Cambridge University Press, 2007.

Strahan, D., *The Last Oil Shock*, London : John Murray, 2007.

Strange, C. and Kempla, M., "Shades of dark tourism : Alcatraz and Robben Island", *Annals of Tourism Research*, 30 : 386~405, 2003.

Suonpää, J., "Blessed be the photograph : tourism choreographies", *Photographies*, 1 : 67~86, 2008.

Szerszynski, B. and Urry, J., "Cultures of cosmopolitanism", *Sociological Review*, 50 : 461~8, 2002.

──────────────────, "Visuality, mobility and the cosmopolitan : inhabiting the world from afar", *British Journal of Sociology*, 57 : 113~31, 2006.

Tagg, J., *The Burden of Representation : Essays on Photographies and Histories*, Amherst, MA : University of Massachusetts Press, 1988.

Talbot, H. F., "Some account of the art of photogenic drawing, or, the process by which natural objects may be made to delineate themselves without the aid of the artist's pencil", in B. Newhall (ed.), *Photography : Essays and Images*, New York : Museum of Modern Art, 1839, pp.23~30.

──────────, *The Pencil of Nature*. London : Longman, Brown, Green (unpaginated), 1844~46.

Taylor, J., *A Dream of England : Landscape, Photography and the Tourist's Imagination*, Manchester : Manchester University Press, 1994.

Tester, K. (ed.), *The Flâneur*, London : Routledge, 1994.

Theroux, M., *Far North*, London : Faber & Faber, 2009.

Thompson, E. P., "Time, work-discipline, and industrial capitalism", *Past and Present*, 38 : 56～97, 1967.

Thompson, G., "Holidays", Unit 11 of *Popular Culture and Everyday Life* (2), Milton Keynes : Open University Press, 1981.

_____, "Carnival and the calculable : consumption and play at Blackpool", in T. Bennett (ed.), *Formations of Pleasure*, London : Routledge, 1983, pp.124～36.

Thompson, K., *An Eye for the Tropics : Tourism, Photography, and Framing the Caribbean Picturesque*, Durham, NC : Duke University Press, 2006.

Thrift, N., "Images of social change", in C. Hamnett, L. McDowell and P. Sarre (eds), *The Changing Social Structure*, London : Sage, 1989, pp.12～42.

_____, *Spatial Formations*, London : Sage, 1996.

Thrift, N., *Non-Representational Theory*, London : Routledge, 2008.

Tomlinson, T., *The Culture of Speed : The Coming of Immediacy*, London : Sage, 2007.

Tooke, N. and Baker, M., "Seeing is believing : the effect of film on visitor numbers to screened locations", *Tourism Management*, 17 : 87～94, 1996.

Towner, J., "The Grand Tour : a key phase in the history of tourism", *Annals of Tourism Research*, 12 : 297～33, 1985.

_____, "Approaches to tourism history", *Annals of Tourism History*, 15 : 47～62, 1988.

Travel Alberta (n.d.) *West Edmonton Mall*, Edmonton : Alberta Tourism.

Tucker, H., "Performing a young people's package tour of New Zealand : negotiating appropriate performances of place", *Tourism Geographies*, 9 : 139～59, 2007.

Turner, C. and Manning, P., "Placing authenticity—on being a tourist : a reply to Pearce and Manning", *Australian and New Zealand Journal of Sociology*, 24 : 136～8, 1988.

Turner, L. and Ash, J., *The Golden Hordes*, London : Constable, 1975.

Turner, V., "The center out there : pilgrim's goal", *History of Religions*, 12 : 191～230, 1973.

_____, *The Ritual Process*, Harmondsworth : Penguin, 1974.

Turner, V. and Turner, E., *Image and Pilgrimage in Christian Culture*, New York : Columbia University Press, 1978.

Tzanelli, R., *The Cinematic Tourist*, London : Routledge, 2008.

UNDP, *Human Development Report*, New York : UNDP and Oxford University Press, 1999.

Urry, J., "The tourist gaze 'revisited'", *American Behavioral Scientist*, 36 : 172～86, 1992.

_____, *Consuming Places*, London : Routledge, 1995a.

_____, "A middle class countryside?", in T. Butler and M. Savage (eds), *Social Change and the Middle Classes*, London : UCL Press, 1995b, pp.205～19.

_____, "How societies remember the past", in S. Macdonald and G. Fyfe (eds), *Theorizing Museums*, Oxford : Sociological Review Monographs and Blackwell, 1996, pp.45～65.

_____, *Sociology Beyond Societies*, London : Routledge, 2000.

_____, *Global Complexity*, Cambridge : Polity, 2003.

_____, "Death in Venice", in M. Sheller and J. Urry (eds), *Tourism Mobilities*, London : Routledge, 2004, pp.205~15.

_____, *Mobilities*, Cambridge : Polity, 2007.

_____, *Climate Change and Society*, Cambridge : Polity, 2011.

Uzzell, D., *Heritage Interpretation* Vol.2, London : Belhaven Press, 1989.

Van House, N., "Flickr and public image-sharing : distant closeness and photo exhibition", *CHI*, April 28~3 May : 2717~22, 2007.

Van Maanen, J., "The smile factory : work at Disneyland", in P. J. Frost, L. Moore, M. Louis, C. Lundberg and J. Martin (eds), *Reframing Organizational Culture*, London : Sage, 1991, pp.58~76.

Veijola, S. and Jokinen, E., "The body in tourism", *Theory, Culture and Society*, 6 : 125~51, 1994.

Veijola, S. and Valtonen, A., "The body in tourism industry", in A. Pritchard, N. Morgan, I. Ateljevic and C. Harris (eds), *Tourism and Gender : Embodiment, Sensuality and Experience*, Wallingford : CAB International, 2007, pp.13~31.

Venturi, R., *Learning from Las Vegas*, Cambridge, MA : MIT Press, 1972.

Verstraete, G., *Tracking Europe*, Durham, NC : Duke University Press, 2010.

Villi, M., "Mobile visual communication : photo messages and camera phone photography", *Nordicom Review*, 28 : 49~62, 2007.

Vulliamy, E., "Squalid renaissance", *Guardian*, 16 April, 1988.

Waitt, G. and Head, L., "Postcards and frontier mythologies : sustaining views of the Kimberley as timeless", *Environment and Planning D : Society and Space*, 20 : 319~44, 2002.

Walter, J., "Social limits to tourism", *Leisure Studies*, 1 : 295~304, 1982.

Walton, J., *The Blackpool Landlady*, Manchester : Manchester University Press, 1978.

_____, "Railways and resort development in Victorian England : the case of Silloth", *Northern History*, 15 : 191~209, 1979.

_____, "The demand for working class seaside holidays in Victorian England", *Economic History Review*, 34 : 249~65, 1981.

_____, *The English Seaside Resort : A Social History 1750–1914*, Leicester : Leicester University Press, 1983.

_____, "Seaside resorts and maritime history", *International Journal of Maritime History*, 9 : 125~47, 1997.

_____, *The British Seaside*, Manchester : Manchester University Press, 2000.

Walton, J. and Poole, R., "The Lancashire wakes in the nineteenth century", in R. Storch (ed.), *Popular Culture and Customs in the Nineteenth Century*, London : Croom Helm, 1982, pp.100~24.

_____, *Beside the Seaside*, London : Allen Lane, 1978.

Wang, N., *Tourism and Modernity*, Oxford : Elsevier, 2000.

Ward, M. and Hardy, D., *Goodnight Campers! The History of the British Holiday Camp*, London : Mansell, 1986.

Warhurst, C., Nickson, D., Anne, W. and Cullen, M. A., "Aesthetic labour in interactive service work : some case study evidence from the 'new' Glasgow", *Service Industries Journal*, 3 : 1～18, 2000.

Waters, S., "Trends in international tourism", *Development Digest*, 5 : 57～61, 1967.

Wates, N. and Krevitt, C., *Community Architecture*, Harmondsworth : Penguin, 1987.

Wearing, B. and Wearing, S., "Refocusing the tourist experience : the 'flâneur' and the 'choraster'", *Leisure Studies*, 15 : 229～43, 1996.

Weaver, A., "Interactive service work and performative metaphors : the case of the cruise industry", *Tourist Studies*, 5 : 5～27, 2005.

Wells, L., "Introduction", in L. Wells (ed.), *Photography : A Critical Introduction*, London : Routledge. 2001, pp.1～8.

Welsh, E., "Are locals selling out for a bowl of gruel?", *Sunday Times*, 11 December, 1988.

_____, "Unmasking the special agents", *Sunday Times*, 26 February, 1989.

West, B., "Consuming national themed environments abroad : Australian working holidaymakers and symbolic national identity in 'Aussie' theme pubs", *Tourist Studies*, 6 : 139～55, 2006.

West, N., *Kodak and the Lens of Nostalgia*, Charlottesville, VA : University of Virginia Press, 2000.

Whitaker, R., "Welcome to the Costa del Kebab", *Independent*, 27 February, 1988.

White, D., "The born-again museum", *New Society*, 1 May : 10～14, 1987.

Whittaker, E., "Photographing race : the discourse and performance of tourist stenotypes", in M. Robinson and D. Picard (eds), *The Framed World : Tourism, Tourists and Photography*, Aldershot : Ashgate, 2009, pp.117～38.

Whyte, W. F., *Human Relations in the Restaurant Industry*, New York : McGraw-Hill, 1948.

Wickers, D. and Charlton, G., "Oh, we do like to be by the seaside", *Sunday Times*, 5 June, 1988.

Williams, A. and Shaw, G., "Western European tourism in perspective", in A. Williams and G. Shaw (eds), *Tourism and Economic Development*, London : Belhaven Press, 1988, pp.12～38.

Williams, R., "Ideas of nature", in J. Benthall (ed.), *Ecology : The Shaping Enquiry*, London : Longman, 1972, pp.146～66.

_____, *The Country and the City*, London : Paladin, 1973.

Williams, S., *Tourism Geography*, London : Routledge, 1998.

Wilson, A., "The view from the road : nature tourism in the postwar years", *Borderlines*, 12 : 10～14, 1988.

_____, *Culture of Nature*, Oxford : Blackwell, 1992.

Winter, T., Teo, P. and Chang, T. C. (eds), *Asia on Tour : Exploring the Rise of Asian Tourism*, London : Routledge, 2009.

Wittel, A., "Towards a network sociality", *Theory, Culture and Society*, 18 : 31～50, 2001.

Wolff, J., "The invisible flâneuse : women and the literature of modernity", *Theory, Culture and Society*, 2 : 37～48, 1985.

_____, "On the road again : metaphors of travel in cultural criticism", *Cultural Studies*, 7 : 224～39, 1993.

Wong, Jehn-Yih and Wang, Chih-Hung, "Emotional labor of the tour leaders : an exploratory study", *Tourism Management*, 30 : 249～59, 2009.

Wood, K. and House, S., *The Good Tourist*, London : Mandarin, 1991.

Wood, M., "Nostalgia or never : you can't go home again", *New Society*, 7 November : 343～6, 1974.

Wordsworth, W., *The Illustrated Wordsworth's Guide to the Lakes*, London : Book Club Associates (orig. 1810), 1984.

Wouters, C., "The sociology of emotions and flight attendants : Hochschild's Managed Heart", *Theory, Culture and Society*, 6 : 95～124, 1989.

Wright, P., *On Living in an Old Country*, London : Verso, 1985.

Xiang, Z. S. and Gretzel, U., "Role of social media in online travel information search", *Tourism Management*, 31 : 179～88, 2009.

Younger, G., *Tourism : Blessing or Blight?*, Harmondsworth : Penguin, 1973.

Zukin, S., *Landscapes of Power*, Berkeley, CA : University of California Press, 1991.

옮긴이 후기

이 책은 존 어리John Urry와 요나스 라슨Jonas Larsen이 공동 집필한 *The Tourist Gaze 3.0*(SAGE Publications, 2011)을 한국어로 번역한 것이다. 그 과정에서 일본 호세대학 사회학부의(지금은 퇴직하였음), 그리고 1995년에는 초판을 번역하여 출간하기도 한 가부토 히로쿠니加太宏邦의 일본어판『観光のまなざし [増補改訂版]』(法政大学出版局, 2014)을 주요하게 참고하였다. 다시 말하면, 이 번역서는 가급적 원전에 가깝게 그 내용과 표현을 옮기면서도 전체적인 내용의 이해에는 일본어 번역본까지 아우른 결과물이라고 할 수 있다.

이 책을 알게 된 것은 2016년 10월로 거슬러 올라간다. 당시 관광과 관련된 연구과제에 참여하고 있었고, 근대 사회를 특징짓는 주요한 행동 양식 중 하나인 관광에 대한 학술적(특히 사회학적) 이해가 필요했다. 관광학 전공자도, 사회학 전공자도 아닌 이가 선행된 공부가 없는 상태에서 관심과 필요만으로 전문서적을 읽는다는 것은 그 자체만으로도 쉽지 않은 일이었다. 지금 돌이켜 보면 말이 안 되는 8개월 만에 번역하겠다는 계획을 세웠지만, 너무 어렵고 시간도 많이 걸려 딱 1장만 번역하고서 결국 손을 놓았다. 아마도 필연적인 수순이었을 것이다.

어려운 격식체 어휘가 다수 사용되는데다 4, 5행씩 되기도 하는 긴 문장은 그 자체로도 난해한 것이었고, 영국과 유럽 일반의 역사를 배경에 두고 관광학, 사회학, 철학 등 여러 분야의 지식이 담겨 있는 내용은 좌절감을 안겨주기에 충분했다. 먹고사는 일이 바빴고 본 전공에 충실해야 하는 시간이 이어졌다. 그동안 박삼헌 선생님은 일본어 번역본을 활용하는 방안을 구체화하고 공동 번역자인 이정훈 선생님을 찾으셨나 보다. 결국 일본어 번역본을 받아들고서 묵은 숙제를 다시 처음부터 보게 되었다. 모든 것이 새로웠지만 이해가 잘 되는 것만 같았다.

그러나 처음의 그 느낌은 어디까지나 착각이었을 뿐이다. 제대로 충분히 알고서 번역했다는 자신은 솔직히 없다. 그저 오독에 기인한 왜곡이 없었으면, 한국어 문장으로 자연스럽지 않은 비문이 없었으면 하는 바람뿐이다. 번역하면서 학문 세계는 넓고도 깊다는 것을 새삼 느끼게 되었다. 제 분수를 알고 스스로의 역량을 과신하는 일이 없도록, 감히 다른 학문 분야를 쉬이 넘보지 않도록 해야겠다는 결심을 다져 보았다. 그래서 이 책의 주요 내용에 대한 요약이나 학술적 가치에 대한 평가는 하지 않으려고 한다. 그럴 수 있는 지식적 기반도, 깜냥도 없다.

일본어 번역본을 참조한 수고로움이, 그래도 형편없는 번역서는 아닐 수 있게 하는 담보가 되어 주기를 조금 기대해 본다. 필자의 전공 분야에서는 유명한, 조항범 선생님이 번역한 『의미분석론』(탑출판사, 1990)이란 책이 있다. 원전은 유진 나이다Eugene A. Nida의 저술 *Componential Analysis of Meaning*(Mouton, 1975)이다. 『의미분석론』의 서문에는, 일본어에 능통한 조항범 선생님의 부친께서 일본어판을 번역하여 비교대조를 했다는 내용이 있다. 필자에게 『의미분석론』은 좋은 번역서였는데, 과연 이 책은 어떤 평가를 받게 될지 두렵다.

끝으로, 경기대학교 국문과의 여러 선생님, 동기인 김정희 선생님과 오치훈 선생님, 특히 워즈워스와 영국의 전원 풍경을 이해할 수 있도록 도움 주신 영문과의 박미경 선생님께 감사드린다. 즐겁게 함께 지냈던 건국대학교 아시아콘텐츠연구소의 김경리 선생님, 이영섭 선생님, 라단 로크니 선생님께도 감사드린다. 생전 모르던 이를 동료로 맞아주시고 이 책을 소개해 주시고 또 오랫동안 기다려주신, 더불어 대학 신입생 때 품었던 사회학에 대한 동경을 원 없이 해소할 수 있는 기회를 제공해 주신 박삼헌 선생님께는 특별히 더 큰 감사를 올린다.

이정훈 선생님의 크나큰 노고에도 감사드리며
도재학 씀